Bedrohte Ordnungen

3

Revolution, Krieg und die Geburt von Staat und Nation

Staatsbildung in Europa und den Amerikas 1770–1930

herausgegeben von

Ewald Frie und Ute Planert

Mohr Siebeck

Ewald Frie, geboren 1962; Studium der Neueren Geschichte, Mittleren Geschichte und Katholischen Theologie; 1992 Promotion; 2001 Habilitation; seit 2008 Professor für Neuere Geschichte an der Eberhard Karls Universität Tübingen.

Ute Planert, geboren 1964; Studium der Geschichte, Empirische Kulturwissenschaft, Volkswirtschaft und Politikwissenschaft; 1996 Promotion; 2003 Habilitation; Professorin für Neuere Geschichte / Geschichte und ihre Didaktik an der Bergischen Universität Wuppertal.

ISBN 978-3-16-153597-0
ISSN 2197-5477 (Bedrohte Ordnungen)

Die Deutsche Nationalbibliothek verzeichnet diese Publikation in der Deutschen Nationalbibliographie; detaillierte bibliographische Daten sind im Internet über *http://dnb.dnb.de* abrufbar.

Das Buch wurde von Martin Fischer in Tübingen aus der Minion gesetzt und von Hubert & Co. in Göttingen auf alterungsbeständiges Werkdruckpapier gedruckt und gebunden. Den Umschlag entwarf Uli Gleis in Tübingen; Umschlagabbildung Arturo Michelena, Simon Bolivar presenting the flag of Numancia after the Battle of Araure, 1813 (1883, Detail) © DEA / M. Seemuller, Getty Images.

Vorwort zur Reihe „Bedrohte Ordnungen“

Was geschieht in Gesellschaften, wenn Handlungsoptionen unsicher werden, Verhaltenserwartungen und Routinen in Frage stehen, wenn Akteure das Gefühl gewinnen, sich jetzt oder in naher Zukunft wahrscheinlich nicht mehr aufeinander verlassen zu können, wenn sie von Bedrohung reden, Gründe dafür suchen und sie meistens auch finden? Zeit ist ein knappes Gut. Emotionen treten stärker in den Vordergrund und verändern sich. Grenzen sozialer Gruppen werden fraglich. „Bedrohte Ordnungen“ tragen ein hohes Potential für schnellen sozialen Wandel in sich, das aber nicht immer wirksam werden muss.

„Bedrohte Ordnungen“ können aus Katastrophen hervorgehen. Sie können die Folge plötzlicher gesellschaftsinterner Konflikte sein. Sie können aus latenten Spannungen hervorbrechen oder die Folge einer Konkurrenz von Ordnungen sein. Verschiedene Forschungstraditionen fließen damit in Untersuchungen ein, die nicht von klassifikatorischen Begriffen wie „Aufruhr“, „Revolution“ oder „Naturkatastrophe“ ausgehen, sondern dynamische gesellschaftliche Prozesse ins Zentrum stellen, die mit der Wahrnehmung und Behauptung von Bedrohung und dem Rekurs auf Ordnung zusammenhängen.

„Bedrohte Ordnungen“ gibt es in allen Epochen der Historie und in allen Kulturen der Welt. Wirken über Zeiten und Räume hinweg ähnliche Mechanismen? Lassen sich Unterschiede typologisieren? Die Reihe „Bedrohte Ordnungen“ lädt Geschichts-, Kultur- und Sozialwissenschaftler ein, zu diesen Fragen Beiträge zu liefern. Sie ist dem DFG-geförderten Sonderforschungsbereich 923 „Bedrohte Ordnungen“ verbunden, möchte aber auch über ihn hinaus Forschungen anstoßen und dokumentieren.

Die Reihenherausgeber

Vorwort

Vom 14. bis 16. Februar 2013 veranstaltete der SFB 923 „Bedrohte Ordnungen" gemeinsam mit dem Seminar für Neuere Geschichte der Universität Tübingen zum 70. Geburtstag von Dieter Langewiesche ein Festkolloquium, das den Titel „Revolution – Krieg – Nation" trug. Der Zusammenhang zwischen diesen Begriffen ist eines der Lebensthemen von Dieter Langewiesche. Können wir noch der modernisierungstheoretischen Grundannahme folgen, nach der die Ideen von Freiheit und Gleichheit das Gehäuse des Ancien Régime ebenso wie alte koloniale Abhängigkeiten sprengten und die politische Ordnung auf eine neue Legitimationsgrundlage stellten: den Nationalstaat, der, als „Kriegsgeburt" in Unabhängigkeits-, Sezessions- oder Vereinigungskriegen entstanden, liberalen Bürgerrechten Raum gab und bei starker Abgrenzung nach außen für die Partizipation immer größerer Bevölkerungsgruppen im Inneren sorgte? Welches Bild ergibt sich, wenn wir nicht von West- und Mitteleuropa, sondern von anderen Regionen aus auf die Begriffe, das mit ihnen Bezeichnete und den sich daraus ergebenden Zusammenhang schauen? Zwei Zeiträume standen im Mittelpunkt des Interesses: Die Jahrzehnte um 1800 als dem klassischen Revolutionszeitalter, in dessen Verlauf neu entstehende staatliche Gebilde ältere Formationen ablösten, und die Jahre um den Ersten Weltkrieg, in dessen Umfeld erneut territoriale und politische Ordnungen neu gestaltet wurden.

Für den vorliegenden Sammelband haben die Referenten des Kolloquiums ihre Beiträge im Licht der Diskussion überarbeitet. Dieter Langewiesche hat seinen tagungsabschließenden Kommentar verschriftlicht. Die lebhaften Debatten – viele Gäste des Kolloquiums sind Mitarbeiterinnen und Mitarbeiter der Sonderforschungsbereiche „Kriegserfahrungen" und „Bedrohte Ordnungen" gewesen – haben so zumindest indirekt Eingang in den Band gefunden. Einige Autoren haben wir nachträglich zur Mitarbeit eingeladen.

Gemeinsam mit den Bandherausgebern haben die Langewiesche-Schülerinnen und -Schüler Friedrich Lenger, Sylvia Paletschek und Cornelia Rauh das Kolloquium geplant und realisiert. Die Organisation lag in den Händen von Maike Hausen, die gemeinsam mit Susanne Borgards auch die redaktionelle Bearbeitung der Publikation übernommen hat. Die Koordination des Gesamtunternehmens lag in den Händen von Andrea Kirstein (SFB „Bedrohte Ordnungen") und Stephanie Warnke-De Nobili (Mohr Siebeck Verlag). Ihnen allen sei für ihre Mitwirkung herzlich gedankt.

Tübingen, im September 2015 — Ewald Frie und Ute Planert

Inhaltsverzeichnis

Vorwort zur Reihe „Bedrohte Ordnungen“ V
Vorwort VII

Ute Planert und *Ewald Frie*
Revolution, Krieg, Nation – ein universelles Muster der Staatsbildung in der Moderne? 1

Wolfgang Knöbl
Der neue Staat und die Revolution oder Schwierigkeiten bei der Analyse der Entstehung der frühen US-amerikanischen Republik 21

Stefan Rinke
Der Preis der Freiheit: Revolution, Krieg und Nation in Lateinamerika im atlantischen Kontext, 1760–1830 47

Wolfgang Gabbert
Zwischen Unabhängigkeitskampf, Caudillismus und französischer Intervention – Staats- und Nationsbildung in Mexiko, 1800–1867 65

Jens Späth
Das *Risorgimento*: Revolution, Krieg und Nation in Italien 83

Rasmus Glenthøj
Krieg, Nationalismus und Demokratisierung im Dänemark des 19. Jahrhunderts. Niedergang des Imperiums und Bildung des Nationalstaates 105

Christoph Jahr
Sonderfall Irland? Revolution, Krieg und Nationsbildung im Westen des Westens 131

Stefan Plaggenborg
Viel Krieg, keine Nation: Die Entstehung der modernen Türkei 149

Mathias Beer
Berlin – Bukarest – Paris. Nationalstaat, Krieg und Minderheitenschutz in Südosteuropa am Ende des langen 19. Jahrhunderts 169

Malte Rolf
Die Revolution von 1905 und der Wandel der Nationsbilder im Russischen Reich ... 193

Jörg Baberowski
Gewalt als Machttechnik. Revolution und Staatswerdung an der asiatischen Peripherie der Sowjetunion ... 211

Dieter Langewiesche
Dreiklang Revolution, Krieg und Nation? Annäherungen ... 247

Autorenverzeichnis ... 267
Personenregister ... 269
Ortsregister ... 273
Sachregister ... 277

Revolution, Krieg, Nation – ein universelles Muster der Staatsbildung in der Moderne?

Ute Planert und *Ewald Frie*

Revolution, Krieg und Nation – diese Trias historiographischer Erklärungsmuster stellte die modernisierungstheoretisch inspirierte Geschichtswissenschaft an die Wiege moderner Staatlichkeit. Damit entwickelte sie ein Modell, mit dem sich der Übergang vom Ancien Régime hin zu politischen Systemen beschreiben lässt, deren Legitimationsgrundlage nicht mehr Monarchie und Religion, sondern die Souveränität der Nation und die Partizipation der Staatsbürger waren. Empirisch weist der europäisch-atlantische Raum zwei Gravitationskerne staatlicher Neubildungen auf: Zum einen die im Zeichen der „atlantischen Revolutionen" stehende Zeit um 1800 mit den Unabhängigkeitsbewegungen in Nord- und Lateinamerika und den Auswirkungen der Französischen Revolution in West- und Mitteleuropa. Und zum zweiten die Jahrzehnte an der Schwelle zum 20. Jahrhundert, als der Untergang der letzten multiethnischen Großreiche eine Welle neuer Nationalstaatsgründungen anstieß. Immer trugen Kriege – im Weltmaßstab wie die Kriege Napoleons und der Erste Weltkrieg, aber auch Regionalkriege in der Mitte und im Osten Europas – zur Destabilisierung vorhandener und zur Schaffung neuer Ordnungen bei.[1]

Revolution, Krieg und Nation – diese begriffliche Trias wurzelt historisch wie historiographisch in Westeuropa und Nordamerika. Doch der nach den Erfahrungen von 1776 und 1789 neu gefasste Revolutionsbegriff, das moderne Nationskonzept und die Durchsetzung der neuen Ordnungen im Krieg wurden als weltweit einflussreich vorgestellt, als erfolgreiche Exportartikel gewissermaßen, die in ihrer gegenseitigen Durchdringung für die Geschichte der anderen Erdteile bedeutsam und für das Verständnis dieser Geschichte nützlich waren. Der vorliegende Band wechselt die Perspektive: Was geschieht, so unsere Frage, wenn die begriffliche Trias an den Rändern ihres Herkunftsraums zur Anwendung

[1] Aus globalgeschichtlicher Sicht und unter Einbeziehung von Bürgerkriegen ließe sich eine dritte Achse der Kriegsverdichtung in den Jahrzehnten nach der Mitte des 19. Jahrhunderts einziehen. Diese Perspektive bleibt hier jedoch aus systematischen Gründen außen vor. Vgl. *Jörn Leonhard*, Bellizismus und Nation. Kriegsdeutungen und Nationsbestimmung in Europa und den Vereinigten Staaten, München 2008; *Jürgen Osterhammel*, Die Verwandlung der Welt, München 2009; *Ute Planert/James Retallack* (Hrsg.), Decades of Reconstruction. Postwar Societies, State-Building, and International Relations. From the Eighteenth to the Twentieth Century (im Druck).

gebracht wird und das ordnende und sinngebende Zentrum ausgespart bleibt? Ergeben sich dann Muster, die auf das begriffsbildende Zentrum und seine Trias zurückwirken? Die Frage gewinnt ihre Bedeutung durch zwei für unseren Gegenstand zentrale Forschungsdebatten: die Dezentralisierung Europas in der historischen Forschung und die Dekonstruktion der Mythen, die sich um die mit den Begriffen „Revolution", „Krieg" und „Nation" belegten Ereignisse und Ereignisketten ranken. Die folgende Einleitung erläutert diesen Argumentationsgang: Sie stellt zunächst die begriffliche Trias genauer vor und erläutert dann die beiden Forschungsdebatten, die uns dazu bewogen haben, von den Rändern her aufs Zentrum zu blicken. Danach werden die Beiträge der einzelnen Autoren vorgestellt und, deren Erträge zusammenfassend, Hypothesen zu den Folgen vorgeschlagen, die der Blick von den Rändern her auf das modernisierungstheoretische Narrativ haben könnte.

I.

„Die moderne Nation ist eine Kriegsgeburt"[2], doch ihre Herausbildung stellt einen vergleichsweise spät einsetzenden Sonderfall staatlicher Existenz dar. Kriegerische Gewalt ist vom Aufstieg des modernen Staates nicht zu trennen. Der Finanzbedarf kriegführender Regenten hatte den frühmodernen Staat erst hervorgebracht, weil die Finanzierung immer größerer Heere den Aufbau von Steuerbürokratien und somit von Verwaltungsapparaten notwendig machte. „War made the state, and the state made war", wie Charles Tilly einen der Kernprozesse europäischer Staatsbildung auf den Punkt brachte.[3] In der Frühen Neuzeit handelte es sich dabei zunächst um Staatsbildungskriege, in denen die Durchsetzung der Souveränität des Herrschers gegenüber limitierenden Universal- oder Zwischengewalten im Vordergrund stand. Später lassen sich dynastische und religiöse Kriegsmotive, Territorialkonflikte oder der Kampf um Einflusszonen in Übersee als Kriegsursachen identifizieren.[4]

Nation im Sinne von „natio", einer zunächst herkunftsbezogenen, dann auch territorial gedachten Ordnung lässt sich dagegen bis ins Mittelalter zurückverfolgen, freilich stets als Teil anderer Identitätszuordnungen und in Konkurrenz zu anderen Systemen der Weltauslegung. Erst als die Aufklärung religiösen Mustern der Welterklärung und der traditionellen politischen Legitimation des

[2] *Nikolaus Buschmann/Dieter Langewiesche*, Vorwort, in: Diess. (Hrsg.), Der Krieg in den Gründungsmythen europäischer Nationen und der USA, Frankfurt am Main 2003, 9 f., hier 9.

[3] *Charles Tilly*, Reflections on the History of European-State-Making, in: Ders. (Hrsg.), The Formation of National States in Western Europe, Princeton 1974, 3–83, hier 42.

[4] Vgl. *Wolfgang Reinhard*, Geschichte der Staatsgewalt. Eine vergleichende Verfassungsgeschichte Europas von den Anfängen bis zur Gegenwart, München 1999; *Bruce D. Porter*, War and the Rise of State. The Military Foundations of Modern Politics, New York 1994.

Gottesgnadentums den Boden entzog, entstand ein Sinnstiftungsvakuum, das die auf die revolutionäre Übernahme politischer Macht zielenden neuen Eliten mit Konzepten von Nation und Vaterland füllten.[5] Fürstenherrschaft und ständische Ungleichheit oder koloniale Fremdbestimmung sollten durch Teilhabe und Mitwirkung der Staatsbürger an einem säkularen Staatsgebilde ersetzt werden. Insofern handelte es sich dabei um eine nicht-traditionale Form der Legitimitätsstiftung in der Absicht, überkommene Ordnungen zu destabilisieren und zugunsten eines neuen Ordnungsmodells zu stürzen. Dies war in der Regel nicht ohne fördernde Begleitumstände, etwa Kriegsniederlagen in Mächteauseinandersetzungen oder finanzielle Erschöpfung, zu erreichen und stieß auf die Gegenwehr derjenigen, die von der bisherigen Machtverteilung profitierten. Entsprechend war die Gründung von Nationalstaaten in vielen Fällen mit Kriegen und Revolutionen verbunden. Nicht selten mündeten die Auseinandersetzungen darüber hinaus in einen Bürgerkrieg. Freilich zielte umgekehrt nicht jede Revolution auf die Errichtung eines Nationalstaats ab, und Kriege wie Bürgerkriege wurden auch aus anderen Anlässen geführt.

Allerdings besaßen Kriege, die im Namen der Nation geführt wurden, und Revolutionen, die auf die Gründung von Nationalstaaten abzielten, einen entscheidenden Vorteil. Indem ihre Verfechter als Repräsentanten einer übergeordneten Gesamtheit auftraten, ließen sich gegenläufige Interessen als partikularistisch denunzieren. Damit war es einer in der Regel kleinen Elite möglich, durch Partizipationsversprechen im Namen der Nation eine große Anzahl von Menschen zu mobilisieren. Freilich war mit der Überwindung der alten Ordnung noch nichts über die Ausgestaltung der neuen staatlichen Verfasstheit ausgesagt. Es blieb umstritten, wer von den gegen Widerstand errungenen Rechten profitieren sollte; universellen Verlautbarungen stand häufig eine partikulare Praxis gegenüber. Der proklamierte Anspruch auf egalitäre Partizipation entfaltete im historischen Verlauf jedoch eine Dynamik, die rechtliche und politische Ungleichheit zunehmend begründungspflichtig machte und Anknüpfungspunkte für Emanzipationsbestrebungen bot.

Sozioökonomische Voraussetzung für den Aufstieg des Nationalismus war die Entstehung einer neuen Schicht von Gebildeten im Gefolge des Ausbaus des frühmodernen Staates in Europa während des 18. Jahrhunderts, die im Verein mit reformbereiten Adeligen und einer zunehmend breiten Schicht von Wirtschaftsbürgern auf politische Mitbestimmung drängten. Im antikolonialen Kontext der atlantischen Welt übernahmen die amerikanische Siedleraristokratie oder die in der hispanischen Kolonialverwaltung aufgestiegenen kreolischen

---

[5] Vgl. *Dieter Langewiesche*, Nation, Nationalismus, Nationalstaat in der europäischen Geschichte seit dem Mittelalter – Versuch einer Bilanz, in: Ders. (Hrsg.), Nation, Nationalismus, Nationalstaat in Deutschland und Europa, München 2000, 14–34; *Peter Burke*, Nationalisms and Vernaculars, 1500–1800, in: John Breuilly (Hrsg.), The Oxford Handbook of the History of Nationalism, Oxford 2013, 21–36.

Eliten diese Funktion. Dabei erwiesen sich nationale Vorstellungen als überaus anpassungsfähig und wandelbar. Im Europa des langen 19. Jahrhunderts fungierte das liberale Bürgertum gleichsam als natürlicher Verbündeter der Nationalidee. In anderen historischen Konstellationen griffen auch andere Trägergruppen nationale Konzepte auf und banden sie in jeweils unterschiedliche politisch-weltanschauliche Systeme ein.[6]

Im Verlauf des 19. und – blickt man auf den internationalen Zusammenhang – verstärkt im 20. Jahrhundert mündeten nationale Vorstellungen in die Gründung von Nationalstaaten ein. Die dann einsetzende Nationsbildung war von bürokratischer und massenmedialer Durchdringung, ökonomischer Modernisierung, der Zurückdrängung intermediater Gewalten, dem Ausbau von Infrastrukturen, Vereinheitlichungen etwa auf dem Gebiet des Rechts, der Wirtschaft und der Bildung sowie von politischen Homogenisierungsprozessen begleitet.[7] Mit der allmählichen Nationalisierung der Lebenswelten und der Durchdringung des Alltags trat nationale Identität neben andere Kriterien der Selbstverortung, bis sie, verstärkt in Zeiten außenpolitischer Konflikte und kriegerischer Auseinandersetzung, zum handlungsleitenden Letztwert avancierte.[8] Aus Bauern wurden sehr allmählich Deutsche und Franzosen, während sich der Nationalstaat, wie Saskia Sassen formulierte, zur „most complex institutional architecture" der bisherigen Menschheitsgeschichte entwickelte.[9]

In Bezug auf die Staatsbürgerschaft verfuhren die Nationalstaaten dabei nur in den wenigsten Fällen so großzügig wie die erste Französische Republik, die in einem Akt politisch motivierter Kooptation verdienten britischen und deutschen Intellektuellen umgehend und Fremden nach fünf Jahren Aufenthalt das Bürgerrecht verlieh. Wer Staatsbürger war, wurde in den verschiedenen Nationalstaaten unterschiedlich geregelt und hing von einer Vielzahl von Faktoren ab, die mit

---

[6] Vgl. die Vielzahl der Beispiele in: *John Breuilly* (Hrsg.), The Oxford Handbook of the History of Nationalism, Oxford 2013.

[7] Vgl. *Miroslav Hroch*, From National Movement to the Fully-formed Nation: The Nation-building Process in Europe, in: Gopal Balakrishnan (Hrsg.), Mapping the Nation, London 1996, 78–97.

[8] Vgl. *Eugen Weber*, Peasents into Frenchmen: The Modernization of Rural France, 1870–1914, Stanford 1976; *Celia Applegate*, A Nation of Provincials. The German idea of Heimat, Berkeley/Los Angeles 1990; *Alon Confino*, The Nation As a Local Metaphor: Württemberg, Imperial Germany, and National Memory, 1871–1918 Chapel Hill 1997; *Ders./Ajay Skaria* (Hrsg.), Viewed from the Locality: the Local, National, and Global, National Identities 4, H. 1, 2002; *Dieter Langewiesche/Georg Schmidt* (Hrsg.), Föderative Nation. Deutschlandkonzepte von der Reformation bis zum Ersten Weltkrieg, München 2000. Zu Einfluss und Formenwandel des Nationalismus in einer scheinbar post-nationalen Welt vgl. *Rogers Brubaker*, Nationalism Reframed: Nationhood and the National Question in the New Europe, Cambridge 1996, und mit Blick auf die USA: *Michael Billig*, Banal Nationalism, London 1995.

[9] Vgl. *Saskia Sassen*, Territory, Authority, Rights: From Medieval to Global Assemblages, Princeton 2006, 1.

der bekannten Unterscheidung von *ius solis* und *ius sanguinis* nur unzureichend beschrieben ist.[10]

Dabei und manchmal auch quer zu dieser juristischen Ebene blieb die Vorstellung von Nation als Abstammungsgemeinschaft virulent. Die Nation wurde weithin als eine politische Entität verstanden, deren Angehörige die gemeinsame ethnische oder ethnisch-religiöse Herkunft, Geschichte und Kultur einte. Damit war im Zeitalter der Nationalstaaten zunehmend der Herrschaftsanspruch über ein scheinbar historisch verbürgtes Territorium verbunden, das es gegen konkurrierende Ansprüche zu sichern oder zu erobern galt. Auch im Inneren ging das Partizipationsversprechen des Nationalismus mit einer aggressiven Abgrenzung gegen diejenigen einher, die sich nicht in die zuweilen widersprüchlichen und wandelbaren Kriterien nationaler Zugehörigkeit einfügten. Ethnische oder religiöse Minderheiten gerieten unter einen enormen Homogenisierungsdruck, der sich zu Vertreibung und Völkermord radikalisierte. Die politische, wirtschaftliche und soziokulturelle Integrationsleistung des Nationalismus ging mit Aggression nach innen und außen Hand in Hand.[11]

Nationen waren somit auch Gewaltgemeinschaften.[12] Eben weil es der Nationalstaat verstand, Ressourcen und Zustimmung im Kampf um Territorien zu mobilisieren, setzte er sich im Verlauf des 19. und 20. Jahrhunderts in vielen Teilen der Erde als dominantes Staatsmodell durch, sei es durch Dissoziation aus dem Rahmen imperialer Großreiche oder durch den Zusammenschluss bislang getrennter politischer Einheiten.[13] Integration und Desintegration lagen nah beieinander.[14]

II.

Die komplexen Prozesse, die den Wandel der alteuropäischen Gesellschaften hin zu den Staatsnationen des 19. und 20. Jahrhunderts begleiteten, ihre Voraussetzungen und Folgewirkungen sind in den letzten Jahrzehnten intensiv analysiert

---

[10] *Roger Brubaker*, Citizenship and Nationhood in France and Germany, Harvard 1998; *Dieter Gosewinkel*, Einbürgern und Ausschließen. Die Nationalisierung der Staatsangehörigkeit vom Deutschen Bund bis zur Bundesrepublik Deutschland, Göttingen 2001; *Christoph Conrad/Jürgen Kocka* (Hrsg.), Staatsbürgerschaft in Europa. Historische Erfahrungen und aktuelle Debatten, Hamburg 2001; *Andreas Fahrmeir*, Citizens and Aliens: Foreigners and the Law in Britain and the German States, 1789–1870, New York/Oxford 2000; *Ders.*, Citizenship: The Rise and Fall of a Modern Concept, Yale 2007.

[11] *Dieter Langewiesche*, Nationalismus im 19. und 20. Jahrhundert: zwischen Partizipation und Aggression, in: Ders., Nation (wie Anm. 5), 35–54.

[12] Vgl. *Ute Planert*, Nationalismus, in: Christian Gudehus/Michaele Christ (Hrsg.), Gewalt. Ein interdisziplinäres Handbuch, Stuttgart 2013, 41–49.

[13] *Breuilly* (Hrsg.), Handbook (wie Anm. 6).

[14] *Ian Clark*, Globalization and Fragmentation: International Relations in the Twentieth Century, Oxford 1997, 27.

worden. An Theorien und empirischen Untersuchungen herrscht kein Mangel.[15] Zwei Forschungsstränge waren für die Konzeption dieses Bandes von besonderer Bedeutung. Zum einen hat sich die Forschung verstärkt mit den Struktur- und Funktionsbedingungen von Nationalismus in globalen Zusammenhängen beschäftigt und dabei die Vorstellung eines westeuropäischen Leitmodells, an dem andere „Sonderwege" gemessen werden könnten, zugunsten einer Pluralisierung von Entwicklungspfaden aufgegeben. Zum anderen haben zahlreiche Studien in den unterschiedlichsten Zusammenhängen nationale Mythen dekonstruiert und die Funktion dieser Mythen auf ihre politische Bedeutung hin untersucht. Beide Stränge laufen in diesem Buch zusammen.

Die Nationsforschung hat sich in den letzten Jahren zunehmend einer globalen Sichtweise geöffnet. Diese Perspektivverschiebung hat zu intensiven Diskussionen um die Funktion des Nationalismus in den antikolonialen Bestrebungen des 20. Jahrhunderts, um das Verhältnis von Nationalismus und pan-nationalen Bewegungen im afrikanischen und arabischen Raum oder zur Frage der Nationsbildung in Südostasien geführt – eine komplexe Materie, auf die hier nur kursorisch verwiesen werden kann.[16] Verbunden damit war der Abschied von der Vorstellung eines an den europäischen Ursprüngen orientierten Erfolgsprogramms, das auf gerader Strecke und ähnlichen Wegen von der politischen Idee über Prozesse kultureller Durchdringung zur Staatsbildung führte. Die modernisierende und homogenisierende Wirkung von Nationsbildungsprozessen blieb auch bei der Einbeziehung internationaler Vergleichsprojekte unbestritten, jedoch wurde die normative Vorstellung westeuropäischer Leit- und andersgearteter Sonderwege zugunsten einer multiperspektivischen Sichtweise aufgegeben. Auch wenn die frühen Nationskonzepte von Westeuropa ausgingen, so handelte es sich doch stets um Formen wechselseitiger Beeinflussungen über Zeiten und Kontinente hinweg, die in unterschiedlichen Zeiten und Räumen zu ganz verschiedenen Ausprägungen führten. Mit Blick auf Europa hatte Anne-Marie Thiesse diese Einsicht schon 1999 auf den Punkt gebracht: „Rien de plus international que la formation des identités nationales".[17]

[15] Die einschlägige Literatur füllt ganze Bibliotheken und kann daher hier nicht annäherungsweise angeführt werden. Vgl. daher als erste Annäherung etwa *Anthony B. Smith*, Nationalism and Modernism. A critical reader of Recent Theories of Nations and Nationalism, London 1998; *John Breuilly*, Nationalism and the State, Manchester 1993; *Ders.* (Hrsg.), Handbook (wie Anm. 6); *Hans-Ulrich Wehler*, Nationalismus. Geschichte, Formen, Folgen, München 2001; *Dieter Langewiesche*, Reich, Nation, Föderation. Deutschland und Europa, München 2008; *Oliver Zimmer*, Nationalism in Europe, 1890–1940, London 2003; *Liah Greenfeld*, Nationalism: Five Roads to Modernity, Cambridge, Mass. 1992; *Eric J. Hobsbawm*, Nations and Nationalism since 1780: Programme, Myth, Reality, Cambridge 1992; *Ernest Gellner*, Nationalism, London 1997; *Geoff Eley/Ronald G. Suny* (Hrsg.), Becoming National. A Reader, New York, Oxford 1996.

[16] Vgl. als Annäherung und mit weiterführender Literatur *Breuilly*, Handbook (wie Anm. 6).

[17] Vgl. *Anne-Marie Thiesse*, La création des identités nationales. Europe XVIIIe–XXe siècle, Paris 1999.

Eine ähnliche Abkehr von der Annahme allzu geradlinigen Entwicklungsschemata lässt sich auch bei der Diskussion um das Verhältnis von Nationalismus und Globalisierung einerseits, sowie, mit weniger Gegenwartsbezug, um die Rolle der Imperien im Zeitalter des Nationalstaates andererseits beobachten. Die vollmundige, freilich nicht von Historikern vorgetragene Rede vom Ende des nationalen Zeitalters ist der Einsicht gewichen, dass man es gegenwärtig eher mit der Transformation moderner Nationalstaaten im Zeichen der Beschränkung nationaler Politik durch supranationale Institutionen und ökonomische Verflechtungen zu tun hat.[18] Das Ende nationalstaatlicher Aufgabentableaus etwa bei der Sicherstellung grundlegender Lebensbedürfnisse ist nicht in Sicht. Ohne die Legitimationskraft des Nationalen wären etwa in der Bundesrepublik die immensen monetären Transferleistungen von West nach Ost nach dem Mauerfall undenkbar gewesen. Daher verwundert es nicht, dass in den entwicklungspolitischen Debatten um die *failed states* in Afrika und dem Mittleren Osten die Frage nach den Voraussetzungen des *nation-building* ganz oben steht.[19] Aus historischer Perspektive spricht viel dafür, globale und nationale Entwicklungen nicht gegeneinander auszuspielen, sondern von einer interdependenten Koevolution globaler und nationaler Einflusssphären und Beziehungen auszugehen.[20]

In vergleichbarer Weise wurde auch die Gegenüberstellung von Imperien und Nationalstaaten hinterfragt. Imperien erschienen in der Nationalismusforschung lange lediglich als Phänomene des Niedergangs überkommener Herrschaftsorganisation, die unter dem Ansturm moderner nationaler Bewegungen notwendig zusammenbrechen mussten. Inzwischen ist die Argumentation differenzierter geworden. Nicht nur Großbritannien, das sicher eine eigene Kategorie im Machtgefüge der europäischen Staatenwelt bildet, sondern auch andere Großreiche wie Russland, das Osmanische Reich oder die Habsburger Monarchie werden mittlerweile als bedeutsame Alternativen zur politischen Ordnungsform des Nationalstaats im 19. Jahrhundert betrachtet. Bei genauerem Hinsehen erweist sich, dass die beiden Herrschaftsformationen in der politisch-administrativen Praxis des fortschreitenden 19. Jahrhunderts weniger Unterschiede aufwiesen, als ihre systematische Unterscheidung vermuten ließe. Vielmehr lässt sich zeigen, dass Großreiche Regierungspraxen von den Nationalstaaten übernahmen, während umgekehrt Nationalstaaten begannen, sich ein überseeisches Kolonialreich zu schaffen. Von daher kann statt von Gegensätzen eher von Unterschieden und

---

[18] Karl Jaspers hatte vor einem anderen politischen Hintergrund bereits 1960 das Ende des Nationalstaates konstatiert und die „Verwirklichung der Freiheit im Gesamtleben konföderierter Staaten“ gefordert, vgl. *Karl Jaspers*, Freiheit und Wiedervereinigung. Über Aufgaben deutscher Politik, München 1960, 53–55.

[19] Vgl. *Jochen Hippler* (Hrsg.), Nation-Building: Ein Schlüsselkonzept für friedliche Konfliktbearbeitung? Bonn 2004.

[20] Vgl. mit einer knappen Liste weiterführender Literatur: *Jürgen Osterhammel*, Nationalism and Globalization, in: Breuilly (Hrsg.), Handbook (wie Anm. 6), 694–709, und *Sassen*, Territory (wie Anm. 9).

einer strukturellen Annäherung sich nationalisierender Imperien und imperial agierender Nationalstaaten im 19. und frühen 20. Jahrhundert gesprochen werden.[21]

Für den vorliegenden Band bedeutet diese globalgeschichtliche Wende, dass in der Frage nach der Entstehung von Nationalstaaten nicht länger von einem (west)europäischen Standardmodell ausgegangen werden kann, an dessen erfolgreicher oder weniger erfolgreichen Umsetzung dann die Qualität der Nationsbildung in anderen Regionen zu messen wäre. Vielmehr zeigen nicht nur der Blick auf Übersee oder Asien, sondern bereits Beispiele aus Europa selbst, dass der Dreiklang von Revolution, Krieg und Nation bei der Entstehung moderner Nationalstaaten zwar eine Rolle spielte, aber nicht immer diejenige, die ihm in der nationalen Mythenbildung zugemessen wurde.

Damit wäre der zweite Forschungskontext angesprochen, in den sich der vorliegende Band einfügt. Seit Benedict Anderson Nationen als „imagined communities" beschrieb und damit auf Eric Hobsbawms Überlegungen zur Erfindung von Traditionen rekurrierte, haben sich zahlreiche Studien aus kulturhistorischer Sicht mit der Nation beschäftigt und dabei insbesondere die Entstehung und Verbreitung nationaler Mythen und Symbole analysiert.[22] Sie bestätigten damit das bekannte handlungssoziologische Theorem, nach dem immer dann, „wenn Menschen Situationen als real definieren, [...] sie in ihren Folgen real" sind.[23]

Nun wäre es freilich zu kurz gegriffen, Nationsbildung, Revolution und Krieg nur aus der Perspektive von Diskursereignissen und Mythenschöpfungen zu analysieren. Der kulturhistorische Blick auf die Nation erweist sich jedoch als scharfes Instrument, das es erlaubt, gewissermaßen im Umkehrschluss Phänomene in den Blick zu nehmen, die für das Verständnis historischer Prozesse von Nationsbildung weitreichende Konsequenzen hatten. Wo nationale Meistererzählungen als Gründungsmythen dekonstruiert werden, wird der Weg frei für eine andere, wenngleich ebenfalls zeitgebundene Sicht der Dinge. Auf diese Weise führte die lustvoll betriebene Dekonstruktion nationaler Mythologeme in den letzten Jahren zu Ergebnissen, die in zentralen Punkten die Revision festgefügter Vorstellungen zur europäischen Nationsbildung notwendig machen.

Im Mittelpunkt solcher Revisionsbemühungen stand insbesondere die Zeitachse um 1800, der Jürgen Osterhammel wie schon Reinhart Koselleck einen eigenen Epochencharakter zumisst.[24] Hier mehren sich in den letzten Jahren die

---

[21] Vgl. *Jörn Leonhard / Ulrike von Hirschhausen*, Empires und Nationalstaaten im 19. Jahrhundert, Göttingen 2009; *Dieter Langewiesche*, Das Jahrhundert Europas. Eine Annäherung in globalhistorischer Perspektive, in: Historische Zeitschrift 296, 2013, 1, 29–48.

[22] Vgl. *Eric Hobsbawm*, Introduction: Inventing Traditions, in: Ders. / Terence Ranger (Hrsg.), The Invention of Traditions, Cambridge 1983; *Benedict Anderson*, Imagined Communities. Reflections on the Origin and Spread of Nationalism, London 1983.

[23] *Hartmut Esser*, Soziologie. Spezielle Grundlagen, Bd. 1: Situationslogik und Handeln, Frankfurt am Main 1999, 59–73.

[24] Vgl. *Osterhammel*, Verwandlung der Welt (wie Anm. 1), hier insbesondere 102.

Stimmen, die der These von der „Great Divide“ um 1800 skeptisch gegenüberstehen und aus unterschiedlicher Perspektive bezweifeln, dass der Beginn der Moderne gleichsam auf die Französische Revolution zu datieren ist. Kurz gefasst lauten die Argumente dahingehend, dass die Modernität der Frühen Neuzeit unter- und die Entwicklungen im 19. Jahrhundert überschätzt werden. Das gilt bereits für die ‚fortschrittlicheren' Staaten Westeuropas und umso mehr, je mehr man die europäischen Staaten in ihrer Gesamtheit mit ihren unterschiedlichen Entwicklungsgeschwindigkeiten in den Blick nimmt.[25]

In Bezug auf den Nationalismus ist dabei insbesondere auf die weit in die Frühe Neuzeit zurückreichende und im Krieg geschärfte Tradition eines nationalen Eigenbewusstseins, vor allem aber auf die Entwicklung der Publizistik im 18. Jahrhundert und die Bedeutung des Siebenjährigen Krieges für die Herausbildung nationaler Identitäten verwiesen worden.[26] Insbesondere aber herrscht nach mehr als einem Jahrzehnt internationaler Forschungstätigkeit Konsens, dass die Bedeutung der napoleonischen Kriege und des Widerstandes gegen die französische Herrschaft als Katalysatoren für die Entstehung des modernen Nationalismus relativiert werden müssen. Charles Esdaile, Michael Broers, Martin P. Schennach und andere haben für Spanien, Italien, Tirol und andere Regionen des untergegangenen Alten Reiches überzeugend dargelegt, dass nationale Beweggründe für den Widerstand gegen die napoleonische Herrschaft nur eine untergeordnete Rolle spielten und auf kleine Bevölkerungssegmente beschränkt blieben. Stattdessen dominierten Religiosität, Lokalismus, ökonomische Motive und Opposition gegen den modernisierenden Zugriff der Staatsgewalt einschließlich der verhassten Wehrpflicht. Viele der vermeintlichen Nationalhelden erwiesen sich bei genauerem Hinsehen nicht als Verfechter einer neuen, sondern als Verteidiger der alten Ordnung oder waren verarmte Outlaws auf der Suche nach Subsistenz, die die politischen Wirren der Zeit für eigene Zwecke nutzten. Für die Mehrheit der Bevölkerung gilt unter Beachtung regionaler und sozialer Unterschiede, dass in den meisten Fällen die Bewältigung des Kriegsalltags im Vordergrund stand und religiöse sowie regionale Bindungen nationale Motivationen bei weitem übertrafen.[27]

---

[25] Vgl. *Burke*, Nationalisms and Vernaculars (wie Anm. 5); *Ute Planert*, International Conflict, War, and the Making of Modern Germany, 1740–1815, in: Helmut Walser Smith (Hrsg.), The Oxford Handbook of Modern German History, Oxford 2011, 91–118.

[26] Vgl. *David A. Bell*, The Cult of the Nation, Cambridge, Mass. 2001; *Ders.*, The First Total War. Napoleon's Europe and the birth of warfare as we know it, Boston, Mass. 2007; *Linda Colley*, Britons. Forging the Nation 1707–1837, Yale 1992; *Ute Planert*, Wann beginnt der „moderne“ deutsche Nationalismus? Plädoyer für eine nationale Sattelzeit, in: Jörg Echternkamp / Sven O. Müller (Hrsg.), Die Politik der Nation. Deutscher Nationalismus in Krieg und Krisen, 1760–1960, München 2002, 25–59.

[27] Vgl. *Michael Broers*, Napoleon's Other War: Bandits, Rebels and their Pursuers in the Age of Revolution, Oxford 2010; *Martin P. Schennach*, Revolte in der Region. Zur Tiroler Erhebung 1809, Innsbruck 2009; *Ute Planert*, Der Mythos vom Befreiungskrieg. Frankreichs Kriege und der deutsche Süden, 1792–1841, Paderborn 2007; *Charles Esdaile*, Fighting Napoleon: Guerillas,

Mit der Weitung des historischen Blickes hat sich auch die Sicht auf die napoleonischen Kriege verändert, die einer verbreiteten Auffassung zufolge an der Wiege der modernen Nationsbildung stehen. Wo nicht mehr vornehmlich deutsch-französische Beziehungsgeschichte geschrieben wird, sondern der internationale Zusammenhang in den Vordergrund tritt, wird rasch deutlich, dass es trotz des aus deutscher Sicht so bedeutsamen Untergangs des Alten Reiches im Weltmaßstab weniger um eine Auseinandersetzung zwischen Frankreich und den Vormächten des deutschsprachigen Europas ging. Entscheidend und für die napoleonische Politik handlungsleitend war vielmehr der französisch-britische Gegensatz, der seit dem Siebenjährigen Krieg mit seinen für Frankreich verheerenden Folgen und der daraus resultierenden französischen Unterstützung der amerikanischen Unabhängigkeitsbewegung nochmals an Schärfe gewonnen hatte. Napoleon führte also keinen Nationalkrieg gegen das Deutsche Reich, Spanien oder Russland, wie man in der älteren und zuweilen auch noch in der jüngeren spanischen oder russischen Literatur lesen kann.[28] Der französische Kaiser führte einen Imperialkrieg, bei dem die Frage der Landhegemonie nicht unwichtig war, bei dem aber letztlich die Mächtekonkurrenz mit dem British Empire um die Vorherrschaft in Übersee im Mittelpunkt stand.

Was Krieg und Nation während der angenommenen Ursprungsphase des modernen Nationalismus um 1800 bedeuten, ist mithin in jüngster Zeit gründlich dekonstruiert worden. Auch die schon zu Zeiten des Ost-West-Gegensatzes intensiv geführte Diskussion um den Revolutionsbegriff hat durch die Einbeziehung der globalen Perspektive eine neue Wendung genommen. War den Vertretern einer an der Französischen Revolution gemessenen ‚vollständigen' Revolutionstheorie die amerikanische Verfassungsrevolution schon immer suspekt, bestärkte die Frage nach imperialer Ausdehnung, Rassismus und dem historischen Ort der Sklaverei all jene, die in den nordamerikanischen Vorgängen allenfalls ein Projekt der (männlichen) Siedler-Elite auf der Suche nach politischer Anerkennung sahen.[29] Auch die Literatur zur südamerikanischen Unabhängigkeit hat mittlerweile ihren Heroismus verloren. Die Meistererzäh-

---

Bandits and Adventurers in Spain, New Haven 2004; *Charles Esdaile* (Hrsg.), Popular Resistance in the French Wars: Patriots, Partisans and Land Pirates, Basingstoke 2005; *Michael Rowe*, From Reich to State: The Rhineland in the Revolutionary Age, 1780–1830, New York/Cambridge 2003; *Alan Forrest*, Déserteurs et insoumis sous la Révolution et l'Empire, Paris 1988; *Roger Dupuy*, De la Révolution à la Chouannerie, Paris 1988.

[28] Vgl. dagegen den aktuellen Forschungsstand bei *Dominic Lieven*, Russia against Napoleon: The Battle for Europe, 1807 to 1814, New York 2010 (deutsch München 2011); *Janet Hartley*, The Russian Empire: Military Encounters and National Identity, in: Richard Bessel/Nicholas Guyatt/Jane Rendall (Hrsg.), War, Empire and Slavery, 1770–1830, Basingstoke 2010, 218–234; mit weniger Distanz zu den Quellen *Adam Zamoyski*, 1812: Napoleons Feldzug in Russland, München 2012.

[29] Vgl. etwa die Beiträge in *Richard Bessel/Nicholas Guyatt/Jane Rendall* (Hrsg.), War, Empire and Slavery, 1770–1830, Basingstoke 2010; *Karen Hagemann/Gisela Mettele/Jane Rendall* (Hrsg.), Gender, War and Politics. Transatlantic Perspectives, 1775–1830, Basingstoke 2010.

lungen, denen die Unabhängigkeitskriege als revolutionäre Geburtsstunde der Nation galten, wurden von einer revisionistischen Geschichtsschreibung abgelöst, die regionale und ethnisch-soziale Disparitäten ebenso in den Blick nimmt wie die Vielfalt und Heterogenität der politischen Zielsetzungen. Die These von der Unvermeidbarkeit der Revolution wurde damit ebenso erschüttert wie die Vorstellung von der revolutionären Einheit der Nation.[30]

Die vielerorts zu beobachtende Tendenz zur Dekonstruktion nationaler Mythenarsenale macht deutlich, dass in diesen Fällen der Mythos inzwischen erkaltet und damit wissenschaftlicher Bearbeitung zugänglich geworden ist. Ganz anders stellt sich die Situation in Räumen dar, in denen noch um die politische Ordnung, um die Berechtigung daraus resultierender Ansprüche oder um die Vergangenheitspolitik gestritten wird. Hier entfalten ‚heiße' Mythen weiterhin ihre Kraft, indem sie die Wahrnehmung strukturieren und Einfluss auf gegenwärtiges Handeln nehmen.[31] In einem solchen Kontext können Nationalmythen zum Tatmotiv werden.[32]

Bekanntlich sind nationale Mythen Erzählungen, in denen es um die Herstellung von Bedeutsamkeit geht. Mythen sind der Wirklichkeit nicht entgegengesetzt, sondern ermöglichen eine spezifische Art von Wirklichkeitserfahrung.[33] Sie bieten Orientierung und reduzieren die Vielschichtigkeit ökonomischer, sozialer und politischer Prozesse. Historische Kontingenz wird in Signifikanz überführt. Mythen wirken sinnstiftend, indem sie Vergangenheit, Gegenwart und Zukunft miteinander verknüpfen. Dabei interpretieren sie die Vergangenheit im Licht des aktuell Bedeutsamen und verknüpfen es mit einer appellativen Zukunftserwartung.

Eine der wichtigsten Funktionen nationaler Mythen liegt darin, in Abgrenzung zu einem externen oder internen „Anderen" die nationale Identität der eigenen Gruppe herzustellen und über die Zeiten hinweg zu tradieren.[34] Ohne Gründungsmythos kommt daher keine Nation aus. Gründungsmythen

---

[30] Vgl. die Zusammenfassung des Forschungsstandes bei *Stefan Rinke*, Revolutionen in Lateinamerika. Wege in die Unabhängigkeit, 1760–1830, München 2010, der gleichwohl am Revolutionsbegriff festhält.

[31] Zur Rede von den „heißen" und den „kalten" Mythen vgl. *Herfried Münkler*, Die Deutschen und ihre Mythen, Berlin 2009.

[32] Vgl. *Holm Sundhausen*, Kriegserinnerung als Gesamtkunstwerk und Tatmotiv: Sechshundertzehn Jahre Kosovo-Krieg (1389–1999), in: Dietrich Beyrau (Hrsg.), Der Krieg in religiösen und nationalen Deutungen der Neuzeit, Tübingen 2001, 11–40.

[33] Vgl. *Kurt Hübner*, Die Wahrheit des Mythos, München 1985.

[34] Vgl. *Helmut Berding* (Hrsg.), Mythos und Nation. Studien zur Entwicklung des kollektiven Bewußtseins in der Neuzeit 3, Frankfurt am Main 1996; *Helmut Altrichter/Klaus Herbers/Helmut Neuhaus* (Hrsg.), Mythen in der Geschichte, Freiburg im Breisgau 2004; *Klaudia Knabel/Dietmar Rieger/Stephanie Wodianka* (Hrsg.), Nationale Mythen – kollektive Symbole. Funktionen, Konstruktionen und Medien der Erinnerung, Göttingen 2005; *Jürgen Link/Wulf Wülfing* (Hrsg.), Nationale Mythen und Symbole in der zweiten Hälfte des 19. Jahrhunderts. Strukturen und Funktionen von Konzepten nationaler Identität, Stuttgart 1991.

erzeugen kollektive Identitätsvorstellungen, formulieren einen konsensfähigen Wertekanon und legitimieren die Verteilung von Macht und Privilegien.[35] Dass Staatsbildungsprozesse fast durchweg mit Krieg und Bürgerkrieg verbunden waren, spiegelt sich im Mythenarsenal der Nationen wider. Drei Viertel der europäisch-amerikanischen Nationalmythen des 19. Jahrhunderts drehten sich um Kriegsmotive.[36] Über die reale Bellizität einer Nation ist damit freilich nichts ausgesagt.[37]

Allerdings, und darauf hat Dieter Langewiesche mit Rudolf Speth aufmerksam gemacht, bilden politische Mythen kein feststehendes und engmaschiges Korsett, das stets auf die gleiche Weise reproduziert werden könnte. Vielmehr zeichnen sich erfolgreiche Mythen gerade durch ihre Deutungsoffenheit und dadurch aus, dass sie das Potential haben, synchron oder diachron unterschiedliche Handlungsoptionen zu legitimieren. Eine adäquate Analyse hätte Mythen also als Form der Wirklichkeitsaneignung zu begreifen und danach zu fragen, auf welche Weise sie in welcher historischen Situation ausgestaltet und verwendet wurden, mit welchen anderen Bildern sie konkurrierten, wer sie in welcher Absicht verbreitete und auf welche Bedürfnisse sie reagierten. Ein 2003 aus dem Umfeld des Tübinger Sonderforschungsbereichs „Kriegserfahrungen" hervorgegangener Konferenzband hat für eine Vielzahl von kriegerischen Gründungsmythen moderner Nationalstaaten erste Antworten formuliert.[38]

Der hier vorliegende Band, der auf eine Tübinger Tagung zum 70. Geburtstag von Dieter Langewiesche zurückgeht, nimmt diese Fragestellung in veränderter Form auf und trägt sie an die Ränder Europas und über Europa hinaus. Wenn nationale Gründungsmythen aus dem Grund erzählt werden, dass dadurch Konflikte und Verteilungskämpfe stillgestellt und die Einheit der Nation behauptet werden; wenn sie als Medium der Selbstvergewisserung und der Orientierungsstiftung fungieren; wenn sich damit territoriale Ansprüche und Privilegien legitimieren lassen; wenn sie das Geschehen adeln und Opfer rechtfertigen, indem sie Heldengeschichten erzählen; wenn beim Übergang zwischen unterschiedlichen Ordnungssystemen Revolution und Krieg als unvermeidliches, ja notwendiges Zwischenstadium auf dem Weg zu einer gerechteren Ordnung erscheinen; wenn

[35] Vgl. *Yves Bizeul*, Theorien der politischen Mythen und Rituale, in: Ders. (Hrsg.), Politische Mythen und Rituale in Deutschland, Frankreich und Polen, Berlin 2000, 15–39, hier 21–23; *Matteo Galli/Heinz-Peter Preusser* (Hrsg.), Deutsche Gründungsmythen, Heidelberg 2008.

[36] Vgl. *Monika Flacke* (Hrsg.), Mythen der Nationen. Ein europäisches Panorama. Begleitband zur Ausstellung vom 20. März 1998 bis 9. Juni 1998, 2. Aufl. München/Berlin 2001.

[37] Vgl. *Rudolf Speth*, Nation und Revolution. Politische Mythen im 19. Jahrhundert, Opladen 2000; *Dieter Langewiesche*, Krieg im Mythenarsenal europäischer Nationen und der USA. Überlegungen zur Wirkungsmacht politischer Mythen, in: Buschmann/Langewiesche (Hrsg.), Krieg in den Gründungsmythen (wie Anm. 2), 13–22; *Ders.*, Unschuldige Mythen: Gründungsmythen und Nationsbildung in Europa im 19. und 20. Jahrhundert, in: Kerstin von Lingen (Hrsg.), Kriegserfahrung und nationale Identität in Europa nach 1945. Erinnerung, Säuberungsprozesse und nationales Gedächtnis, Paderborn 2009, 27–41.

[38] Vgl. *Buschmann/Langewiesche* (Hrsg.), Krieg in den Gründungsmythen (wie Anm. 2).

also kurz historische Notwendigkeit behauptet wird, wo Situationen offen sind: Wie stellt sich dann die historische Situation jenseits der Mythisierung dar?

III.

Die in diesem Band versammelten Beiträge versuchen eine Antwort, indem sie untersuchen, inwiefern sich die an west- und mitteleuropäischen Beispielen entwickelte Vorstellung und in vielen Mythen aufgegriffene Behauptung eines engen Zusammenhangs von (Revolutions-)Kriegen und Nationalstaatsbildung auf andere Regionen übertragen lassen. Drei Fallstudien aus Nord- und Lateinamerika sowie sieben Untersuchungen aus Skandinavien, Osteuropa, dem Süden und dem äußersten Westen des europäischen Kontinents machen deutlich, dass der Mythos der nationalen Revolution, die im Krieg gegen widerstrebende Mächte durchgesetzt werden musste, zwar nicht immer eines wahren Kerns entbehrte. Vor allem aber verdeckte er zeitgenössische Kontingenzen, Konkurrenzen und Konflikte. Geschichte wurde im Sinn gegenwärtiger Zeitbedürfnisse und im Interesse der herrschenden Eliten umgedeutet und legitimiert. Zuweilen konnte der Mythos auch dazu dienen, Verbrechen, die im Namen der Nation begangen wurden, zu verschleiern.

Der Soziologe Wolfgang Knöbl nimmt die US-amerikanische Staatsbildung in den Blick und erinnert daran, dass dabei der mit der britischen Kolonialmacht assoziierte Begriff Nation lange Zeit explizit vermieden worden war. Aus einer *settlers revolt* hervorgegangen, die erst durch die Reaktion des Mutterlandes in einen Unabhängigkeitskrieg mündete, standen zunächst nicht Fragen der Nationalisierung und Demokratisierung im Vordergrund, sondern das Verhältnis der heterogenen Einzelstaaten zueinander und die Rechte ihrer weißen Bevölkerung. Erst die zunehmende Abgrenzung von Großbritannien in der von Ungewissheiten bestimmten Nachkriegszeit und der Krieg von 1812 begünstigten in einem konflikthaften und widersprüchlichen Prozess „Schübe von Nationalisierung", die häufig ökonomisch motiviert waren und sich mit Dezentralisierungstendenzen abwechselten. Der Ausbau marktwirtschaftlicher Prozesse und einer gemeinsamen Infra- und Kommunikationsstruktur führte nicht zur Entstehung eines starken Nationalstaates europäischer Prägung. Unterstützt durch die wirtschaftlichen und außenpolitischen Interdependenzen mit den europäischen Großmächten, bildete sich schließlich ein funktionierendes Staatswesen eigenen Typs heraus, das gleichwohl aus Sicht der europäischen Nationalstaatstradition vielfach als defizitär wahrgenommen wurde.

Stefan Rinke knüpft in seinem Beitrag zu Lateinamerika an Knöbls Befunde an und zeigt, wie auch hier nach der Unabhängigkeit Kontingenz und Unsicherheit die Situation in vielen Regionen bestimmten. Weiterwirkende Traditionen aus der Kolonialzeit, postrevolutionäre Desintegrationsprozesse und starke Regionalisierungstendenzen ließen trotz der Bildung von Parteien, der Einführung von Verfassungen und der Abhaltung freier Wahlen die Etablierung funktionierender Nationalstaaten scheitern. Stattdessen entstanden Räume begrenzter Staatlichkeit, in denen rivalisierende Caudillos um Macht und Einfluss kämpften. Die Gewalt, die sich zuvor gegen die europäischen Machthaber richtete, kehrte sich nun nach innen. Die Durchsetzung einer politischen Ordnung blieb umstritten und ließ Raum für die Usurpation politischer Macht durch wechselnde Aspiranten. Der Zusammenbruch der Infrastruktur und geschwächte Außenhandelsbeziehungen trugen zur weiteren Destabilisierung der Situation bei. Die Etablierung von Nationalstaaten gleichberechtigter Staatsbürger scheiterte an der Persistenz kolonialer Hierarchien, ökonomischen Disparitäten, dem Fortbestand der Sklaverei und der fortgesetzten Diskriminierung der indigenen Bevölkerung. Gleichwohl verschwand das Revolutionsversprechen von Freiheit und Gleichheit nicht aus den Köpfen derjenigen, die von der Teilhabe ausgeschlossen blieben, und Kriege trugen zur weiteren Mobilisierung bisher marginalisierter Bevölkerungsschichten bei. Die dem nationalen Programm inhärente Teilhabeverheißung führte auch und gerade zur Politisierung der Bevölkerung, wo Eliten die Demokratisierung einzudämmen suchten.

Auch Wolfgang Gabbert zeigt in seinem Beitrag über Staats- und Nationsbildung in Mexiko, wie ein im internationalen Vergleich sehr früh formulierter verfassungspolitischer Demokratisierungsanspruch an der postkolonialen Wirklichkeit zerschellte. Der Revolution mit ihrem Freiheitsversprechen folgten Gewalt, Bürgerkriege und eine Situation der „inhärenten Instabilität". Diese Konstellation begünstigte die Entstehung lokaler Patron-Klientel-Verhältnisse und den Aufstieg regional verankerter Caudillos, deren Separationstendenzen zu großen regionalen Disparitäten führten. Militarisierte Eliten bedienten sich der politischen und wirtschaftlichen Schwäche des jungen Staates für eigene Zwecke und formten ihn um zum politischen Machtinstrument wechselnder Regierungen. Allerdings begünstigte der Diskurs um liberale Rechte und Freiheiten hier auch die Emanzipation zuvor marginalisierter Gruppen wie der indigenen Bevölkerung. An Kontur gewann der mexikanische Nationalstaat jedoch erst durch den Kampf gegen die Intervention Frankreichs und die Opposition zum Zweiten Kaiserreich; die wirtschaftliche und politische Stabilisierung ließ bis an die Wende zum 20. Jahrhundert auf sich warten.

Jens Späth knüpft in seiner Entmythologisierung des italienischen *Risorgimento* an aktuelle Revisionsbestrebungen an und verwirft das bis Mitte des 20. Jahrhunderts tradierte Narrativ einer gelungenen italienischen Nationsbildung zugunsten einer differenzierten Betrachtung, die Ambivalenzen und Probleme des Nationalisierungsprozesses in den Mittelpunkt rückt. Er spricht von italienischen „Nationen" eher als von der italienischen Nation und verweist auf die Divergenz unterschiedlicher regionaler Entwicklungen, die auch verschiedene Verfassungstraditionen umfassten. Späth hebt hervor, dass sich das Konzept eines geeinten Italien überhaupt erst in der Revolution von 1848 entwickelte. Zuvor waren nationale Vorstellungen diffus und fragmentarisch geblieben und wurden regional sehr unterschiedlich aufgefasst. Der Nationsbildungsprozess setzte daher nach der italienischen Nationalstaatsgründung ein und war von zahlreichen Verwerfungen gekennzeichnet, die eine homogene italienische Nationalidee nicht entstehen ließen. Entsprechend konnte der Bezug zur Nation in Italien wahlweise als Befreiung von Fremdherrschaft oder aber als Vereinnahmung und Kolonialisierung des Südens durch den Norden verstanden werden.

Dagegen bezeichnet Rasmus Glenthøj den dänischen Nationalstaat geradezu als „textbook example" einer gelungenen Nationsbildung, entstand er doch im 19. Jahrhundert infolge von Nationalismus, Demokratisierung und Krieg. Allerdings unterschied sich der dänische Fall von der für Europa typischen Entwicklung auf signifikante Weise. Dänemark konnte noch zu Beginn des 19. Jahrhunderts als ein Imperium gelten, dessen Zusammenhalt dynastische Bindungen und eine absolutistische Regierungsform stifteten. Modernisierungstendenzen und internationale Konflikte lösten diesen Zusammenhang auf. Doch während das übliche Muster europäischer Nationsbildungen entweder in der Loslösung von einem Staat oder Imperium (slawische Staaten, Belgien, Polen) bestand, in der Einigung einer ‚Nation' (Deutschland, Italien) oder der Umwandlung eines bereits vorhandenen Staates in einen Nationalstaat (Frankreich, Niederlande, zum Teil auch Großbritannien), war Dänemark das einzige Land, das unter dem Einfluss von Liberalismus und Nationalismus aktiv an der Zerstörung seines Imperiums arbeitete, um vor dem Hintergrund der unvereinbaren Ziele der dänischen und deutschen Nationalbewegung die Nation zu retten.

Auch Christoph Jahr setzt sich mit Nationsbildungsmodellen auseinander und sucht den irischen Fall in die typische Verlaufsformen west- und osteuropäischer Nationsbildung einzuordnen. Dabei arbeitet er heraus, dass Irlands „Sezessionsnationalismus" stärker ost- als westeuropäischen Mustern entsprach. Während die politische Entwicklung des Landes eher evolutionär geprägt war als revolutionär verlief, stellte sich Krieg im Fall Irlands als komplexe Verbindung unterschiedlicher Gewaltformen dar, die vom Guerillakrieg paramilitärischer Verbände bis zu den Auswirkungen des Ersten Weltkrieges reichte. Unterschiedliche Nationsvorstellungen existierten parallel zueinander und wurden von verschiedenen Gruppen jeweils unterschiedlich interpretiert. Die gemeinsame Basis von Konstitutionalisten und Republikanern erodierte im frühen 20. Jahrhundert; der seit 1916 geführte Bürgerkrieg wurde durch den Einfluss des Ersten Weltkrieges radikalisiert. Die Bildung einer einheitlichen irischen Nation setzte erst mit der Formierung eines irischen Parlamentes ein und war wesentlich durch die Auseinandersetzung mit dem britischen Imperium bestimmt.

Stefan Plaggenborg unterzieht in seinem Beitrag die nationalistisch geprägte Geschichtsschreibung der Türkei einer schonungslosen Überprüfung. Dem kemalistischen Gründungsmythos, der die Absetzung des Sultans und die

Gründung des türkischen Staates als Befreiungskrieg und nationale Revolution verstand, hält er einen differenzierten Blick auf bürgerkriegsähnliche Auseinandersetzungen, heterogene Kampfhandlungen und einen durch eine kleine Elite forcierten Coup d'Etat entgegen. Entsprechend bildete die in Anlehnung an westliche Konzepte einberufene Nationalversammlung die soziale und ethnische Heterogenität des jungen Staates nicht ab; die Gesellschaft blieb zwischen religiös pluralistischem Osmanismus, ethnisch diversem Islamismus und dem siegreichen türkischen Kemalismus gespalten. Die Nationsbildung von oben wurde unter massiver Gewaltanwendung gegen die nicht turkophonen Bevölkerungsteile durchgesetzt. In ihrer Regierungspraxis, aber auch in ihrer Betonung eines modernisierungstheoretisch überhöhten Nationsnarrativ erwies sich die Entstehung der modernen Türkei somit als genuiner Bestandteil europäischer Nationsbildungsgeschichte.

Mathias Beer richtet den Blick nach Südosteuropa, wo während einer langen Abfolge von Aufständen, Krisen und Kriegen zwischen Russland und dem Osmanischen Reich neue Nationalstaaten heranwuchsen. Anders als in den anderen innereuropäischen Konflikten des 19. Jahrhunderts vollzog sich der Staatsbildungsprozess in Osteuropa mit einem hohen Maß an entgrenzter Gewalt entlang von religiösen, sprachlichen und ethnischen Konfliktlinien. Nationale Befreiung in den Räumen zerfallender Imperien war hier schon früh mit Massakern, Flucht und Vertreibung verbunden; der Balkan wurde zu einem Lernort für die „ethnischen Säuberungen" des 20. Jahrhunderts. Mit den territorialen und bevölkerungspolitischen Verschiebungen ging aber, und darauf macht Mathias Beer in seinem Beitrag aufmerksam, gewissermaßen als Schutz des Nationalstaats vor sich selbst eine stetige Verrechtlichung des Minderheitenschutzes einher. Insofern, so die These, stelle sich der Balkan nicht nur als Labor für „ethnische Säuberungen", sondern in Reaktion darauf auch als ein Labor für die Institutionalisierung von Minderheitenschutzbestimmungen dar.

Malte Rolf untersucht den Westen des russischen Reiches und betont in seinem Beitrag die fundamentale Zäsur des revolutionären Jahres 1905, mit dem im russischen Imperium ein Wandel vom inklusiven zum exklusiven Nationalismus einsetzte. Die Revolution war Katalysator eines aggressiven Nationalismus, der die bisher praktizierte soziale Durchlässigkeit zwischen verschiedenen ethnischen Gruppen und die Möglichkeit kultureller Assimilation negierte. Zwar hielten die adeligen Eliten des russischen Imperiums an der Anerkennung der multiethnischen Realität fest. Doch die Radikalisierung des nationalen Diskurses öffnete einen Raum für die Verfolgung ethnischer und sozialer Minderheiten und insbesondere der jüdischen Bevölkerung und trug zur Legitimitätskrise des russischen Vielvölkerstaates bei. Auf diese Weise stellte die Revolution von 1905 das mentale Rüstzeug für die exklusive Nationsbildung nach der russischen Revolution von 1917/18 bereit, deren Folgewirkungen noch bis in die Zwischenkriegszeit zu spüren waren.

Wie als brutale Machttechnik angewandte Gewalt anstelle von Nationalismus und Revolution die Staatsbildung erzwingen kann, demonstriert schließlich Jörg Baberowski am Beispiel der asiatischen Peripherie der Sowjetunion. Nation und Revolution blieben hier bloße Worthülsen, mit denen strategisch eingesetzte despotische Gewalt gerechtfertigt wurde. Zwangsan- und -umsiedlungen und exemplarisch angewandte Gewaltexzesse dienten dazu, den Widerstand der nomadischen Bevölkerung zu brechen. Die Politik des Regimes an den Grenzen seines Reiches zielte auf die Eskalation und Heraufbeschwörung von Krisen, da es sich vom Ausnahmezustand die Stärkung der eigenen Position versprach. Auf den Versuch einer regionalen Nationalisierung konnte verzichtet werden, da Gewalt und Despotismus ausreichten, um die peripheren Regionen des sowjetischen Vielvölkerreiches zu regieren.

IV.

Obwohl die Beiträge sehr unterschiedliche Räume und Zeiten abdecken und obwohl sie Nationalismen behandeln, die klassisch unterschiedlichen Fällen zugerechnet werden (mit Wehler könnten wir den ein bereits existierendes Staatsgebilde national integrierenden Nationalismus, den verschiedene Regionen unifizierenden Nationalismus und den die Auflösung eines Imperiums begleitenden Sezessionsnationalismus von einem anti-kolonialen Nationalismus unterscheiden, der nicht mit der Entstehung von Nationalstaaten durch den Zerfall europäischer Landimperien identisch ist),[39] weisen sie erstaunliche Übereinstimmungen auf:

1. Herrschafts- und Elitenwechsel, Gewalthandeln und der Umbau der Legitimationsgrundlagen eines Gemeinwesens waren sehr dynamische Prozesse. Sie verbanden sich mit forcierter sozialer Interaktion, Inklusion und Exklusion sowie veränderten emotionalen Regimes. Deshalb spielen in allen Beiträgen nichtintendierte Nebenfolgen eine wichtige Rolle. Sie lenkten Prozesse in unvorhersehbare Richtungen und überforderten die Steuerungsfähigkeit der Akteure und Institutionen. Die Beiträge weisen auf die Offenheit der Situation und die Unsicherheit der Zukunft hin, mit der die zeitgenössischen Akteure konfrontiert waren. Und sie fordern zur Bescheidenheit bei ex-post Kategorisierungen und Typologisierungen auf.

2. Im Einklang mit den beiden für die Konzeption dieses Bandes leitenden Forschungssträngen (Globalisierung der Perspektiven, Mythologisierung und Dekonstruktion) machen sich alle Beiträge – teils mit Lust – an die Aufgabe,

[39] Vgl. *Wehler*, Nationalismus (wie Anm. 15), 50–53. Der hier angeführte Transfernationalismus, mit dem der Export nationaler Vorstellungen nach Übersee beschrieben werden soll, bleibt eine unscharfe Kategorie.

die Begriffe „Revolution", „Krieg" und „Nation" für ihren jeweiligen Fall analytisch zu dekonstruieren. So wie die Begriffe im Dienste einer zukunftsfähigen, gemeinschaftsbildenden und gemeinschaftsabgrenzenden nationalen Selbstbeschreibung eingesetzt wurden und teils auch in der Historiographie Verwendung fanden bzw. noch finden, lassen sie sich offenbar empirisch nicht fassen. Die „Revolution" war ein Staatsstreich oder eine Machtübertragung ohne Elitenwechsel, der „Krieg" bestand aus vielen Kriegen oder war gar kein Krieg, die „Nation", die im neuen Staat zu sich selbst kommen sollte, musste unter Inkaufnahme teils exorbitanter Kosten an Menschenleben, Glück und Sachwerten erst geschaffen werden. Und nur allzu oft wurde selbst die Stiftung einer Nation nur von Wenigen beabsichtigt.

3. Nichtsdestoweniger gab es die wirkmächtige Trias aus „Revolution" – „Krieg" – „Nation". Die Begriffe wanderten von Tatort zu Tatort, wurden über den Atlantik und quer durch Eurasien transportiert. Sie wurden in Transferprozessen angleichend adaptiert, im Streit innerhalb und zwischen gesellschaftlichen Gruppen konfiguriert und rekonfiguriert. Weil die Akteure um ihre Bedeutung wussten, setzten sie die Begriffe in der politischen Kommunikation ein. Und sie agierten in bestimmten Weisen, weil sie an die Wirkmächtigkeit des Zusammenhangs von Revolution, Nation und Krieg glaubten. Die empirische Dekonstruktion des zeitgenössisch und auch historiographisch mit Begriffen Behaupteten bedeutet nicht, dass die Begriffe keine Bedeutung hatten. Für Historikerinnen und Historiker ist es freilich wichtig, Behauptetes und dadurch auch Wirkmächtiges von empirisch Nachweisbarem zu unterscheiden.

4. Nicht alles Massengewalthandeln wurde in den untersuchten Fällen als Krieg und nicht jede Machtübertragung als Revolution ausgegeben. In manchen Fällen wurde der Konnex zwischen Revolution, Krieg und Nation hergestellt, in anderen nicht. Insofern fordern die Beiträge dazu auf, die Perspektive umzukehren, nicht dem als „Revolution" und „Krieg" Deklarierten zu folgen, sondern von empirischen Ereignissen auszugehen. Wenn wir Situationen identifizieren, die das Potential für „Revolution" und „Krieg" in sich trugen, können wir nach Mechanismen fragen, die die Trias von „Revolution", „Krieg" und „Nation" ins Spiel brachten. Unter welchen Bedingungen und mit welchen Mitteln nutzten Gesellschaften oder gesellschaftliche Gruppen das Potential, das in Ereignissen oder Ereignisketten schlummerte? Wie und warum gelang es, einer Situation einen bedeutsamen Rahmen zu geben, der Glauben finden und damit voraussehbare Anschlusshandlungen auslösen konnte?

Wenn wir in dieser Weise von der Mikroebene, von einem Ensemble von Möglichkeitsräumen aus auf die Begriffstrias „Revolution", „Krieg" und „Nation" schauen, eröffnet sich die Chance, anstelle der von Westeuropa aus gedachten Nationaltypologien neue Kategorien zu entwickeln, welche die Ergebnisse dekonstruktivistischer Ansätze aufnehmen und Konsequenzen aus den globalisierten Perspektiven des 21. Jahrhunderts ziehen. Einige Beiträge dieses Bandes fordern mehr oder weniger polemisch ein Ende des explizit oder implizit von west- und mitteleuropäischen Normalbildern ausgehenden Nationsdenkens ein, das in Adjektiven wie „verspätet" oder „unvollständig" seinen Ausdruck findet. Nun argumentieren aktuelle Ansätze der Nationsforschung nicht mehr teleologisch und untersuchen eher Vielfalt als Haupt- und Sonderwege.[40] Doch wenn Wolfgang Knöbl vorschlägt, nach „Schüben der Nationalisierung" zu suchen, oder Malte Rolf für eine begriffsgeschichtliche Herangehensweise plädiert, die mit Transfers und streitigen Interaktionen rechnet, scheinen Möglichkeiten auf, die Vielfalt in neuer Weise zu systematisieren. Die Aufsätze des vorliegenden Bandes können insofern dazu anregen, gesellschaftsübergreifende Vergleiche jenseits des west- und mitteleuropäischen Raumes vorzunehmen, um dadurch erstens die Möglichkeitsräume von Situationen und Ereignissen auszumessen, in denen die wirkmächtigen Begriffe „Revolution", „Krieg" und „Nation" zur Anwendung gebracht werden konnten, und zweitens über die vergleichende Betrachtung Regelhaftigkeiten bis hin zu Mechanismen der Anwendung aufzuspüren und so der Nationalismus- wie der Moderneforschung neue Perspektiven zu eröffnen.

---

[40] Vgl. etwa die Beiträge in *Breuilly* (Hrsg.), Handbook (wie Anm. 6).

Der neue Staat und die Revolution oder Schwierigkeiten bei der Analyse der Entstehung der frühen US-amerikanischen Republik

Wolfgang Knöbl

Wohl den meisten Sozialwissenschaftlern, die sich während der letzten Jahrzehnte aus einer theoretischen und/oder interdisziplinären Perspektive mit der Thematik von Nation und Revolution beschäftigt haben, dürfte aufgefallen sein, wie sehr sich doch der Status der US-Geschichte im Rahmen des Auf- und Abstiegs gängiger Deutungsmuster verändert hat. War es von den 1960ern bis in die 1980er Jahre noch unerlässlich, sich etwa mit Seymour Martin Lipsets modernisierungstheoretisch angeleitetem und vor etwa 50 Jahren erschienenem Buch *The First New Nation. The United States in Historical and Comparative Perspective* (1963) auseinanderzusetzen, weil man darin über den gerade für die nicht-europäische Welt so konstitutiven Zusammenhang von anti-kolonialer Revolution und nicht-ethnischer Nationsbildung belehrt wurde und die USA nicht nur als eine vorbildhafte, sondern auch unter theoretischen Gesichtspunkten höchst interessante Gesellschaft vorgeführt bekam, so wirken die damaligen normativen wie theoretischen Zumutungen heute eher deplaziert. Christopher A. Baylys zu Recht gerühmte Globalgeschichte *The Birth of the Modern World, 1780–1914* bringt es fertig, die US-amerikanische Revolution und die politischen Strukturen und Auseinandersetzungen in der frühen Republik nicht einmal mehr zu erwähnen.[1] In der deutschen Ausgabe des Buches tauchen die USA zum ersten Mal auf S. 146 auf – im Zusammenhang mit neuartigen Wirtschafts- und Konsumgewohnheiten. Danach wird US-amerikanische Geschichte erst wieder im Zusammenhang mit dem *Civil War* diskutiert, ein „Weltereignis“[2], so Bayly, wohl im Unterschied zur eher vernachlässigenswerten US-amerikanischen Revolution![3]

---

[1] *Christopher A. Bayly*, Die Geburt der modernen Welt. Eine Globalgeschichte 1780–1914, Frankfurt am Main/New York 2006 [2004], 146 f.

[2] *Bayly*, Geburt der modernen Welt (wie Anm. 1), 201.

[3] Ich entnehme diesen Hinweis dem Band von *Gary B. Nash*, Sparks from the Altar of ’76: International Repercussions and Reconsiderations of the American Revolution, in: David Armitage/Sanjay Subrahmanyam (Hrsg.), The Age of Revolutions in Global Context, c. 1760–1840, Houndsmill 2011, 1–19, hier 3.

Wenn man dieses Schweigen über Revolution und frühe Republik nicht dem Ressentiment eines *britischen* Historikers gegenüber ‚seinen' ehemaligen Kolonien zurechnen will, dann bleibt als Erklärung dieses Sachverhalts nur der Verweis darauf, dass sich diese historische Epoche noch stets herkömmlichen Begrifflichkeiten und Deutungsversuchen gesperrt hat.[4] Eine solche Erfahrung musste schon Georg Wilhelm Friedrich Hegel machen, der in seinen *Vorlesungen über die Philosophie der Geschichte* nur vermelden konnte, dass von einem „wirklichen Staat", von einer „wirkliche(n) Staatsregierung" in den USA nicht die Rede sein könne.[5] Hegels zeitgenössische Deutung oder vielmehr: Nicht-Deutung der frühen US-amerikanischen Republik nahm damit eine Interpretationslinie vorweg, der auch spätere Sozialwissenschaftler folgen sollten:[6] Entweder wurde – wie bei Alexis de Tocqueville – konstatiert und prognostiziert, dass der Bundesstaat fragil sei und ohnehin immer schwächer werde[7], oder es wurde angenommen, dass – so Max Weber – Bürokratisierungsprozesse in den USA sehr verzögert eingesetzt hätten und sich – aus seiner Warte – erst vor kurzer Zeit eine Angleichung an europäische Staatstandards ergeben habe.[8] Selbst beim so begriffsfreudigen Weber blieb aber damit die politische Morphologie der frühen Republik – und dies vielleicht aus systematischen Gründen – unthematisiert. Max M. Edling brachte die Nicht-Anwendbarkeit des Weberschen Staatsverständnisses auf die frühe US-amerikanische Republik folgendermaßen auf den Punkt:

> This concept of the state is clearly of little use to an analysis of a polity such as the early United States which was organized around the principles of federalism, popular sovereignty, limited government, and representation, and where the central administration was limited in size, power-sharing between levels of governments institutionalized, and the concept of a civil service slow to develop.[9]

---

[4] Zur durchaus verbreiteten Rede vom US-amerikanischen „Staat" als einem „enigma" siehe *Stephen Skowronek*, Building a New American State. The Expansion of National Administrative Capacities, 1877–1920, Cambridge 1982, 3.

[5] Dies deshalb, so Hegel, weil hierfür ganz wesentliche Voraussetzungen fehlten: Zum einen eine bürgerliche Gesellschaft, insofern durch das Vorhandensein unbesiedelten Landes und die offene Grenze sich eher die „Ackerbauern" als die „städtischen Gewerbe" und der städtische „Verkehr" vermehrten; und zum anderen äußere Feinde, insofern die unmittelbaren Nachbarn Kanada und Mexiko keine ernsthafte Bedrohung darstellten, wodurch der Aufbau staatlicher und militärischer Institutionen gar nicht erst notwendig erscheine (*Georg Wilhelm Friedrich Hegel*, Vorlesungen über die Philosophie der Geschichte. Werke 12, Frankfurt am Main 1986, 113–114).

[6] Vgl. hierzu *William J. Novak*, The Myth of the ‚Weak' American State, in: The American Historical Review 113, 2008, 754 ff.; *Skowronek*, Building (wie Anm. 4), 5 ff.

[7] *Alexis de Tocqueville*, Über die Demokratie in Amerika. Erster Teil, Zürich 1987, 570.

[8] *Max Weber*, Wirtschaft und Gesellschaft. Grundriß der verstehenden Soziologie, Tübingen 1985, 831.

[9] *Max M. Edling*, Review of Brian Balogh's, A Government Out of Sight, in: The Journal of Policy History 21, 2009, 462–468, hier 464.

Diese Schwierigkeit zeigte sich konsequenterweise auch dann noch, als in der US-amerikanischen Geschichts- und Politikwissenschaft von den späten 1970er bis zu den frühen 1990er Jahren – also *nach* der Hegemonie der Modernisierungstheorie – mit zum Teil Weberianisch-herrschaftstheoretischen Instrumentarien versucht wurde, die eigentümliche Genese und Form früher US-amerikanischer Staatlichkeit zu fassen. Denn auch Richard L. McCormick, Stephen Skowronek und Richard Bensel unterstellten in ihren Maßstäbe setzenden Arbeiten[10], dass es zu einer „wirklichen" (Hegel!) Staatsbildung vor dem „Civil War" oder vielleicht sogar vor dem noch späteren Progressivismus nicht gekommen sei, weil man in den USA erst von da an leistungsfähige zentralstaatliche Administrationen und Regulierungskapazitäten aufbaute. Dies erzwang natürlich erneut die Frage, wie aber dann die politische Verfasstheit gerade der *frühen* Republik zu charakterisieren sei. Skowronek immerhin gab eine Art Antwort: Zwar sei vor 1860 kein *administrativer* Staat vorhanden gewesen, aber immerhin „a State of Courts and Parties". Es seien die Gerichte und – unter den Bedingungen früh einsetzender Massendemokratisierung – die Parteimaschinen gewesen, die liberale Eigentumsrechte durchsetzten und die teilweise die Distribution gesellschaftlicher Ressourcen regelten. Eben weil es an einer Zentralisierung administrativer Macht gefehlt habe, hätten die Gerichte und Parteien gewissermaßen äquivalente Funktionen ausgeübt.[11]

So plausibel dieses Argument auf den ersten Blick schien, so wurde auch diese Deutung in jüngster Zeit einer überzeugenden Kritik unterzogen[12], kann man doch durchaus bezweifeln, dass die frühen Bundesadministrationen nur distributive und keine regulativen Funktionen und Zwangsaufgaben übernommen hätten.[13] Hinterfragt wird auch, ob es überhaupt besonders sinnvoll sei, mit einer Weberschen Staatsdefinition an das frühe US-amerikanische Gemeinwesen heranzugehen, weil man damit doch immer nur Defizite an Staatlichkeit feststellen könne. Stattdessen – so das Argument – müsse man sehr viel stärker die infrastrukturellen Fähigkeiten des US-Staates, dessen horizontale und nicht: hierarchische Organisation und die spezifische Form von Recht und Justiz in den

---

[10] *Richard L. McCormick*, The Party Period and Public Policy: An Exploratory Hypothesis, in: The Journal of American History 66, 1979, 279–298; *Skowronek*, Building (wie Anm. 4); *Richard F. Bensel*, Yankee Leviathan. The Origins of Central State Authority in America, 1859–1877, Cambridge 1990.

[11] *Skowronek*, Building (wie Anm. 4), 29.

[12] *Richard R. John*, Governmental Institutions as Agents of Change: Rethinking American Political Development in the Early Republic, 1787–1835, in: Studies of American Political Development 11, 1997, 368; vgl. auch *Ira Katznelson*, Flexible Capacity: The Military and Early American Statebuilding, in: Ira Katznelson / Martin Shefter (Hrsg.), Shaped by War and Trade. International Influences on American Political Development, Princeton 2002, 86–110, hier 86 ff.

[13] *Richard R. John*, Ruling Passions: Political Economy in Nineteenth-Century America, in: Ders. (Hrsg.), Ruling Passions: Political Economy in Nineteenth-Century America, University Park, Penn. 2006, 1–20, hier 8.

Mittelpunkt rücken[14], weil man nur so verstehen könne, wie sich seit Unabhängigkeit und Krieg in den 1770er und 1780er Jahren diese so unterschiedlichen, ursprünglich 13 Kolonien zusammenfinden und eine nationale Identität ausbilden konnten. Im Folgenden will ich diese Argumente aufgreifen und zeigen, dass es gute Gründe gibt, den oft modernisierungstheoretisch gefärbten Dreiklang von Revolution, Krieg und Nation hinter sich zu lassen und die Geschichte der US-amerikanischen Revolution und ihrer Nachwirkungen mit anderen Begriffen und Schwerpunktsetzungen zu erzählen, als dies noch in der Modernisierungstheorie, aber auch in anderen Paradigmen, lange Zeit getan wurde. Dass dies nur skizzenhaft und thesenartig erfolgen kann, versteht sich dabei fast von selbst.

1. Wenn man ernsthaft die modernisierungstheoretisch angeleitete, teleologisch verfahrende Argumentationslinie, vom revolutionären Unabhängigkeitskrieg hin zur Nation und zum souveränen Staat, unterminieren will, dann sollte man – wie dies Jeremy Adelman mit Bezug auf Britisch- und Spanisch-Amerika vorgeschlagen hat – sehr viel stärker als bisher die Literatur zur Revolution mit derjenigen zum (in meinem Fall nun) britischen Empire in Zusammenhang bringen und hier vor allem auch die mentale und politische Wirkmächtigkeit imperialer Strukturen ernst nehmen.[15] Gemeint ist damit *nicht* in erster Linie die seit langem bekannte Tatsache, dass das Vereinigte Königreich seit dem Ende des Siebenjährigen Krieges die Anstrengungen zur Festigung seiner Herrschaft über Nordamerika forciert und damit das Aufbegehren der Amerikaner erst ausgelöst hatte: Durch den Sieg über Frankreich war ja aus dem überwiegend protestantischen, sehr stark dem Handel verschriebenen ‚Empire of the Seas' ein Reich geworden, das nun neuerdings auch die katholische Bevölkerung Quebecs und die zumeist nicht-christliche, indigen-indianische Bevölkerung tief im Innern des nordamerikanischen Kontinents unterwerfen und dauerhaft beherrschen wollte, was mit neuen Verwaltungsstrukturen und erheblichen Kosten verbunden war[16], gegen die sich nicht zuletzt die Revolte richten sollte.[17] Gemeint ist *vielmehr* das Phänomen, dass sich hier eine Bevölkerung erhob, die sich noch wenige Jahre vor der Unabhängigkeitserklärung von 1776 weder als separierte Einheit begriff noch gar eine Revolution wollte. Von „Amerikanern", die sich anschickten, aus dem Ei des Imperiums zu schlüpfen, war nichts zu sehen.[18] Und dass dies so war, hatte leicht nachvollziehbare Gründe. Denn die sich später unabhängig erklärenden 13 Kolonien waren politisch, sozial und öko-

---

[14] *Novak*, The Myth (wie Anm. 6), 762 ff.

[15] *Jeremy Adelman*, An Age of Imperial Revolutions, in: The American Historical Review 113, 2008, 319–340.

[16] *Richard Kluger*, Seizing Destiny. How America Grew from Sea to Shining Sea, New York 2007, 66.

[17] Vgl. jüngst noch einmal *Peter J. Marshall*, The Making and Unmaking of Empires. Britain, India, and America c. 1750–1783, Oxford 2005, 7 ff.

[18] *Pauline Maier*, American Scripture. Making the Declaration of Independence, New York 1997, 21.

nomisch höchst unterschiedlich – mit gravierenden Folgen, was die Kommunikation zwischen ihnen betraf: „A Massachusetts merchant or a Virginia planter would be much more interested in what was happening in London than in the capital ‚cities' of neighboring provinces."[19] Auch ökonomisch war man häufig stärker an London gebunden als an die Nachbarkolonien, was nochmals jene politische Separiertheit und Autonomie der Kolonien verstärkte, welche sie sich schon zuvor vom Mutterland durch die legislative Machtfülle ihrer jeweiligen „colonial Assemblies" erkämpft und gesichert hatten.[20] Man war in erster Linie aus Virginia oder Pennsylvania, war aber gleichzeitig oft auch stolzer Brite, hatte also teil am britischen Empire, und war sich dessen oft mehr bewusst als Bürger aus London oder Liverpool.[21] Nicht zufällig berief man sich vor und noch in der Revolution dann auf die „Rights of Englishmen", eben weil man zuallererst auf der Suche nach einem gerechteren Empire war und nicht nach Fluchtwegen aus diesem; dies galt selbst dann noch, als die militärischen Auseinandersetzungen schon begonnen hatten.[22] Aus gutem Grunde sprechen dann auch US-amerikanische Historiker wie etwa Jack Greene in Bezug auf diese Revolution wenig emphatisch und im Bemühen um Vermeidung einer teleologischen Perspektive von einer „settler revolt"[23], zumal auch nicht wenige Zeitgenossen die militärischen Auseinandersetzungen mit der britischen Militärmacht zumeist als einen „civil war" bezeichneten.[24]

2. Man tut gut daran, nicht alle Ereignisse im Zusammenhang mit Revolution, Krieg und Unabhängigkeit – um es etwas ironisch gegen modernisierungstheoretische Interpretationen zu formulieren – unter „totalen Demokratieverdacht" zu stellen. Niemand wird bestreiten, dass diese einige demokratisierende Wirkungen hatten, aber weder lagen ihnen auf Seiten der Amerikaner stets demokratische Intentionen zugrunde, noch hatten sie durchweg demokratisierende Folgen, was dann auch für die Nationsbildung Auswirkungen haben musste. Es gilt also zu differenzieren.

---

[19] *Peter S. Onuf/Leonard J. Sadosky*, Jeffersonian America, Malden, Mass. 2002, 10.

[20] Vgl. *Trevor Burnard*, The British Atlantic, in: Jack P. Greene/Philip D. Morgan (Hrsg.), Atlantic History. A Critical Appraisal, Oxford 2009, 111–136, hier 117.

[21] *Timothy H. Breen*, American Insurgents, American Patriots. The Revolution of the People, New York 2010, 39; vgl. auch *Jack P. Greene*, Empire and Identity from the Glorious Revolution to the American Revolution, in: Peter J. Marshall (Hrsg.), The Oxford History of the British Empire: The Eighteenth Century, Oxford/New York 1998, 208–230, hier 215; *John Shy*, The American Colonies in War and Revolution, 1748–1783, in: Marshall (Hrsg.), The Oxford History, 300–324, hier 308; *Liah Greenfeld*, Nationalism. Five Roads to Modernity, Cambridge, Mass./London 1992, 411.

[22] *Peter S. Onuf*, Jefferson's Empire. The Language of American Nationhood, Charlottesville/London 2000, 6 ff.

[23] *Jack P. Greene*, The American Revolution, in: The American Historical Review 105, H. 1, 2000, 93–102, hier 100.

[24] *Breen*, American Insurgents (wie Anm. 21), 42.

Zunächst ist auf den schon von modernisierungstheoretischen Arbeiten betonten und oft auch gerade mit Blick auf den nord- und südamerikanischen Vergleich hervorgehobenen Sachverhalt zu verweisen, dass wohl in der Tat das politische Leben im Norden schon in der Kolonialzeit stärker demokratisiert war als andernorts.[25] Von der Macht der „colonial Assemblies“ war schon die Rede gewesen; hinzuzufügen ist aber sicherlich noch, dass auch das Männerwahlrecht zu diesen „Assemblies“ vergleichsweise demokratisch war, also nicht nur den Eliten offen stand. Die so genannten Konsensushistoriker der 1950er und 1960er Jahre haben daraus den Schluss gezogen, dass der Keim der Freiheit bereits sehr früh in der Kolonialzeit gewachsen sei, weswegen sie konsequenterweise dann auch der Revolution und den unmittelbar nachfolgenden Konflikten kaum mehr besondere Aufmerksamkeit schenkten.[26] Dieser Deutung folgt man heute kaum mehr. Stattdessen scheint sich immer stärker ein Interpretationsrahmen durchzusetzen, der gerade deshalb die lange Revolutionsphase zwischen 1760 und mindestens 1800 oder gar 1815 in den Blick nimmt, weil sich in genau diesem Zeitraum enorme kulturelle Veränderungen einstellten, die mehr als nur Fortschreibungen schon kolonialer Traditionen waren.[27] Um es mit Gordon Wood zu sagen: Die „colonial society“ war eine vollkommen andere als diejenige der Ära Jackson 60 Jahre später.[28] Dies hing nicht zuletzt auch damit zusammen, dass tatsächlich schon der Auftakt zur Erhebung gegen die britische Kolonialmacht von einer enormen Massenmobilisierung begleitet war. Intendiert oder nicht, gerade die spezifische Form des Widerstandes gegen die koloniale Gesetzgebung der Briten in den 1760er Jahren hatte zu anti-elitären Konsequenzen geführt, weil gewissermaßen die geniale Idee eines Boykotts britischer Waren große Teile der männlichen wie weiblichen Bevölkerung politisierte; zahllose lokale Komitees entstanden, die in einem Akt der Selbstermächtigung die strikte Durchsetzung dieses Boykotts überwachten und hierbei immer weniger das bis dato eingelebte Deferenzverhalten gegenüber den traditionellen Eliten an den Tag legten.[29] Dieses Deferenzverhalten wurde weiterhin durch die Rolle der Militias geschwächt, mit denen die Amerikaner den Krieg beginnen mussten: Auch wenn von den ersten militärischen Zusammenstößen in Lexington und Concord im

[25] Vgl. *Horst Dippel*, Die Amerikanische Revolution, 1763–1787, Frankfurt am Main 1985, 21 ff.; *Erika Pani*, Ties Unbound: Membership and Community during the Wars of Independence. The Thirteen North American Colonies (1776–1783) and New Spain (1808–1820), in: Federica Morelli / Clément Thibaud / Geneviève Verdo (Hrsg.), Les Empires atlantiques des Lumières au libéralisme (1763–1865), Rennes 2009, 39–66, hier 41 ff.

[26] *Gordon S. Wood*, The Idea of America. Reflections on the Birth of the United States, New York 2011, 6; *Alfred F. Young / Gregory H. Nobles*, Whose American Revolution was it? Historians Interpret the Founding, New York / London 2011, 51 ff.

[27] *Young / Nobles*, Whose American Revolution? (wie Anm. 26), 262.

[28] *Wood*, Idea of America (wie Anm. 26), 11.

[29] *Breen*, American Insurgents (wie Anm. 21), 165 ff. Zu Teilnehmerzahlen in diesen Komitees vgl. ebendort, 200.

April 1775 bis hin zum Friedensschluss 1783 die militärische Bedeutung dieser Militias kontinuierlich abnahm, so waren sie doch gerade zur *inneren* Repression gegenüber den so genannten „Loyalists“ von erheblicher Bedeutung[30], eine Repression, die insbesondere auch die traditionellen Führungsschichten treffen konnte. Insgesamt lässt sich deshalb behaupten, dass all dies zu einer erheblichen Mobilisierung gerade der unteren und mittleren Schichten in den Kolonien bzw. Einzelstaaten geführt hatte – eine Tatsache, die sicherlich auch in Zusammenhang steht mit dem Aufstieg des protestantischen Evangelikalismus unmittelbar nach der Revolutionszeit, also mit dem gleichzeitigen Machtverlust des anglikanischen Establishments.[31]

Hinsichtlich der demokratisierenden Wirkungen von Revolution und Krieg sind aber zumindest zwei Einschränkungen angebracht, wobei die erste wieder auf den zuvor genannten Punkt verweist und uns zudem auch später noch beschäftigen wird. Wie Sean Wilentz zu Recht hervorgehoben hat – und dies ist jene erste Einschränkung –, wurde die Auseinandersetzung mit der britischen Kolonialgesetzgebung bis hin zum Jahr 1776 kaum je unter dem Stichwort „Demokratie“ geführt. Wenn der Begriff verwendet wurde, dann eher mit einem skeptischen Unterton.[32] Insofern ist es dann auch höchst zweifelhaft, die „Declaration of Independence“ von 1776 als ein in erster Linie ur-demokratisches (oder nationales) Dokument zu lesen (zumal dort nirgendwo von „Amerikanern“ die Rede ist), nur weil in den Anfangssätzen die Gleichheit der Menschen und unveräußerliche Rechte, unter anderem jene auf „Life, Liberty and the pursuit of Happiness“, beschworen werden. Wie David Armitage[33] zu Recht betont hat, waren die wesentlich zentraleren Passagen diejenigen zu den „states rights“ am Schluss des Dokuments: „these united Colonies are, and of Right ought to be Free and Independent States“ und „as Free and Independent States, they have full Power to levy War, conclude Peace, contract Alliances, establish Commerce, and to do all other Acts and Things which Independent States may of right do“. Für den Verlauf des Krieges, für die spätere Constitution und für die Konflikte der frühen Republik sollte dies noch zentral werden, insofern damit Strukturen gelegt waren, die es – wie schon in der Einleitung angedeutet – so außerordentlich

[30] *Matthew C. Ward*, The American Militias. ‚The Garnish of a Table‘?, in: Roger Chickering/ Stig Förster (Hrsg.), War in an Age of Revolution, 1775–1815, Cambridge 2010, 159–176, hier 164.

[31] *Mark A. Noll*, The American Revolution and Protestant Evangelicalism, in: Journal of Interdisciplinary History XXIII, H. 3, 1993, 615–638; *Gordon S. Wood*, Religion and the American Revolution, in: Harry S. Stout/D. G. Hart (Hrsg.), New Directions in American Religious History, New York/Oxford 1997, 173–205, hier 187ff.

[32] *Sean Wilentz*, The Rise of American Democracy. Jefferson to Lincoln, New York/London 2005, 6f.

[33] *David Armitage*, The Declaration of Independence. A Global History, Cambridge, Mass./ London 2007, 17.

schwer machen sollten, gerade aus einem kontinentaleuropäischen Blickwinkel die Staats- und Nationsbildung in den USA zu verstehen.

Die eher untergeordnete Stellung der Rede von der Gleichheit der Menschen und ihrer Freiheit verweist dann unmittelbar auf die zweite Einschränkung. Die 13 Kolonien schlitterten mit einer erheblichen Sklavenbevölkerung in den Konflikt mit Großbritannien. Der durch Revolution und Unabhängigkeit enorm beförderte Rechtediskurs[34] bezog sich aber eben *ausschließlich* auf die weiße Bevölkerung, was zu dem Ergebnis führte, dass die Sklaverei nach der Revolution sehr viel fester im Sattel saß als zuvor.[35] Schien es um 1770 noch denkbar, dass die Sklaverei alsbald ihre ökonomische Rationalität verlieren und somit der Widerstand gegen ihre Aufhebung abnehmen würde, so veränderte sich dies spätestens ab den 1790er Jahren, als in einer Bevölkerung von knapp vier Millionen etwa 700 000, also 15 Prozent, versklavt waren, und die meisten dieser ursprünglich aus Afrika stammenden Sklaven südlich von Pennsylvania in einer Region lebten, wo in jedem dritten Haushalt Sklaven gehalten wurden:[36] Denn mit der Ende des 18. Jahrhunderts nun boomenden, überwiegend aus dem Vereinigten Königreich kommenden Nachfrage nach Baumwolle wurde die Sklaverei höchst profitabel und somit im ökonomischen System der frühen Republik erst richtig verankert. – Revolution und Krieg hatten also keineswegs nur demokratisierende Konsequenzen nach sich gezogen.

3. Der Krieg selbst – Unabhängigkeitskrieg genannt – war für die zukünftigen staatlichen Strukturen der dann entstehenden Republik in vielerlei Hinsicht prägend, aber der scheinbar so zwingende Dreiklang von Krieg – Revolution – Nation verdeckt hier mehr als er enthüllt. In diesem Zusammenhang ist zunächst nochmals in Erinnerung zu rufen, dass zwar der Krieg die Bevölkerung massiv mobilisiert hatte – man schätzt, dass auf amerikanischer Seite mindestens 100 000 Mann unter Waffen standen[37] –, dass aber etwa die im 20. Jahrhundert zu verzeichnenden Folgen eines Massenkrieges damals nicht aufgetreten sind. Fängt man mit den Verwerfungen durch den Krieg an, so wird man natürlich auf die Schwere der britischen Repression und die im Vergleich zur Gesamtbevölkerung

---

[34] *Elizabeth Mancke*, The Languages of Liberty in British North America, 1607–1776, in: Jack P. Greene (Hrsg.), Exclusionary Empire. English Liberty Overseas, 1600–1900, New York 2010, 25–49, hier 49.

[35] Vgl. auch *Young/Nobles*, Whose American Revolution? (wie Anm. 26), 145.

[36] *Adam Rothman*, Slave Country. American Expansion and the Origins of the Deep South, Cambridge, Mass./London, 2 f.

[37] *Wood*, Idea of America (wie Anm. 26), 136; Terry Bouton (*Terry Bouton*, Taming Democracy, ‚The People', the Founders and the Troubled Ending of the American Revolution, Oxford 2007, 51) verweist auf die regional zum Teil enorm hohen Rekrutierungsraten für die Militia zumindest zu Beginn des Konflikts: „In York County by the end of 1775, an estimated 3,350 men had enlisted in military service – about 75 percent of the male population between the ages of fifteen and fifty-five."

doch hohen Opferzahlen ebenso verweisen müssen[38] wie auf die Tatsache, dass der Krieg von den Amerikanern selten dauerhaft erfolgreich geführt wurde: New York musste 1776 aufgegeben werden, Philadelphia wurde 1777 und Charleston 1780 von den Briten okkupiert, so dass die *siegreichen* Schlachten der Amerikaner zwar mythenumrankt, aber eher selten waren.[39] Trotz all dieser Tatsachen hielten sich die wirtschaftlichen Schäden durch den Krieg in Grenzen.

> The irony was that the nation remained generally prosperous during the war. The needs of the armies for food and supplies presented splendid opportunities for profit to farmers and merchants alike. Both British and French paid their bills in hard cash, bringing more specie into circulation than the colonists had ever seen. Manufactures bloomed behind the protective wall of the British blockade. [...] The economy, moreover, was not seriously damaged by the runaway inflation. Merchants, farmers, and craftsmen merely raised their prices to compensate for the depreciation of the currency. There was no important salaried or wage-earning class to be hurt by inflation. The army suffered, to be sure, but the part-time militia supplemented their incomes by farming.[40]

Zwar traf es zu, dass im Süden die Pflanzer insbesondere in der Endphase des Krieges schwer in Mitleidenschaft gezogen wurden, unter anderem auch deshalb, weil tausende von Sklaven (und damit ihr Kapital!) flohen und die Briten am Ende des Krieges 20 000 weitere Sklaven evakuierten, wenn auch wohl kaum aus humanitären Gründen.[41] Wahr ist auch, dass die Revolution und der Krieg etablierte Handelsbeziehungen durchschnitt und etwa die Indigo-Industrie zusammenbrechen ließ. Aber zum einen regenerierte sich der Süden relativ schnell, zum anderen waren im Norden die wirtschaftlichen Schäden ohnehin nicht so groß. Hier ist vielmehr anzumerken, dass durch das Kappen der Handelsbeziehungen mit Großbritannien die Binnennachfrage nach heimischen Gütern gerade im Krieg erheblich gewachsen war und genau dies – neben dem massenhaften Drucken von Papiergeld – gewissermaßen die kapitalistische Durchdringung der gesamten Region förderte, was in der Bevölkerung hohe ökonomische Erwartungen weckte, die in der Nachkriegsdepression (aber davon später) dann freilich nicht erfüllt werden konnten.[42]

Der Krieg – und dies wäre der nächste Aspekt – führte aber auch nicht wie häufig vermutet zu einer staatlichen Zentralisierung, wiederum ein Punkt, der auch die Frage der Nationsbildung unmittelbar berührt. Die Koordinations-

---

[38] „The death of an estimated 25,000 American soldiers, and the emigration of as many as 100,000 Loyalists, were serious losses, but readily made good in a steadily rising demographic trend.“ (*Shy*, The American Colonies [wie Anm. 21], 323).

[39] *Onuf/Sadoski*, Jeffersonian America (wie Anm. 19), 13.

[40] *Norman K. Risjord*, Jefferson's America, 1760–1815, Lanham u. a. 2002, 166.

[41] *Risjord*, Jefferson's America (wie Anm. 40), 34; in diesem Zusammenhang ist auch darauf zu verweisen, dass durch die massenhafte Beteiligung von Schwarzen auf Seiten der Briten gerade zum Ende des Krieges hin diese Auseinandersetzung zumindest in Teilen auch eine über die Sklaverei war (*Young/Nobles*, Whose American Revolution? [wie Anm. 26], 151).

[42] *Wood*, Idea of America (wie Anm. 26), 136 ff.

organe der aufständischen Kolonien – der Erste und der Zweite Kontinental*kongress* – hießen nicht zufällig so: Es waren gewissermaßen diplomatische Zusammenkünfte von Vertretern aus den je für sich souverän agierenden Kolonien bzw. Staaten.[43] Die Unabhängigkeitserklärung vom Juli 1776, wie schon erwähnt, hatte ja insbesondere die „states rights" betont. Bereits einen Monat vor der Unabhängigkeitserklärung hatte der Zweite Kontinentalkongress ein Komitee ins Leben gerufen, das eine Verfassung für diese verbündeten Kolonien ausarbeiten sollte. Aber inmitten eines Krieges, der ja nach herkömmlicher Meinung zu schnellem Handeln zwingt, sollte es bis zum November 1777, also volle 16 Monate, dauern, bis dann diese Verfassung, die sog. „Articles of Confederation", von diesem Kongress gebilligt und dann den einzelnen Kolonien/Staaten zur Ratifizierung vorgelegt werden konnten.[44] Und erst 1781 waren sie dann tatsächlich von allen Staaten ratifiziert! Auch wenn zugegebenermaßen die „Articles of Confederation" wohl de facto schon Anfang 1777 als eine Art Quasi-Verfassung der rebellierenden Kolonien fungierten, so begründeten sie mitnichten einen irgendwie zentralisierten Nationalstaat, weil in der Revolutionszeit ein klarer Nationsbegriff fehlte und sich darüber hinaus vom Bestehen einer wahrhaft souveränen nationalen Regierung auch kaum sprechen lässt[45]: Das durch die „Articles of Confederation" geschaffene politische Gebilde hatte nämlich kein Durchgriffsrecht gegenüber den Einzelstaaten, das Recht auf Steuererhebung ging dieser First Union ebenso ab wie ein eigenes Heer.

> […] Congress could do nothing beyond what a majority of delegations were authorized to approve, and was generally unwilling to make major policy decisions without virtually unanimous agreement. The execution of its decisions was frequently delegated to local committees organized under the continental Association of 1774, or to the governments of the various colonies which in late 1775 consisted of extra-legal congresses or conventions that had assumed control after royal government collapsed […].[46]

Wie Don Higginbotham zu Recht formulierte, ähnelte das politische Gebilde in merkwürdiger Weise gerade *nicht* kontinentaleuropäischen konföderierten Systemen wie denen der Schweiz oder der Niederlande, sondern eher und ironischerweise der dezentralen Struktur des frühen britischen Empire, in dem vor allem die nordamerikanischen Kolonien so gut, weil autonom, gelebt hatten.[47] Dementsprechend unkoordiniert verlief dann auch auf amerikanischer Seite die

---

[43] *David C. Hendrickson*, The First Union. Nationalism versus Internationalism in the American Revolution, in: Eliga H. Gould/Peter S. Onuf (Hrsg.), Empire and Nation. The American Revolution in the Atlantic World, Baltimore/London 2005, 35–53, hier 38.

[44] *Don Higginbotham*, War and State Formation in Revolutionary America, in: Gould/Onuf (Hrsg.), Empire and Nation (wie Anm. 43), 54–71, hier 61.

[45] *Hendrickson*, The First Union (wie Anm. 43), 39.

[46] *Maier*, American Scripture (wie Anm. 18), 14; vgl. auch *Roger H. Brown*, Redeeming the Republic. Federalists, Taxation, and the Origins of the Constitution, Baltimore/London 1993, 11 ff.

[47] *Higginbotham*, War and State Formation (wie Anm. 44), 61.

Kriegsführung, weil George Washington immer wieder mit den Einzelstaaten etwa über die Bereitstellung von Truppen zu verhandeln hatte, weil mit den Staaten ständig über die Finanzen diskutiert werden musste etc. – Ein klarer Zusammenhang von Revolutionskrieg und staatlicher Zentralisierung ist im US-amerikanischen Fall somit nicht erkennbar.

4. Aufgrund der zuletzt genannten historischen Prozesse entsprach auch der Weg *aus dem Krieg* nicht gängigen Thesen. Denn am Ende dieser letztlich ja erfolgreichen militärischen Auseinandersetzung stand auf US-amerikanischer Seite zwar die Unabhängigkeit, aber kaum ein gefestigtes Staatswesen, vielmehr eines, dessen Legitimität zunehmend in Frage zu stehen schien. Es war keinesfalls ausgeschlossen, dass das im Krieg geschaffene politische Gebilde zerfallen, sich die Einzelstaaten selbständig machen würden. Militärischer Sieg und Unabhängigkeit lösten also noch nicht die Frage, *was* da eigentlich unabhängig werden sollte. Ein Zerbrechen der Union schien dabei gerade deshalb möglich, weil die wirtschaftliche Nachkriegsdepression die politischen Konflikte enorm verschärfte.[48] Allerdings sollten diese Konflikte dann auch den Ansatzpunkt für eine Lösung bilden, eine freilich, die keineswegs mit Demokratisierung im Kontext einer geeinten Nation zu tun hatten.

Es ist sicherlich wahr, dass die siegreiche Union auch aus außenpolitischen Gründen eine stärkere Zentralgewalt brauchte, als sie mit den „Articles of Confederation" geschaffen worden war: Zum einen konnte die Union aufgrund des Unwillens und der Nichtkooperation der Einzelstaaten Teile der diplomatischen Verpflichtungen, die man 1783 im Pariser Frieden mit dem Vereinigten Königreich eingegangen war, nicht erfüllen, was die Briten dazu veranlasste, ebenfalls in vertragswidriger Weise Militärstationen westlich des neuen politischen Gebildes zu unterhalten. Dies konnte man aus amerikanischer Sicht nicht anders als bedrohlich empfinden.[49] Zum anderen war dieser ab 1783 anbrechende ‚Kalte Krieg' zwischen England und seinen ehemaligen Kolonien durch die Hoffnung der Briten gekennzeichnet, über ihre gefestigte Position in Kanada die widerspenstigen Nordamerikaner im Süden irgendwann doch wieder heim ins Empire holen zu können. Es gab also gute *außen*politische Gründe, die für eine Zentralisierung des aus dem Krieg weitgehend dezentralisiert hervorgegangenen politischen Gebildes gesprochen hätten. Und da man dringend ausländische Kredite brauchte, insbesondere solche von den kapitalkräftigen britischen Banken, konnte es auch aus *investitions*politischen Gründen geraten sein, eine starke Zentralgewalt zu etablieren, die auch das Recht auf Steuererhebung besitzen und

---

[48] *Dick Howard*, Die Grundlegung der amerikanischen Demokratie, Frankfurt am Main 2001, 151.

[49] *Robert O. Keohane*, International Commitments and American Political Institutions in the Nineteenth Century, in: Katznelson / Shefter (Hrsg.), Shaped (wie Anm. 12), 57–81, hier 61. Vgl. auch *Eliga H. Gould*, Among the Powers of the Earth. The American Revolution and the Making of a New World Empire, Cambridge, Mass. / London 2012, 128.

damit Kreditwürdigkeit demonstrieren sollte.[50] Allerdings waren es wohl nicht in erster Linie diese Gründe, die den entscheidenden Anstoß zur „Constitution“ von 1787/1789 gaben, sondern ökonomische Konflikte zwischen unterschiedlichen Bevölkerungsgruppen. Zu betonen ist hier, dass die durch den Krieg verschuldeten Einzelstaaten massiv Steuern erheben mussten[51], um ihre Ausgaben und ihren Schuldendienst zu decken. Gleichzeitig waren aber aufgrund der Nachkriegsdepression große Teile der Bevölkerung kaum in der Lage, diese Steuern zu zahlen; viele mussten sich deshalb privat verschulden oder die im Krieg erworbenen Staatsanleihen aus Not weit unter dem Ausgabewert verkaufen – mit der Folge, dass sich diese Anleihen bei einigen wenigen kapitalkräftigen und risikobereiten Gruppen konzentrierten.[52] Dies nun löste eine politische Dynamik aus, der zunächst insbesondere die ökonomischen Eliten einigermaßen hilflos gegenüberstanden. Denn aufgrund des weitgehend demokratisierten Wahlrechts wurden die Einzelstaatsparlamente mit politischem Druck von unten konfrontiert, mit Forderungen nach „debt relief“. Diesen kamen sie häufig entgegen, was dann in der zur „Constitution“ hinführenden verfassungspolitischen Diskussion mit der verbreiteten Klage vom „unverantwortlichen“ Handeln dieser Parlamente gebrandmarkt[53] und zur Rechtfertigung des Aufbaus eines neuen, vergleichsweise zentralisierten Bundesstaates genutzt wurde: Denn die Einzelstaatsparlamente erfüllten aus dieser Sicht allzu leicht die populäre Forderung nach Ausgabe von Papiergeld, was aufgrund der zumindest befürchteten inflationären Wirkung die aktuellen Gläubiger benachteiligt hätte.[54] Zudem sperrten sich gerade die mittleren Schichten, die – wie schon angesprochen – aufgrund der ökonomischen Not oft Staatsanleihen weit unter Wert hatten verkaufen müssen, dagegen, dass nun nach Kriegsende ausgerechnet die jetzigen plutokratischen Besitzer dieser Staatsanleihen sowohl Zinsen auf den Nominalwert erwarten konnten als auch gute Chancen auf den Rückverkauf an den jeweiligen Staat zu eben jenem Nominalwert haben sollten – und all dies unter Verwendung von Steuergeldern. Auch darauf schienen die Einzelstaatsparlamente reagieren zu wollen, was fast automatisch nicht nur den Widerstand der ökonomischen Eliten hervorrief, sondern auch den unfehlbaren und zeitlosen Sachverstand der ökonomischen Experten, die immer wissen: ‚Das Kapital ist scheu wie ein Reh – und wird es einmal verschreckt, so kommt es nie wieder‘. Einflussreiche Gruppen um Alexander Hamilton argumentierten genau so: Man dürfe eben Gläubiger durch

---

[50] *Max M. Edling*, A Revolution in Favor of Government. Origins of the U.S. Constitution and the Making of the American State, Oxford/New York 2003, 169 ff.

[51] *Woody Holton*, Unruly Americans and the Origins of the Constitution, New York 2007, 29.

[52] *Bouton*, Taming Democracy (wie Anm. 37), 85; *Holton*, Unruly Americans (wie Anm. 51), 37.

[53] *Wood*, Idea of America (wie Anm. 26), 132.

[54] Wood, Idea of America (wie Anm. 26), 164 verweist darauf, dass für nicht wenige Notabeln gerade der Geldverleih eine wichtige Einkommensquelle war, weshalb gerade sie am Druck von Papiergeld kein Interesse haben konnten.

das unverantwortliche Treiben der Einzelstaatsparlamente nicht enteignen, weil dies bis auf weiteres den dringend notwendigen Kapitalzufluss aus dem Ausland unterbinden würde.

Als Lösung, die gerade auch angesichts von Shay's Rebellion in Massachusetts 1786 und 1787, eine massive Steuerrevolte mit gewaltsamen Überfällen auf die Gerichtsbarkeit, immer dringlicher wurde, bot sich der Rückbau demokratischer Strukturen mittels Zentralisierung[55] an (wobei sogar die Einführung der Monarchie eine gangbare Option erschien),[56] ein Rückbau, der dann zu jenem bekannten und für die spätere Staats- und Nationsbildung so konstitutiven Konflikt zwischen den zentralistischen „Federalists" und den eher dezentrale Strukturen befürwortenden „Anti-Federalists" führte.[57] Wie Gordon S. Wood es ausdrücken sollte, gewannen die „Federalists" dabei gewissermaßen die ‚Schlacht', insofern sie die „Constitution" tatsächlich weitgehend nach ihren zentralistischen Vorstellungen gestalten konnten. Den „Krieg" gegen die „Anti-Federalists", hier gemeint als eine langfristig sich haltende Diskurshoheit, sollten sie aber alsbald verlieren.[58] Dazu später!

Zunächst zur „Constitution", die 1787 vom verfassungsgebenden Konvent in Philadelphia verabschiedet wurde und nach der Ratifizierung durch die Einzelstaaten im März 1789 in Kraft treten sollte. Der verfassungsgebende Konvent in Philadelphia, dessen Mitglieder alles andere als den Querschnitt der männlichen weißen Bevölkerung repräsentierten und der zudem nicht öffentlich tagte[59], legte eine Verfassung vor mit einem starken Präsidenten und einem Zweikammernsystem, das sowohl durch die außerordentlich großen Wahlbezirke für das Repräsentantenhaus als auch durch einen Senat die Partizipations- und Einflusschancen unterer Schichten einschränkte.[60] Diese Verfassung kann in den Worten von Gordon S. Wood als ein Versuch der Eindämmung der Demokratie

---

[55] *Holton*, Unruly Americans (wie Anm. 51), 76f.

[56] *Wood*, Idea of America (wie Anm. 26), 239.

[57] Die Auseinandersetzung zwischen Federalists und Anti-Federalists wird oft auf die noch aus England stammenden Konflikte zwischen der Court- und Country-Partei zurückgeführt, vgl. hierzu *John M. Murrin*, The Great Inversion, Or Court versus Country: A Comparison of the Revolution Settlements in England (1688–1721) and America (1775–1816), in: John Greville Agard Pocock (Hrsg.), Three British Revolutions: 1641, 1688, 1776, Princeton 1980, 368–453.

[58] *Gordon S. Wood*, Empire of Liberty. A History of the Early Republic, 1789–1815, Oxford u.a. 2009, 36.

[59] Holton (*Holton*, Unruly Americans [wie Anm. 51], 180f.) spricht sogar davon, dass der verfassungsgebende Konvent in Philadelphia eigentlich verfassungswidrig war, weil die Delegierten ihre Absicht verschwiegen hatten, dass sie die „Articles of Confederation" tatsächlich abschaffen wollten.

[60] Vgl. zu den weiteren Merkmalen einer durch die „Constitution" geschaffenen starken Exekutive *Wood*, Idea of America (wie Anm. 26), 231. Eine anders gewichtete Einschätzung hat Roger H. Brown, der mit Bezug auf die großen Wahlbezirke nicht den Willen zur Kontrolle der unteren Bevölkerungsschichten, sondern Effizienzgesichtspunkte betont (*Brown*, Redeeming the Republic [wie Anm. 46], 5ff.).

unter Beibehaltung der Republik[61] auch deswegen genannt werden, weil der Verfassungstext ganz explizit auf jenes schon erwähnte „unverantwortliche" Handeln der Einzelstaatsparlamente reagierte: Der Bund erhielt nun nicht nur im Unterschied zu den „Articles of Confederation" das Recht zur Steuererhebung und zur Aufstellung eines Heeres (Artikel 1, Abschnitt 8); die „Constitution" verbot auch ganz explizit den Banken der Einzelstaaten die Ausgabe von Papiergeld (Artikel 1, Abschnitt 10), und der Bund übernahm scheinbar großzügig die Schulden der Einzelstaaten (Artikel 6), in der Tat aber wohl in erster Linie deshalb, weil man wusste, dass unter diesen zentralistischen Verfassungsbedingungen eine potentielle Enteignung von Gläubigern nicht mehr erfolgversprechend betrieben werden konnte.[62] – Die „Federalists" wollten mit dieser „Constitution" also ein politisches Gebilde schaffen, das mehr sein sollte als eine bloße diplomatische Union, wie sie durch die früheren „Articles of Confederation" im Unabhängigkeitskrieg entstanden war. Die natürlich nicht nur, aber insbesondere auch aus *ökonomischen* Gründen dergestalt zustande gekommene „Constitution" sollte und musste erst eine wirklich geeinte Nation schaffen. Freilich wurde auch hier wieder der Begriff der Nation vermieden[63] – und dies vermutlich ganz bewusst, weil man mit dem Argwohn aus den Einzelstaaten rechnen musste, welche die „Constitution" noch zu ratifizieren hatten und in denen man oft auf Autonomie pochte und die Zentralgewalt misstrauisch beäugte. Und in der Tat war der Ratifikationsprozess einigermaßen mühselig und alles andere als ein glänzender Erfolg der „Federalists"[64], weil etwa in den Einzelstaaten die Wahlbeteiligung wesentlich geringer war als bei der noch im Krieg erfolgten Ratifizierung der „Articles of Confederation".[65] Zudem konnte manchen Einzelstaaten die Zustimmung zur Verfassung nur abgerungen werden durch das Versprechen einer Nachbesserung der „Constitution" mithilfe einer „Bill of Rights", was dann wenige Jahre später, 1791, durch die von James Madison formulierten sog. Amendments zur Verfassung tatsächlich auch geschehen sollte. *Diese* „Bill of Rights" stellten insofern eine Neuerung oder Merkwürdigkeit gerade gegenüber dem englischen Vorbild dar, weil die „Bill of Rights" von 1689 in erster Linie das Parlament *vor der Krone* schützen sollte, die wenig mehr als hundert Jahre später in den USA formulierten Amendments jedoch gerade *gegen* das Parlament, also

[61] *Wood*, Idea of America (wie Anm. 26), 235.

[62] *Bouton*, Taming Democracy (wie Anm. 37), 178; *Holton*, Unruly Americans (wie Anm. 51), 158.

[63] *Wood*, Idea of America (wie Anm. 26), 237.

[64] *Pauline Maier*, Ratification. The People Debate the Constitution, 1787–1788, New York u. a. 2010.

[65] *Bouton*, Taming Democracy (wie Anm. 37), 183. Die „Constitution" wurde dann von kleinen, schwachen und abhängigen Staaten wie Delaware, Connecticut, New Jersey und Georgia schnell ratifiziert, aber „ratification was bitterly contested in Pennsylvania, Massachusetts, Virginia, and New York, larger states with more diverse populations and interests." (*Onuf/Sadosky*, Jeffersonian America [wie Anm. 19], 17).

gegen die als zu zentralisiert empfundene Struktur des Kongresses, gerichtet war.[66] Daraus sollte sich dann später die für die politische Kultur der USA so konstitutive politische Prämisse entwickeln, wonach nicht das Parlament, also der Kongress, souverän sei, sondern eben „The People".[67]

5. Mit den beiden Präsidentschaften von George Washington und derjenigen von John Adams wurde die kurze Phase der politischen Dominanz der „Federalists" eingeleitet, die bis zum Amtsantritt Jeffersons 1800 dauern sollte. Diese Periode war gekennzeichnet durch einen enormen ökonomischen Boom in den USA, der nicht zuletzt bedingt war durch die Revolutions- und dann die napoleonischen Kriege auf dem europäischen Kontinent[68], weil man aus Nordamerika die dort entstehende Nachfrage gut bedienen konnte. In dieser Prosperitätsphase entstanden aber gleichzeitig parteipolitische Auseinandersetzungen, die an den zwischen „Federalists" und „Anti-Federalists" geführten früheren Kampf um die „Constitution" unmittelbar anschlossen. Es war insbesondere James Hamilton, „secretary of the treasury" in der Washington Administration, der als prominentester Exponent der „Federalists" eine klare Politik des – heute würde man sagen – „state and nation-building" verfolgte. Hamilton versuchte eine Art nationales Entwicklungsprogramm durchzusetzen, in dem sowohl die Kreditwürdigkeit der USA als auch eine hohe Kapitalkonzentration in privater Hand langfristig den Fortschritt des Landes garantieren sollte.[69] Vehikel hierfür war nicht zuletzt die von ihm gegründete „Bank of the United States", deren Vorbild unverkennbar die „Bank of England" war; durch sie sollte gerade für Großkaufleute das entsprechende Kapital zur Verfügung gestellt werden – ein Vorhaben, das vor allem die auf lange Fristen abhebenden Kleinkreditbedürfnisse von Farmern und Händlern im Landesinnern souverän ignorierte[70], weswegen dann auch die „Bank of the United States" zu einem zentralen Gegenstand der Auseinandersetzung zwischen den „Federalists" und der sich formierenden, um Jefferson scharenden Opposition werden sollte. – Hamilton hatte aber nicht nur innen- und finanzpolitische Ambitionen. Vielmehr verschrieb er sich durchaus auch dem außenpolitischen Ziel, zumindest mittelfristig eine Art Großmachtstatus der USA herzustellen, weshalb ihm ein starkes Heer ebenso wichtig war wie die ohnehin schon aus rein ökonomischen Gründen gebotenen guten Beziehungen zum ehemaligen Mutterland.[71]

Diese vom Präsidenten George Washington gestützte Politik führte aber relativ schnell in massive Konflikte, wobei sich außen- wie innenpolitische Interessen

[66] *Wood*, Idea of America (wie Anm. 26), 294.

[67] *Wood*, Empire of Liberty (wie Anm. 58), 450.

[68] *Wood*, Empire of Liberty (wie Anm. 58), 202 f.

[69] *Stanley Elkins / Eric McKitrick*, The Age of Federalism. The Early American Republic, 1788–1800, New York / Oxford 1993, 117 ff.

[70] *Wood*, Empire of Liberty (wie Anm. 58), 99.

[71] *Elkins / McKitrick*, The Age of Federalism (wie Anm. 69), 113, 124.

auf eine komplexe Weise verhakten. Zu erinnern ist ja daran, dass – und dies macht etwa den Unterschied zu den lateinamerikanischen Revolutionen einige Jahrzehnte später aus – die Amerikaner in ihrem Unabhängigkeitskampf schon früh, ab 1777, von Gegnern des britischen Empire im europäischen Konzert der Mächte finanziell, militärisch und diplomatisch unterstützt worden waren, insbesondere von Frankreich.[72] Die Dankbarkeit gegenüber Frankreich war somit groß, und noch sehr viel größer war die Begeisterung für die Französische Revolution, die in Teilen der Opposition gegen Hamilton selbst durch den in Frankreich aufziehenden Terror nicht getrübt werden konnte. Als mit dem „Jay Treaty" von 1795 die Washington Administration einen Ausgleich mit dem Mutterland herbeiführte, war die innenpolitische Empörung deshalb enorm, zumal dieser Vertrag keineswegs alle Konflikte mit den Briten beilegte. Die Opposition gegen Hamilton witterte darin einen Verrat an Frankreich und opponierte schon allein deswegen gegen den Vertrag – die Geburtsstunde einer parteipolitischen Strömung, die dann wenige Jahre später unter Führung von Jefferson tatsächlich an die Macht kam. Verkompliziert wurde all dies dadurch, dass Frankreich, das sich mit Großbritannien im Krieg befand, aufgrund des „Jay Treaty" US-amerikanische Handelsschiffe zu kapern begann, weshalb beide Staaten am Rande eines Krieges standen.

Als Hauptwidersacher von Hamiltons Politik in der Washington Administration etablierten sich allmählich Thomas Jefferson, der in eben jener Administration Außenminister gewesen war, sich aber 1793 aus dem Amt zurückgezogen hatte, und James Madison, ursprünglich eng mit Hamilton befreundet. Madison und Jefferson, welche beide das Zustandekommen der „Constitution" verteidigt hatten, machten sich nun zunehmend anti-federalistische Argumente zueigen und legten die ideologischen Grundlagen für die spätere Machtübernahme. Ihr Programm war eines der Dezentralisierung des durch die „Constitution" so zentralistisch gewordenen Bundes, was für sie auch bedeutete, die gehasste „Bank of the United States" so schnell wie möglich wieder abzuschaffen und damit den – wie sie es sahen – plutokratischen Spekulanteninteressen entgegenzuwirken. Insbesondere Jefferson ist diesbezüglich eine hoch interessante Figur: Er vertrat im Unterschied zu Hamilton zwar gerade nicht das Ideal einer urbanisierten, auf Manufakturbasis prosperierenden Nation, sondern eher dasjenige einer Farmerdemokratie. Aber daraus ist nicht zu schließen, dass Jeffersons außenpolitische Vorstellungen nicht aggressiv bzw. nicht nationalistisch gewesen wären. Während nämlich die „Federalists" um Hamilton der Idee anhingen, dass es zunächst und in erster Linie darauf ankäme, die Nation im Innern zu konsolidieren und eine Überausdehnung des Staatswesens zu vermeiden, hatte Jefferson ganz andere Vorstellungen: Jefferson sprach nicht zufällig von einem

[72] Vgl. *Thomas Bender*, A Nation Among Nations. America's Place in World History, New York 2006, 86.

„*Empire* of Liberty", weil er zutiefst an die Möglichkeit der Kooperation zwischen Republiken glaubte.[73] Der Begriff Empire war – wie Peter Onuf klarstellte – für die amerikanischen Revolutionäre und insbesondere für Jefferson nicht Sinnbild einer gefährlichen Machtkonzentration und einer potentiellen Weltherrschaft, sondern „an expanding union of republics held together by ties of interest and affection."[74] Jefferson war gegen die staatsbildenden und zentralistischen Vorstellungen der Anhänger Hamiltons, aber gerade deshalb – und im Unterschied zu den „Federalists" – für eine forcierte Westexpansion der USA.

As reform-minded proponents of an idealized world order, made fully and finally compatible with natural rights, free exchange, the progressive diffusion of civilization, and the rights of self-government within and among confederated states, Republican imperialists looked backward. Under the republican aegis the New World would be redeemed from the destructive struggles of European powers for dominion: the expanding American union would become an ‚empire of liberty'.[75]

6. Dass es 1800 zum Amtsantritt Jeffersons kam, hatte viel mit dem unglücklichen Agieren des vorhergehenden Präsidenten John Adams zu tun, der sich mit seiner eigenen Partei überworfen hatte und der mit den „Alien and Sedition Acts" der späten 1790er Jahre einigermaßen rabiat gegen die frankophile und oft revolutionsbegeisterte Presse und gegen ein revolutionäres Assoziationswesen vorgegangen war. Gerade der Angriff auf die Pressefreiheit diskreditierte die „Federalists"[76], weshalb sie als politische Partei und Bewegung nach ihrer Niederlage gegen Jefferson und dann insbesondere aufgrund ihrer ambivalenten Haltung zum Krieg gegen das Vereinigte Königreich im Jahr 1812 sehr schnell zusammenbrachen. Damit war – so Daniel Walker Howe – in den USA zu einem sehr frühen Zeitpunkt bereits die Möglichkeit für einen sich auf einen starken Staat gründenden Konservatismus zunichte gemacht worden, so wie er in Europa in verschiedenen Ländern später existieren sollte.[77] Denn Jefferson verwirklichte tatsächlich sein Dezentralisierungsversprechen, insofern die ohnehin winzige Regierungsadministration in Washington, der neuen Hauptstadt, ebenso radikal verkleinert wurde wie das Heer, obwohl schon dessen vorherige Größe gerade im Vergleich mit europäischen Streitkräften vernachlässigenswert war.[78]

Excluding Congress and the military, the entire government establishment at Washington, from President to doorkeeper, numbered only 153 people at the beginning of Jefferson's administration and would increase to only 352 by 1829. In 1815 the President paid out of

---

[73] Es scheint heute vielfach vergessen, dass selbst noch im 19. Jahrhundert lange Zeit sich US-Amerikaner über den Begriff des „Empire" definierten (*Daniel Walker Howe*, What Hath God Wrought. The Transformation of America, 1815–1848, Oxford 2007, 703).

[74] *Onuf*, Jefferson's Empire (wie Anm. 22), 2.

[75] *Onuf*, Jefferson's Empire (wie Anm. 22), 56.

[76] *Elkins/McKitrick*, The Age of Federalism (wie Anm. 69), 693 ff.

[77] *Howe*, What hath God Wrought (wie Anm. 73), 95.

[78] *Wood*, Empire of Liberty (wie Anm. 58), 292 f.

his own pocket the single secretary who assisted him; the Attorney General had neither clerk nor office; the Supreme court convened for two months a year in a Capitol Hill boarding house; and during the summer only the clerks and bureau chiefs remained in the muggy capital to keep the wheels of state slowly turning.[79]

In Bezug auf die Nationsbildung sind dabei mehrere Aspekte bemerkenswert, wobei Kontinuitäten wie Diskontinuitäten gegenüber den vorhergehenden Administrationen unter George Washington und John Adams eine Rolle spielen; bemerkenswert für unseren Zusammenhang deshalb, weil angesichts einer nur schwach ausgeprägten Zentralstaatlichkeit, einer ständigen territorialen Expansion nach Westen und einer enorm politisierten Atmosphäre zwischen „Federalists" und „Anti-Federalists" schon im Vorfeld der Verfassungsgebung und dann zwischen „Federalists" und „Democratic-Republicans" (den Anhängern Jeffersons) im späteren neuen Staat kaum von einer irgendwie geeinten Nation ausgegangen werden kann: A) Die Frage der Sklaverei war schon in der Unabhängigkeitserklärung und dann in den „Articles of Confederation" ausgeklammert worden, und mit der sog. Drei-Fünftel-Klausel konnten das ökonomisch und bevölkerungsmäßig zunächst übermächtige Virginia und dann die anderen sklavenhaltenden Südstaaten gut leben.[80] Massiv tauchte der Konflikt um die Sklaverei und seine weiteren politischen Folgen dann erst mit der Westexpansion und der Aufnahme neuer Staaten auf, wobei der sog. „Missouri Compromise" von 1820 die Dynamik dieses Konflikts letztlich nur zeitweilig eindämmen konnte. B) Die administrativen Strukturen des Bundes waren vermutlich tatsächlich ausgeprägt schwach gerade im europäischen Vergleich, so dass damit die These eines durch einen Staatsapparat vorangetriebenen Nation-Building kaum plausibel erscheint. Allerdings funktionierte der Staat ohnehin anders als etwa in Teilen Europas, weil entscheidende Merkmale nicht die Autonomie oder die eindrucksvolle Größe seiner Bürokratie waren, sondern seine „Responsiveness" gegenüber Interessen einflussreicher Gruppen.[81] Genau deshalb verwenden jüngste historische und politikwissenschaftliche Untersuchungen dann auch Charakterisierungen wie „A Government out of Sight"[82], um eben

[79] *Charles Sellers*, The Market Revolution. Jacksonian America 1815–1846, New York/Oxford 1991, 36f.; vgl. zur Größe der einzelnen Ministerien, *Wood*, Empire of Liberty (wie Anm. 58), 92.

[80] „[…] the federal Constitution protected slavery without ever suing the word. The three-Fifths clause (Article 1, Section 2) gave an advantage in the House of Representatives to states with large slave populations. The slave-trade clause (Article 1, Section 9) prevented the national government from prohibiting the importation of slaves for twenty years. And the fugitive clause (Article 4, Section 2) prevented runaway slaves from finding any legal refuge in ‚free' states." (*Rothman*, Slave Country [wie Anm. 36], 4). Die Constitution machte also damit klar, dass die Frage der Sklaverei eine Angelegenheit der Einzelstaaten sei. Vgl. zu diesem Komplex auch *Don E. Fehrenbacher*, The Slaveholding Republic. An Account of the United States Government's Relations to Slavery, Oxford 2001.

[81] *Edling*, Review of Brian Balogh's (wie Anm. 9), 465.

[82] *Brian Balogh*, A Government out of Sight, Cambridge 2009.

anzudeuten, dass es eine starke Zentralmacht durchaus gab, die zwar vielleicht nicht auf den ersten Blick besonders mächtig erschien, deren infrastrukturelle Macht aber ganz enorm war, und zwar immer dann, wenn sie etwa mit den Einzelstaaten und einzelnen Kapitalgruppen kooperierte bzw. kooperieren konnte. In Bezug auf Zusammenarbeit mit letzteren kam ihr dabei zugute, dass gerade die US-amerikanische Justiz die Eigentümer und Kapitalbesitzer schützte, was die Neigung zu größeren Investitionen erheblich gefördert haben dürfte.[83] Und tatsächlich war die verkehrs- und kommunikationstechnische Erschließung des Landes schon vor dem Zeitalter der Eisenbahnen durchaus eine Erfolgsgeschichte, insbesondere was den Straßen- und den Kanalbau betrifft, wobei letzterer freilich eher von den Einzelstaaten vorangetrieben wurde. Die schon unter der Präsidentschaft Washingtons begonnenen Infrastrukturmaßnahmen, die den Zeitgenossen unter dem Stichwort „internal improvement" bekannt waren, wurden durchaus auch unter der Präsidentschaft Jeffersons noch bis hin zur Präsidentschaft Andrew Jacksons in den 1830er Jahren weitergeführt, unter anderem deshalb, weil Teilen der Partei Jeffersons der Zusammenhang zwischen diesem „internal improvement" und der Schaffung einer festeren nationalen Identität durchaus bewusst war.

For Jefferson, then, abundant land, improved by wise government and enterprising people, framed the experiment in American liberation. By the middle of the 1780s, he had drafted for the Union what he took to be a ‚safe' and liberal program for the management of western lands, including a rectilinear survey system that reduced a continental empire to marketable numbered squares. He lent a hand in the Potomac River project expressly to bind the Atlantic states together with their frontier offspring.[84]

Gerade der Ausbau der Poststraßen insbesondere im Westen machte deutlich, wie die Dynamik zwischen lokalen Kapitalinteressen und Bundesstaat funktionierte:[85] Der „Post Office Act" von 1792 hatte dem Kongress die Aufgabe der Auszeichnung von Poststraßen und der Einrichtung von Postämtern zugewiesen, ohne allerdings Einzelheiten zu regeln. Das Ergebnis war dann, dass aufgrund der schier unaufhaltsamen Migrationswelle gen Westen die Siedler vor allem mithilfe von Petitionen Druck auf die Politik ausübten, um die verkehrs- und kommunikationstechnische Anbindung „ihrer" Orte an den Osten zu garantieren, weil man sowohl Briefe versenden und erhalten als auch Waren transpor-

---

[83] *Sellers*, The Market Revolution (wie Anm. 79), 47 ff.; *Wood*, Idea of America (wie Anm. 26), 316; *John D. Skrentny*, Law and the American State, in: Annual Review of Sociology 32, 2006, 213–244, hier 221.

[84] *John Lauritz Larson*, Internal Improvement. National Public Works and the Promise of Popular Government in the Early United States, Chapel Hill/London 2001, 41 f. Vgl. auch *Stephen Minicucci*, Internal Improvements and the Union, 1790–1860, in: Studies in American Political Development 18, 2004, 160–185, hier 163.

[85] Vgl. zum Folgenden *William H. Bergmann*, The American National State and the Early West, Cambridge 2012, 153 ff.

tieren musste.[86] Der Congress zeichnete dann (und zwar häufig jenseits unmittelbarer ökonomischer Rationalität[87] und lediglich einer politischen Logik folgend) Poststraßen aus, die auf privatwirtschaftliche Initiative hin gebaut wurden, und vergab Poststellen an etablierte Bürger, oft Kaufleute, die selbst durchaus selbstsüchtige Interessen an einer funktionierenden Post hatten. Das Ergebnis war dann ein Netz an Poststellen, das hinsichtlich seiner Dichte im Vergleich zu europäischen Ländern enorm hoch war, weil fast jeder Ort eine solche Post hatte. Wenn, wie dies in der entwicklungssoziologischen Literatur manchmal angenommen wird[88], ein funktionierendes Postwesen ein guter Indikator für einen intakten Staat ist, dann war der US-amerikanische Staat eben schon sehr früh durchaus ein solcher. Aber der Postdienst war nicht nur verlässlich und ökonomisch höchst bedeutsam, was man daran erkennen konnte, dass viele Kaufleute darüber ihren Geldverkehr abwickelten. Die Post war auch hinsichtlich ihrer demokratisierenden und mobilisierenden Wirkungen noch in einer ganz spezifischen Weise von herausragender Bedeutung, weil die Gesetzgeber aus demokratischen Gründen gerade den postalischen Versand von *Zeitungen* durch das Briefporto subventionierten, was man daran sieht, dass die transportierten Zeitungen 95 Prozent des Gewichts der transportierten Post ausmachten, aber nur 15 Prozent der Einnahmen einbrachten.[89] Wie Richard R. John so eindrücklich gezeigt hat, wurde gerade durch die Post und ihren Zeitungstransport eine gesamtgesellschaftliche Informationsumwelt geschaffen, die eben im Unterschied zum kontinentalen Europa nicht der Zensur unterworfen war.[90]

> By underwriting the low-cost transmission of newspapers throughout the United States, the central government established a national market for information sixty years before a comparable national market would emerge for goods. Not until the 1850s, with the completion of a rudimentary transappalachian railroad network, would merchants in other lines of trade have the chance to reach the national market that newspaper printers had been tapping since 1792.[91]

Der Ausbau der Post und die enorme Verbreitung des Zeitungswesens in den USA scheint also wie nichts sonst den von Karl W. Deutsch behaupteten Zusam-

---

[86] Vgl. *Richard John*, Spreading the News. The American Postal System from Franklin to Morse, Cambridge, Mass./London 1995, 44 f.

[87] Vgl. *Bergmann*, The American National State (wie Anm. 85), 154; *Wood*, Empire of Liberty (wie Anm. 58), 479 ff., und *Howe*, What Hath God Wrought (wie Anm. 73), 213 ff.

[88] Vgl. etwa *Alejandro Portes/Lori D. Smith*, Institutions and Development in Latin America: A Comparative Analysis, in: Studies in Comparative International Development 43, 2008, 101–128.

[89] *John*, Spreading the News (wie Anm. 86), 39.

[90] *John*, Spreading the News (wie Anm. 86), 41. Für eine frühmoderne Perspektive auf die Wirkungen der Post v. a. in Deutschland vgl. *Wolfgang Behringer*, ‚Die Welt in einen anderen Model gegossen'. Das frühmoderne Postwesen als Motor der Kommunikationsrevolution, in: Geschichte in Wissenschaft und Unterricht 53, 2002, 424–433.

[91] *John*, Spreading the News (wie Anm. 86), 37 f.

menhang von Kommunikation und Nationalismus zu bekräftigen[92], allerdings nur dann, wenn man übersieht, dass die schnelle Politisierung unter weitgehend demokratischen Bedingungen auch den Konflikt zwischen den Nord- und Südstaaten anheizte, was sich spätestens dann zeigte, als in den Südstaaten die Verbreitung abolitionistischer Zeitungen verhindert werden sollte. C) In Bezug auf die Nationsbildung ist sicherlich auch von erheblichem Belang, dass mit Jefferson und den „Democratic-Republicans" zu Beginn des 19. Jahrhunderts eine Strömung an die Macht kam, die sich nicht nur durch eine anti-zentralistische, irgendwie demokratisch-populistische Ideologie auszeichnete, sondern die auch ein einigermaßen bemerkenswertes außenpolitisches Profil hatte. Jeffersons Frankophilie war die Kehrseite seiner Anglophobie, und all dies wurde dann auch in seiner Administration relativ schnell sichtbar. Nachdem man – und dies entspricht durchaus Jeffersons „expansive nationalism"[93] – von Frankreich Louisiana gekauft hatte, führte Jefferson in seiner zweiten Amtszeit das Land in einen Handelskrieg mit dem Mutterland, welches im Rahmen der Auseinandersetzung mit dem Napoleonischen Frankreich nicht mehr gewillt war, das im Grunde pro-französische Treiben der immer größer werdenden Handelsflotte der vermeintlich neutralen US-Amerikaner zu akzeptieren. Die USA verhängten in Überschätzung der eigenen Möglichkeiten 1807 gegen die Briten ein Handelsembargo, schadeten sich damit aber selbst am meisten, so dass es schon 1809 unter Jeffersons Nachfolger James Madison wieder beendet wurde.[94] Aber unter genau jenem Madison schlitterten die USA in einen heute weitgehend vergessenen Krieg mit dem Vereinigten Königreich, der die „Democratic-Republicans" zu ideologisch eigentlich unerwünschten Zentralisierungsmaßnahmen und Finanzbeschlüssen zwang, um die militärische Auseinandersetzung überhaupt führen zu können. Dennoch verlief dieser Krieg alles andere als optimal, schließlich wurde von den Briten die Hauptstadt Washington niedergebrannt, während der groß gefeierte Sieg Andrew Jacksons in der Schlacht von New Orleans 1815 zu einem Zeitpunkt stattfand, als schon Waffenstillstand vereinbart worden war, nur die militärischen Akteure davon noch nichts wussten. Dieser Krieg ist für unseren Zusammenhang aus mehreren Gründen bemerkenswert: 1) Sofort nach Kriegsende fand wieder eine drastische Reduzierung der US-amerikanischen Heeresstärken statt – gemäß der republikanischen Ideologie und der darin artikulierten Furcht vor zentralistischen Machtinstrumenten. Dabei war selbst im Krieg die Rüstung und Aufrüstung der US-Armee alles anderes als eindrucksvoll gewesen: „The wartime Congress passed a dozen measures authorizing troop

---

[92] Vgl. *Karl W. Deutsch*, Nationenbildung – Nationalstaat – Integration, hrsg. von Abraham Ashkenasi und P. Schulze, Düsseldorf 1972.

[93] *John Lauritz Larson*, ‚Bind the People Together': The National Union and the Struggle for a System of Internal Improvements, in: The Journal of American History 74, 1987, 363–387, hier 371.

[94] *Wood*, Empire of Liberty (wie Anm. 58), 647 ff.

increases in the first six months of the war. Congress authorized an army of 58 000, but only a third of this target had been met nine months into the war."[95] Insofern trifft auch hier wieder die häufig vertretene These eines engen Zusammenhangs von Krieg und staatlicher Zentralisierung nicht zu. 2) Der Krieg selbst gab gleichzeitig aber einen wichtigen Anstoß zur Festigung einer irgendwie „US-amerikanischen" Identität, die vorher so klar nicht war, was man daraus ersehen kann, dass dem Werben der Briten durchaus eine erhebliche Zahl von US-Amerikanern zur Einwanderung ins britische Kanada gefolgt war. Kanada war nämlich nicht nur für politische Dissidenten (die „Loyalists") im und unmittelbar nach dem Unabhängigkeitskrieg interessant geworden, sondern später auch für Wirtschaftsmigranten: denn die britische Kanadapolitik zeichnete sich durch eine attraktive, kostenlose Landvergabe aus, weil man mit einer aktiven Bevölkerungspolitik die britische Position in Nordamerika gegenüber den USA stärken wollte. Kein Wunder deshalb, dass der Krieg von 1812 unter den Soldaten eine durchaus nationalistische Färbung annahm, mit den tonangebenden protestantischen „Loyalists" auf kanadisch-britischer Seite und häufig irisch-katholischen Einwanderern auf US-amerikanischer. Nicht zu Unrecht spricht deshalb Alan Taylor im Titel seines jüngsten Buches auch vom „Civil War of 1812", weil er damit wohl auch andeuten will, dass die enormen Konsequenzen dieses Krieges in der Historiographie häufig unterschätzt wurden.[96] Denn die Amerikaner verloren zwar de facto im Norden den Krieg, sie erhielten aber infolge des Friedens von 1815 – und nun im Weiteren ungestört durch die Briten – im Westen nicht zuletzt gegen die indigen-indianische Bevölkerung freie Hand.[97] Für die spätere Entwicklung der USA war natürlich die Westexpansion langfristig wichtiger. Zumindest mittelfristig hatte der Krieg zudem die Konsequenz, dass mit dem dadurch weiter gestärkten anti-britischen Ressentiment für einige Jahrzehnte eine Art Integrationsideologie geschaffen wurde, die viele der internen Probleme der Republik überdecken konnte. Wie jüngst Sam W. Haynes eindrücklich gezeigt hat, wurden die meisten schweren Konflikte der ersten Jahrzehnte des jungen Staatswesens – dies war insbesondere seit dem Amtsantritt Jeffersons und damit der machtpolitischen Dominanz der „Democratic-Republicans" der Fall – mit anti-britischem Ton ausgefochten, waren selbst die Auseinandersetzungen *innerhalb* dieser Partei davon geprägt. Dies – so Haynes – sollte sich erst in den 1840er Jahren ändern, als zum einen 1846 der Krieg gegen Mexiko das US-amerikanische Selbstbewusstsein enorm steigerte und zum anderen die beginnende Freihandelspolitik der Briten, die den US-amerikanischen Export massiv beförderte, die Frage eines anti-britischen Schutzzolls von der politischen

---

[95] *Balogh*, A Government out of Sight (wie Anm. 82), 201. Zur desolaten Verfassung des US-Heeres und zu den hohen Desertionsraten vgl. *Alan Taylor*, The Civil War of 1812. American Citizens, British Subjects, Irish Rebels, and Indian Allies, New York 2010, 319–351.

[96] *Taylor*, The Civil War of 1812 (wie Anm. 95).

[97] *Taylor*, The Civil War of 1812 (wie Anm. 95), 428.

Tagesordnung nahm und von da an die anti-britische Propaganda ins Leere lief.[98] Haynes geht dann sogar so weit zu behaupten, dass dieses *Ende* der die Amerikaner einenden Anglophobie die inneramerikanischen Konflikte erst wirklich prägnant zum Vorschein brachte und somit den Weg in den heraufziehenden „Civil War" (1861–1865) ebnete.[99]

Wie durch den Gang der Argumentation deutlich geworden sein sollte, gibt es durchaus Gründe dafür, warum es Interpreten der frühen US-amerikanischen Geschichte so schwer fiel, die zu dieser Zeit dort ablaufenden Prozesse und die sich herausbildenden Strukturen begrifflich angemessen zu fassen. Von Hegel über Weber bis hin zu heutigen Sozialwissenschaftlern wurden zumeist nur Defizite an Staatlichkeit festgestellt mit den dann sich unvermeidlich einstellenden schiefen Schlussfolgerungen im Hinblick auf die in den USA ablaufenden Nationalisierungs- und Demokratisierungsprozesse. Das am mittel- und westeuropäischen Material erprobte Begriffsraster passte und passt offensichtlich nicht so recht für die Analyse der Verhältnisse in Nordamerika. Aber muss man deshalb gleich von einer *exzeptionellen* Staats- und Nationsbildung in den USA reden? Bekanntermaßen waren die Sonderwegsdebatten der vergangenen Jahrzehnte so besonders fruchtbar nicht, weil irgendwie jede Nation in ihrer historischen Entwicklung exzeptionell war und ist und man deshalb nur seufzend fragen konnte, ‚wie viele Sonderwege denn noch?'. Und so ist auch Seymour Martin Lipsets Begriff der *First New Nation* und seine Begründung des US-amerikanischen Exzeptionalismus schlicht deshalb problematisch, weil er die tatsächlichen Konflikte in der Revolutions- und Nachrevolutionszeit verkleistert und auch die extrem gewundenen Pfade der Formierung einer US-amerikanischen Identität außer Acht lässt. Der Weg aus Revolution und Krieg hin zur Nation war in den USA ein enorm langer, er war – was der „Civil War" ja zeigen sollte – auch nach 90 Jahren noch nicht zu Ende, weshalb es mir sinnvoller erscheint anstatt von Exzeptionalismen zu sprechen eher nach Schüben der Nationalisierung zu suchen, die aber eben immer wieder auch zu schweren politischen Verwerfungen führen konnten.

Diese Verwerfungen hatten freilich mit der spezifischen Form des Staates der frühen Republik zu tun, also dann doch mit einigen Sonderbedingungen, die sich aber weder durch eine Defizitfeststellung noch durch eine normative Aufladung sinnvoll charakterisieren lassen: Ich würde mich hier der These Aristide Zolbergs anschließen, wonach das Gerschenkron-Argument, Nachzügler-Gesellschaften hätten zur Ausbildung eines wettbewerbsfähigen Kapitalismus

---

[98] *Sam W. Haynes*, Unfinished Revolution. The Early American Republic in a British World, Charlottesville/London 2010, 284. Haynes widerspricht damit etwa der These von Greenfeld (*Greenfeld*, Nationalism [wie Anm. 21], 421 f.), wonach dem amerikanischen Nationalismus schon früh jegliches Ressentiment gegenüber anderen Nationen gefehlt habe.

[99] *Haynes*, Unfinished Revolution (wie Anm. 98), 296.

eines starken Staates bedurft, für die USA gerade nicht zutrifft[100] – jedenfalls dann nicht, wenn man unter einem starken Staat denjenigen west- und mitteleuropäischer Prägung versteht. Bemerkenswert waren für das US-amerikanische Staatswesen dieser Zeit nämlich nicht seine Zentralisierungstendenzen, sondern seine infrastrukturellen Fähigkeiten, wobei hier nochmals die Bedeutung des Post- und Zeitungswesens zu betonen wäre. Ich denke, es ist kein theoretischer Eklektizismus, wenn man die Epoche der frühen Republik *sowohl* durch das Prisma einer sich abzeichnenden Markt- (Charles Sellers) *als auch* einer sehr früh beginnenden Kommunikationsrevolution (Daniel Walker Howe) betrachtet. In gewisser Weise ließe sich davon sprechen, dass die auch staatlicherseits geförderten „Boom-Bust-Cycles“[101], die diese Siedlergesellschaft prägten, eine Form der Nationsbildung auf revolutionärem Boden begünstigte, die viel mit dem von Benedict Anderson ins Spiel gebrachten *print capitalism* zu tun hatte – einem *print capitalism*, der aber auf eine andere Art funktionierte, als es von Anderson insbesondere für Lateinamerika so eindrucksvoll beschrieben worden ist.[102]

Der Fokus auf diese mit und nach der Revolution einsetzende Markt- und Kommunikationsrevolution sollte aber nicht dazu verführen, gerade die außenpolitischen Aspekte der US-amerikanischen Staats- und Nationsbildung zu vernachlässigen – dies wäre dann die Ähnlichkeit oder Parallelität mit Prozessen etwa in Europa. Ich glaube deshalb nicht, dass sich das „enigma“ des US-amerikanischen Staates gerade in der frühen Republik seiner außenpolitischen Isoliertheit verdankt.[103] Die frühe US-amerikanische Republik war vielmehr seit ihrer Gründung ständig in internationale Konflikte verwickelt und die Anglophobie war bis in die 1840er Jahre fast eine Art konstitutiver Bestandteil der Innenpolitik. Deshalb wird man eher mit Ira Katznelson darauf verweisen müssen, dass spätestens mit der Ratifizierung der „Constitution“ 1789 ein Staatswesen auf der Bühne der Weltpolitik erschienen ist, dessen wichtigstes Merkmal zwar vielleicht nicht seine administrative Zentralisierung, aber doch immerhin seine „flexible capacity“ war, die es im Bedarfsfalle spätestens ab den 1820er Jahren erlaubte, in ungeheurer Schnelligkeit Menschen und Ressourcen zu mobilisieren[104], selbst wenn damit (noch) nicht – siehe die Konflikte vor und im „Civil War“ – eine *einheitliche* Nationalisierung der Massen einherging. Wie Katznelson überzeugend darlegt, könnte es, wenn man die Grundlagen des Aufstiegs der USA zur Weltmacht erklären will (eines ungewöhnlichen Aufstiegs, weil

---

[100] *Aristide R. Zolberg*, International Engagement and American Democracy: A Comparative Perspective, in: Katznelson / Shefter (Hrsg.), Shaped (wie Anm. 12), 24–54, hier 37.

[101] *James Belich*, Replenishing the Earth. The Settler Revolution and the Rise of the Anglo-World, 1783–1939, Oxford 2009, 87.

[102] *Benedict Anderson*, Die Erfindung der Nation. Zur Karriere eines folgenreichen Konzepts, Frankfurt am Main / New York 1988, 55–71.

[103] Dies ist unter anderem das Argument von *Martin Shefter*, War, Trade, and U.S. Party Politics, in: Katznelson / Shefter (Hrsg.), Shaped (wie Anm. 12), 117 ff.

[104] *Katznelson*, Flexible Capacity (wie Anm. 12), 104.

unter massendemokratischen Bedingungen erfolgt[105]), fruchtbarer sein, sich die politischen Dynamiken im „US-Congress“ und die dort repräsentierten gesellschaftlichen Interessen anzuschauen[106], als eine irgendwie zentralisierte und autonom agierende Administration[107], die es in dieser Form über weite Perioden der US-Geschichte nicht gegeben hat. Nimmt man dies ernst, dann ist es nochmals ratsam, die besondere föderalistische Struktur dieses (frühen) US-amerikanischen Staatswesens in den Blick zu nehmen, weil unter diesen Bedingungen sich genau das entwickeln konnte, was Michael Mann als die infrastrukturelle Macht des Staates beschrieben hat[108], der unter bestimmten Umständen in der Lage ist im Zusammenspiel mit wichtigen (kapitalistisch orientierten) Kräften der ‚Gesellschaft‘ erstaunliche Transformationsleistungen zu vollbringen, der also gerade durch eine für spezifische Gruppen vorteilhafte föderale Struktur eine enorme Dynamik entfaltete, ohne dass von vornherein ein zentralisierter Zwangsapparat hier besonders sichtbar tätig gewesen sein musste. Hinzufügen sollte man freilich in diesem Zusammenhang, dass dieser Überschuss infrastruktureller Macht (gegenüber der von Michael Mann so benannten „despotischen Macht“) nur so lange anhalten konnte, bis sich neue und neuartige Interessenkonflikte artikulierten, welche dann doch Zentralisierungsmaßnahmen geboten erscheinen ließen.

Im Hinblick auf vergleichende Aspekte möchte ich zum Schluss nochmals kurz auf die Revolutionsthematik zu sprechen kommen – und zwar mit Blick auf die Historiographie: 1) Es ist vermutlich nicht nur der 2008 eingetretenen weltwirtschaftlichen Krise geschuldet, wenn die jüngste US-amerikanische Geschichtsschreibung wieder stärker polit-ökonomische Deutungen von Revolution und früher Republik aufgreift, wie dies vor ziemlich genau 100 Jahren von der progressivistischen Geschichtsschreibung um Charles A. Beard schon einmal vorgemacht worden ist.[109] Wer sich derzeit in die geschichtswissenschaftlichen Debatten um dieses Ereignis begibt, der wird überrascht sein von den dafür notwendigen polit-ökonomischen Kenntnissen. Und es wäre zu klären, ob diese immer wieder auftauchende ökonomische, wenn auch nicht einfach ‚klassentheoretisch‘ zu nennende Interpretation etwa von Schuldkämpfen v. a. zur Zeit der Ratifizierung der „Constitution“ vor allem der frühen Demokratisierung in den USA zuzuschreiben ist, oder ob es einen neuen Trend in der Historiographie zu Revolution, Krieg und Nation auch *in anderen Ländern* gibt, einen Trend, die ökonomischen Aspekte wieder ernster zu nehmen als zuvor. 2) Wenn ich es recht

---

[105] *Zolberg*, International Engagement (wie Anm. 100), 30.

[106] *Katznelson*, Flexible Capacity (wie Anm. 12), 104 f.

[107] Vgl. den aufschlussreichen Artikel von *Jill Lepore*, The Force. How much military is enough?, in: The New Yorker, January 28, 2013, 70–76.

[108] *Michael Mann*, The Autonomous Power of the State: Its Origins, Mechanisms, and Results, in: Archives européennes de sociologie 25, 1984, 185–213.

[109] *Charles A. Beard*, An Economic Interpretation of the Constitution of the United States, New York / London o. J. [1913]: The Free Press.

überblicke, gibt es ja gerade in der aktuellen Literatur zu Revolution und Nationsbildung im spanisch-sprachigen Amerika in der ersten Hälfte des 19. Jahrhunderts einen starken Zug, gerade die politisch-soziale Sprache der Akteure zu analysieren, um die besondere Form nach-revolutionärer Prozesse zu erklären und damit die üblichen nationalistischen Teleologien – à la ‚von der Revolution hin zur (mehr oder weniger demokratischen) Nation' – zu brechen.[110] Betont werden dort insbesondere die unterschiedlichen Souveränitätsvorstellungen, die nach dem Zusammenbruch der spanischen Herrschaft an die Oberfläche kamen, und aufgrund derer es keineswegs selbstverständlich oder natürlich war, dass sich gerade *National*staaten aus der Revolution heraus entwickelten. – Für die Historiographie zur US-amerikanischen Revolution gilt aber, dass die Hochzeit der unter dem Stichwort Republikanismus vs. Liberalismus geführten, ebenfalls die politische Semantik betonenden Debatte seit einigen Jahren vorbei ist[111], so dass nun wieder – wie schon angemerkt – polit-ökonomische Argumente in den Vordergrund rücken. Somit ergibt sich die Frage, ob all dies als ein bloßes Hinterherhinken der Lateinamerika-Historiker zu deuten ist oder eine reale Ursache in den eben völlig unterschiedlichen demokratischen und politischen Verhältnissen in beiden Teilen der ‚Americas' hat. Und sind diese unterschiedlichen Herangehensweisen an die Revolutionsthematik nicht auch mit erheblichen Auswirkungen auf die Analyse der Nations- und Staatsbildung verbunden? Soweit die vielleicht eher naiven Fragen eines in der Historie irrlichternden Soziologen an die ungleich versierteren Kollegen im Nachbarfach!

---

[110] Vgl. etwa *Javier Fernández Sebastián* (Hrsg.), Diccionario político y social del mundo iberoamericano. La era de las revoluciones, 1750–1850, Madrid 2009. Vgl. hierzu auch *Wolfgang Knöbl*, La contingencia de la independencia y de la revolución: perspectivas teóricas y comparadas sobre América Latina, in: America Latina Hoy. Revista de Ciencias Sociales 75, 2011, 15–49.

[111] *Young/Nobles*, Whose American Revolution? (wie Anm. 26), 72 ff.

Der Preis der Freiheit

Revolution, Krieg und Nation in Lateinamerika im atlantischen Kontext, 1760–1830

Stefan Rinke

Spricht man vom Dreiklang Revolution – Krieg – Nation, so scheint dies auf den ersten Blick auch für Lateinamerika ein treffendes Modell für die Beschreibung der Prozesse zu sein, die von der Revolution auf St. Domingue ab 1789 bis hin zur Unabhängigkeit Brasiliens 1822 reichen. Seit den 1820er-Jahren entstand in Lateinamerika eine Historiographie, die die Befreiung der als schon zuvor gegeben vorgestellten „Nation" aus den Ketten der Kolonialherrschaft fest als Gründungsmythos verankerte. Die Persönlichkeiten, die die Unabhängigkeit erfochten hatten, genossen und genießen teils bis heute als „Väter des Vaterlands" den Status von sakrosankten Heldengestalten. Historiker, die an diesem Mythos strickten, genossen insbesondere dann hohes Ansehen und Glaubwürdigkeit, wenn sie selbst noch den „Pulverdampf der großen Schlachten" gerochen hatten – und sei es als Säuglinge. Was diese heroische Interpretation der Unabhängigkeitsrevolutionen so einflussreich werden ließ, war die Tatsache, dass manche Historiker selbst in der Politik wirkten oder mit den führenden Köpfen verwandt und verschwägert waren. So war die noch junge und keineswegs professionalisierte Geschichtsschreibung ein konstitutives Element im Prozess der Identitätsbildung der Eliten.[1]

Seit der zweiten Hälfte des 20. Jahrhunderts hat eine neue und professionalisierte, von der Sozialgeschichte inspirierte historische Disziplin diese Mythen kräftig zertrümmert. Unzählige Arbeiten – die Zeit der Gewinnung der Unabhängigkeit ist schätzungsweise das am intensivsten beackerte Feld der lateinamerikanischen Geschichte – haben gezeigt, dass das Ziel der Lösung aus der Kolonialherrschaft und der Erringung der Unabhängigkeit nicht nur nicht am Beginn der Ereignisse stand, sondern dass die Akteure ganz unterschiedliche Intentionen hatten, die sich nicht einmal mit ethnischen Merkmalen eindeutig kategorisieren lassen. Die Historiker dieser Zeit wiesen stattdessen auf die unübersehbaren sozialen und wirtschaftlichen Kontinuitäten zwischen Kolonie

---

[1] *Michael Riekenberg*, Große Transformationen des Geschichtsdenkens in Lateinamerika seit 1500, in: Jörn Rüsen / Michael Gottlob / Achim Mittag (Hrsg.), Die Vielfalt der Kulturen. Erinnerung, Geschichte, Identität, Frankfurt am Main 1998, 247–268, hier 258–263.

und Republiken hin, womit das Bild einer Entwicklung vom Kolonialismus zum Neokolonialismus entstand. Nach dieser Lesart hatte bis 1830 in Lateinamerika noch gar keine „echte" Revolution stattgefunden. Je nach politischer Absicht ließ sich daraus die Folgerung ableiten, dass diese Revolution noch ausstand.[2]

Allerdings ist diese revisionistische Historiographie mit der Betonung der Kontinuitäten teilweise über das Ziel hinausgeschossen. Indem sie der Geschichte der lateinamerikanischen Unabhängigkeit ihren revolutionären Charakter absprach, nahm sie unbewusst und entgegen der selbst gewählten Rhetorik eine zutiefst eurozentrische Sichtweise ein, denn implizit glich sie die Abläufe in Lateinamerika mit denen in Europa – bevorzugt in Frankreich – ab, wo es, so die unterschwellige Vorannahme, „echte", „vollendete" Revolutionen gegeben habe. Zweifellos bedeutete die Unabhängigkeit in Lateinamerika einen politischen Neuanfang, der neue Fragen nach der Verortung und Begründung von Herrschaft aufwarf. Grundlegend war die Diskontinuität, die sich am politischen Systemwechsel mit neuen Eliten sowie an den neuen Argumenten zur Legitimität wie auch am Scheitern der Bemühungen um eine Rückkehr zum Status quo ante ablesen lässt. Die politischen Ideen von Freiheit und Gleichheit, von Menschen- und Bürgerrechten sowie die Praktiken, die die Unabhängigkeitskämpfer nutzten und mit denen sie teils schon breite politische Partizipation erzielten, waren in sich revolutionär. Diese Elemente erlauben es, für Lateinamerika in diesem Zeitraum von Revolutionen zu sprechen – Revolutionen im Plural, weil die Heterogenität der Prozesse auf der Hand liegt. Es handelt sich um Formen antikolonialen Widerstands, die sich zu Revolutionen auswuchsen, weil sie eine neue Ordnung im Sinne eines Nationalstaats anstrebten. Dies war nicht von Beginn an schon vorgegeben, sondern das Ergebnis von dynamischen Prozessen mit Rückschlägen und von unterschiedlicher Dauer.[3]

Die Unabhängigkeit warf neuartige Probleme für die neuen staatlichen Gebilde auf. Diese Schwierigkeiten reichten weit über die formellen Unabhängigkeitserklärungen hinaus und stellten die neuen Staaten vor große Herausforderungen. Zwar waren die Kriege gegen die Kolonialherren beendet, doch dauerten die inneren Auseinandersetzungen weiter an. Bürgerkriege brachen jetzt erst mit voller Wucht aus. Die Folgen der langen Kriege überschatteten die Ausgangslage. Unsicherheiten über die Zukunft von Staat und Gesellschaft und über die Bedeutung des Erreichten in sozialer und kultureller Hinsicht prägten einen Neuanfang, der viele Elemente des Alten noch in sich trug. Die Freiheit von den Kolonialmächten hatte man errungen, doch wozu sie dienen und zur Verfolgung welcher Ziele sie künftig genutzt werden sollte, blieb um 1830 offen.

---

[2] Beispielhaft für diese Interpretation: *George Reid Andrews*: Spanish American Independence. A Structural Analysis, in: Latin American Perspectives 12, H. 1, 1985, 105–132, hier 105.

[3] *Stefan Rinke*, Revolutionen in Lateinamerika. Wege in die Unabhängigkeit, 1760–1830, München 2010, 15 f.

Verfassungen zwischen Ideal und Wirklichkeit

Die Unabhängigkeit Lateinamerikas war die Folge einer tiefgreifenden Krise der Kolonialreiche, die zunächst die Zentren der Macht in Europa traf. Dort erschütterte sie das monarchische Grundprinzip, schuf ein Legitimitätsvakuum und löste die Implosion des Gesamtreichs aus. Von Beginn an stellte sich die Frage nach den Legitimitätsgrundlagen der Herrschaft. Es musste geklärt werden, wer in Zukunft herrschen sollte. Zunächst in Paris und später in Madrid, zuletzt in Lissabon reagierte man auf diese Herausforderung mit Verfassungen, die die Nation zum Souverän erklärten. Dieses Vorgehen hatte Vorbildfunktion für die in Amerika geborenen Eliten, die nun die koloniale Realität abschütteln wollten, weil sie sich gar nicht als Kolonien verstanden, sondern als gleichberechtigte Teile von Reichen, deren Wohlstand ganz wesentlich von ihrer wirtschaftlichen Leistung abhing. Die Unabhängigkeitsbewegungen zerstörten die Bindungen zur Krone, des bis dahin zentralen Integrationsfaktors. Sie führten zu einer Fragmentierung der Macht. Die Räume, die nun regiert werden mussten, blieben Räume begrenzter Staatlichkeit, in denen der Staat nur ein – und keineswegs immer der dominante – Akteur unter vielen war.

Grundlage des neuen Systems waren geschriebene Verfassungen, die ab 1801 in Haiti, ab 1811 in Hispanoamerika und 1824 in Brasilien Eliten mit wenig praktischer Erfahrung in Regierung und Selbstverwaltung ausarbeiteten. Sie lehnten sich zunächst an ausländische Vorbilder wie etwa die US-amerikanische Verfassung und den spanischen Konstitutionalismus an. Bei der lateinamerikanischen Verfassungsgebung in den ersten drei Jahrzehnten des 19. Jahrhunderts handelte es sich um eine Experimentierphase.[4]

Das Ziel der Verfassungsväter war eine Balance zwischen Freiheitsidealen und der Garantie der Ordnung. Wichtig waren die Grundideen von Freiheit, Gleichheit und Selbstbestimmung, die, geboren aus dem Geist der Aufklärung, im atlantischen Raum zirkulierten und die die lateinamerikanischen Eliten rezipiert hatten. Die Prinzipien der Volkssouveränität, der politischen Repräsentation und der Gewaltenteilung waren denn auch die Ausgangsbasis für die frühen lateinamerikanischen Verfassungen.[5] Auch die Erklärungen der Menschen- und Bürgerrechte bildeten eine Richtschnur. Fast alle lateinamerikanischen Verfassungen in diesem Zeitraum enthielten Grundrechtserklärungen. Sie gingen einher mit der Verregelung des politischen Lebens durch Wahlen.[6] Allerdings gab es auch

---

[4] *Peter Waldmann*, Zur Rolle der Verfassung in der Gründungsphase der USA und der lateinamerikanischen Staaten, in: Hans-Werner Tobler / Peter Waldmann (Hrsg.), Lateinamerika und die USA im „langen" 19. Jahrhundert. Unterschiede und Gemeinsamkeiten, Köln 2009, 27–53. Siehe jetzt auch die Aufsätze in *Antonio Annino / Marcela Ternavasio* (Hrsg.), El laboratorio constitucional iberoamericano, 1807–1830, Madrid 2012.

[5] *Jeremy Adelman*, Sovereignty and Revolution in the Iberian Atlantic, Princeton 2006, 393.

[6] *Roberto Gargarella*, Los fundamentos legales de la desigualdad. El constitucionalismo en América, 1776–1860, Madrid 2005, 6 f.

Restriktionen, die z. B. das Recht auf freie Meinungsäußerung einschränkten. Auch die Religionsfreiheit blieb bis zum Ende des 19. Jahrhundert in einem Großteil der Staaten begrenzt. In der Regel war der Katholizismus die Staatsreligion, die öffentliche Ausübung anderer Bekenntnisse blieb häufig verboten. Gerade an dieser Frage ließ sich das grundsätzliche Problem der Legitimation eines politischen Systems erkennen, dass sich gerade erst aus dem Gottesgnadentum gelöst hatte.

Die Frage der Staatsform blieb bis 1830 durchaus umstritten. Wenngleich sich die Republik letztlich durchsetzte, so hielten sich doch auch Monarchien wie v. a. in Brasilien.[7] Der letztlich umfassende Trend zur Republik im ehemaligen spanischen Kolonialreich war nicht unbedingt ein Ausdruck demokratischer Gesinnung, denn stattdessen etablierten sich häufig starke Präsidialregimes. Vielmehr ging es den hispanoamerikanischen Kreolen darum, die Abkehr von der spanischen Krone zu verdeutlichen. Die Wahl der republikanischen Staatsform diente also der Selbstlegitimierung der kreolischen Eliten.[8] Dennoch war Lateinamerika um 1830 neben den USA die erste Weltregion in der sich das Prinzip der Volkssouveränität flächendeckend durchsetzte und die Monarchie – trotz mancher Diskussionen und der brasilianischen Ausnahme – ersetzte.[9]

Mit den Verfassungen etablierten sich neue politische Praktiken, die den Zeitgenossen den revolutionären Charakter der Umbrüche besonders handgreiflich vor Augen führten. So waren die politischen Partizipationsmöglichkeiten in einigen Ländern zumindest theoretisch zunächst sehr umfassend, auch wenn sie später wieder eingeschränkt beziehungsweise in der Praxis durch Patronage und klientelistische Netzwerke verwässert wurden. Die nun allerorts einsetzenden Wahlen blieben wichtige Bezugspunkte und zwar nicht nur in den Städten, sondern auch in indigenen Dörfern. Selbst Caudillos, die auf gewaltsame Weise an die Macht kamen, ließen sich oft nachträglich durch das „Volk“ legitimieren. Die Wahltermine trugen zur Konstituierung von Öffentlichkeiten bei, die als Quelle der Legitimität immer wichtiger wurden. Es entstand eine lebhafte öffentliche Sphäre mit Vereinen und Clubs, die sich politisch engagierten und die Vorläufer zu Parteien bildeten. Allerdings blieben diese ethnisch exklusiv und schlossen beispielsweise die Indigenen aus, da sie als irrational und unreif galten.[10]

---

[7] Auf die Beharrungskraft der Monarchie im 19. Jahrhundert hat jüngst überzeugend hingewiesen *Dieter Langewiesche*, Die Monarchie im Jahrhundert Europas. Selbstbehauptung durch Wandel im 19. Jahrhundert, Heidelberg 2013.

[8] *Hans-Joachim König*, Kleine Geschichte Lateinamerikas, Stuttgart 2006, 336–339.

[9] *Hilda Sabato*, On Political Citizenship in Nineteenth-Century Latin America, in: American Historical Review 106, 2001, 1290–1315, hier 1291; *Paul Drake*, Between Tyranny and Anarchy. A History of Democracy in Latin America, Stanford 2009, 52.

[10] *Carlos A. Forment*, Democracy in Latin America, 1760–1900, Bd. 1: Civic Selfhood and Public Life in Mexico and Peru, Chicago 2003, 285.

Das größte Problem der frühen lateinamerikanischen Verfassungsgeschichte war zweifellos die Umsetzung der darin vertretenen Werte und Normen in die Praxis. Zwischen den Gleichheitsidealen und der Verfassungswirklichkeit klaffte eine große Lücke. Sie lässt sich etwa daran ablesen, dass das Wahlrecht häufig vom Besitz und von der Lese- und Schreibfähigkeit abhängig gemacht wurde. Die fehlende Einhaltung der Grundrechte und der Gewaltenteilung erschütterte den Respekt vor den Verfassungen, die noch dazu viel Raum für Notstandsgesetze ließen. Die Exekutive machte davon Gebrauch, indem sie zum Beispiel den Belagerungszustand erklärte, vermeintlich um äußere und innere Bedrohungen abzuwenden aber eben auch politische Gegner auszuschalten. Erst gegen Ende des Jahrhunderts wurden die drakonischen Sonderrechte der Exekutive zugunsten der Legislative abgemildert. Die gesetzgebende Gewalt war in Lateinamerika bis zu diesem Zeitpunkt in vielen Fällen in einer schwachen Position.[11]

Grundsätzlich hielten sich die nach wie vor bestimmenden Oligarchien bei der Umsetzung des Geists der neuen Verfassungen auffällig zurück. Die vielfältigen Sonderbestimmungen erarbeiteten Angehörige der Eliten mit der Absicht, die sozialen Hierarchien in den multiethnischen Gesellschaften aufrechtzuerhalten. Tief verwurzelt war die Angst vor dem sozialen Chaos, die bei einer Machtübernahme durch die „Masse" vermeintlich drohte. Die Eliten bedienten sich immer wieder der Verfassungsgesetzgebung um Bestimmungen durchzusetzen, die ihnen Vorteile brachten. Stabile Institutionen konnten vor diesem Hintergrund nicht entstehen, vielmehr herrschte chronische Instabilität.

Die zeigte sich nicht zuletzt an der Kurzlebigkeit der lateinamerikanischen Verfassungen in dieser Phase. Insgesamt traten im 19. Jahrhundert 115 Verfassungen in den 18 Staaten in Kraft, wobei die Bandbreite zwischen einer (Uruguay) und 15 (Dominikanische Republik) jedoch enorm groß war.[12] Insgesamt erachtete man es aber immerhin immer wieder für notwendig, neue Verfassungen auszuarbeiten. Das zeigt, dass deren grundlegende Bedeutung als Anker der institutionellen Ordnung nicht in Frage stand.[13] Die republikanische Rhetorik sollte beibehalten werden, denn sie gewährte einen Mantel der Legitimität.

Das frühe Scheitern vieler Verfassungen war auch darauf zurückzuführen, dass zahlreiche Grundkonflikte mit dem Ende der Unabhängigkeitskriege nicht entschieden waren, sondern weiterschwelten. Im Mittelpunkt stand der Streit zwischen Zentralisten und Föderalisten, der sich bis hin zu Rivalitäten in den Heldenkulten niederschlug. Die Föderalisierung hat ihre Wurzeln letztlich schon in der späten Kolonialzeit und fand in den explosiven Regionalismen der Kriegs-

---

[11] *Drake*, Between Tyranny and Anarchy (wie Anm. 9), 75–77.

[12] *Stefan Rinke/Klaus Stüwe*, Politische Systeme Amerikas: ein Vergleich, in: Diess. (Hrsg.), Die politischen Systeme in Nord- und Lateinamerika. Eine Einführung, Wiesbaden 2008, 9–58, hier 21.

[13] *Gargarella*, Los fundamentos legales (wie Anm. 6), 5.

jahre ihren Ausdruck.[14] Nach der Erringung der Unabhängigkeit brach der Konflikt dann in den meisten neuen Staaten Lateinamerikas mit unvermittelter Härte aus. Dabei beriefen sich die gegen den zentralstaatlichen Machtanspruch aufbegehrenden Föderalisten auf dieselben Prinzipien, auf die sich die Patrioten zu Beginn der Unabhängigkeitsrevolutionen berufen hatten, als ein Machtvakuum herrschte und die Forderung nach Mitbestimmung aufkam.[15]

Das Bekenntnis zu Föderalismus oder Zentralismus erfolgte zumeist aus wirtschaftlichem Eigeninteresse. Besonders problematisch war dies etwa in Zentralamerika und im La Plata-Raum. Oft vermischte sich der Streit mit den Konflikten zwischen Konservativen und Liberalen, der sich nicht zuletzt an der Frage der politischen Rolle der Katholischen Kirche entzündete.[16] Dabei schlugen politische Auseinandersetzungen schnell in militärische um. Folge war eine extreme politische Instabilität, die sich an einer hohen Zahl von Regierungswechseln ablesen ließ, wobei Mexiko mit seinen 16 Präsidenten und 33 Übergangsregierungen in den Jahren zwischen 1824 und 1857 sowie Peru mit durchschnittlich einem Regierungswechsel pro Jahr zwischen 1821 und 1845 die Spitze des Eisbergs darstellten.[17]

Caudillismus und Militarisierung

Ein Grund für die Kurzlebigkeit vieler Verfassungen und Regierungen war zweifellos die schwierige Aufgabe, die Treue zur Person des Königs durch die Loyalität zu einem abstrakten Staat zu ersetzen. Dieses Unterfangen scheiterte in vielen Fällen und das Ergebnis war ein Hang zu autoritären Regimes, die keine Anstalten machten, die bestehenden Antagonismen abzubauen, sondern die im Gegenteil davon profitierten. So konnten die Unabhängigkeitskriege zur Brutstätte der Caudillos werden, die den Zusammenbruch der kolonialen Ordnung und ihrer Institutionen nutzten, um ihre Machtansprüche in dem entstehenden Vakuum durchzusetzen.[18]

Die Unabhängigkeitskriege waren nicht nur Kriege gegen einen äußeren Feind, sondern auch Kriege um die Macht im Innern – das galt für Hispanoamerika

[14] *Silke Hensel*, Die Entstehung des Föderalismus in Mexiko. Die politische Elite Oaxacas zwischen Stadt, Region und Staat, 1786–1835, Stuttgart 1997, 345.

[15] *Drake*, Between Tyranny and Anarchy (wie Anm. 9), 68–71.

[16] *Javier Fernández Sebastián*, Revolucionarios y liberales. Conceptos e identidades políticas en el mundo atlántico, in: Teresa Calderón / Clément Thibaud (Hrsg.), Las revoluciones en el mundo atlántico, Bogotá 2006, 215–250.

[17] *Jay Kinsbruner*, Independence in Spanish America. Civil Wars, Revolutions and Underdevelopment, Albuquerque 1994, 133.

[18] *John Lynch*, Caudillos in Spanish America, 1800–1850, Oxford 1992, 35–83. Zur Geschichtsschreibung des *caudillismo* s. v. a. *Michael Riekenberg*, Caudillismus. Eine kurze Abhandlung anhand des La Plata-Raums, Leipzig 2010, 17–36.

ebenso wie für Haiti und Brasilien. Die Ausgangslage ähnelte sich ebenfalls. Durch die Schwächung der Zentren ging die Fähigkeit zur Konfliktregulierung verloren, was sich insgesamt Gewalt fördernd auswirkte. Regionalismen kamen den Warlords entgegen, die, wenn sie einmal an der Macht waren, einseitig die Interessen der eigenen Gefolgschaft und der eigenen Region verfolgten.[19]

In allen lateinamerikanischen Ländern betraten in dieser Phase mehr oder weniger starke Caudillos die politische Bühne. Oft erreichten sie sogar die Herrschaft im Staat. Dort angekommen gaben ihnen die stark auf die Exekutive ausgerichteten Verfassungen alle Möglichkeiten, ihre Macht auszubauen. Oft handelte es sich um große Landbesitzer oder Viehzüchter, die über ein gewisses Charisma verfügten. Zu Recht hat man in diesem Zusammenhang auch von einem Trend zur Ruralisierung der Macht gesprochen. Die städtischen Eliten verloren an Einfluss, da sie nicht über dieselben militärischen Machtmittel verfügten und nicht in gleichem Maß in das Kriegsgeschehen eingreifen konnten wie die starken Männer vom Land mit ihren oftmals berittenen treuen Gefolgsleuten.[20]

In ihrem Machtstreben profitierten Caudillos von der starken Rolle des Militärs, das quasi zur vierten Gewalt im Staat avancierte. Schon während der Unabhängigkeitskriege etablierte sich der Sonderstatus der bewaffneten Macht. Um Truppen zu mobilisieren, erhielten Soldaten eine Vorzugsbehandlung – selbst Sklaven konnten in diesem Zusammenhang die Freiheit erhalten. Die privilegierte Sonderrolle des Militärs war später schwer zurückzunehmen. Die bewaffnete Macht war nun oftmals die einzige noch intakte Institution und der Ordnungsfaktor, der zur Stabilisierung einer Gesellschaft dringend benötigt wurde. Expressis verbis übertrugen die Verfassungsväter den Streitkräften nun in vielen Fällen die Aufrechterhaltung von innerer Ruhe und Ordnung. Diese Bestimmungen lieferten den Militärs immer wieder geeignete Vorwände, um in die Politik einzugreifen.[21]

Die Folge war eine Militarisierung des öffentlichen Lebens, die sich in Kämpfen um Grenzen, um politische Grundsätze, um Wirtschaftspolitik, um die Vorherrschaft von Stadt oder Land niederschlug. Diese Bürgerkriege wurden mit erbarmungsloser Brutalität geführt. Die Gewalt der Revolution, die sich zuvor gegen den äußeren Feind gerichtet hatte, wurde „internalisiert".[22] Das galt auch für das Problem der unterschiedlichen Guerrillagruppen, die sich bereits im Verlauf der Unabhängigkeitskriege kaum auf eine eindeutige Linie festlegen ließen. Insbesondere im Andenraum, wo das Misstrauen der Indigenen gegenüber der

---

[19] *Noemí Goldman/Sonia Tedeschi*, Los tejidos formales del poder. Caudillos en el interior y el litoral rioplatenses, in: Noemí Goldman / Ricardo Salvatore (Hrsg.), Caudillismos rioplatenses. Nuevas miradas a un viejo problema, Buenos Aires 1998, 135–158.

[20] *Lynch*, Caudillos (wie Anm. 18), 205–216.

[21] *Brian Loveman*, The Constitution of Tyranny. Regimes of Exception in Spanish America, Pittsburgh 1993, 399.

[22] *Adelman*, Sovereignty and Revolution (wie Anm. 5), 383.

Herrschaft der Weißen gleich welcher Regierungsform groß blieb, überdauerte die Guerrilla das offizielle Kriegsende. Sie stellte einen zusätzlichen destabilisierenden Faktor dar, zumal die Grenzen zum Banditismus fließend waren.[23]

Die staatliche Ordnung war besonders dort kaum erkennbar, wo bereits der Herrschaftsanspruch der Kolonialreiche an seine Grenzen gestoßen war. In diesen Kontaktzonen zwischen den iberischen Reichen und autonomen indigenen Gruppen hatten die kolonialen Autoritäten noch im späten 18. Jahrhundert pragmatisch vorgehen müssen, um einen prekären Frieden herzustellen, der immer wieder von kriegerischen Auseinandersetzungen unterbrochen wurde. In den Grenzregionen der unabhängigen Staaten war die neue republikanische Rhetorik nicht nachvollziehbar angesichts des Zusammenbruchs der ohnehin nur schwach ausgeprägten Institutionen wie z.B. der Missionen. Die fehlende Durchsetzungsfähigkeit führte zur Delegitimierung des Staates, die neue Formen des Regierens durch Aushandlungsprozesse lokaler Akteure geradezu herausforderte.[24]

Derartige Abläufe förderten die Fragmentierung jedoch nicht nur in den abgelegenen Peripherien.[25] Das Ideal der amerikanischen Integration fand im Verlauf der Unabhängigkeitskriege immer weniger Anhänger. Das Scheitern des Kongresses von Panama 1826 war dafür ein beredtes Beispiel. So kam es auch in Lateinamerika nicht zu den für die US-amerikanischen und französischen Kontexte so typischen allen gemeinsamen Schlachtrufen, Parolen und Schriften.[26] Die problematische Topographie sowie die großen Unterschiede in den wirtschaftlichen Interessen, sozialen wie politisch-administrativen Strukturen und der ethnischen Zusammensetzung der Bevölkerung förderten die Lokalpatriotismen.

Die Folge war ein Trend zur „Balkanisierung", wie er insbesondere am Río de la Plata zur Geltung kam.[27] Im Gewand des Föderalismus beanspruchten Provinzcaudillos autonome Souveränität und gründeten eigene Staaten. Den Zentralen gelang es oft nicht, dies aufzuhalten. Dem Zerfall der iberischen Reiche schloss sich zumal in Hispanoamerika vielerorts der Zerfall der ehemaligen kolonialen Großräume an.[28] Mit den Zerfallsprozessen wiederum gingen Kriege

---

[23] *Alberto Flores Galindo*, Buscando un Inca. Identidad y utopía en los Andes, Lima 1987, 220–222.

[24] Siehe dazu die Aufsätze in *Stefan Rinke/Mónika Contreras Saiz/Lasse Hölck* (Hrsg.), Regieren an der Peripherie. Amerika zwischen Kolonien und unabhängigen Republiken, Stuttgart 2011.

[25] *François-Xavier Guerra*, De lo uno a lo múltiple. Dimensiones y lógicas de la Independencia, in: Anthony McFarlane/Eduardo Posada-Carbó (Hrsg.), Independence and Revolution in Spanish America. Perspectives and Problems, London 1998, 43–68, hier 44.

[26] *Annick Lempérière*, Revolución y estado en América hispánica, in: Calderón/Thibaud (Hrsg.), Las revoluciones (wie Anm. 16), 55–77, hier 62.

[27] *José Carlos Chiaramonte*, El mito de los orígenes en la historiografía latinoamericana, Buenos Aires 1991, 3–7.

[28] *Adelman*, Sovereignty and Revolution (wie Anm. 5), 214.

einher. Grenzkriege waren typische Begleiterscheinungen im Prozess der Nationalstaatsbildung. Lateinamerika war keine Ausnahme, wenngleich die Häufigkeit ausgewachsener zwischenstaatlicher Kriege nicht zuletzt aufgrund der Schwäche der Staaten vergleichsweise gering blieb. Die Problematik ungenauer territorialer Grenzziehungen schuf aber immer wieder Konfliktpotenzial.

Nationale Identitätskonstruktionen

Die Probleme der Staatsbildung waren nicht zuletzt auf die Skepsis zurückzuführen, die große Teile der Bevölkerung einem politischen System entgegenbrachten, das nicht eindeutig klärte, wer der neue Souverän war. Die ‚Nation' beziehungsweise das ‚Volk' blieben vage Begriffe, die die neuen Eliten je nach Interessenlage breiter oder enger definierten, da sie nicht das Risiko sozialer Umwälzungen eingehen wollten, sondern am Status quo festhielten. Die Sprache war oft die der universellen Werte, die Praxis blieb immer sozial diskriminierend. In den ethnisch heterogenen Gesellschaften Lateinamerikas, in denen die ausgegrenzten nichtweißen Bevölkerungsgruppen die klare Mehrheit stellten, war die Kluft zwischen Freiheits- und Gleichheitsrhetorik und sozialer Realität besonders problematisch.

Die Voraussetzungen für die Konstruktion nationaler Identitäten in Lateinamerika waren angesichts der großen ethnischen Heterogenität problematisch. Gemeinsame Nenner für die Basis kollektiver Identitäten sollten geschaffen werden, um Bezüge zum Gemeinwesen herzustellen, die den traditionellen Fokus auf die Person des Monarchen ersetzen konnten. Wichtig war dabei der Bezug zum Geburtsort, dem Heimatland oder der patria. Dieser im spanischen Sprachgebrauch traditionell vorhandene Begriff und seine Ableitung ‚patriota' erhielt bereits seit der Französischen Revolution eine Aufladung durch das mit ihm in Beziehung gesetzte Freiheitsprinzip.[29] Eng damit verbunden nahm auch die Bezugnahme auf die ‚Nation' zu. In Abgrenzung von den Spaniern sprach man von der nación americana und ihren Einwohnern, den americanos.[30] In der Realität war die Bezugnahme jedoch in der Regel noch enger, bezeichnete man mit *nación* eben doch in erster Linie die eigene Region, den Bezirk der *audiencia*, die durch koloniale Verwaltungsgrenzen, wirtschaftliche Verbindungen und gemeinsame historische Erfahrungen vorgeprägt war. Dies war eine Tendenz,

---

[29] *Gabriel Di Meglio*, Patria, in: Noemí Goldman (Hrsg.), Lenguaje y revolución. Conceptos políticos claves en el Río de la Plata, 1780–1850, Buenos Aires 2008, 114–155, hier 115–130.

[30] *John Charles Chasteen*, Americanos. Latin America's Struggle for Independence, Oxford 2008, 1–5.

die sich angesichts der faktischen politischen Desintegration zunehmend verstärkte.[31]

Ein Grundproblem war, dass die kreolischen Eliten, die den Nationsdiskurs bestimmten, Sprache, Kultur und Religion mit den europäischen Kolonialmächten teilten, von denen sie sich gerade erst gelöst hatten. So stellte sich von Beginn an die Frage nach der Definition des Eigenen. Die Oberschichten der jungen Republiken unternahmen unterschiedliche Maßnahmen zur Konstruktion einer nationalen Symbolsprache. Vom bereits erwähnten offiziellen Heldenkult reichten diese über die Errichtung von Nationaldenkmälern bis hin zur Ausrichtung regelmäßiger nationaler Feiern.[32]

Der Aufstieg der Nation und des modernen Staates war auch ein Phänomen der Auseinandersetzung mit exogenen Faktoren, das Anpassung, Wettbewerb und Legitimationsdruck erzeugte, dem man durch Historisierung des Eigenen und die Suche nach den vermeintlich essentiellen Wurzeln der Nation begegnete. Geschichte wurde damit zu einem zentralen Element in der Konstruktion der nationalen Identität. Insbesondere die Bezüge zur eigenen „Antike", der glorreichen indigenen Vergangenheit mit ihren Ruinen, heldenhaften Häuptlingen und glorreichen Namen – von Anáhuac bis Cundinamarca – waren dabei seit Beginn der Unabhängigkeitsbewegung zentral. Die Anfangseuphorie legte sich jedoch nach Erreichen der Unabhängigkeit vergleichsweise schnell, da sich die realen Probleme der noch immer existierenden indigenen Bevölkerung aufdrängten.[33]

Die neuen Regierungen strebten durchaus schon frühzeitig eine Integration dieser Bevölkerungsgruppe durch die Verbreitung elementarer Bildung an. Dabei griff man auf das bewährte pädagogische Instrument der Katechismen zur Verbreitung der neuen republikanischen Werte zurück. Aufgrund der fehlenden Lese- und Schreibfähigkeit sowie der Probleme, die den Aufbau von Schulen im ländlichen Raum insgesamt behinderten, war der Erfolg dieser Maßnahmen jedoch gering.

Dimensionen der Ungleichheit

Nach dem Willen der Verfassungsväter sollte die ethnische Dimension keine gesellschaftliche Rolle mehr spielen. Insbesondere die radikalen Visionen gingen von einer Nation von Staatsbürgern, von *ciudadanos* aus, die vor dem Gesetz

[31] *Mónica Quijada*, ¿Qué nación? Dinámicas y dicotomías de la nación en el imaginario hispanoamericano del siglo XIX, in: François-Xavier Guerra / Mónica Quijada (Hrsg.), Imaginar la nación, Münster 1994, 19–42, hier 20–31.

[32] Siehe u. a. *Stefan Rinke*, Pillars of the Republics. Early Monuments and the Politics of Memory in the Post-Colonial Americas, in: Iberoamericana 4, H. 1, 2001, 91–111.

[33] *Rebecca Earle*, The Return of the Native. Indians and Myth-Making in Spanish America, 1810–1930, Durham 2007, 20–78.

gleich waren und keine besonderen korporativen Privilegien mehr genießen durften. Daher schaffte man auch vielerorts expressis verbis den kolonialzeitlichen Begriff ‚Indio' mit seinem pejorativen Unterton ab und ersetzte ihn durch die Bezeichnung ‚Indigener', *indígena.* Doch die Unterschichten waren nicht nur passive Objekte der Unabhängigkeitskriege, sondern teils aktiv daran beteiligt. Durch die Kriege wurden viele bis dahin marginalisierte Bevölkerungsschichten mobilisiert. Die Zwangsrekrutierung war umfassend. Die Versorgung der Veteranen und Kriegsversehrten blieb ein ungelöstes Problem. Verarmung und Verelendung vieler Kriegsteilnehmer waren die Folge. Nach Kriegsende forderten sie die Versprechen der Revolution ein. Insbesondere ging es um die endgültige Überwindung der Sklaverei, der rechtlichen Diskriminierung gegen alle nicht-weißen Bevölkerungsgruppen und gegen die traditionelle Spaltung der Gesellschaft in Weiße und Indigene. Der Auftakt der Revolutionen in Haiti setzte dabei mit dem Ende der Sklaverei ein Beispiel für die radikalste Form der sozialen Transformation, das vielerorts mobilisierend wirkte. Doch auch andere ethnische Gruppen griffen mit ganz unterschiedlichen Motiven ins Geschehen ein. Das ist gemeint, wenn die neueste Historiographie von den „anderen Rebellionen" innerhalb der Revolution spricht, die beweisen, dass ‚das Volk' als solches nicht existierte, sondern dass es sich um viele teils miteinander kooperierende, teils aber auch miteinander konkurrierende Gruppen handelte.[34]

Aus Sicht der Oberschichten stellte dies eine Bedrohung im Innern dar, die kaum weniger besorgniserregend war als die äußere Gefahr. Insbesondere aus Sicht der hispanoamerikanischen Kreolen handelte es sich um eine grundlegende Störung der sozialen Ordnung. Sie waren schon während der Kriege besorgt über die bewaffnete Beteiligung von nicht-weißen freien Bevölkerungsgruppen und ließen sie nur der Not gehorchend zu. Nach Kriegsende zogen die neuen Staaten die internen ethnisch-sozialen Grenzen durch Wahlrechtseinschränkungen sowie durch sozial- und wirtschaftspolitische Maßnahmen schnell neu und noch bevor die territorialen Grenzen feststanden. Starke wirtschaftliche, ethnische und gesellschaftliche Ungleichheiten blieben auf diesem Nährboden bestehen.

In der Tat wurde der Aufruf zum „Kampf gegen die Sklaverei" zur viel benutzten Devise, die allerdings unterschiedliche Bedeutungen hatte.[35] Die Revolutionsführer benutzten sie, um damit ihren Kampf gegen die europäische Kolonialherrschaft zu rechtfertigen. Dafür mobilisierten sie in Anknüpfung an Rekrutierungstraditionen der kolonialen Milizen jedoch „echte" Sklaven und versprachen ihnen dafür die Freiheit. Dies löste nicht vorhergesehene Wirkungen aus, denn die Sklaven übernahmen die Sprache der Freiheit und führten zunehmend selbst aktiv das Wort, wobei sie sich auf ihre treuen Dienste für das

[34] *Eric Van Young*, The Other Rebellion. Popular Violence, Ideology, and the Mexican Struggle for Independence, 1810–1821, Stanford 2001, 498.

[35] *Emília Viotti da Costa*, The Brazilian Empire. Myths and Histories, 2. Aufl. Chapel Hill 2000, 10–12.

Vaterland beriefen.[36] Der bewaffnete Kampf einer ethnisch heterogenen Armee barg revolutionäres Potenzial, denn die Sklaven kämpften nicht nur für ein Ideal, sondern für ihre individuelle Freiheit.[37]

Die Ergebnisse der Unabhängigkeitsrevolutionen in Hinblick auf die Sklaverei waren ambivalent. Aufgrund des britischen Drucks schaffte man den Sklavenhandel fast überall noch in den 1820er-Jahren ab. Die Durchsetzung des Verbots ließ jedoch noch lange auf sich warten. In Brasilien war die Institution noch langlebiger. In der Regel erließ man Gesetze der freien Geburt oder verschob die Freiheit durch so genannte „Lehrphasen" bis zur Volljährigkeit, wobei das Volljährigkeitsalter teils immer weiter heraufgesetzt wurde. Dadurch zögerte sich das Ende der Sklaverei in den meisten Ländern Hispanoamerikas bis in die 1850er-Jahre hinaus. Erst 1888 zog endlich mit Brasilien auch das letzte amerikanische Land nach.[38] Trotz aller Einschränkungen war das Ende der Sklaverei ein unzweifelhaft revolutionärer Aspekt dieser Epoche.

Die Rolle der freien Bevölkerung mit afroamerikanischen oder gemischten Wurzeln änderte sich in diesem Zeitraum schrittweise. In Haiti übernahmen so genannte *gens de couleur* phasenweise selbst die Ruder der Macht, doch das blieb die Ausnahme. In anderen lateinamerikanischen Staaten wurde die rechtliche Diskriminierung zumindest theoretisch aufgegeben. Kanäle sozialer Mobilität öffneten sich vor allem durch den Dienst im Militär. Obwohl die ethnisch motivierten Vorurteile in der Praxis stark blieben und weiterhin effektive Barrieren für den Aufstieg darstellten, gab es zumindest keine rechtlich fixierten Normen mehr, die dies legitimierten.

Für die indigene Bevölkerung Hispanoamerikas war die rechtliche Gleichstellung ein wichtiger Schritt, der die Integration der Indigenen in die Marktwirtschaft ermöglichte. Die liberalen Vorstellungen vom Privatbesitz und vom Ende korporativer Privilegien bedingten die Auflösung indigenen Gemeinschaftsbesitzes. Die kreolischen Führungsschichten waren besonders stolz auf diesen Modernisierungserfolg, da er die Abkehr vom kolonialen Erbe besonders deutlich machte. Die Indigenen sahen die Entwicklungen jedoch mit gemischten Gefühlen, denn der Tribut hatte zwar eine Belastung dargestellt, ihnen andererseits aber auch eine besondere Rolle als Untertanen mit einigen Sonderrechten sowie ein gewisses Maß an Schutz garantiert. In der Tat brachte der Verlust dieser Sonderstellung in den frühen Republiken mancherorts soziale Verwerfungen mit sich.[39]

---

[36] *Peter Blanchard*, The Language of Liberation. Slave Voices in the Wars of Independence, in: Hispanic American Historical Review 82, 2002, 499–524, hier 499–501.

[37] *Manfred Kossok*, Revolution und Nationwerdung in Spanisch-Amerika. Zur Dialektik von kontinentaler und regionaler Komponente in der Independencia, in: Ders. (Hrsg.), Revolution und Nationwerdung in Lateinamerika (Leipziger Beiträge zur Revolutionsforschung 14), Leipzig 1986, 7–27, hier 9.

[38] *George Reid Andrews*, Afro-Latin America, 1800–2000, Oxford 2004, 53–84.

[39] *Brooke Larson*, Trials of Nation Making: Liberalism, Race, and Ethnicity in the Andes, 1810–1910, New York 2004, 7.

Die Rhetorik des Wandels war jedoch auch in diesem Fall weitaus stärker ausgeprägt als die tatsächlichen Veränderungen, denn die neuen Gesetze fanden längst nicht überall Anwendung. Die neuere Forschung hat herausgearbeitet, dass es während der Revolutionskriege gerade innerhalb der indigenen Bevölkerungsgruppe starke Strömungen gab, denen es in erster Linie um den Erhalt ihrer traditionellen Lebensweise ging. Überall dort, wo sich die Eingliederung in die Exportwirtschaft noch hinauszögerte, blieben die alten Strukturen erhalten, lebten indigene Gemeinschaften ihre Lebensweise de facto noch lange nach dem Ende der Unabhängigkeitsrevolutionen weiter.

Selbst der Indigenentribut konnte sich unter diesen Bedingungen etwa im Andenraum halten, was den begüterten Kreisen entgegenkam, die es ablehnten, Steuern zu zahlen oder Anleihen zur Finanzierung des Staatshaushaltes aufzubringen.[40] Das bedeutete natürlich nichts anderes, als das hier die Abschaffung indigener Privilegien – nämlich des Gemeinschaftsbesitzes – mit dem Erhalt der traditionellen Belastungen einherging. Indigene mussten hier eine doppelte Bürde tragen, die sich mit dem Eintritt in die Weltwirtschaft noch erschweren sollte, denn dadurch waren sie noch stärker dem Wettbewerb ausgesetzt und die Zugriffe auf ihr Land nahmen zu. Die Arbeitsbeziehungen änderten sich ohnehin kaum, denn an die Stelle der kolonialen Arbeitszwänge trat die Schuldknechtschaft.

Dass es mit der kreolischen Befreiungsrhetorik nicht weit her war, zeigte sich schon während des Kriegs, als alle Kriegsparteien Indigene für niedere Dienste heranzogen. Nichtsdestotrotz nahmen diese aktiv an den Unabhängigkeitskriegen teil, jedoch nicht immer im Sinne der kreolischen und spanischen Anführer.[41] Teils waren sie in realistischer Einschätzung dessen, was ihnen unter kreolischer Führung drohte, royalistisch gesinnt, teils griffen sie auf der Seite der Republikaner in die Kämpfe ein, verfolgten dabei aber eigenständige Ziele. Teils lässt sich der zielgerichtete Versuch erkennen, eine Integration zu bewerkstelligen und die indigene Identität aufzugeben, da diese keinen Schutz mehr bot. ‚Indios', das waren dann nur noch die Wilden, die im unzugänglichen Hinterland leben.[42]

In manchen Regionen beriefen sich Indigene zunehmend selbstbewusst darauf, Staatsbürger zu sein und lehnten Tribute und Zwangsarbeitssysteme ab.[43] Sie nahmen bereits an den Wahlen unter der Verfassung von Cádiz teil und gewannen dadurch vor allem in den Regionen an Bedeutung, in denen sie die Bevölkerungsmehrheit stellten. Kurzfristig kamen hier die kolonialzeitlichen ethnischen Hierarchien regelrecht ins Wanken. Allerdings schränkten die re-

[40] *Larson*, Trials of Nation Making (wie Anm. 39), 38–50.

[41] Am Beispiel der Rebellion im peruanischen Huanta von 1825–1828 zeigt dies *Cecilia Méndez*, The Plebeian Republic. The Huanta Rebellion and the Making of the Peruvian State, 1820–1850, Durham 2005, 6f.

[42] *Steinar A. Saether*, Independence and the Redefinition of Indianness around Santa Marta, Colombia, 1750–1850, in: Journal of Latin American Studies 37, 2005, 55–80, hier 55.

[43] *Jaime E. Rodríguez*, La revolución política durante la época de la independencia. El reino de Quito, 1808–1822, Quito 2006, 124f.

publikanischen Verfassungen diese Entwicklungen durch Zensuswahlrecht und das Erfordernis der Lese- und Schreibfähigkeit im Lauf des 19. Jahrhunderts wieder ein, weil die Eliten die Probleme der Regierbarkeit am ihres Erachtens zu liberalen Wahlrecht festmachten.[44]

Als Bildungs- und damit als Zivilisationsträger verstanden sich die in Amerika geborenen Eliten mit europäischen Wurzeln, die mit der Ausnahme Haitis allerorten an der Spitze der neuen Staaten standen. Sie waren die Gewinner der Unabhängigkeitsrevolutionen. Diese amerikanischen Eliten ersetzten nun die europäischen Repräsentanten der Kolonialreiche in den Spitzenpositionen von Politik, Wirtschaft und Verwaltung. Grundsätzlichen sozialen Wandel strebten sie nicht nur nicht an, sondern waren bemüht, diesen zu verhindern, ohne dabei die liberale Rhetorik aufgeben zu müssen. Deshalb suchten sie erfolgreich Arrangements, um alte soziale Privilegien im neuen Gewand zu erhalten. Allerdings sahen sie sich in den Zusammenhängen der unabhängigen Republiken auch neuen Herausforderungen durch Konkurrenten wie ausländische Händler und durch aufstrebende Mestizen gegenüber.

Wie das Panorama der sozialen Entwicklungen zeigt, hatten die Unterschichten, wie Hans-Joachim König treffend formuliert hat, „[...] keinerlei oder nur wenig Nutzen aus der politischen Befreiung von Spanien ziehen können. Sie hatten keine neue Freiheit – bestenfalls neue Herren."[45] Zweifellos zeigten sich gerade an der gesellschaftlichen Dimension viele Kontinuitäten zur Kolonialzeit. Allerdings ging von den zwei repúblicas der Kolonialzeit, derjenigen der Spanier und derjenigen der Indigenen, die Entwicklung hin zu der einen Republik nach modernem Verständnis, wenn diese auch in sich fragmentiert und gespalten blieb. Wichtig war, dass sich mit den Revolutionen eine Sprache der Freiheit und Gleichheit etabliert hatte, auf die auch die nicht-privilegierten Schichten in Zukunft zurückgreifen konnten, um Gleichberechtigung einzufordern.

Die wirtschaftlichen Kriegsfolgen

Der soziale Stillstand und die Rückschritte der frühen Republiken waren aufs Engste mit wirtschaftlichen Entwicklungen verbunden, die nicht hielten, was sie ursprünglich versprachen. Anfangs herrschte enormer Optimismus. Den Freihandel, der ja eine zentrale Forderung großer Teile der Oberschichten gewesen war, hatte man schließlich erreicht. Jedoch war der Optimismus trügerisch. Statt des erhofften Wachstums waren die makroökonomischen Indikatoren noch 1850 in vielen Ländern der Region schlechter als 1800. Die politische Instabilität, ver-

---

[44] *Christian Büschges*, Von Staatsbürgern und „Bürgern eigenen Sinnes". Liberale Republiken, indigene Gemeinden und Nationalstaat im südamerikanischen Andenraum während des 19. Jahrhunderts, in: Geschichte in Wissenschaft und Unterricht 59, 2008, 697–710, hier 706.

[45] *König*, Kleine Geschichte Lateinamerikas (wie Anm. 8), 342.

stärkt durch interne Rivalitäten etwa zwischen Freihandelsbefürwortern und Protektionisten oder zwischen Zentralregionen und Peripherien, war ein zentrales Problem, denn sie hemmte das Wirtschaftsleben. Staatliche Wirtschaftspolitik, so überhaupt vorhanden, war unstet und bestand zunächst vor allem aus Experimenten, die selten funktionierten.

Im Jahr 1830 hatten die meisten lateinamerikanischen Regionen lange Jahre intensiver Kriegführung hinter sich. Die besonders umkämpften Regionen hatten unter Verwüstungen stark zu leiden gehabt. Die Zerstörungen hatten die Flucht von Arbeitskräften und Kapital zur Folge. Das Ende von Sklaverei und *mita* stellte vielerorts die Arbeitsprozesse in Frage. Traditionelle Handelsbeziehungen zwischen einzelnen Großräumen gingen ebenso verloren wie das Wegenetz, auf dem sie abgewickelt wurden. Die jungen Staaten starteten daher mit einer schweren wirtschaftlichen Hypothek in die Unabhängigkeit.[46]

Der einst sprichwörtliche Reichtum der amerikanischen Kolonien basierte vor allem auf ihren Edelmetallvorkommen. Die Bergwerke, die diesen Reichtum erzeugten, wurden von den Kriegen besonders stark in Mitleidenschaft gezogen. Es dauerte lange, bis eine Erholung einsetzte, die auf Vorkriegsniveau zurückführte. Für die meisten alten Bergbauzentren gestaltete sich die Regeneration schwierig. Wachstum war vor allem dort möglich, wo neue Minen entdeckt wurden. Zwar nahmen auch Rohstoffe wie Zinn aus Bolivien und Kupfer aus Chile an Bedeutung zu, doch blieb Silber noch das wichtigste Bergbauprodukt.[47]

Die Landwirtschaft blieb der mit Abstand größte Sektor der lateinamerikanischen Volkswirtschaften. Der Großgrundbesitz, die Hacienda, hielt sich vergleichsweise gut und konnte teils sogar in neue Regionen an den Grenzen expandieren. Dies war nicht zuletzt darauf zurückzuführen, dass der Kapitalbedarf hier wesentlich geringer war als in Bergbau und Industrie. Daher war man weniger krisenanfällig. Allerdings handelte es sich in der Regel um sehr rückständige Produktionsformen. Die Selbstversorgungslandwirtschaft blieb in den riesigen von den wirtschaftlichen Zentren weit entfernten Regionen dominierend, die auch wenig vom neuen Freihandel betroffen waren, weil sich die hohen Transportkosten ins Landesinnere nicht rentierten.[48]

Die exportorientierten Bereiche der Landwirtschaft profitierten dagegen teilweise durchaus von der Handelsliberalisierung. Das galt etwa für die Viehhaltung, die in einigen Regionen expandierte. Insgesamt wuchs der Exportsektor im Großteil Lateinamerikas in der ersten Hälfte des 19. Jahrhunderts trotz der vergleichsweise günstigen *terms of trade* nur wenig.[49]

---

[46] Für eine Langzeitstudie dieses Trends siehe *Richard J. Salvucci*, Textiles and Capitalism in Mexico. An Economic History of the Obrajes, 1539–1840, Princeton 1987.

[47] *Victor Bulmer-Thomas*, The Economic History of Latin America since Independence, Cambridge 1994, 34 f.

[48] *Bulmer-Thomas*, Economic History (wie Anm. 47), 39 f.

[49] Am Beispiel Brasilien siehe *Stephen Haber/Herbert S. Klein*, The Economic Consequences

Was das Wirtschaftsleben im allgemeinen in diesem Zeitraum erschwerte, war der Kapitalmangel, der vor allem auf Kapitalflucht zurückzuführen war.[50] Wie die Privaten litt auch der Fiskus unter der Finanzkrise. Die Kriege hatten hohe Kosten verursacht, die nur teilweise durch Zwangsanleihen aufgebracht werden konnten. Nach Kriegsende war vielerorts kein Geld mehr vorhanden.[51] Hinzu kam, dass die unabhängigen Staaten die kolonialen Steuersysteme und die Praktiken des Ämterverkaufs abschaffen mussten, war dies doch von Beginn an ein zentrales Anliegen der Unabhängigkeitsbewegungen gewesen. Allerdings gab es dafür keinen Ersatz, da die Regierungen zu schwach oder nicht willens waren, das Steuersystem zu erneuern beziehungsweise Steuerreformen durchzusetzen. Problematisch waren ferner die hohen Ausgaben für das Personal der neuen Institutionen in Regierung, Parlamenten und Gerichten. Der Finanznot gehorchend suchte man daher mancherorts wie in Peru und Bolivien Zuflucht zu Altbewährtem und führte den Indigenentribut wieder ein. In anderen Ländern avancierten dagegen die Einnahmen aus den Außenhandelszöllen zur wichtigsten staatlichen Einnahmequelle.[52]

In der Tat war der Außenhandel ein zunehmend wichtiger Faktor in der wirtschaftlichen Entwicklung Lateinamerikas, auch wenn es in den meisten Ländern der Region noch bis weit in die zweite Hälfte des 19. Jahrhunderts dauerte, ehe die Integration in den Weltmarkt griff. Die Frage der Regulierung des Außenhandels war ein Politikum ersten Grades. An ihr schieden sich die Geister, denn Freihandels- und Protektionismusbefürworter, die sich oftmals in den jeweiligen Lagern von Zentralisten und Föderalisten sammelten, hatten ganz unterschiedliche Vorstellungen. Angehörige beider Lager mussten sich bald eingestehen, dass eine neue außenwirtschaftliche Abhängigkeit von Großbritannien entstand, die auch dazu beitrug, dass sich das Problem der fehlenden regionalen Integration weiter vertiefte.

Mit der Unabhängigkeit fielen die alten Kolonialmächte Spanien und Portugal mit ihren anachronistischen Monopolansprüchen endgültig als Mittlerinnen des Handels von Amerika nach Europa aus. England erhielt nun nach und nach direkten und unumschränkten Zugang zu allen lateinamerikanischen Märkten. Der Freihandel löste in England und den anderen am Überseehandel interessierten Ländern wie zum Beispiel den Hansestädten große Euphorie aus. Die Hoffnungen auf bislang verschlossene Märkte, deren Potenzial spätestens seit Alexander von Humboldt in aller Munde war, waren groß.

---

of Brazilian Independence, in: Stephen Haber (Hrsg.), How Latin America Fell Behind. Essays on the Economic Histories of Brazil and Mexico, 1800–1914, Stanford 1997, 240–267, hier 243–259.

[50] *Paul Rizo Patrón Boylan*, Las emigraciones de los súbditos realistas del Perú hacia España durante la crisis de la Independencia, in: Scarlett O'Phelan Godoy (Hrsg.), La independencia en el Perú. De los Borbones a Bolívar, Lima 2001, 407–428.

[51] *Adelman*, Sovereignty and Revolution (wie Anm. 5), 375–382.

[52] *Leandro Prados*, Lost Decades? Economic Performance in Post-Independence Latin America, in: Journal of Latin American Studies 41, 2009, 279–307, hier 281–287.

Grundlage der lateinamerikanischen Außenwirtschaften wurden die Freundschafts-, Handels- und Schifffahrtsverträge, die die jungen Staaten mit den europäischen Mächten und mit den Vereinigten Staaten auf der Basis des Prinzips der Meistbegünstigung abschlossen. In der Vertragswirklichkeit profitierten vor allem die Europäer. Lateinamerika entstanden hohe Kosten, denn die offenen Häfen und der Freihandel schränkten in vielen Fällen die Möglichkeiten zur gezielten Förderung der nationalen Wirtschaft erheblich ein. Ferner entfiel durch das Meistbegünstigungsprinzip die Möglichkeit, die Integration innerhalb Lateinamerikas durch gezielte Handelsabsprachen zu fördern. So bildeten die Verträge einerseits die Grundlage der Anerkennung der lateinamerikanischen Unabhängigkeit und schufen andererseits neue wirtschaftliche Abhängigkeiten. In der Tat verdrängten die Briten mit ihren konkurrenzlos billigen Produkten schon bald die Einheimischen aus dem Handel.[53]

Der Freihandel wirkte sich jedoch keineswegs flächendeckend aus. Riesige Gebiete im Binnenland wie zum Beispiel das indigene Hochland, wo die Subsistenzwirtschaft prägend war, blieben davon unberührt. Zwar stieg die fiskalische Abhängigkeit von den Handelszöllen allerorten. Es zeigten sich aber große Unterschiede je nach geographischer Lage. In Hispanoamerika schränkte darüber hinaus die Tatsache, dass mit der Unabhängigkeit zahlreiche neue Staaten mit eigenen Zöllen entstanden und damit die riesige de facto-Freihandelszone des Kolonialreichs unterging, die Vision vom liberalen Handelsverkehr zusätzlich ein. Nur den Regionen, die wie Buenos Aires eng in die transatlantischen Wirtschaftskreisläufe eingebunden waren, brachte der freie Außenhandel tatsächlich Wachstum.[54]

Die internationale wirtschaftliche Integration ging allerdings auch dort mit einer Verschuldung einher, deren Ausmaße die Regierungen anfangs nicht übersahen. Schon in den ersten Jahren der Unabhängigkeit steuerte Lateinamerika auf die erste Schuldenkrise zu. Der anfängliche Anlageboom sollte sich sehr schnell auflösen. Betrug, schlechtes Management durch Unkenntnis des Landes, politische Instabilität und Ungeduld gepaart mit zu hohen Renditeerwartungen im überschätzten Lateinamerika sorgten für einen schlechten Start. Als es 1825 dann auch noch zu einer europäischen Bankenkrise kam, wirkte sich dies in der Region mit einem Crash aus. Die europäische Nachfrage nach lateinamerikanischen Exportprodukten ging rapide zurück. Die Folge war ein Einbruch der Zolleinnahmen. Die direkte Folge war die Zahlungseinstellung. Die langfristigen

---

[53] Für den Fall Mexiko s. v. a. *Walther L. Bernecker*, Die Handelskonquistadoren: Europäische Interessen und mexikanischer Staat im 19. Jahrhundert, Stuttgart 1988. Für Chile: *Eduardo Cavieres*, Comercio chileno y comerciantes ingleses, 1820–1880, Santiago 1988. Zu den wirtschaftlichen Beziehungen zu einzelnen europäischen Staaten in dieser Phase s. die Aufsätze in *Reinhard Liehr* (Hrsg.), América Latina en la época de Simón Bolívar. La formación de las economías nacionales y los intereses económicos europeos, 1800–1850, Berlin 1989, 363–508.

[54] *Prados*, Lost Decades? (wie Anm. 52), 287–290 und 297.

Auswirkungen wogen schwer. Rund 25 Jahre lang blieb der Zugang zu internationalen Krediten schwierig. Die Umschuldungen zogen sich sogar noch fünf weitere Jahre hin.[55] In Lateinamerika fehlte damit zu einem entscheidenden Zeitpunkt Investitionskapital beispielsweise für die Modernisierung des Exportsektors. Die Abhängigkeit von den Außenhandelszöllen vertiefte sich dementsprechend entscheidend. Die jungen Staaten traten in die Unabhängigkeit mit einer enormen Last an Auslandsschulden.

Schlussbetrachtung

Die Unabhängigkeitsrevolutionen in Lateinamerika hatten einen gemeinsamen Ausgangspunkt in der Französischen Revolution beziehungsweise der daran anschließenden napoleonischen Expansion und dem Vakuum, das sich dadurch ergab. Überall stellte sich dieselbe Frage nach der Neubegründung von Legitimität und man tauschte sich darüber im interregionalen und transatlantischen Transfer aus. Die Revolutionserfahrungen im Einzelnen waren jedoch höchst unterschiedlich. Bei aller Verschiedenheit zeigen sich deutliche Verflechtungen zwischen den Erfahrungen und zwar nicht nur auf der Ebene der politischen Eliten, sondern auch auf der der nicht-privilegierten Schichten. Nicht nur Menschen, Waren und Ideen wurden in diesen revolutionären Jahren ausgetauscht, sondern auch Informationen über aktuelle Entwicklungen.

Der Preis der Freiheit war hoch und die Freiheit, die man 1830 errungen hatte, war in vielerlei Hinsicht eingeschränkt. Die politischen Revolutionen brachten zwar das Ende des Kolonialstatus, doch die Unabhängigkeit begann mit neuen Abhängigkeiten. Von innerer Stabilität war man in ganz Lateinamerika weit entfernt. Nach teils jahrzehntelangen Kriegen waren die neu entstandenen Staaten zu schwach, um den Sinn der republikanischen Ordnung zu etablieren. Der Souverän, das ‚Volk', blieb ein nebulöser Bezugspunkt. Für die Durchsetzung eines Nationalstaats im Sinne einer dauerhaften Wertegemeinschaft fehlten in den ethnisch hochgradig heterogenen Gebilden die Voraussetzungen und der politische Wille der Eliten. Gerade die ethnische Dimension, die sich mit der sozialen Problemlage überlagerte, war ein in dieser Art einzigartiges Merkmal der lateinamerikanischen Unabhängigkeitsrevolutionen. Sie trug dazu bei, die weltweit zirkulierenden Ideen von Freiheit, Gleichheit und Selbstbestimmung, derer sich auch die lateinamerikanischen Eliten bedienten, mit einer besonderen revolutionären Sprengkraft aufzuladen, die sich jedoch bis 1830 und lange danach noch nicht entfalten konnte.

---

[55] *Frank G. Dawson*, The First Latin American Debt Crisis. The City of London and the 1822–1825 Loan Bubble, New Haven 1990, 193–212.

Zwischen Unabhängigkeitskampf, Caudillismus und französischer Intervention – Staats- und Nationsbildung in Mexiko, 1800–1867

Wolfgang Gabbert

1. Einführung

Bis zur Französischen Revolution wurde die einfache Bevölkerung eines Landes von den herrschenden Eliten in Europa lediglich als eine Ansammlung von unzivilisierten und kulturlosen Untertanen begriffen. Herrschaft und soziale Ungleichheit wurden gleichermaßen als „gottgewollt" und unveränderbar interpretiert. Mit der Infragestellung dieser Ordnung und der Durchsetzung des Nationen-Denkens als zentraler Ideologie zur Legitimierung politischer Herrschaft seit dem späten 18. Jahrhundert begann das Volk hingegen als souveräne politische Gemeinschaft vorgestellt zu werden, deren Mitglieder durch eine gemeinsame Geschichte und Kultur miteinander verbunden seien.[1] Vergleichbare Entwicklungen lassen sich auch für die britischen Kolonien in Nordamerika und die spanischen Besitzungen in Lateinamerika konstatieren. Das „lange 19. Jahrhundert", dessen Beginn weltgeschichtlich wohl 1776 und nicht erst 1789 angesetzt werden müsste, kann deshalb mit Recht als Zeitalter des Nationalismus bezeichnet werden. Es bedeutete jedoch nicht nur die Verbreitung einer neuen Form der ideologischen Legitimierung von Herrschaft innerhalb gegebener Staaten, sondern in vielen Fällen erst die Formierung staatlicher Gebilde selbst. Dies gilt natürlich für die USA und Lateinamerika, aber auch für Teile Europas, man denke etwa an Italien. Auch Mexiko war zunächst nicht viel mehr als „ein geographischer Begriff", wie das Fürst von Metternich treffend für Italien formuliert hat.[2] Allerdings konnten die kreolischen Eliten bei ihrem Streben nach Bildung einer unabhängigen Nation organisatorisch in gewissem Umfang an koloniale Verwaltungsgliederungen anknüpfen. Mit dem Rückbezug auf das vorkoloniale Reich der Azteken, das den Kernbereich des heutigen Mexiko umfasste, konnte

---

[1] Siehe z. B. *Liah Greenfeld*, Nationalism. Five Roads to Modernity, Cambridge, MA 1992; *Ivan Hannaford*, Race. The History of an Idea in the West, Washington, DC 1996.

[2] Zitiert nach *Alan Knight*, Peasants into Patriots: Thoughts on the Making of the Mexican Nation, in: Mexican Studies 1, 1994, 135–161, hier 143.

die spanische Herrschaft als illegitimer Gewaltakt diskreditiert werden.[3] Wie in vielen anderen Fällen spielten Revolutionen, Kriege und ausländische Interventionen auch in Mexiko eine zentrale Rolle bei der Staats- und Nationsbildung. Diese gestaltete sich jedoch hier, wie im Folgenden gezeigt werden soll, in besonderer Weise als wahre Sisyphus-Arbeit.[4] Nicht nur rekrutierten sich die neuen Führungsgruppen zum großen Teil aus der alten ökonomischen Oberschicht (Minenbesitzer, Großgrundbesitzer, Großhändler), die nicht unbedingt auf eine größere Zustimmung unter den Unterschichten rechnen konnten als die Kolonialbehörden. Auch handelte es sich bei Mexiko keineswegs um eine – im Vergleich zu England, Frankreich oder den Niederlanden – hoch entwickelte Ökonomie, sondern um ein von den Zentren in Europa und später den USA wirtschaftlich, finanziell und technologisch abhängiges Land mit einer entsprechenden Wirtschafts- und Klassenstruktur; d. h. Ausrichtung der Ökonomie auf den Export von agrarischen oder mineralischen Rohstoffen, ein eng begrenzter Binnenmarkt, eine geringe Entwicklung von Manufaktur und Industrie, eine extreme Ausbildung sozialer Gegensätze und eine schwache nationale Bourgeoisie.[5]

2. Mexiko nach der Unabhängigkeit

Die ersten zwei Drittel des 19. Jahrhunderts markieren für das Gebiet des heutigen Mexiko eine Phase dauernder Instabilität mit zahlreichen Aufständen, Bürgerkriegen und ausländischen Interventionen, eine „Ära der Anarchie", wie es spätere mexikanische Politiker nennen sollten.[6] Nach den mehr als zehnjährigen Unabhängigkeitskriegen ab 1810 nahm der neue Staat Mexiko bis 1867 die unterschiedlichsten Regierungsformen an: Kaiserreich, Bundesrepublik, zentralistische Republik und Militärdiktatur.[7] Nach der kurzen Episode des Kaiser-

---

[3] Siehe hierzu z. B. *David A. Brading*, The First America. The Spanish Monarchy, Creole Patriots and the Liberal State, 1492–1867, Cambridge 1991, 562 f.; *Wolfgang Gabbert*, Imagining a Nation – Elite Discourse and the Native Past in Nineteenth-Century Mexico, in: Ute Schüren / Daniel Segesser / Thomas Späth (Hrsg.), Globalized Antiquity: Uses and Perceptions of the Past in South Asia, Mesoamerica and Europe, Berlin 2015, 189–210, hier 195–202.

[4] *Knight*, Peasants (wie Anm. 2), 143.

[5] Siehe hierzu z. B. *André Gunder Frank*, Lumpenburguesía: lumpendesarrollo, México, D. F. 1971, insbesondere 23–25, 32–34, 56–60, 65–67, 72 f.

[6] Zum Begriff siehe *Walter Bernecker*, Mexiko im 19. Jahrhundert: Zwischen Unabhängigkeit und Revolution, in: Walter Bernecker / Horst Pietschmann / Hans Werner Tobler, Eine kleine Geschichte Mexikos, Frankfurt am Main 2007, 121–242, hier 140. Das Gebiet des heutigen Mexiko gehörte bis zur Unabhängigkeit mit dem größten Teil Zentralamerikas, Kuba, Puerto Rico, Florida und weiteren Teilen der späteren USA sowie den Philippinen zum Vizekönigreich Neu-Spanien.

[7] *Bernecker*, Mexiko (wie Anm. 6), 148 f.; *Will Fowler*, Dreams of Stability: Mexican Political Thought during the ‚Forgotten Years'. An Analysis of the Beliefs of the Creole Intelligentsia (1821–1853), in: Bulletin of Latin American Research 3, 1995, 287–312, hier 304 f.

reichs Mexiko unter Agustín I [Iturbide] 1822–23 wurde 1824 eine föderale liberale Verfassung verabschiedet. Die Bundesländer wurden als Staaten bezeichnet und ein Zwei-Kammer-System etabliert. Die starke Position der Exekutive beeinträchtigte jedoch die Gewaltenteilung erheblich. 1835 folgte eine zentralistische Reform, die u. a. die Umwandlung der Bundesstaaten in *departamentos* beinhaltete. 1836 wurde die Verfassung von 1824 aufgehoben sowie Eigentum zur Voraussetzung für das Wahlrecht und die Übernahme bestimmter Ämter gemacht. Die Verfassung von 1843 beinhaltete eine weitere Stärkung der Exekutive, erneute Zentralisierung und eine weitere Einschränkung des Wahlrechts. 1846 wurde die Verfassung von 1824 wieder in Kraft gesetzt und das Wahlrecht erweitert. Allein zwischen 1821 und 1857 wechselten 50 verschiedene, überwiegend aus Militärrevolten hervorgegangene Zentral-Regierungen einander ab.[8] Ein ähnliches Bild zeigt sich auf der regionalen Ebene. So gab es im Bundesstaat Yucatán zwischen 1821 und 1867 über 50 Wechsel im Gouverneursamt.[9]

Drei Jahrhunderte kolonialer Herrschaft durch Spanien hatten dem unabhängigen Mexiko eine sozial und ethnisch tief gespaltene Gesellschaft hinterlassen.[10] Um 1810 bestand die Bevölkerung zu etwa 60 Prozent aus *indios*, etwa 20 Prozent Mestizen und weiteren 20 Prozent Europa-Spaniern und Kreolen, wie die im Lande geborenen Abkömmlinge spanischer Vorfahren genannt wurden. In den zentralen und südlichen Landesteilen lag der Anteil der Indigenen noch weit höher.[11] Die indigene Bevölkerung sprach zudem Dutzende verschiedener Idiome, die ihrerseits in eine Vielzahl von Dialekten zerfielen, und Kenntnisse des Spanischen waren wenig verbreitet. Dies galt in manchen stark indianisch geprägten Regionen, wie etwa der Halbinsel Yucatán im Süden des Landes, selbst für große Teile der nicht-indianischen Landbevölkerung.[12]

Den sozialrevolutionären Unabhängigkeitsbewegungen unter Miguel Hidalgo und José María Morelos (1810–15) war es nicht gelungen, eine ausreichende Massenbasis unter den Kreolen zu gewinnen. Insbesondere die besitzenden Kreise hatten radikale sozioökonomische Umwälzungen befürchtet. So wurden die Aufständischen von spanientreuen Truppen geschlagen und die Anführer hingerichtet. Die Unabhängigkeit 1821 war schließlich das Ergebnis eines Kompromisses zwischen dem Führer der wohlhabenden Kreolen, Agustín de Iturbi-

---

[8] Davon allein elf unter General Antonio López de Santa Anna. Siehe *James D. Cockroft*, Mexico: Class Formation, Capital Accumulation, and the State, Revised edition, New York 1990, 62; *Hans Werner Tobler*, Die mexikanische Revolution, Frankfurt am Main 1984, 36.

[9] Vgl. die Aufstellung in http://www.merida.gob.mx/historia/gobernadores.html (30.09.2013).

[10] Schon Alexander von Humboldt hatte festgestellt: „Mexiko ist das Land der Ungleichheit" (*Alejandro de Humboldt*, Ensayo político sobre el reino de la Nueva España, México, D. F. [1811] 1966, 68, siehe auch 83–86). Diese und alle folgenden Übersetzungen stammen vom Verfasser.

[11] *Victoria Lerner*, Consideraciones sobre la población de la Nueva España: 1793–1810: según Humboldt y Navarro y Noriega, in: Historia Mexicana 3, 1968, 327–348, hier 338 f.

[12] *Humboldt*, Ensayo (wie Anm. 10), 54, 71; für Yucatán siehe *Wolfgang Gabbert*, Becoming Maya. Ethnicity and Social Inequality in Yucatán since 1500, Tucson 2004, 77 f.

de, und den verbliebenen Aufständischen unter Vicente Guerrero. Nach einem liberalen Umsturz in Spanien hatte nun auch die kreolische Elite kein Interesse mehr an einem Verbleib im spanischen Reich.[13]

Die Unabhängigkeit hatte in Mexiko folglich einen wesentlich sozialkonservativen Charakter. Man hat sie auch als konservativen „Staatsstreich" bezeichnet, der von der kreolischen Elite und der Kirche getragen wurde.[14] Sie bedeutete zwar eine Auswechslung der politischen Trägergruppe – die Ersetzung der Europa-Spanier (*guachupines*) durch die kreolische Oberschicht –, führte jedoch kaum zu einer Verbesserung der Lage der indigenen und nicht-indigenen Unterschichten.[15]

Auch waren unternehmerische Bourgeoisie und Mittelschichten, welche die Träger eines übergreifenden nationalen Projektes hätten sein können, kaum entwickelt. Die wichtigsten Machtgruppen blieben zunächst Großgrundbesitzer, die vornehmlich für den lokalen Markt produzierten und deshalb häufig regionalistisch orientiert waren, die Kirche, der ein großer Teil des Bodens gehörte, und das Militär.[16] Darüber hinaus war keine soziale Gruppe oder ideologische Strömung stark genug, ihre Interessen und ihr gesellschaftliches Projekt gegen die Rivalen durchzusetzen.[17]

Die Handlungsfähigkeit der Regierungen war schon durch das Fehlen ausreichender finanzieller Mittel stark eingeschränkt. Die Unabhängigkeitskämpfe hatten vermutlich 600 000 Tote gefordert, also etwa zehn Prozent der Bevölkerung, und insbesondere die Kerngebiete der kolonialen Wirtschaft in Zentralmexiko betroffen: Insbesondere das Bajio (Bergwerke, Viehzucht, Manufakturen), das Tal von Morelos (Zucker) sowie die Täler von Puebla und Tlaxcala (Mais, Getreide, Agaven für Pulque).[18] Viele Bergwerke waren geflutet worden, und die Silberproduktion – das Kernstück der kolonialen Ökonomie – erreichte erst 1870 wieder das Niveau von 1800. Dennoch machte Silber bis zur Mitte des 19. Jahrhunderts etwa 90 Prozent der gesamten Ausfuhren des Landes aus.[19] Die Vertreibung bzw.

---

[13] *Cockroft*, Mexico (wie Anm. 8), 57–61; *Bernecker*, Mexiko (wie Anm. 6), 122–125; *Fowler*, Dreams (wie Anm. 7), 288 f.

[14] *Bernecker*, Mexiko (wie Anm. 6), 131, 133, 142.

[15] *Bernecker*, Mexiko (wie Anm. 6), 134; *Fowler*, Dreams (wie Anm. 7), 289.

[16] *Tobler*, Revolution (wie Anm. 8), 35; *Cockroft*, Mexico (wie Anm. 8), 62 f. Tutino stellt allerdings eine Krise der Agrarproduktion auf den Hazienden fest, da infolge des ökonomischen Niedergangs insbesondere im Bergbau die Nachfrage nach ihren Produkten zurückging (*John Tutino*, From Insurrection to Revolution. Social Bases of Agrarian Violence, 1750–1940, Princeton, NJ 1986, 226–228).

[17] *Eric Wolf/Edward C. Hansen*, Caudillo Politics: A Structural Analysis, in: Comparative Studies in Society and History 1967, 168–179, hier 177; *Bernecker*, Mexiko (wie Anm. 6), 139; *Fowler*, Dreams (wie Anm. 7), 305.

[18] *Bernecker*, Mexiko (wie Anm. 6), 135, 162; *Christon I. Archer*, Discord, Disjunction, and Reveries of Past and Future Glories: Mexico's First Decades of Independence, 1810–1853 (Review Essay), in: Mexican Studies 1, 2000, 189–210, hier 195 f.; *Tutino*, Insurrection (wie Anm. 16), 217.

[19] *Bernecker*, Mexiko (wie Anm. 6), 170; *Tutino*, Insurrection (wie Anm. 16), 135, 223 f.

Emigration von Spaniern und Kapitalflucht infolge der Unsicherheit führten zu einem dauernden Kapitalmangel.[20] So blieb die wirtschaftliche Situation bis in die 1880er Jahre äußerst kritisch. Infolge der begrenzten Steuereinnahmen und der hohen Ausgaben u. a. für die Armee – zur Verteidigung gegen Aufstände und Interventionen äußerer Mächte – war Mexiko chronisch verschuldet.[21] Bis 1861 musste das Land sieben Mal die Zahlung der Auslandsschulden einstellen (1827, 1832, 1838, 1846, 1847, 1854, 1861).[22]

Zudem war der junge Staat immer wieder in seiner territorialen Existenz bedroht. So spaltete sich 1823 das Gebiet des ehemaligen Generalkapitanats Guatemala, welches den größten Teil Zentralamerikas umfasste, ab. 1829 erfolgte ein, allerdings erfolgloser, Rückeroberungsversuch durch Spanien.[23] 1836 erklärte sich Texas für unabhängig und die Niederlage Mexikos im Krieg mit den USA (1846–48) führte zum Verlust von etwa der Hälfte des Staatsgebietes. Das mexikanische Territorium verkleinerte sich zwischen 1821 und 1853 von 4,5 auf 1,95 Millionen km^2.[24] Zwischen 1823 und 1861 war Mexiko im Durchschnitt alle sechs Jahre einer militärischen Invasion ausgesetzt.[25] Ein Konflikt um die Bedienung der Auslandsschulden hatte 1861 eine militärische Intervention Spaniens, Großbritanniens und Frankreichs zur Folge, mit der eine Zahlung der Schulden erzwungen werden sollte. Frankreich strebte darüber hinaus die Etablierung einer von ihm abhängigen Monarchie in Mexiko an. Die spanischen und britischen Truppen zogen sich bald zurück, als Frankreichs weitergehende Ziele deutlich wurden. Die Intervention führte 1864 zur Errichtung eines Kaiserreichs unter dem Habsburger Erzherzog Maximilian, das bis zur Niederlage der kaisertreuen Truppen 1867 bestand.[26]

Selbst nach den immensen Landverlusten an die USA war Mexiko immer noch etwa drei Mal so groß wie das heutige Frankreich. Die Kommunikation war schwierig. So gab es kaum schiffbare Flüsse und Verbindungswege fehlten oder waren in schlechtem Zustand. Für die 480 Kilometer zwischen der Hauptstadt im Landesinneren und dem wichtigsten Außenhandelshafen Veracruz am Golf von Mexiko benötigten Maultier-Karawanen 22 Tage in der Trockenzeit und 35 in der Regenzeit.[27]

---

[20] *Cockroft*, Mexico (wie Anm. 8), 64–66; *Bernecker*, Mexiko (wie Anm. 6), 135 f.

[21] 1821 hatte Mexiko 45 Millionen Pesos Schulden, ein großer Teil war noch von der Kolonialverwaltung aufgenommen worden. Siehe *Bernecker*, Mexiko (wie Anm. 6), 203–214; *Cockroft*, Mexico (wie Anm. 8), 66.

[22] *Bernecker*, Mexiko (wie Anm. 6), 207, 214.

[23] Ein Friedensabkommen zwischen Spanien und Mexiko wurde erst 1836 geschlossen.

[24] *Bernecker*, Mexiko (wie Anm. 6), 162, 199–202.

[25] *Cockroft*, Mexico (wie Anm. 8), 70.

[26] *Bernecker*, Mexiko (wie Anm. 6), 203, 214–216.

[27] *Bernecker*, Mexiko (wie Anm. 6), 136 f.; *Eduard Mühlenpfordt*, Versuch einer getreuen Schilderung der Republik Mexiko, Einleitung Ferdinand Anders. Um eine Einleitung vermehrter Nachdruck der 1844 bei C. F. Kius, Hannover, erschienenen Ausgabe, Graz 1969, 424.

So standen die Chancen für eine erfolgreiche Staats- und Nationsbildung alles andere als gut.

3. Politische Strömungen

Politische Parteien bestanden in Mexiko zunächst nicht. Es lassen sich jedoch zwei große politisch-ideologische Strömungen[28] unterscheiden, welche die Auseinandersetzungen bis in die 1870er Jahre entscheidend prägten:

a) Konservative oder Zentralisten sprachen sich, soweit möglich, für die Bewahrung der moralischen und religiösen Werte der Kolonie und die Aufrechterhaltung der Sonderrechte (*fueros*) für Kirche und Militär aus. Sie betonten Einheit und Ordnung und strebten den Aufbau eines autoritär-zentralistischen Staates ohne breite demokratische Mitwirkung an. Wichtigste Träger waren Oberschicht und Klerus v. a. in den alten Kerngebieten der Kolonie.

b) Liberale oder Föderalisten strebten die Nationalisierung des Kirchenbesitzes, die Trennung von Staat und Kirche, Pressefreiheit, die Gleichberechtigung aller Bürger, eine repräsentative Regierung, Gewaltenteilung und Dezentralisierung an. Wichtigste Basis dieser Strömung waren die Mittelschichten (Freiberufler, kleinere Händler und Kaufleute) und die Einwohner von Provinzstädten.

4. Ursachen politischer Instabilität

4.1. Ungleichheit und die veränderte Rolle des Staates

Eine wesentliche Ursache der politischen Instabilität war das Auseinanderklaffen zwischen politischer Theorie und gesellschaftlicher Realität. Die Verfassung des unabhängigen Mexiko war in den meisten Phasen republikanisch und das Regierungssystem repräsentativ. Auch hatte man die kolonialen Statuskategorien –

[28] Eigene Zusammenstellung nach *Tobler*, Revolution (wie Anm. 8), 38; *Frank Safford*, Politics, Ideology and Society in Post-Independence Spanish America, in: Leslie Bethell (Hrsg.), The Cambridge History of Latin America, Cambridge 1985, Vol. III, 347–421, hier 404–409; *Tutino*, Insurrection (wie Anm. 16), 221 f., 258; *Bernecker*, Mexiko (wie Anm. 6), 143, 156. Stevens unterscheidet in Konservative sowie moderate und radikale Liberale (*Donald Fithian Stevens*, Origins of Instability in Early Republican Mexico, Durham 1991, 29–43, 110–114). Will Fowler ist der Auffassung, dass die zur Benennung dieser Strömungen gebräuchlichen Begriffe, Konservative und Liberale, Politiker und Eliten der Zeit nicht angemessen beschreiben. Bis 1840 könne man die Politiker aller Faktionen der breiten liberalen Bewegung zurechnen, die in der Aufklärung und der spanischen Verfassung von 1812 entstanden war. Nach den unruhigen Jahren 1828–35 verloren viele das Vertrauen in die Verfassung von 1824 und sprachen sich deshalb für eine Einschränkung des Wahlrechts in den Verfassungen von 1836 und 1843 aus (*Fowler*, Dreams [wie Anm. 7], und *Will Fowler*, Mexico in the Age of Proposals, 1821–1853, Westport, CT 1998; siehe auch *Archer*, Discord [wie Anm. 18], 201; *Bernecker*, Mexiko [wie Anm. 6], 151).

indio, Mischling (*casta*), Spanier – abgeschafft und allen Bürgern Gleichheit vor dem Gesetz zugesichert.[29] Tatsächlich blieb das Gemeinwesen jedoch entlang sozialer und ethnischer Kriterien gespalten. So stellte ein Beobachter für die 1830er Jahre fest:

> Wenn nun aber ungeachtet der gesetzlichen und theoretischen Gleichheit aller Classen der Gebrauch zuweilen noch einen Unterschied zwischen Farbigen und Weissen macht, wenn der Letztere den Ersteren hie und da noch als ein geringeres Wesen betrachtet, das er ungestraft necken und plagen zu dürfen glaubt, so ist dies eine natürliche Folge der früheren Zustände [...]. Jetzt sind es allerdings noch, mit wenigen Ausnahmen, fast ausschliesslich die Creolen, welche Staatsämter bekleiden und überhaupt die vornehme Welt Mejicos ausmachen [...].[30]

Die Rolle des Staates hatte sich hingegen grundlegend gewandelt. Bis 1821 war der Staat Teil der Kolonialordnung. Seine wichtigsten Aufgaben waren die Sicherstellung der Silberproduktion und die Kontrolle der Kolonie. Lokale Interessen mussten im Interesse der spanischen Krone ausbalanciert und die Macht der kreolischen Eliten begrenzt werden, um möglichen Unabhängigkeitsbestrebungen entgegenzuwirken. Deshalb hatte man in der Kolonialzeit die Entwicklung eines kreolischen Feudaladels verhindert und den Landbesitz und die Autonomie der indigenen bäuerlichen Gemeinden in beträchtlichem Umfang erhalten. Mit der Unabhängigkeit verlor der Staat jedoch in bedeutendem Maße seine Rolle als „neutrale Instanz“ und Vermittler zwischen lokalen Eliten und Bauern, denn Vertreter der kreolischen Oberschicht besetzten nun selbst die zentralen Positionen und beeinflussten die Politik in ihrem Sinne.[31] So führten Bestrebungen zur Privatisierung von kommunalen und nationalen Ländereien allein zwischen 1825 und 1861 zu 13 größeren Aufständen, die wesentlich von der indianisch-bäuerlichen Unterschicht getragen wurden.[32]

Der mexikanische Staat verfügte – sowohl auf Bundes- als auch auf Landesebene – zwar nur über begrenzte finanzielle Spielräume, aufgrund der rachitischen Ökonomie war er dennoch der größte Arbeitgeber. Posten in Regierung und Administration waren deshalb ein begehrtes Gut. Auch Positionen in der Gemeindeverwaltung bzw. den Gemeinderäten waren ökonomisch attraktiv, denn diese versteigerten u. a. Lizenzen für die Erbringung öffentlicher Dienste (z. B. Steuereinziehung, Versorgung mit Rindfleisch und Getreide, Bau öffentlicher Gebäude), was den Begünstigten eine willkommene Quelle für Ein-

---

[29] Zu Ausnahmen hiervon siehe z. B. *Gabbert*, Maya (wie Anm. 12), 60–62.

[30] *Mühlenpfordt*, Versuch (wie Anm. 27), 204.

[31] *Tutino*, Insurrection (wie Anm. 16), 242 f.; *Stevens*, Origins (wie Anm. 28), 115; *Fowler*, Dreams (wie Anm. 7), 289.

[32] Siehe die Aufstellung in *John H. Coatsworth*, Patterns of Rural Rebellion in Latin America: Mexico in Comparative Perspective, in: Friedrich Katz (Hrsg.), Riot, Rebellion, and Revolution. Rural Social Conflict in Mexico, Princeton, N. J. 1988, 21–62, hier 36 f.

kommen und Profit verschaffte.[33] Die Besetzung von Gemeinde-Ämtern war deshalb häufig äußerst umstritten und Wahlprozesse durch alle Arten von Unregelmäßigkeiten, wie Einschüchterung, Wahlfälschung und Gewalteinsatz geprägt.[34] Die Staatsmacht wurde nun selbst zum Gegenstand politisch-militärischer Auseinandersetzungen zwischen unterschiedlichen Fraktionen der kreolischen Elite.

4.2. Klientelismus und Caudillismus

Wie bereits erwähnt, lassen sich im unabhängigen Mexiko zwar zentrale politisch-ideologische Strömungen ausmachen – die erwähnten Konservativen und Liberalen –, Parteien mit einer stabilen Organisation und festen Ideologie fehlten jedoch, die politischen Strömungen waren in sich jeweils durchaus heterogen und die Zuordnungen einzelner zu bestimmten politischen Positionen blieb häufig wenig stabil. Politische Führer auf nationaler und bundesstaatlicher Ebene mussten sich deshalb auf eine Vielzahl vertikaler politischer Allianzen mit regionalen oder lokalen Führern stützen, welche die verschiedenen Ebenen miteinander verbanden.[35] Über solche Mittler konnten auch Beziehungen zu den Unterschichten in den Kleinstädten und Dörfern des Hinterlandes hergestellt werden.

Angesichts des Fehlens oder der Schwäche formaler Organisationen wurde der Caudillismus, also eine personalistische Herrschaft häufig militärischen Charakters beruhend auf Klientel- und Patronagebeziehungen zwischen Führer und Gefolgsleuten, über Jahrzehnte zur zentralen Politik- und Herrschaftsform im unabhängigen Mexiko. Hansen und Wolf haben zu Recht darauf hingewiesen, dass es sich bei der *Caudillaje* um ein wirkliches politisches System handelte. Lynch zählt die Caudillos zu den wenigen Führern, welche die Unterschichten kontrollieren konnten. „In this context the caudillos were an influence not for anarchy, as is sometimes supposed, but for order and stability."[36] Dabei stellten Gewaltandrohung und -ausübung ein zentrales strukturbildendes Moment dar.[37] Die Dominanz personalistischer Politik und Loyalitäten war eine direkte Folge des raschen sozialen und politischen Wandels. Der Aufbau stabiler Organisationen und eine effektive Kontrolle durch die politischen Zentren gestalteten sich in den ersten Jahrzehnten nach der Unabhängigkeit als nahezu unmöglich.

---

[33] *Terry Rugeley*, Rebellion Now and Forever: Mayas, Hispanics, and Caste War Violence in Yucatan, 1800–1880, Stanford 2009, 20–22.

[34] Siehe z. B. *Terry Rugeley*, Rural Political Violence and the Origins of the Caste War, in: The Americas 4, 1997, 469–496, hier 477–486.

[35] Siehe hierzu auch *John Lynch*, Caudillos in Spanish America, 1800–1850, Oxford 1992, 406 f., und *Rugeley*, Rebellion (wie Anm. 33), 23, 28 und für ein konkretes Beispiel 240 f.

[36] *Lynch*, Caudillos (wie Anm. 35), 408.

[37] *Wolf/Hansen*, Politics (wie Anm. 17), 177.

Vor dem Hintergrund häufiger und unvorhersehbarer sozialer Veränderungen stellten Patron-Klient-Beziehungen aufgrund ihrer Flexibilität für die Beteiligten eine durchaus vorteilhafte und effektive Organisationsform dar. Angesichts der Schwäche oder des Fehlens von unpersönlichen Garantien für körperliche Unversehrtheit, Status und Eigentum füllten personenbezogene Loyalitätsbeziehungen die Lücke und boten zumindest eine gewisse Sicherheit.[38]

Die hieraus resultierenden politischen Gruppierungen lassen sich als „Faktionen" charakterisieren. Die Auseinandersetzungen verliefen nicht zwischen unterschiedlichen Klassen, sondern die Konfliktgruppen integrierten Mitglieder verschiedener sozialer Positionen, wie Grundbesitzer und Tagelöhner, Elite-Mitglieder und städtische Arme usw. Die Mechanismen der Rekrutierung waren vielfältig, z. B. tatsächliche oder rituelle Verwandtschaft, Freundschaft, Klientel-Beziehungen oder Verschuldung. Die persönlichen Eigenschaften der Führer waren von entscheidender Bedeutung, da sie die wesentliche Verbindung zwischen der heterogenen Mitgliedschaft herstellten.[39]

Die Machtbasis auf nationaler Ebene agierender Caudillos, wie etwa General Iturbide oder Santa Anna, beruhte auf ihrer Fähigkeit, eine Koalition aus strukturell ähnlichen regionalen oder lokalen Gefolgschaften zu bilden.[40] Da klientelare Strukturen auf persönlichen Beziehungen beruhen, in denen Loyalität gegen Schutz oder Ressourcen getauscht wird, sind sie inhärent instabil. Sie zerbrechen, wenn Schutz nicht mehr gewährleistet, Ressourcen vom Führer nicht mehr zur Verfügung gestellt werden können, für die Gefolgsleute attraktivere Patrone auftauchen oder ein Patron stirbt.[41]

---

[38] Zu den genannten Faktoren, welche das Vorherrschen von Patron-Klient-Beziehungen begünstigen, siehe *Alex Weingrod*, Patrons, Patronage, and Political Parties, in: Comparative Studies in Society and History 4, 1968, 377–400; *James C. Scott*, Patron-Client Politics and Political Change in Southeast Asia, in: American Political Science Review 1, 1972, 91–114; *William T. Stuart*, The Explanation of Patron-Client Systems: Some Structural and Ecological Perspectives, in: Arnold Strickon / Sidney M. Greenfield (Hrsg.), Structure and Process in Latin America. Patronage, Clientage and Power Systems, Albuquerque 1972, 19–42; *Rène Lemarchand / Keith Legg*, Political Clientelism and Development: A Preliminary Analysis, in: Comparative Politics 2, 1972, 149–178.

[39] Zur Charakterisierung von Faktionen siehe *Ralph W. Nicholas*, Factions – A Comparative Analysis, in: Michael Banton (Hrsg.), Political Systems and the Distribution of Power, London 1965, 21–61; *Hamza Alavi*, Village Factions, in: Teodor Shanin (Hrsg.), Peasants and Peasant Societies, London 1987, 346–356; für Lateinamerika siehe z. B. *Lynch*, Caudillos (wie Anm. 35), 404–406.

[40] *Wolf / Hansen*, Politics (wie Anm. 17), 173; *Lynch*, Caudillos (wie Anm. 35), 406 f.

[41] Für entsprechende Strukturen innerhalb der mexikanischen Armee vgl. *Fernando Escalante Gonzalbo*, Ciudadanos imaginarios: memorial de los afanes y desventuras de la virtud y apología del vicio triunfante en la República Mexicana; tratado de moral pública, México, D. F. 1993, 167, 169.

4.3. Militarisierung von Gesellschaft und Politik – Dezentralisierung des Militärs

Zu den entscheidenden Entstehungsbedingungen des Caudillismus gehörte die umfassende Militarisierung von Gesellschaft und Politik. Um das Jahr 1800 hatte die Armee aus lediglich 9 000 Soldaten bestanden, 1821 standen etwa 85 000 Mann unter Waffen. Die Zahl verringerte sich zwar in den ersten Jahren nach der Unabhängigkeit auf 16 000, wuchs jedoch bis 1855 erneut auf 64 000 Mann an.[42] Vor dem Hintergrund der Unabhängigkeits- und Bürgerkriege boten sich Menschen aus der Unter- und Mittelschicht ungeahnte Aufstiegschancen und gänzlich neue Möglichkeiten, durch politisches und militärisches Handeln zu Reichtum und Macht zu gelangen.[43] Gestützt auf militärischen Einheiten als Kerne ihrer Gefolgschaft konnten sich zahlreiche Offiziere und ehemalige Aufstandsführer zu Caudillos entwickeln. Eine wichtige Rolle spielte hierbei auch die Dezentralisierung militärischer Strukturen. Dieser Prozess hatte bereits während der anti-kolonialen Revolte Hidalgos 1810 begonnen. Da der Befehlshaber der spanischen Truppen die bestehenden Einheiten für unzureichend hielt, übertrug er den Gemeindeverwaltungen die Aufgabe, Milizen zur Verteidigung der Kolonialordnung aufzustellen. Diese Art der Militär-Organisation gab nach der Unabhängigkeit das Modell für Bürger-Milizen in den Bundesstaaten ab.[44]

Mit kurzen Ausnahmen bestanden in Mexiko zwei Arten von militärischen Einheiten parallel, einerseits das Bundesheer, das formal dem Oberkommando und der Zentralregierung unterstand, und andererseits Milizen unter der Autorität der Gemeindeverwaltungen bzw. der Einzelstaaten. Regionale oder lokale Eliten verfügten damit über eigene Streitkräfte.[45] So konnten etwa die Bundesstaaten der Zentralregierung im Extremfall auch militärisch trotzen, wie Yucatán, das sich 1841 zeitweilig von Mexiko abgespalten hatte und 1842–43 eine Invasion von Truppen der Bundesarmee zurückschlug. Auch Konflikte innerhalb der Bundesstaaten konnten schnell in Gewalt umschlagen. Denn die

---

[42] *Bernecker*, Mexiko (wie Anm. 6), 140; *Paul J. Vanderwood*, Disorder and Progress: Bandits, Police, and Mexican Development, Wilmington, Del. 1992, 25; *Escalante Gonzalbo*, Ciudadanos (wie Anm. 40), 162. Chust und Serrano Ortega beziffern die Zahl der Bewaffneten für die Periode 1813–1820 auf 44 000 Soldaten in der Armee und 40 000 Mann in Milizen, 1822 zählte das Heer nach ihren Angaben 20 000 Mann (*Manuel Chust/José Antonio Serrano Ortega*, Milicia y revolución liberal en España y en México, in: Manuel Chust/Juan Marchena [Hrsg.], Las armas de la Nación. Independencia y ciudadanía en Hispanoamérica, 1750–1850, Madrid 2007, 81–110, hier 92, 99).

[43] *Tobler*, Revolution (wie Anm. 8), 37; *Wolf/Hansen*, Politics (wie Anm. 17), 173.

[44] *Archer*, Discord (wie Anm. 18), 194; *Chust/Serrano*, Milicia (wie Anm. 42), 92f. Zudem wurden in verschiedenen Perioden Hazienda-Besitzer dazu angehalten, ihre Landarbeiter zu bewaffnen, um gegen das verbreitete Banditentum vorzugehen (*Jack A. Dabbs*, The French Army in Mexico, 1861–1867. A Study in Military Government, The Hague 1963, 263).

[45] *Chust/Serrano*, Milicia (wie Anm. 42), 100, 104f.; *Guy P. C. Thomson*, Popular Aspects of Liberalism in Mexico, 1848–1888, in: Bulletin of Latin American Research 3, 1991, 265–292, hier 280.

Gemeindeverwaltungen waren in der Lage, ihre Milizeinheiten zu mobilisieren, wenn die Politik der Landesregierung den lokalen Interessen allzu sehr widersprach.

Die Miliz-Reglements konzipierten den Soldaten als Bürger. Die Einheiten sollten in gewisser Hinsicht demokratische Organisationen sein. Dies ging soweit, dass in bestimmten Phasen die Truppen ihre Offiziere wählen konnten.[46] Die Milizorganisation schuf also Einheiten mit einer ausgeprägten lokalen oder regionalen Orientierung und einer engen persönlichen Beziehung zwischen Soldaten und ihren Offizieren. Letztere wurden häufig selbst zu lokalen Caudillos.[47] Wie Rugeley treffend bemerkt: „Soldiers marched behind a particular man, not a constitution or national cause."[48]

Dies galt auch für das Bundesheer. Aufgrund der Größe Mexikos und der schlechten Kommunikationswege genossen die Regional-Kommandeure ein beträchtliches Maß an Autonomie. Die Schwäche der Zentral-Regierung und deren Unfähigkeit, für eine ausreichende und regelmäßige Versorgung der Truppen zu sorgen, erforderte zudem eigenständiges Handeln und die mehr oder weniger legale Aneignung von Gütern.[49] So stellt Escalante Gonzalbo fest:

> Die Armee war [...] eine Ansammlung von Klientelen, Guerillas und Parteien, [...] die regionalen Caudillos oder politischen Faktionen gehorchten. Als Einheit tauchte sie nur in den Haushaltsplänen auf, in der Praxis musste der Gehorsam mit jeder Truppe ausgehandelt und die Interessen jedes Kommandanten berücksichtigt werden.[50]

Soldaten und Kommandeure gehorchten kaum institutionellen Loyalitäten oder festen ideologischen Orientierungen. Eine Truppe war für die Offiziere vielmehr eine Ressource, um mit dem Staat verhandeln und ihre partikularen Interessen verfolgen zu können.[51] Den Soldaten bot die Einheit Schutz und die Möglichkeit, Beute zu machen.

Es besteht kein Zweifel daran, dass viele der an Aufständen und Bürgerkriegen Beteiligten vornehmlich von pragmatischen Überlegungen geleitet und häufig durch die Aussicht auf Macht, Besitz, Status oder Sicherheit motiviert waren. Das Eigengewicht von Ideologien als Handlungsmotiv ist schwer einzuschätzen. In jedem Fall bot der Bezug auf ideologische Diskurse – wie Liberalismus oder Nationalismus – den Caudillos die Möglichkeit, ihr Tun gegenüber anderen

---

46 *Chust/Serrano*, Milicia (wie Anm. 42), 96, 106; *Thomson*, Aspects (wie Anm. 45), 280. Für Yucatán siehe Sobre organizacion de la milicia local, 5. April 1841 und Reglamento de la milicia local, 6. August 1842, beide in *Alonzo Aznar Pérez/Rafael Pedrera* (Hrsg.), Colección de leyes, decretos y órdenes o acuerdos de tendencia general del poder legislativo del estado libre y soberano de Yucatán, Vol. 2, Mérida, Yucatán 1849–51, 119f., 196–210.

47 *Rugeley*, Rebellion (wie Anm. 33), 39, 41f.

48 *Rugeley*, Rebellion (wie Anm. 33), 42.

49 *Escalante Gonzalbo*, Ciudadanos (wie Anm. 41), 172, 178–180.

50 *Escalante Gonzalbo*, Ciudadanos (wie Anm. 41), 166.

51 *Escalante Gonzalbo*, Ciudadanos (wie Anm. 41), 167, 181–184.

Teilen der Elite zu rechtfertigen. Angesichts des extrem aufgeladenen politischen und nationalistischen Diskurses, stellt sich zudem die Frage nach der Bedeutung ideologischer Faktoren für die Unterschichten.

5. Staat und Nation – Elite und Massen

Die politischen Auseinandersetzungen um die Ausgestaltung von Staat und Nation nach der Unabhängigkeit sind in der Forschung lange Zeit vornehmlich als Angelegenheiten der Mittel- und Oberschicht sowie der Intellektuellen und des Militärs betrachtet worden. Den Unterschichten wurde in den Bürgerkriegen meist nur die Rolle des „Kanonenfutters" zugebilligt. Die Aufstände indigener Kleinbauern erklärte man zu „prä-politischen" (Hobsbawm) Versuchen der Verteidigung oder der Wiederherstellung einer traditionellen Ordnung[52] oder als Rassen- bzw. ethnische Kriege. Die indigenen Kleinbauern erschienen dabei als konservative, kulturell weitgehend isolierte manipulierbare Masse. Die neuere Forschung ergibt jedoch ein weitaus komplexeres Bild.

Bereits die jahrhundertelange Erfahrung der Auseinandersetzung mit staatlichen Behörden verweist auf den überlokalen Referenz- und Erfahrungsraum indigener Gemeinden. Schon in der Kolonialzeit suchten sie ihre Interessen, z. B. bei Landstreitigkeiten, durch die Anrufung der Gerichte durchzusetzen.[53] Dazu beschäftigten sie Anwälte und Vermittler oder Delegationen der Gemeindeführer reisten selbst in die Provinzhauptstädte oder sogar nach Mexiko-Stadt. Diese Praxis wurde auch nach der Unabhängigkeit beibehalten.[54] Auch scheint der Informationsstand über wichtige Ereignisse jenseits der unmittelbaren Umgebung vielfach besser gewesen zu sein, als man lange Zeit annahm.

So erhielten die indigenen Gemeinden regelmäßig Informationen über die Beschlüsse der Verfassungsgebenden Versammlung, die von 1810–1813 in der spanischen Stadt Cádiz tagte. Die Texte ihrer Beschlüsse (u. a. die Abschaffung der Tribute für Indigene, die Rechtsgleichheit aller Bürger, die Einrichtung gewählter Gemeinderäte auch für kleinere Orte, das Verbot willkürlicher Steuererhebung), wurden zeitnah auch in der lateinamerikanischen Provinz von Beamten öffent-

[52] *Eric J. Hobsbawm*, Peasants and Politics, in: Journal of Peasant Studies 1, 1973, 3–22. Für Mexiko vergleiche z. B. *Moisés González Navarro*, *Mestizaje* in Mexico During the National Period, in: Magnus Mörner (Hrsg.), Race and Class in Latin America, New York/London 1970, 145–169, hier 147 f.; *Charles Berry*, The Reform in Oaxaca 1856–1876: a Micro-history of the Liberal Revolution, Lincoln 1981, 196 f.

[53] Siehe z. B. *Brian P. Owensby*, Empire of Law and Indian Justice in Colonial Mexico, Stanford 2008; *Thomson*, Aspects (wie Anm. 45), 275.

[54] Siehe z. B. *Leticia Reina*, Las rebeliones campesinas en México, 1819–1906, México 1980, 31; *Michael T. Ducey*, Indian Communities and Ayuntamientos in the Mexican Huasteca: Sujeto Revolts, Pronunciamientos and Caste War, in: The Americas 4, 2001, 525–550, hier 532.

lich verlesen.[55] Im Frühjahr 1813 klagte der Priester von Yaxcabá, im Hinterland der Halbinsel Yucatán, im abgelegenen Südosten Mexikos, dass sich *indios* in seiner Gemeinde weigerten, ihre Kinder zur religiösen Unterweisung zu schicken und Kirchenabgaben (*derechos de parroquia*) zu entrichten, da sie nun nicht mehr bestraft oder gezwungen werden könnten.[56] Auch andernorts beriefen sich Indianer auf die neuen Regelungen, wobei sie

> zuweilen bestimmte Artikel des Gesetzes zitierten, um ihre Weigerung zur Zahlung von Tribut, zur Unterhaltung der Kirche, zur Leistung persönlicher Dienste, zum Besuch der Messe, zur Entsendung ihrer Kinder in die Schule und, in vielen Fällen zum Gehorsam gegenüber den Autoritäten, zu legitimieren.[57]

So beschwerten sich mehrere indigene Dörfer in der Huasteca-Region über den Bürgermeister Alarcón, der „unsere weise und verehrte Verfassung [von Cádiz 1812] missachtet". Artikel 338 verbiete die alte Kontribution, die er weiterhin eingezogen habe. Darüber hinaus habe er unbezahlte Dienstleistungen verlangt und sie „wie Sklaven" behandelt. Der Widerstand gegen Sklaverei war ein Standardmotiv des zeitgenössischen liberalen Diskurses.[58]

Die Tatsache, dass große Teile der Unterschichten Analphabeten waren und nicht Spanisch sprachen, stellte keineswegs ein unüberwindbares Hindernis für die weite und rasche Verbreitung liberaler oder anderer Ideen dar. Schließlich gab es eine ganze Reihe von Vermittlern, die als Übersetzer und Multiplikatoren wirkten.[59] Dazu zählten neben Beamten, Anwälten, Händlern und Priestern auch indigene Gemeinde-Führer.[60] Tatsächlich bestand die indigene Bevölkerung nicht aus einer homogenen Masse armer und ungebildeter Kleinbauern, sondern war intern in erheblichem Maße differenziert. Bei Jacinto Pat, Anführer einer wesentlich von der maya-sprachigen Unterschicht in Yucatán getragenen Erhebung 1847, handelte es sich z.B. um einen gebildeten und wohlhabenden Grundbesitzer. Das Beispiel dieses als „Kastenkrieg" bekannten Aufstandes zeigt zudem, dass nicht-indianische und indigene Politik zumindest auf den lokalen

---

[55] *Terry Rugeley*, Yucatán's Maya Peasantry & the Origins of the Caste War, Austin 1996, 39; *Archer*, Discord (wie Anm. 18), 191.

[56] *Bartolomé del Granado Baeza*, Los indios de Yucatán. Informe dado por el cura de Yaxcabá D. Bartolomé del Granado Baeza, en contestación al interrogatorio de 36 preguntas, circulado por el ministro de ultramar, sobre el manejo, vida y costumbres de los indios, que acompañó el Illmo. Sr. Obispo á la diputacion provincial, in: Revista de la Universidad Autónoma de Yucatán 168, [1813] 1989, 52–63, hier 58.

[57] *Jaime E. Rodríguez*, Nacionalismo y ciudadanía en México, 1808–1825, in: Tiempos de América 1, 1997, 95–111, hier 105; siehe auch *Peter Guardino*, Community Service, Liberal Law, and Local Custom in Indigenous Villages: Oaxaca, 1750–1850, in: Sueann Caulfield/Sarah Chambers/Lara Putnam (Hrsg.), Honor, Status and Law in Modern Latin America, Durham 2005, 50–65, hier 59.

[58] *Ducey*, Communities (wie Anm. 54), 533 f.

[59] Für die Bedeutung von Mittlern siehe auch *Escalante Gonzalbo*, Ciudadanos (wie Anm. 40), 73–74.

[60] Siehe z.B. *Ducey*, Communities (wie Anm. 54), 538 f., 541.

und regionalen Ebenen eng miteinander verwoben waren, da die Auseinandersetzung unmittelbar aus einem Bürgerkrieg zwischen kreolischen Faktionen hervorging.[61]

Als Kriegsziel der „Maya-Aufständischen" wird von Zeitgenossen und auch in geschichts- und sozialwissenschaftlichen Arbeiten häufig die Ausrottung aller anderen „Rassen" auf der Halbinsel genannt. Gegen diese Hypothese sprechen sowohl zahlreiche Äußerungen der Aufständischen selbst als auch die heterogene ethnische Zusammensetzung der Bewegung und der Opfer ihrer Angriffe und Überfälle.[62] Als Gründe für die Erhebung wurde von den Aufständischen u. a. erlittenes Unrecht angeführt. Die Bedeutung der Landfrage spiegelt sich ebenso in den Forderungskatalogen wider, wie die drückende Belastung durch die Kopfsteuer und kirchliche Abgaben und Gebühren. Gefordert wurden jedoch nicht etwa Sonderrechte für die *indios*, sondern gleiche Rechte für alle. So heißt es in einem Brief von mehreren Führern der Aufständischen an den Leiter einer von der Regierung ernannten Vermittlungskommission:

> Wir kämpfen dafür, dass niemand Kopfsteuer [*contribución*] zahlen muss, weder der ts'ul [Fremder, Herr, Reicher], noch der *box* [Schwarzer] noch der masewal [einfacher Mensch]. Zehn Pesos soll die Taufgebühr betragen, für die ts'ules, die box und die masewales. Zehn Pesos soll die Trauung kosten, für die ts'ules, die box und die masewales. Niemand wird seine alten Schulden bezahlen, weder ts'ules, noch box, noch masewales. Man wird das Land [*monte*] nicht kaufen müssen. Jeder kann sein Feld [*su milpa*] anlegen, wo er will, der ts'ul, der box und der masewal. Niemand wird ihm das verbieten.[63]

Die Anliegen der Aufständischen waren keineswegs ethnozentrisch oder traditionalistisch, wie manche Autoren behaupten. Die Forderung nach einer Gleichbehandlung für alle Einwohner Yucatáns, wie sie z. B. im Zusammenhang mit der Kopfsteuer und den kirchlichen Abgaben erhoben wurde, war eindeutig progressiv, denn gleiche Rechte für alle hatte es, mit Ausnahme der Zeit der Geltung der von den spanischen Cortes 1812 verabschiedeten Verfassung, weder während der Kolonialzeit noch in der vorspanischen Zeit gegeben. Auch die verlangte Nichtantastung von Gemeindeland und *baldíos* (ungenutztes Land im Staatsbesitz) zielte offenbar nicht nur auf eine Wiederherstellung kolonialzeitlicher Schutzrechte für die indigenen Gemeinden, sondern auf die Unterschichten insgesamt. Denn die nationalen Böden sollten nicht privat angeeignet werden dürfen, um „den Armen" den Anbau von Nahrungsmitteln zu ermöglichen.

---

[61] Siehe z. B. *Rugeley*, Peasantry (wie Anm. 55), für andere Regionen siehe *Escalante Gonzalbo*, Ciudadanos (wie Anm. 41), 74; *Ducey*, Communities (wie Anm. 54), 545–549; für eine Verbindung zur nationalen Politik *Peter Guardino*, Barbarism or Republican Law? Guerrero's Peasants and National Politics, 1820–1846, in: The Hispanic American Historical Review 2, 1995, 185–213, hier 200 f.

[62] *Wolfgang Gabbert*, Of Friends and Foes – The Caste War and Ethnicity in Yucatán, in: Journal of Latin American Anthropology 1, 2004, 90–118, insbesondere 97–104.

[63] José María Barrera u. a. an José Canuto Vela, Haas, 7. April 1850, in: *Fidelio Quintal Martín* (Hrsg.), Correspondencia de la Guerra de Castas, Mérida, Yucatán 1992, 78 f.

Beide Aspekte sind angesichts der Enteignung von Gemeindeland und der Ausbreitung von Schuldknechtschaftsverhältnissen in Yucatán zu dieser Zeit weniger traditionalistisch als sozialreformerisch.

Die genannten Forderungen knüpften durchaus an den zeitgenössischen liberalen Diskurs an, der sich für gleiche Rechte aussprach. Das Verlangen nach freiem Landzugang widersprach natürlich dem Prinzip des Privatbesitzes. Aber die Haltung von Liberalen zur Landfrage war in der ersten Hälfte des 19. Jahrhunderts keineswegs einheitlich und die so genannten „Radikalen" forderten Reformen zugunsten der armen Landbevölkerung, z. B. die Rückgabe von durch Großgrundbesitzer angeeignetes Land an die Bauern.[64] Der Liberalismus war eben kein zentral durchgesetztes Programm, sondern glich mehr einem „Menü", aus dem sich die Einzelnen diejenigen Bestandteile auswählten, welche sie für attraktiv hielten.[65]

Wie weit der nationale und liberale Diskurs um die Mitte des 19. Jahrhunderts verbreitet waren, zeigt ebenso beispielhaft ein Dokument der indigenen Autoritäten von Juchitán im Bundesstaat Oaxaca aus dem Jahre 1849, indem sie Rechte zur Nutzung von Salinen in der Umgebung einfordern: „[*W*]*ir sind Mexikaner, wir sind die Nation* und wir sind die Besitzer und haben das gleiche Recht die Erträge [der Salinen] zu nutzen und von dem, was wir dort erarbeiten, haben wir Steuern an die Nation zu zahlen [...]."[66]

6. Französische Intervention und nationaler Befreiungskrieg

Nach dem Sturz des konservativen Diktators Antonio López de Santa Anna 1855 übernahm eine liberale Regierung unter Benito Júarez die Amtsgeschäfte. Reformgesetze und die Verfassung von 1857 sahen u. a. die Privatisierung des Besitzes von Korporationen, insbesondere der Kirche und der indigenen Gemeinden, die Aufhebung von Klöstern und die Trennung von Staat und Kirche vor. Es folgte ein erneuter mehrjähriger Bürgerkrieg (*Guerra de Reforma*), der durch die französische Intervention 1861 und mit Unterstützung der Konservativen 1864 zur Einrichtung des Kaiserreichs unter Maximilian von Habsburg führte. In diesem Rahmen verknüpfte sich der Parteienkampf der Liberalen mit einem nationalen Befreiungskrieg. Eine Versammlung von mexikanischen Konservativen hatte Erzherzog Maximilian von Österreich, Bruder von Kaiser Franz Joseph, die Kaiserkrone angeboten, welche dieser akzeptierte. Er verfolgte jedoch eine eher liberale Politik (u. a. Unterordnung der Kirche unter den Staat, Schuldenerlass für Landarbeiter), was die erbitterte Gegnerschaft der

---

[64] Siehe z. B. *Thomson*, Aspects (wie Anm. 45), 271, 273.
[65] *Thomson*, Aspects (wie Anm. 45), 273.
[66] Zitiert in *Escalante Gonzalbo*, Ciudadanos (wie Anm. 41), 68, Hervorhebung dort.

Konservativen hervorrief, aber keine Annäherung der Liberalen zur Folge hatte. Nach dem Ende des Sezessionskriegs in den USA 1865 übten diese Druck auf Napoléon III. aus, der Anfang 1866 seine Truppen aus Mexiko zurückzog. Damit war die militärische Niederlage Maximilians besiegelt und er wurde 1867 nach seiner Gefangennahme hingerichtet. Nach der Hinrichtung Maximilians waren große Teile der Konservativen durch die Unterstützung des Kaiserreichs diskreditiert. Der Liberalismus wurde mit dem patriotischen Widerstand gegen die französische Besatzung identifiziert und entwickelte sich zur hegemonialen politischen Strömung.[67]

Der Unabhängigkeitskampf, die Bürgerkriege und vor allem der Kampf gegen die US-amerikanische (1846–48) und die französische Intervention (1861–66) hatten erhebliche Teile der Bevölkerung mobilisiert, z. T. weit über die Grenzen ihrer Herkunftsorte gebracht und mit liberalen und nationalen Diskursen konfrontiert.[68] Diese fielen infolge der Repression durch die französischen Interventionstruppen auch in breiteren Bevölkerungskreisen auf fruchtbaren Boden. Die Zivilbevölkerung war u. a. von Einquartierungen, Kollektivstrafen und Übergriffen der Soldaten betroffen. Ein zeitgenössischer Beobachter stellte fest:

> They [the French] have conducted their conquest with very little regard for the feelings of the population. The higher officers of the army, of course, behave in most instances as becomes their position; but the lower officers are too often brutal, coarse, ignorant men who abuse the power they possess for committing acts of petty tyranny, and who have little respect for property or for families. […] Many of the troops sent to Mexico also belonged to those irregular regiments which are formed from the refuse of France and Europe, and some of the worst acts of robbery which have occurred lately in the district between Veracruz and Mexico are ascribed to deserters from the French Army.[69]

Weite Teile des Landes wurden unter Kriegsrecht gestellt. Standgerichte konnten vermeintliche irreguläre Unterstützer der Regierung Júarez und ihre Helfer zum Tode verurteilen, was innerhalb von 24 Stunden vollstreckt werden sollte, so dass so gut wie keine Berufungsmöglichkeit gegeben war.[70] Dass dabei oft „kurzer Prozess" gemacht wurde und Beweise kaum eine Rolle spielten, illustriert die folgende Erwiderung des Gerichtspräsidenten auf eine kritische Nachfrage eines *capitaine de gendarmerie* zur Verfahrensweise: „Bah! Every Mexican is a *guerrillero*; either he has been or he will be. You don't take any risk of being wrong when you shoot the ones you catch."[71]

---

[67] *Thomson*, Aspects (wie Anm. 45), 265, 270; *Bernecker*, Mexiko (wie Anm. 6), 214–217; *Dabbs*, Army (wie Anm. 44).

[68] Siehe auch *Archer*, Discord (wie Anm. 18), 198; *Knight*, Peasants (wie Anm. 2), 142, 145 f.

[69] „Mexico", in: The Saturday Review XXII, No. 570, 9. September 1866, 372–374, zitiert in *Dabbs*, Army (wie Anm. 44), 226.

[70] *Dabbs*, Army (wie Anm. 44), 123, 131, 145–147, 219, 231, 233–236; *Knight*, Peasants (wie Anm. 2), 146–148.

[71] *Charles Mismer*, Souvenirs de la Martinique et du Mexique pendant l'intervention française, Hachette et cie 1890, 172–175, zitiert in *Dabbs*, Army (wie Anm. 44), 237.

Französische Soldaten und Offiziere wurden nach Übergriffen häufig den mexikanischen Behörden des Kaiserreichs entzogen und meist nicht sanktioniert. So stellt Dabbs fest: „To the French their own soldiers were sacrosanct; the Mexicans could rarely touch them."[72] Dies muss das Ressentiment gegen die „Besatzer" in besonderer Weise bestärkt haben, denn damit war eine klare Linie zwischen Franzosen und Mexikanern gezogen.[73] Dazu trug sicher auch das Überlegenheitsgefühl vieler Franzosen bei:

> [A] definite feeling of superiority on the part of the French even reached the high command. They tended to look down commiseratingly on any people who had not had the advantages of the French Revolution, to offer freely the example of French culture and governmental organization, to regard with mistrust anyone who refused to accept French cultural superiority outright, and to brand any failure to grasp or slowness to assimilate French culture as either a sign of hopeless incapacity or of perverse obstructionism. In either case they felt free to resort to force and take advantage of the lower culture.[74]

7. Ausblick und Schluss

Die Reformpolitik der Liberalen war nicht nur eine Form der Staatsbildung durch eine kleine Elite. Der liberale Diskurs und zumindest ein Teil ihrer Maßnahmen genossen durchaus eine breitere gesellschaftliche Unterstützung auch in ländlichen Regionen. Gleichheit vor dem Gesetz, allgemeines Wahlrecht, Verbot von Zwangsarbeit u. a. m. waren auch für größere Teile der indigenen Bevölkerung durchaus attraktiv.[75] Und selbst die Privatisierung von Gemeindeland entsprach den Interessen mancher wohlhabender Indianer, die ihren Besitz in diesem Zusammenhang vergrößern konnten.[76] Liberaler und, wie das Beispiel Juchitán zeigt, nationaler Diskurs waren selbst in entlegenen ländlichen Gebieten adaptiert worden.

Dennoch kann von einer fortgeschrittenen nationalen Integration keine Rede sein, denn die Rhetorik war erheblich weiter als die gesellschaftliche Wirklichkeit. Da ein breites Bürgertum und eine starke Mittelschicht als zentrale Stützen eines liberalen und nationalen Projektes weiterhin fehlten und Regionalismen stark blieben, regierte Benito Juárez nicht mit, sondern „trotz der Verfassung", da ihm der Kongress außerordentliche Vollmachten zuerkannte und etablierte, wie David Brading bemerkt, eine „präsidentielle Autokratie".[77]

---

[72] *Dabbs*, Army (wie Anm. 44), 228, siehe auch 230.

[73] *Dabbs*, Army (wie Anm. 44), 224–226.

[74] *Dabbs*, Army (wie Anm. 44), 228.

[75] *Thomson*, Aspects (wie Anm. 45), 287 f.

[76] Siehe z. B. *Joseph Whitecotton*, The Zapotecs: Princes, Priests, and Peasants, Norman 1977, 221–224.

[77] *David A. Brading*, Liberal Patriotism and the Mexican Reforma, in: Journal of Latin American Studies 1, 1988, 27–48, hier 27.

Auf dem Land entwickelte sich auch keine breite Schicht von Kleinbesitzern (Farmern), sondern es kam zu einer zunehmenden Polarisierung in Großgrundbesitzer und Landlose. Die liberalen Verfassungen hatten zwar die koloniale Statuskategorie des *indio* abgeschafft und alle zu Mexikanern gemacht. In der Realität verstärkte sich jedoch der Rassismus. Zur Rekrutierung von Arbeitskräften für die entstehende Agrarexportwirtschaft schien außerökonomischer Zwang notwendig. So wurde die Einschränkung von Bürgerrechten insbesondere für die ländlichen Unterschichten mit dem Argument ihrer körperlichen und kulturellen Rückständigkeit gerechtfertigt.[78]

Politische Beteiligungsrechte der breiteren Bevölkerung und eine demokratische Verfasstheit waren in Mexiko, wie in den meisten anderen lateinamerikanischen Staaten, im 19. Jahrhundert weitaus früher und stärker entwickelt als in Europa, wo nach dem Wiener Kongress von 1814/15 lange Zeit die Restauration der vorrevolutionären Zustände betrieben wurde. Allerdings fehlten in Mexiko – im Unterschied etwa zu Frankreich oder England – infolge des abhängigen Charakters des Landes ein durchsetzungsfähiger Staat als organisatorischer Rahmen und ein starkes Bürgertum als Stütze eines nationalen Projektes, aber auch eine entwickelte Arbeiterklasse, welche die sozialen Grundlagen gesellschaftlicher Integration der Unterschichten hätte erkämpfen können. Eine politische Stabilisierung und die Stärkung des Zentralstaates gelangen in Mexiko erst unter der autoritären Herrschaft von Porfirio Díaz (1876–1910). Ein auslandsinduziertes Wirtschaftswachstum ermöglichte den Ausbau der Infrastruktur (Eisenbahnen, Straßen, Telegraphen, Telefon), was sowohl die überregionale Kommunikation erleichterte als auch die Kontroll- und Repressionsmöglichkeiten der Zentralregierung immens wachsen ließ. Es bedurfte jedoch nach der Unabhängigkeit einer weiteren Revolution am Beginn des 20. Jahrhunderts (1910–17), um die nationale Integration mit dem Ausbau der Primarbildung und der Agrarreform auf eine breitere materielle und soziale Grundlage zu stellen. Allerdings resultierte diese Revolution nicht in einer pluralistischen Demokratie, sondern in der über 70 Jahre währenden Herrschaft einer Staatspartei.

---

[78] Siehe z. B. *Gabbert*, Maya (wie Anm. 12), 64–70, 91 f.

Das *Risorgimento*: Revolution, Krieg und Nation in Italien

Jens Späth

Am 17. März 2011 feierte Italien seinen 150. Geburtstag als Nationalstaat. Während das Land sich in einer der schwersten politischen, wirtschaftlichen und kulturellen Krisen seit dem Ende des Zweiten Weltkriegs befand (und diese nach wie vor nicht hinter sich gelassen hat), bemühte sich Staatspräsident Giorgio Napolitano wie bereits sein Vorgänger Carlo Azeglio Ciampi in zahlreichen Reden, Publikationen und öffentlichen Auftritten darum, die nationale Einheit durch eine positive Erinnerung an den historischen Prozess der Nationalstaatsbildung zu stärken. Freilich konterkarierten mehrere Kräfte seine Politik und bestätigten den Befund von Simonetta Soldani, wonach Italien im Jubiläumsjahr ein „Land in Kummer" darstelle[1]: Man denke nur an die Partei *Lega Nord*, die seit mittlerweile einem Vierteljahrhundert unter Berufung auf die angeblich größere Leistungsfähigkeit und die historische Tradition der unabhängigen oberitalienischen Städte im Mittelalter separatistische Bestrebungen hegt. Oder an das *Parlamento delle Due Sicilie*, das 2010 als kulturelle Bewegung im Gebiet des historischen Königreichs beider Sizilien entstanden ist, den Zusammenhalt des Südens stärken will und dessen Integration in das Königreich Italien 1860 als Annexion durch Sardinien-Piemont versteht. Bereits hier wird deutlich, wie heterogen heute die Erinnerung an den italienischen Nationalstaat ist und dass „Schemata der italienischen Nation als positive und friedliche Konsensgemeinschaft" kritischen Studien kaum standhalten.[2] Ferner lässt sich zu Recht fragen, welcher Nation man denn eigentlich 2011 gedachte, denn bei der Proklamation des Königreichs Italien am 17. März 1861 in Turin regierten in Venetien, im Trentino, in Dalmatien und Istrien noch die Habsburger und in Rom der von den Franzosen beschützte Papst. War 1861 also lediglich eine – wenn auch wichtige – Etappe im Prozess der Nationalstaatsbildung?

Obwohl Italien mit dem *Risorgimento* einen eigenen Begriff für diesen Prozess entwickelt hat – ein einzigartiges Phänomen im internationalen Vergleich –, herrscht alles andere als Einigkeit darüber, was darunter zu verstehen sei und

[1] *Simonetta Soldani*, I centocinquant'anni di un paese in affanno, in: Passato e presente 29, 2011, 5–15. Die Übersetzungen aus dem Italienischen stammen hier und im Folgenden vom Verfasser.

[2] *Gilles Pécout*, Naissance de l'Italie contemporaine 1770–1922, Paris 2007, 8.

von wann bis wann dieses gedauert habe. Fasst man das *Risorgimento* als Zeitraum auf, in dem die bis heute gültige territoriale und militärische Einheit Italiens (mit Ausnahme des Trentino) zustande kam, wird man das Jahrhundert 1770–1870 angeben. Ist hingegen die administrativ-politische Einheit gemeint, stehen die Jahre 1861–1922 im Vordergrund. Zum ersten Mal taucht der Begriff 1775 in einer Schrift des Mantuaner Jesuitenpaters Saverio Bettinelli auf.[3] Den Bezug zur „nationalen Wiedergeburt", zur „Wiederauferstehung" und Befreiung Italiens von fremden Mächten stellte ganz am Ende des 18. Jahrhunderts der Dichter Vittorio Alfieri her.[4] Als programmatischen Namen ihrer Zeitschrift für politische und wirtschaftliche Einheit der Apenninenhalbinsel verwendeten ihn schließlich die beiden liberalkonservativen piemontesischen Politiker Cesare Balbo und Camillo Cavour in ihrer ersten Ausgabe vom 13. Dezember 1847. Würde man sich am heute noch an vielen italienischen Universitäten institutionalisierten Verständnis orientieren, beschränkte sich der Zeitraum gemäß der Definition der Lehrstühle für die Geschichte des *Risorgimento* auf die Jahre vom Wiener Kongress 1814/15 bis zur Einnahme Roms 1870. Doch lassen sich mit Einzeldaten wie den genannten oder dem Jahr 1848 wohl kaum längerfristige kulturelle und ideologische Entwicklungen greifen, wie sie mit den aufgeklärten Reformen in der zweiten Hälfte des 18. Jahrhunderts und insbesondere mit der Französischen Revolution einsetzten. Daher beginnen neuere Überblicksdarstellungen wie diejenige von Alberto Mario Banti mit dem ersten Italienfeldzug Napoleon Bonapartes 1796, als die Apenninenhalbinsel verstärkt in Kontakt mit revolutionärem Gedankengut kam.[5] Unter Berücksichtigung der längerfristigen ideologisch-kulturellen Entwicklungen gehen die folgenden Überlegungen von den rund hundert Jahren territorialer und militärischer Nationsbildung 1770–1870 aus. Die Phase der administrativ-politischen Einheitsbemühungen 1861–1922 kann an dieser Stelle nicht behandelt werden.

Der ungleich entscheidendere inhaltliche Grund für diese Wahl liegt jedoch darin, dass das *Risorgimento* auf den ersten Blick ganz offensichtlich von den drei Begriffen Revolution, Krieg und Nation geprägt wurde. Am Anfang stand die Französische Revolution, es folgten Unabhängigkeits- und Sezessionskriege sowie mehrere weitere Revolutionen auf der Apenninenhalbinsel, und am Ende kam der Nationalstaat des geeinten und von der Savoyermonarchie geführten Italien dabei heraus. So wollte es die zwischen 1850 und den 1930er Jahren dominierende piemontesisch-monarchistische Meistererzählung. Mit dem Ende des

---

[3] *Saverio Bettinelli*, Il Risorgimento dell'Italia negli Studj, nelle Arti, e ne'Costumi dopo il Mille, Bassano 1775.

[4] Dieser Bezug findet sich an mehreren Stellen in Alfieris Werk, etwa in 16 zwischen 1793 und 1797 geschriebenen Satiren, publiziert u. a. 1858 in Florenz unter dem Titel „Satire e poesie minori di Vittorio Alfieri".

[5] *Alberto Mario Banti*, Il Risorgimento italiano, Rom/Bari 2004, zum Periodisierungsproblem VIII–XII und *Pécout*, Naissance (wie Anm. 2), 14–19.

Zweiten Weltkriegs und dem – wenn auch knapp – erfolgreichen Referendum für die Republik als Staatsform anstelle der durch den Faschismus belasteten Monarchie setzte auch in Italien ein Paradigmenwechsel ein. Gegründet auf den antifaschistischen Grundkonsens und den Befreiungskrieg des Widerstands als Nachfolger der Unabhängigkeitskriege, sahen Politiker und Historiker die Zeit eines „zweiten *Risorgimento*" gekommen und arbeiteten in den folgenden Jahrzehnten aktiv an der Vollendung der italienischen Nationalstaatsbildung als einer ständigen Fortschrittsgeschichte mit.[6] Wie in anderen Ländern regt sich auch in Italien seit der anregenden Studie von Benedict Anderson vor rund 30 Jahren verstärkt Widerstand gegen diese Darstellung permanenter Emanzipation und Demokratisierung auf dem Weg parlamentarischer Verfassungen.[7] Die in der Tradition der *Whighistory* stehende Sicht der Nationalstaatsbewegungen als lineare Erfolgsprozesse im 19. Jahrhundert geriet durch sozialgeschichtliche Arbeiten seit den späten 1980er Jahren und durch kulturgeschichtliche Untersuchungen seit der Jahrtausendwende um Alberto Mario Banti zusehends unter Druck, die in diesen Bewegungen den Diskurs der gesellschaftlichen Eliten und zunehmend auch breiterer Bevölkerungsschichten als zentrales Moment ausmachen.[8] Ziel des vorliegenden Aufsatzes ist es, diese Sicht für die italienische Geschichte des 19. Jahrhunderts zu überprüfen und zu fragen, inwieweit die Trias Revolution – Krieg – Nation heute noch trägt. Im Zentrum steht die punktuelle Konfrontation der historisch greifbaren Umstände mit jüngsten Forschungsergebnissen der revisionistischen Geschichtsschreibung. Daran schließen sich Überlegungen an, wie man die Diskrepanz zwischen den Inhalten zeitgenössischer Begriffe und den Deutungen durch Historiker oder andere Wissenschaftler im Sinne einer allgemeinen Vergleichbarkeit überwinden könnte. Insgesamt plädiert dieser Beitrag dafür, auch künftig von der Begriffstrias auszugehen, diese

[6] Vgl. *Walter Maturi*, Interpretazioni del Risorgimento. Lezioni di storia della storiografia, Turin 1962, und die ersten vier Bände der monumentalen, in weiten Strecken bis heute einflussreichen Storia dell'Italia moderna von *Giorgio Candeloro*, Mailand 1956–1964.

[7] *Benedict Anderson*, Imagined Communities. Reflections on the Origin and Spread of Nationalism, London 1983 (Dt. Erstausgabe: Die Erfindung der Nation, Frankfurt am Main 1988).

[8] *Alberto Mario Banti*, La nazione del Risorgimento. Parentela, sanità e onore alle origini dell'Italia unita, Turin 2000. Einen vorzüglichen Überblick primär über die italienische und angelsächsische Forschung zum Risorgimento bietet *Maurizio Isabella*, Rethinking Italy's Nationbuilding 150 Years afterwards: the New Risorgimento Historiography, in: Past and Present 217, 2012, 247–268. Zu den historiographischen Beiträgen dieser und weiterer Länder vgl. auch *Andrea Ciampani* (Hrsg.), L'Unità d'Italia in Europa, Rom 2013, darin über die deutsche Geschichtsschreibung *Werner Daum*, La storiografia tedesca sul Risorgimento nell'ultimo Ventennio. Alcune tendenze e prospettive della ricerca, 81–100. Ein Literaturbericht in deutscher Sprache ist zuletzt erschienen von *Werner Daum/Christian Jansen/Ulrich Wyrwa*, Deutsche Geschichtsschreibung über Italien im „langen 19. Jahrhundert" (1796–1915). Tendenzen und Perspektiven der Forschung 1996–2005, in: Archiv für Sozialgeschichte 47, 2007, 455–484. Vgl. jetzt auch *Gabriele B. Clemens/Jens Späth*, Einleitung, in: Diess. (Hrsg.), 150 Jahre Risorgimento – geeintes Italien (Geschichte & Kultur, Saarbrücker Reihe 5), Trier 2014, 7–17.

zugleich aber stärker zu differenzieren, dabei neue Perspektiven einzunehmen und dergestalt das Verständnis der drei Termini zu erweitern.

Revolution

Die Geschichte des *Risorgimento* fällt in eine Zeit, in der seit 1789 in zunehmendem Maße größere Teile der Bevölkerung die Legitimationsgrundlage von Herrschaft in nahezu allen europäischen Staaten in zahlreichen Revolutionen in Frage stellten.[9] Für diese Epoche, in der sich ein Wandel weg von dynastischer hin zu konstitutioneller Legitimität vollzog und die die in der Regel absolut regierenden Monarchen ihres Gottesgnadentums als einziger Herrschaftsberechtigung beraubte, prägte Jacob Burckhardt den Begriff des „Revolutionszeitalters".[10] Auch in den Staaten der Apenninenhalbinsel galt: Wer als zunächst absoluter Fürst weiterhin an der Macht bleiben wollte, musste auf eine Mischung aus alten und neuen Legitimitätsstrategien setzen, ansonsten drohten Revolutionen, die als Tyrannen und Despoten geltenden Monarchen zu stürzen. Volker Sellin macht neben den drei herkömmlichen Gründen Dynastie, Religion und Kriegserfolg drei neue Aspekte aus, die nun im Zeitalter der Revolutionen entwickelt wurden: „die Gewährung von Verfassungen, die Nationalisierung der Monarchie und die soziale Reform".[11]

Beschränken wir uns auf unsere Aufgabe und blicken auf die italienische Staatenwelt im 19. Jahrhundert, erkennen wir rasch, dass die genannten Strategien nicht überall und auch nicht gleichzeitig auszumachen sind. Zudem zeigt die italienische Revolutionsgeschichte anhand der Beispiele 1796–1799 und 1848/49, dass der Modernisierungsdruck nicht zwangsläufig zu konstitutionellen Monarchien führen musste, sondern auch in Republiken münden konnte. Von den im Zuge der napoleonischen Expansion seit 1796 überall auf der Apenninenhalbinsel entstehenden jakobinischen Schwesterrepubliken prägte sich besonders die nur rund fünf Monate währende Parthenopäische Republik in Neapel von 1799 in das kollektive Gedächtnis Italiens ein. Die sowohl von Zeitgenossen als auch von Historikern stets als „Revolution" bezeichneten Ereignisse trafen nicht nur auf die Gegenrevolution der königstreuen Truppen und der ländlichen Bevölkerung unter Führung des Kardinals und Generalstatthalters Fabrizio Ruffo

[9] Zum Revolutionsbegriff seit der Französischen Revolution vgl. *Reinhart Koselleck*, Revolution, in: Otto Brunner/Werner Conze/Reinhart Koselleck (Hrsg.), Geschichtliche Grundbegriffe. Historisches Lexikon zur politisch-sozialen Sprache in Deutschland, Bd. 5, Stuttgart 1984, 653–656 und 725–788.

[10] *Jacob Burckhardt*, Das Revolutionszeitalter, in: Ders., Historische Fragmente. Aus dem Nachlass gesammelt von Emil Dürr. Mit einem Vorwort von Werner Kaegi, Stuttgart 1957, 261–322.

[11] *Volker Sellin*, Gewalt und Legitimität. Die europäische Monarchie im Zeitalter der Revolutionen, München 2011, 294.

(*Sanfedisti*). Die harsche Reaktion der Bourbonen unter Ferdinand IV. in den folgenden Monaten mit zahlreichen Hinrichtungen – trotz der Kapitulation der Republikaner – forderte auch viele Opfer im aufgeklärten neapolitanischen Adel und Bürgertum und ist bis heute Diskussionsgegenstand und Symbol grausamer absolutistischer Regierungspolitik.[12] Bereits mehr als 100 Jahre vor Antonio Gramsci verwendete Vincenzo Cuoco den Begriff der „passiven Revolution" und hob damit hervor, dass es in Neapel 1799 nicht gelungen sei, in der von Frankreich herbeigeführten Revolution neben wenigen Patrioten auch die breite Masse der Bevölkerung für Unabhängigkeit und Freiheit zu begeistern.[13] Gramsci weitete diese Deutung – vor allem die Passivität der Landbevölkerung – auf das gesamte *Risorgimento* aus und begründete damit eine äußerst einflussreiche linke marxistische Interpretationslinie, die sich in der italienischen Geschichtswissenschaft unter anderem in Gestalt der monumentalen Geschichte Italiens von Giorgio Candeloro auch nach dem Zweiten Weltkrieg fortsetzte.[14] Während die politische Linke fortan das *Risorgimento* als Niederlage verstand, bemühte sich die liberale Schule um Benedetto Croce, dieses als Erfolg der italienischen Nation darzustellen und die politische Harmonie zu fördern.[15]

Doch auch der nächsten Revolutionswelle auf der Apenninenhalbinsel 1820/21, der ersten seit dem Sturz Napoleons und der Neuordnung Europas auf dem Wiener Kongress, schrieben weite Teile der Forschung in Fortsetzung des Gramscischen Diktums lange den Charakter gescheiterter, weil passiver und allein von Geheimgesellschaften forcierten Revolutionen zu. Dies erklärt, warum die Ereignisse in den Königreichen beider Sizilien und Sardinien-Piemont 1820/21 ebenso wie diejenigen im Kirchenstaat und den nördlich angrenzenden Fürstentümern Modena und Parma 1830/31 von einem Teil der italienischen Forschung abwertend als „Unruhen" (*moti*) und „Aufstandsversuche" (*tentavivi di insurrezione*) abgetan wurden.[16] Solche Einschätzungen verkennen jedoch die Bedeutung der von der napoleonisch geprägten Generation getragenen Revolution in Sardinien-Piemont 1821 und mehr noch derjenigen in den beiden Sizilien 1820/21 – ganz abgesehen davon, dass die zeitgenössischen Quellen stets

---

[12] Vgl. *Anna Maria Rao* (Hrsg.), Napoli 1799 fra storia e storiografia, Neapel 2002; *Antonino De Francesco*, L'Italia di Bonaparte, Turin 2011.

[13] *Vincenzo Cuoco*, Saggio storico sulla rivoluzione di Napoli, a cura di Antonino De Francesco, Manduria / Bari / Rom 1998, 316 f., 324–329.

[14] *Antonio Gramsci*, Opere: Il Risorgimento (Cuaderni del carcere 4), Turin 1949, 106–108; *Candeloro*, Storia, Bd. 1, 9–12, und Bd. 4 (wie Anm. 6), 530–538.

[15] *Benedetto Croce*, Storia d'Italia dal 1871 al 1915, Bari 1928.

[16] So finden sich in der italienischen Online-Enzyklopädie heute noch Einträge „Moti del 1820–21", vgl. http://www.treccani.it/enciclopedia/moti-del-1820-21_%28Dizionario-di-Storia%29/ und „Moti del 1830–31", vgl. http://www.treccani.it/enciclopedia/moti-del-1830-31_%28Dizionario-di-Storia%29/ (23.07.2014). Vgl. jedoch die erste Synthese der Nachkriegszeit des amerikanischen Historikers *George T. Romani*, The Neapolitan Revolution of 1820–21, Evanston 1950, und die sozialgeschichtlich angelegte Studie von *Aurelio Lepre*, La rivoluzione napoletana del 1820–21, Rom 1967.

von „Revolution“ sprechen. Beide Staaten hatten nämlich mit der Verfassung von Cádiz dieselbe Verfassung proklamiert wie Spanien, wo die Revolution 1820 ihren Ausgang genommen hatte, und Portugal. Im Königreich beider Sizilien wurde diese liberale Verfassung auch Verfassungsrealität. Es fanden erstmals Parlamentswahlen nach allgemeinem Männerwahlrecht statt. Das Parlament passte in Abstimmung mit dem König die Verfassung an die Verhältnisse des Königreichs an und proklamierte sie als „Politische Verfassung des Königreichs beider Sizilien“.[17] Dank der Pressefreiheit entstand eine breite politische Öffentlichkeit. Obgleich die konstitutionelle Monarchie nur neun Monate währte, blieben Demokratisierung und Parlamentarisierung wichtige Erinnerungsmomente einer – wenn auch schmalen – Schicht liberaler Eliten in der Hauptstadt und den Provinzstädten, die größtenteils von den napoleonischen Regierungen in Süditalien geprägt waren und sich bei der nächsten Gelegenheit 1848/49 wieder für politische und persönliche Rechte in Gestalt einer Verfassung engagieren sollten.[18] Diese Befunde bestätigen Studien wie diejenigen von John Davis, die zum einen die Kontinuität der institutionellen, rechtlichen und wirtschaftlichen Reformbemühungen seit den Bourbonen vor, während und nach der französischen Herrschaft betonen und zum anderen ältere Vorstellungen einer süditalienischen Passivität dadurch infrage stellen, dass sie den Beitrag zu diesen Reformen gerade von den intellektuellen und administrativen Eliten des Südens hervorheben.[19]

Während der weniger im öffentlichen Bewusstsein verankerte und auch von der Geschichtswissenschaft vernachlässigte Revolutionsversuch liberaler Geheimgesellschaften 1830/31 auf Mittelitalien beschränkt blieb, nicht zur Proklamation einer Verfassung und Einberufung eines Parlaments führte und wie 1796–1799 und 1820/21 des Anstoßes von außen bedurfte[20] – in diesem Fall der Französischen Julirevolution –, entzündete sich die Revolution 1848 zunächst im Januar in Sizilien. Hier gelang es der sizilianischen Oberschicht um das Zentrum Palermo im vierten Anlauf seit Beginn des Jahrhunderts kurzzeitig, die Un-

[17] Vgl. die Arbeit von *Werner Daum*, Oszillationen des Gemeingeistes: Öffentlichkeit, Buchhandel und Kommunikation in der Revolution des Königreichs beider Sizilien 1820–21 (Italien in der Moderne 12), Köln 2005, und diejenige von *Jens Späth*, Revolution in Europa 1820–23. Verfassung und Verfassungskultur in den Königreichen Spanien, beider Sizilien und Sardinien-Piemont (Italien in der Moderne 19), Köln 2012.

[18] Beispielsweise stand Guglielmo Pepe 1799, 1820 und 1848 an vorderster Front der Revolution. Vgl. *Luca Manfredi*, L'uomo delle tre rivoluzioni. Vita e pensiero del generale Guglielmo Pepe, Foggia 2009.

[19] *John A. Davis*, Naples and Napoleon: Southern Italy and the European Revolutions, 1780–1860, Oxford 2006.

[20] Die letzten Überblicksdarstellungen stammen aus dem Jahr der einhundertsten Wiederkehr: *Arrigo Solmi*, Ciro Menotti e l'idea unitaria nell'insurrezione del 1831, Modena 1931, und *Albano Sorbelli*, L'epilogo della rivoluzione del 1831. Da Rimini a Venezia, Modena 1931; aus österreichischer Perspektive immerhin *Alan J. Reinerman*, Austria and the Papacy in the Age of Metternich, Bd. 2: Revolution and Reaction 1830–1838, Washington 1989.

abhängigkeit der Insel wiederherzustellen, die verhasste Bourbonenmonarchie abzusetzen und eine liberale Verfassung unter Rückgriff auf die eigene Konstitution von 1812 als Grundlage einer künftigen parlamentarischen Monarchie zu proklamieren, die auch das ungleich bekanntere *Statuto Albertino*, die piemontesische Verfassung von März 1848, inspirieren sollte.

Es ist nicht ganz einfach, sich einen Überblick über die bunte Vielfalt an Revolutionen und Verfassungen in der italienischen Staatenwelt um 1848/49 zu verschaffen. Nicht umsonst bezeichnet heute noch der Ausdruck „fare / combinare / essere / succedere un quarantotto" ein großes Durcheinander.[21] Dabei herrscht mittlerweile Konsens, dass die revolutionäre Phase schon mit der Wahl von Pius IX. zum Papst im Juni 1846 begann und wir es in Italien folglich mit einem „langen 1848" zu tun haben.[22] Während in den Revolutionen in Sizilien 1848 und Rom 1849 gewählte Versammlungen Verfassungen erarbeiteten, oktroyierten die Monarchen in Neapel, Florenz, Turin und Rom in den ersten drei Monaten des Jahres 1848 in Manier der französischen *Charte constitutionnelle* Verfassungen in ihren Herrschaftsbereichen.[23] Besonders die Verfassung der Römischen Republik von 1849, in der Giuseppe Mazzini als Triumvir das einzige politische Amt seines Lebens und Giuseppe Garibaldi einen Teil der Stadtverteidigung übernahm, avancierte zum Sinnbild der weiterführenden Revolution, die Anhänger und Gegner aus mehreren italienischen und europäischen Staaten auf den Plan rief.[24] Die zweite Republik auf italienischem Boden in der Revolutionszeit in Venedig überlebte zwar etwas länger als die römische, erlangte jedoch aufgrund ihrer Verfasstheit als Diktatur und wegen des ungleich größeren *genius loci* Roms nie deren Strahlkraft.[25] Am Ende des „langen" 1848 blieb an revolutionären Errungenschaften auf der Apenninenhalbinsel wenig übrig, die meisten Fürsten kehrten zum Absolutismus zurück. Lediglich eine oktroyierte Verfassung schlug im Königreich Sardinien-Piemont zu Buche. Obwohl das nach dem regierenden König benannte und in Anlehnung an das französische und belgische Modell

[21] http://www.garzantilinguistica.it/ricerca/?q=quarantotto (23.07.2014).

[22] *Simonetta Soldani*, Il lungo Quarantotto degli italiani, in: Luigi Ambrosoli (Hrsg.), Il movimento nazionale e il 1848 (Storia della società italiana 15), Mailand 1986, 259–343.

[23] Zu den oktroyierten Verfassungen ausführlich *Kerstin Singer*, Konstitutionalismus auf Italienisch. Italiens politische und soziale Führungsschichten und die oktroyierten Verfassungen von 1848 (Bibliothek des DHI Rom 119), Tübingen 2008; zu den verfassunggebenden Versammlungen *Volker Sellin*, Il potere costituente nelle rivoluzioni del 1848–'49. Lectio Magistralis. Rede zur Verleihung der Ehrendoktorwürde der Universität Catania am 29. Oktober 1999, in: DHI Rom - Archiv, N 19 Sammlung Petersen, Nr. VIII.1.

[24] *Giuseppe Galasso*, La Costituzione Romana del 1849, in: Horst Dippel (Hrsg.), Executive and Legislative Powers in the Constitutions of 1848–49, Berlin 1999, 231–269; *Luigi Marco Bassani*, La repubblica romana del 1849. Idee politiche e costituzionali, in: Franco Livorsi (Hrsg.), Libertà e Stato nel 1848–49. Idee politiche e costituzionali, Mailand 2001, 306–341, bes. 328–339; *Giuseppe Monsagrati*, Roma senza il Papa. La Repubblica romana del 1849, Rom 2014.

[25] Vgl. *Pier Luigi Ballini*, Costituenti e costituzioni. Daniele Manin e la Repubblica di Venezia, Venedig 2002.

von 1830/31 entstandene *Statuto Albertino* sein Überleben dem Thronwechsel 1849 von Karl Albert zu Viktor Emanuel II. verdankte (Parlament und Volk wollten die Fortsetzung des verlorenen ersten Unabhängigkeitskrieges gegen Österreich), sollte es für die künftige italienische Geschichte eine erstaunlich große Rolle spielen: 1861 wurde es als Verfassung des Königreichs Italien übernommen und erst 1948 von der Verfassung der Italienischen Republik abgelöst.[26]

Nach den letztlich gescheiterten Revolutionen „von unten" der Jahre bis 1848 wuchs in piemontesischen Führungskreisen um Graf Camillo di Cavour das Bewusstsein, dass man eine Lösung der italienischen Frage nur mit internationalen Allianzen im europäischen Konzert der Großmächte erreichen konnte. Die Strategie mit Frankreich gegen Österreich, einem verlorenen und einem gewonnenen Unabhängigkeitskrieg sowie erfolgreichen Plebisziten vereinte immerhin 1860 ganz Nord- und Mittelitalien außer Venetien im Königreich Sardinien-Piemont, wobei Nizza und Savoyen als Entgegenkommen an Frankreich abgetreten werden mussten. Die revolutionäre Dynamik nahm weiter an Fahrt auf, als Giuseppe Garibaldi im Mai mit anfänglicher Billigung Cavours, aber zunehmender Sorge um die Führungsrolle Sardinien-Piemonts mit einer gut 1000 Mann starken Freiwilligentruppe, den berühmten *Mille*, den Süden von Sizilien her aufrollte und das Königreich beider Sizilien nach einem ebenfalls erfolgreichen Plebiszit an König Viktor Emanuel II. übergab.[27] Da die piemontesische Armee von Norden her die päpstlichen Truppen im Bereich der heutigen Marken bei Ancona vernichtend geschlagen und einen Landzugang von Norden nach Süden geschaffen hatte, stand der Proklamation des Königreichs Italien am 17. März 1861 in Turin nichts mehr im Wege. Die Dynastie der Savoyer hatte sich als einziges originär italienisches Königshaus in einer konzertierten Aktion und Revolution „von oben" (piemontesische Armee im Verbund mit der liberalen *Società Nazionale Italiana*) und „von unten" (Garibaldis Freiwilligenarmee) durchgesetzt, die Herrschaft der Bourbonen in Süditalien sowie mehrerer habsburgischer Sekundogenituren in Mittelitalien beendet und damit letztlich auch die Wiener Ordnung von 1814/15 gesprengt.

Ein finaler revolutionärer Akt „von oben" sollte 1870 folgen, als König Viktor Emanuel II. die Gunst der Stunde in Gestalt des Deutsch-Französischen Krieges nutzte, um seine Truppen bei der berühmten „Bresche an der Porta Pia" am 20. September in die nunmehr schutzlose Stadt Rom einmarschieren zu lassen, die weltliche Herrschaft des Papstes auf ein Minimum zu reduzieren und ihn in den Vatikan auf der linken Tiberseite zurückzudrängen. Nachdem sich das Königreich Italien bereits 1866 dank französischen Entgegenkommens nach dem dritten Unabhängigkeitskrieg gegen Österreich Venetien einverleibt hatte, stand nun

---

[26] Zum Statuto vgl. *Dieter Schidor*, Entwicklung und Bedeutung des Statuto Albertino in der italienischen Verfassungsgeschichte. Diss. Phil. Mainz 1977, und zuletzt *Luigi Spagnolo*, L'Italia costituzionale: dallo Statuto Albertino alla Costituzione repubblicana, Neapel 2012.

[27] *Lucy Riall*, Garibaldi: Invention of a Hero, New Haven / London 2008, 207–346.

einer Verlegung der Hauptstadt vom Arno an den Tiber nichts mehr im Wege.[28] Die Apenninenhalbinsel war nach vielen Kriegen geographisch zu einem einheitlichen Staatsgebilde, einem National- und Verfassungsstaat zusammengefasst. Damit waren die beiden wesentlichen Ziele der Revolutionen von 1848/49 – mit Abstrichen bei der Demokratisierung und Parlamentarisierung – erfüllt. Dem italienischen Prozess der Nationalstaatsgründung fielen zugleich zahlreiche historisch gewachsene Staaten und das Prinzip der dynastischen Legitimität zum Opfer. Insofern trägt der Terminus „Revolution von oben" im italienischen wie auch im deutschen Fall, wie Dieter Langewiesche überprüft hat, wobei einschränkend zu sagen ist, dass erstens die gesellschaftlichen Voraussetzungen eine mindestens ebenso große Rolle einnahmen wie das individuelle Handeln Cavours und Bismarcks oder der Krieg und dass zweitens der Begriff hilft, die Grenzen gesellschaftlicher Mitwirkungschancen deutlicher zu erkennen.[29]

Krieg

So offensichtlich also Revolutionen im *Risorgimento* eine dominierende Rolle spielten, so taten dies auch Kriege. Zwar denkt man hier im Unterschied zum deutschen Fall nicht unbedingt sofort daran, die nationalstaatliche Einigung mit militärischer Eroberung zu verbinden, da es mit Ausnahme von 1860 und 1870 nur Niederlagen zu verzeichnen gab.[30] Aber letztlich waren alle skizzierten revolutionären Ereignisse mit kriegerischen Auseinandersetzungen verbunden. Bei genauerem Hinsehen freilich zeigt sich, dass diese in Bezug auf Intensität und Zielrichtung unterschiedlichen Charakter annehmen konnten. Zu differenzieren sind insbesondere Bürger- und Sezessionskriege innerhalb der italienischen Staaten und Befreiungskriege gegen die Besatzung durch eine ausländische Macht.[31] Während die Revolutionen und Konterrevolutionen im Zuge der napoleonischen Expansion auf der Apenninenhalbinsel und der Gründung französischer Schwesterrepubliken dort einerseits einen Krieg der beiden Großmächte Frankreich und Österreich sowie in Neapel auch Großbritanniens aufseiten des Ancien Régime

---

[28] *Gustav Seibt*, Rom oder Tod. Der Kampf um die italienische Hauptstadt, Berlin 2001, bes. 9–110.

[29] *Dieter Langewiesche*, „Revolution von oben"? Krieg und Nationalstaatsgründung in Deutschland, in: Ders. (Hrsg.), Revolution und Krieg. Zur Dynamik historischen Wandels seit dem 18. Jahrhundert, Paderborn 1989, 122, 133. Zur Rolle der beiden führenden Politiker im Prozess der italienischen und deutschen Nationalstaatsbildung vgl. *Gian Enrico Rusconi*, Cavour und Bismarck. Zwei Staatsmänner im Spannungsfeld von Liberalismus und Cäsarismus, München 2013 (ital. Ausgabe *Gian Enrico Rusconi*, Cavour e Bismarck. Due leader fra liberalismo e cesarismo, Bologna 2011).

[30] *Lucy Riall*, Eroi maschili, virilità e forme della guerra, in: Alberto Mario Banti / Paul Ginsborg (Hrsg.), Il Risorgimento (Storia d'Italia, Annali 22), Turin 2007, 253–288, hier 253.

[31] Vgl. *Mario Isnenghi* (Hrsg.), Gli italiani in guerra, Bd. 1: Fare l'Italia. Unità e disunità nel Risorgimento, Turin 2008; *Riall*, Eroi (wie Anm. 30).

hervorbrachten, entwickelte sich andererseits vor allem im Süden ein blutiger Bürgerkrieg zwischen Revolutionsanhängern und -gegnern, den Sanfedisten, der trotz des anfangs zugesagten straffreien Abzugs der Revolutionäre ins Exil eine harsche Reaktion mit zahlreichen lebenslangen Haftstrafen und Todesurteilen nach sich zog. Auch die zweite Phase napoleonischer Expansion ab 1806 mit der Begründung neuer Monarchien und die Kämpfe gegen den „Kaiser der Franzosen" 1814/15 überzogen Italien – wie nahezu Gesamteuropa – mit vielen verlustreichen Kriegen und prägten auf Seiten der Freiwilligen längerfristig das Bild des kameradschaftlichen männlichen Soldaten, der gerne bereit war, im Kampf für das Vaterland zu sterben. Im Unterschied zu späteren Zeiten und anderen geographischen Räumen wie Spanien oder den deutschen Staaten kann jedoch auf der Apenninenhalbinsel 1814/15 von „Befreiungskriegen" und einer nationalisierenden Erweckungswirkung auf die Armeen allenfalls im Ansatz die Rede sein, und es entstand auch kein Mythos solcher Kriege angesichts der militärischen Schwäche und der notwendigen Intervention Österreichs und Großbritanniens.[32]

Auch in den Revolutionen in den beiden Sizilien und Sardinien-Piemont 1820/21, die im Gegensatz zu den napoleonischen Kriegen nahezu friedlich und ohne Blutvergießen verliefen, war man weit entfernt von nationalen Befreiungskriegen und einem Selbstverständnis der Soldaten als nationale Helden. Selbst als Österreich intervenierte und seine 60 000 Mann starken Truppen zur Unterdrückung der Revolutionen entsandte, hielten sich die kriegerischen Auseinandersetzungen in äußerst bescheidenem Rahmen, da die beiden zwar zahlenmäßig nicht unterlegenen, aber wenig motivierten, undisziplinierten und schlecht ausgerüsteten Armeen der konstitutionellen Monarchien kaum Gegenwehr leisteten und Gefechte auf ein Minimum beschränkt blieben.[33] Zwar wurden insbesondere die führenden Revolutionäre im Nachhinein von der teleologischen *Risorgimento*-Historiographie zu nationalen Helden stilisiert, doch finden sich derartige Charakterisierungen in den Quellen erst ab der Mitte des 19. Jahrhunderts.[34] Ähnliches kann man für 1830–1832 konstatieren, als habsburgische und päpstliche Truppen im Kirchenstaat und den angrenzenden nördlichen

[32] Zu Spanien vgl. u. a. *Miguel Artola*, La Guerra de la Independencia, Pozuelo de Alarcón 2007; *Jean-René Aymes*, La Guerra de la Independencia en España (1808–1814), 6. Aufl. Madrid 2008; zu Preußen vgl. *Karen Hagemann*, „Mannlicher Muth und teutsche Ehre": Nation, Militär und Gesellschaft zur Zeit der antinapoleonischen Kriege Preußens (Krieg in der Geschichte 8), Paderborn u. a. 2002; zu Süddeutschland vgl. *Ute Planert*, Der Mythos vom Befreiungskrieg. Frankreichs Kriege und der deutsche Süden: Alltag, Wahrnehmung, Deutung 1792–1841 (Krieg in der Geschichte 33), Paderborn u.a. 2007; zu Italien vgl. *Michael Broers*, The Napoleonic Empire in Italy, 1796–1814: Cultural Imperialism in a European Context?, Basingstoke 2005.

[33] Hierzu immer noch aufschlussreich *Mario Bonaiuto*, I moti napoletani del 1820–1821 nei documenti del Kriegsarchiv di Vienna, in: Rivista storica di Terra di Lavoro 1, 1976, 53–92, hier 81–90.

[34] Vgl. noch die 2009 erschienene Biographie Guglielmo Pepes von *Manfredi*, L'uomo (wie Anm. 18).

Fürstentümern revolutionäre Umtriebe im Keim erstickten und ebenso wenig auf nennenswerten Widerstand stießen.

Deutlich kampfbetonter und patriotischer präsentierten sich hingegen die Revolutionen von 1848/49, die das gesamte bellizistische Spektrum – vom Bürgerkrieg im Königreich beider Sizilien bis zum Befreiungskrieg gegen Österreich, beginnend mit den „fünf Tagen" von Mailand im März 1848 – abdeckten. Die Begeisterung für liberale Reformen, ein Ende der österreichischen Dominanz und einen „Volkskrieg" erfasste seit dem Amtsantritt Pius IX. 1846 mehr Menschen als je zuvor. Auch wenn die jeweils beteiligten Personen in der Größenordnung von einigen Zehntausend nicht als politische Massen im Sinne des 20. Jahrhunderts zu verstehen sind, kann man mit Marco Meriggi doch von einem Partizipationsgrad ausgehen, der mit den Ereignissen der Französischen Revolution vergleichbar ist.[35] Mehr denn je rückten jetzt nationale Heldengestalten wie Giuseppe Garibaldi in den Mittelpunkt des Geschehens, die der zeitgenössischen Sehnsucht nach starken Männern im Kampf für die italienische Sache entsprachen.[36] Krieg erschien hierbei als einzige praktische Möglichkeit, um Italien zu modernisieren und von politischer Unterdrückung zu emanzipieren.[37] Eine immer wichtigere Rolle nahmen in dieser Vorstellung Freiwillige ein, die oft schon als Exilanten in Spanien, Griechenland und Lateinamerika gekämpft hatten und nun symbolisch die italienische Einheit personifizierten, indem sie ihre militärischen Erfahrungen in Büchern, Bildern, Gedichten und Liedern der Nachwelt überlieferten.[38]

Hatten seit dem Wiener Kongress italienische Fürsten Kriege gegen die Habsburger stets abgelehnt, so ergriff 1848 König Karl Albert von Sardinien-Piemont nach den Erhebungen in Mailand und Venedig die Initiative und brach mit dieser Tradition. Obwohl hier erstmals der Versuch erkennbar wird, Krieg als positiv konnotiertes strategisches Mittel zu führen, blieb der Erfolg jedoch aus, da die anfangs von der gesamten Apenninenhalbinsel herbeigeeilten Freiwilligen nach den Rückziehern des Papstes und Ferdinands II. beider Sizilien teils wieder die Waffen niederlegten. So gelang lediglich die Einnahme der habsburgischen Festung Peschiera, während die Schlacht bei Novara 1849 die Entscheidung zugunsten Österreichs herbeiführte. Bessere Ergebnisse brachte nur der zweite Unabhängigkeitskrieg 1859/60, als die piemontesische Armee siegreich das

[35] *Marco Meriggi*, Il Risorgimento rivisitato: un bilancio, in: Adriano Roccucci (Hrsg.), La costruzione dello stato-nazione in Italia, Rom 2012, 39–58, hier 44; in deutscher Sprache erschienen unter dem Titel „Die Konstruktion von Staat und Nation: der Fall Italien", in: Clemens / Späth (Hrsg.), Risorgimento (wie Anm. 8), 19–34, hier 24.

[36] *Riall*, Garibaldi (wie Anm. 27). Zu den Ursprüngen des heroischen Männlichkeitsideals in der revolutionären und napoleonischen Zeit vgl. *Hagemann*, Muth (wie Anm. 32), und *George Mosse*, The Image of Man. The Creation of Modern Masculinity, New York / Oxford 1996.

[37] *Riall*, Eroi (wie Anm. 30), 261.

[38] *Maurizio Isabella*, Risorgimento in Exile. Italian Émigrés and the Liberal International in the Post-Napoleonic Era, Oxford 2009, bes. 32–91.

Schlachtfeld verließ. Parma, Piacenza, die Romagna, Modena, Reggio und die Toskana wurden nach positiven Plebisziten in das Königreich Sardinien-Piemont integriert. Obwohl der dritte Unabhängigkeitskrieg 1866 zu einer militärischen Katastrophe avancierte und die königliche Armee bei Lissa und Custoza vernichtend geschlagen wurde, zog sich Österreich nach dem separaten Friedensschluss mit dem italienischen Verbündeten Preußen aus dem Nordosten der Halbinsel zurück und überließ die Gebiete Frankreich, welches sie dann Italien übergab. Damit konnte trotz der militärischen Niederlage ein politischer Erfolg verbucht und auch Venetien in das Königreich Italien eingegliedert werden.[39]

Konflikte bis hin zu Bürgerkriegen blieben freilich auch im Umfeld der Befreiungskriege mit den freiwilligen italienischen Freiheitskämpfern nicht aus: Dies betraf einerseits die nie endgültig geklärte Frage der Rekrutierung und Führung der Freiwilligen, die überwiegend aus den urbanen Zentren des Nordens und der Mitte Italiens stammten und freien Berufen oder studentischen Milieus angehörten.[40] Andererseits stellte sich bereits 1857 vielen erstmals in vollem Bewusstsein die neapolitanische Frage, als der Mazzinianer Carlo Pisacane mit einigen Getreuen bei Sapri vergeblich versuchte, politische Gefangene auf Ponza zu befreien.[41] Auch der Siegeszug Garibaldis mit seinen Tausend durch das Königreich beider Sizilien 1860 begann mit der Schlacht von Calatafimi auf Sizilien als Bürgerkrieg und setzte sich in der Schlacht am Aspromonte 1862 fort, als die königliche italienische Armee den Marsch von Garibaldis Truppen nach Rom stoppte. Bei Mentana traf Garibaldi 1867 bei einem erneuten Anlauf auf Rom nochmals auf den unüberwindbaren Widerstand, in diesem Fall der französisch-päpstlichen Armee. Gegen die Briganten im Süden, die den Bandenkrieg und Formen des Guerillakrieges anwandten, führte die königliche italienische Armee einen aufwendigen Bürgerkrieg und setzte in gemäßigter Perspektive auf den Wandel des Staates von innen durch die Institution des Militärs und das Herausbilden eines nationalen Verhaltensethos. Erst der Deutsch-Französische Krieg ermöglichte es der italienischen Armee 1870, die nunmehr allein von schwachen päpstlichen Truppen geschützte Stadt am Tiber einzunehmen.[42] So sind letztlich gerade für den Süden eher zivile Konflikte als zentrale Dynamisierungsmomente des *Risorgimento* auszumachen, weniger Invasionen und militärische Niederlagen. Hier lag das Niveau innergesellschaftlicher Konfliktlinien höher als

[39] *Ferruccio Botti*, Il pensiero militare e navale italiano dalla Rivoluzione francese alla prima guerra mondiale, Bd. 2: Dalla prima guerra d'indipendenza a Roma capitale d'Italia, 1848–1870, Rom 2000; La guerra del Cinquantanove. Atti del convegno nazionale CISM-SISM sulla seconda guerra d'indipendenza, Rom 2010.

[40] *Riall*, Eroi (wie Anm. 30), 264.

[41] *Felice Fusco*, Carlo Pisacane e la spedizione di Sapri. Lotte risorgimentali nel Cilento meridionale e nel Vallo di Diano, Casalvelino Scalo 2007.

[42] Vgl. *Alfonso Scirocco*, I democratici italiani da Sapri a Porta Pia, Neapel 1969, und *Riall*, Garibaldi (wie Anm. 27), 207–225 zu den „Tausend", 317–329 zur Schlacht am Aspromonte, 350–355 zu Mentana und Rom.

anderswo.[43] Und auch die letzten „unerlösten" Gebiete, die zum Italien gelangten, das wir heute kennen, das Trentino und Triest, wurden im Zuge eines Krieges, des Ersten Weltkrieges, der in der teleologischen zeitgenössischen sowie in der faschistischen Tradition auch „vierter Unabhängigkeitskrieg" genannt wurde, eingegliedert.[44]

Nation

Die Formel, wonach am Ende der Revolutionen und Kriege des „langen" 19. Jahrhunderts als Ergebnis ein Nationalstaat Italien stand, ist also zunächst einmal zutreffend. Schwieriger wird es, wenn man nach der Beschaffenheit dieses Gebildes fragt. Ernüchterung tritt zudem bei einem genaueren Blick auf die Quellen ein, denn das historische Endprodukt entsprach keineswegs den Ideen und Wünschen einer breiten Bevölkerungsmehrheit in sämtlichen Staaten der Halbinsel. Schließlich lassen sich durch kritisches Quellenstudium auch einige Mythen dekonstruieren, die die kulturgeschichtliche Forschung von Banti und anderen im Zusammenhang mit der Entstehung einer gesamtitalienischen Identität wenig reflektiert übernommen hat.

Vor 1848 blieb es bei vereinzelten Stimmen liberaler Eliten, die sich für ein geeintes Italien aussprachen. In welchen Grenzen dieses verlaufen und wie es verfasst sein sollte, darüber findet sich in den Quellen häufig nur wenig Konkretes. Schon 1796–1799 dachten manche Revolutionäre im Zuge der französischen Expansion auf der Apenninenhalbinsel an ein republikanisches Italien Seit an Seit mit der *Grande Nation.*[45] Hingegen rief Joaquin Murat nach seiner Abkehr von Napoleon in der Proklamation von Rimini am 30. März 1815 alle Italiener dazu auf, für die nationale Unabhängigkeit unter neapolitanischem Kommando zu kämpfen. Dabei wollte er gewiss nicht die Träume einiger weniger Liberaler mit einer Nationalstaatsgründung erfüllen, sondern vielmehr seinen Thron sichern, dessen Verlust ihm seit dem Zusammentreffen von Vertretern nahezu aller europäischer Staaten auf dem Wiener Kongress drohte. Die Quellen stützen ebenso wenig in der Revolution 1820/21 im Süden der Halbinsel solch gesamtitalienische Dimensionen. Stattdessen bezieht sich der Nationsbegriff dort stets auf

---

[43] Vgl. *Salvatore Lupo*, L'unificazione italiana. Mezzogiorno, rivoluzione, guerra civile, Rom 2011; *Isnenghi* (Hrsg.), Italiani (wie Anm. 31).

[44] Vgl. z. B. *Antonio Beltramelli*, Quarta guerra dell'Indipendenza Italiana: ad uso delle scuole elementari, Ostiglia [o. D.]. Zur Geschichte des Trentino im Ersten Weltkrieg aus Sicht der heutigen Forschung vgl. *Vincenzo Calì*, „Terra di nessuno". Cesare Battisti, il Trentino e la disputa sui confini 1914–1915, in: Johannes Hürter / Gian Enrico Rusconi (Hrsg.), L'entrata in guerra dell'Italia nel 1915, Bologna 2010, 149–172.

[45] Matteo Galdi etwa, 1820/21 Parlamentspräsident der beiden Sizilien, hatte schon 1797 ein Pamphlet über die Notwendigkeit einer einzigen Republik in Italien geschrieben. Vgl. *De Francesco*, L'Italia (wie Anm. 12), 183.

das Königreich beider Sizilien. Zwar lässt sich die Vision eines geeinten Italien im Zuge der unmittelbar mit den Ereignissen im Süden zusammenhängenden Revolution in Sardinien-Piemont 1821 bei einigen aristokratischen Eliten wie Santorre di Santarosa greifen, doch bezogen sich die geographischen Räume eines solchen Gebildes lediglich auf das heutige Nord- und Mittelitalien. 1830/31 wurden die Rufe nach Einheit aus der Mitte des Landes schon deutlich lauter, doch erst 1848/49 beschleunigte sich die Nationalstaatsbildung besonders im Zuge der Römischen Republik ungemein.[46]

„Wir haben Italien geschaffen, jetzt müssen wir die Italiener schaffen." Auch wenn der piemontesische Intellektuelle und Politiker Massimo d'Azeglio diesen Satz so nie gesagt hat[47], umreißt er treffend ein Problem, dem sich die historische Forschung verstärkt erst in den letzten fünfzehn Jahren zugewandt hat: nämlich der Frage nach der Qualität der italienischen Nation und der Existenz einer nationalen Identität. Während die ältere Geschichtsschreibung stark teleologisch alle einigenden Momente betonte, stellen neuere Ansätze diese angebliche Einheit des Landes immer mehr infrage. Sie gehen vielmehr von älteren Patriotismen und regionalen oder kommunalen Identitäten innerhalb des italienischen Nationalstaats aus und sprechen neuerdings sogar von Nationen im Plural: der Süden gegen den Norden, die reaktionäre Nation des Südens gegen die progressive Nation ebendort oder, noch kleinteiliger, die über Jahrhunderte gewachsenen historischen Staaten und Stadtstaaten.[48] Im Zusammenhang mit derartigen Über-

---

[46] *Späth*, Revolution (wie Anm. 17), 450–456.

[47] D'Azeglio sagte in der Vorbemerkung zu seiner Autobiographie I miei ricordi, a cura di Arturo Pompeati (Classici italiani 93), Turin 1958, 70f.: „[...] il primo bisogno d'Italia è che si formino Italiani che sappiano adempiere al loro dovere; quindi che si formino alti e forti caratteri. E pur troppo si va ogni giorno più verso il polo opposto." Im Versuch, die Gedanken d'Azeglios auf eine griffige Formel zu bringen, formulierte dann 1896 der frühere italienische Unterrichtsminister Ferdinando Martini das bekannte „Fatta l'Italia, facciamo gli italiani" und leichte Abweichungen wie „Fatta l'Italia, bisogna fare gli italiani." Vgl. *Simonetta Soldani/Gabriele Turi* (Hrsg.), Fare gli italiani. Scuola e cultura nell'Italia contemporanea, Bd. 1: La nascita dello Stato nazionale, Bologna 1993, 17. *Claudio Gigante*, ‚Fatta l'Italia, facciamo gli Italiani'. Appunti su una massima da restituire a d'Azeglio, in: Incontri. Rivista europea di studi italiani 26, 2/2011, 5–15, http://www.rivista-incontri.nl/index.php/incontri/article/view/830/842 (23.07.2014) hat kürzlich präzisiert, dass die Formel zwar nicht im handschriftlichen Manuskript d'Azeglios, sondern nur in der 1866 posthum erschienenen und rund fünfzig Mal wieder aufgelegten Ausgabe zu belegen ist, was auf eine Ergänzung der Herausgeber Giuseppe Torelli und Marco Tabarrini schließen lässt. Doch er unterstreicht nachdrücklich, dass der Inhalt der Formel d'Azeglios Leitmotiv der Italiener als moralisch gesunde Bürger, weniger einer kulturell homogenen Nation, vollkommen entsprach.

[48] *Albert Russell Ascoli/Krystyna von Henneberg* (Hrsg.), Making and Remaking Italy. The Cultivation of National Identity around the Risorgimento, Oxford/New York 2001; *Laurence Cole* (Hrsg.), Different Paths to the Nation. Regional and National Identities in Central Europe and Italy, 1830–1870, Basingstoke 2007; *Angela De Benedictis/Irene Fosi/Luca Mannori* (Hrsg.), Nazioni d'Italia. Identità politiche e appartenenze regionali fra Settecento e Ottocento, Rom 2012, besonders die einleitenden Überlegungen von *Luca Mannori*, Tra nazioni e nazione: una riflessione introduttiva, 7–31 und das eindrückliche Beispiel von *Aurelio Musi*, La nazione

legungen sind auch Studien zu sehen, die sich Siegern und Besiegten zuwenden und damit internationale Trends in der Geschichtswissenschaft aufgreifen.[49] Die Perspektive der italienischen Nationalgeschichte als Erfolgsgeschichte war folglich lange nur diejenige der Sieger der Einheit, sprich der Eliten des Königreichs Sardinien-Piemont. Daraus resultiert auch das bis heute bestehende materielle und mentale Nord-Süd-Gefälle auf der Apenninenhalbinsel. Hierbei betrachteten viele Menschen aus dem früheren Königreich beider Sizilien die Ereignisse von 1860 und danach nicht als nationale Einigung, sondern als Eroberung des Südens durch den Norden. Während selbst die Sieger perplex waren und sich als Akteure einer „passiven" Revolution sahen, verstanden sich die nicht militärisch besiegten Verlierer dennoch als Teilnehmer des Einheitsprozesses – allerdings auf der falschen Seite.[50] Den geringen bis nicht vorhandenen Widerstand gegen den Zusammenbruch des Königreichs beider Sizilien erklären etwa Paolo Macry und Renata De Lorenzo mit der schwachen Bindung der dortigen Eliten an die Bourbonen. Im Gegenzug für eine dauerhafte finanzielle Alimentierung sicherten sie dem Norden ihre Zusammenarbeit zu und stellten sich damit auf die Seite der Sieger. Die Verlierer hingegen sammelten sich im Brigantentum, gegen das die königliche italienische Armee in den 1860er Jahren bis zu 120 000 Mann im Süden unter Waffen halten und aggressiv integrieren musste.[51] Hier zeigt sich deutlich das von Dieter Langewiesche beschriebene Janusgesicht eines vereinenden und partizipativen, aber auch aggressiven Nationalismus bereits auf der innenpolitischen Ebene. Ein positiver Patriotismus und ein negativer Nationalismus lassen sich ebenso wenig trennen wie die ineinander verflochtenen Prozesse von Aufbau und Zerstörung.[52]

Vorsicht ist auch geboten bei einer allzu unkritischen Rückprojektion eines italienischen Nationalgefühls, wie man sie teilweise bei Banti, Silvana Patriarca und anderen kulturwissenschaftlich ausgerichteten Arbeiten in Gestalt des angeblichen risorgimentalen „Wertekanons" Familie, Religion und Ehre beobachten

---

napoletana prima della nazione italiana, 75–90; zudem jüngst *Marco Meriggi*, Legitimism, Liberalism and Nationalism: the Nature of the Relationship between North and South in Italian Unification, in: Modern Italy 19, H. 1, 2014, 69–79. Als gelungenes Beispiel einer solchen regionalen Studie vgl. *Thomas Götz*, Bürgertum und Liberalismus in Tirol 1840–1873. Zwischen Stadt und ‚Region', Staat und Nation (Italien in der Moderne 10), Köln 2001.

[49] Vgl. das Motto des 50. Deutschen Historikertags 2014 in Göttingen: „Gewinner und Verlierer" und die jüngsten Studien von *Amerigo Caruso*, „Räuberkönig" oder „natürlicher Bundesgenosse"? Rezeption und Funktionalisierung der italienischen Nationalstaatsgründung im preußischen konservativen Diskurs, und von *Felix Schumacher*, Alfred von Reumont (1808–1887) und die Entstehung des italienischen Nationalstaates, beide in: Clemens/Späth (Hrsg.), Risorgimento (wie Anm. 8), 49–72 und 73–106.

[50] *Renata De Lorenzo*, Borbonia felix. Il Regno delle Due Sicilie alla vigilia del crollo, Rom 2013, 13 f.

[51] *Paolo Macry*, Unità a Mezzogiorno. Come l'Italia ha messo assieme I pezzi, Bologna 2012; *De Lorenzo*, Borbonia (wie Anm. 50).

[52] *Dieter Langewiesche*, Nationalismus im 19. und 20. Jahrhundert zwischen Partizipation und Aggression (FES Gesprächskreis Geschichte 6), Bonn 1994.

kann. Sie brechen mit der langen Tradition in der italienischen Historiographie, die Unterschiede zwischen Gemäßigten und Demokraten, Monarchisten und Republikanern, Föderalisten und Unitariern zu betonen, und sehen vielmehr eine Omnipräsenz kultureller Italianitätssysmbole sowie im „national-patriotischen Diskurs" „eine Art kohärenter Erzählung der italienischen Nation", „eine Art von Einheitsgedanken der Nation".[53] Zwar haben diese Historiker die Debatte zum *Risorgimento* in den vergangenen gut zehn Jahren zweifellos mit innovativen Ideen und dem Blick für das Symbolische vorangebracht. Dies bestätigt auch Lucy Riall, indem sie konstatiert, dass bei aller Notwendigkeit des kritischen Hinterfragens diese Symbole doch „eine wichtige kulturelle und emotionale Botschaft für die italienische Gesellschaft im 19. und 20. Jahrhundert" transportierten.[54] Zugleich versäumte es der Kreis um Banti zu fragen, welche Bedeutung dieser „Kanon" tatsächlich auf breite Bevölkerungsschichten besaß und wie er in der Gesellschaft der italienischen Staaten rezipiert wurde. Dieses Versäumnis resultiert darin, dass Banti einigen Mythen aufgesessen ist, die zum Teil bereits dekonstruiert wurden.

So haben Thomas Kroll und Gianluca Albergoni überzeugend dargelegt, dass etwa das toskanische Patriziat oder lombardische Intellektuelle nur teilweise für eine Nation Italien eintraten und sie keinesfalls eine Beteiligung größerer Bevölkerungsmassen wünschten.[55] Simon Levis Sullam hat daran anschließend zu Recht betont, dass die meisten Patrioten eher autoritär dachten und demokratische Werte und eine demokratische Kultur unter ihnen kaum verbreitet waren.[56] Axel Körner hat gezeigt, dass Verdis Nabucco mit dem *Va pensiero* des Gefangenenchors – heute übrigens nicht mehr nur von der Lega Nord instrumentalisiert, sondern in bewusstem (oder unbewusstem) Rückgriff auf den *Risorgimento*-Mythos als eine Art inoffizielle italienische Nationalhymne im ganzen Land etabliert – vom Autor nicht als Aufruf zum Widerstand gegen die österreichischen Besatzer konzipiert und als solcher weder von den Eliten noch von der breiten Bevölkerung vor den 1880er Jahren rezipiert wurde.[57] Banti

[53] *Banti*, Nazione (wie Anm. 8), 53; *Silvana Patriarca*, Indolence and regeneration: tropes and tensions of Risorgimento patriotism, in: American Historical Review 110, H. 2, 2005, 380–408, hier 380 f.; *Silvana Patriarca/Lucy Riall* (Hrsg.), The Risorgimento revisited. Nationalism and Culture in Nineteenth-Century Italy, Basingstoke 2012.

[54] Zitiert nach *Banti*, Risorgimento (wie Anm. 5), 145.

[55] *Thomas Kroll*, Die Revolte des Patriziats. Der toskanische Adelsliberalismus im Risorgimento (Bibliothek des Deutschen Historischen Instituts in Rom 90), Tübingen 1999; *Gianluca Albergoni*, Il patriota traditore. Politica e letteratura nella traiettoria del „famigerato" Pietro Perego, Mailand 2009.

[56] *Simon Levis Sullam*, L'apostolo a brandelli: l'eredità di Mazzini tra Risorgimento e fascismo, Rom 2010.

[57] *Axel Körner*, Oper, Politik und nationale Bewegung. Mythen um das Werk Giuseppe Verdis, in: Themenportal Europäische Geschichte (2013), http://www.europa.clio-online.de/2013/Article=674 (23.07.2014); *Ders.*, Opera and Nation in Nineteenth-Century Italy: Conceptual and Methodological Approaches, in: Journal of Modern Italian Studies 17, H. 4, 2012, 393–399.

überstrapaziert auch die nationale Stilisierung der Malerei bei Francesco Hayez, indem er behauptet, der im österreichisch besetzten Mailand tätige Künstler habe für führende Patrioten Bilder mit Motiven aus früheren Epochen und indirekten Anspielungen auf den nationalen Befreiungskampf angefertigt, um die Zensur zu meiden.[58] Und er sieht zu früh – bereits ab 1821 – in den vereinzelten Äußerungen vor allem adliger, aber auch bürgerlicher liberaler Intellektueller Symbole mit einer großen Wirkung auf breitere Bevölkerungskreise, die doch erst 1848/49 und danach verstärkt in Turin den kollektiven Willen der Nation erkennen lassen, während anderswo regionale Identitäten dominierten. Das geht unter anderem aus den Arbeiten von Gabriele B. Clemens zu den deutschen und italienischen Geschichtsvereinen im 19. Jahrhundert und von Robert Lukenda zu den Erinnerungsorten des *Risorgimento* hervor.[59]

Ein letzter Aspekt, der die Kategorie „Nation" im Rahmen der *Risorgimento*-Geschichtsschreibung zusehends in Frage stellt, ist die transnationale Dimension, die durch Studien zur Interaktion von nicht-staatlichen Gruppen und Personen stärker den Bewegungscharakter hervorhebt. Nachdem Giorgio Spini schon 1950 in seiner Pionierstudie über Mythos und Realität Spaniens in den italienischen Revolutionen von 1820/21 die über den italienischen Raum hinausweisenden Momente besonders der Diplomatiegeschichte herausgearbeitet hatte, sollte es mehr als ein halbes Jahrhundert dauern, ehe die Forschung an Spinis Werk anknüpfte.[60] Seither stehen vor allem die wechselseitigen Beziehungsgeflechte und Netzwerke im Mittelmeerraum (in erster Linie Spanien und Griechenland), aber auch zwischen „Italienern" im Exil und ihren Gastgeberländern wie Großbritannien und Frankreich bis zur Ausrufung des Königreichs Italien 1861 in Turin und darüber hinaus im Mittelpunkt des Interesses.[61] Die Ansätze variieren von der politischen Ideen- über die Verfassungs- und Kulturgeschichte bis hin zur an prosopographischen Studien orientierten Sozialgeschichte. Analog zu neuesten Forschungstrends in der Geschichtswissenschaft plädieren Historiker wie Maurizio Isabella zudem dafür, das *Risorgimento* nicht nur als transnationales europäisches Phänomen, sondern als ein Ereignis der Globalgeschichte zu sehen

[58] *Banti*, Nazione (wie Anm. 8), 84. Dazu jetzt *Gabriele B. Clemens*, Francesco Hayez, Die nationale Ikone risorgimentaler Historienmalerei, in: Dies. / Späth (Hrsg.), 150 Jahre Risorgimento (wie Anm. 8), 147–166.

[59] *Gabriele B. Clemens*, Sanctus amor patriae. Eine vergleichende Studie zu deutschen und italienischen Geschichtsvereinen im 19. Jahrhundert (Bibliothek des Deutschen Historischen Instituts Rom 106), Tübingen 2004, 328–335; *Robert Lukenda*, Die Erinnerungsorte des Risorgimento. Genese und Entfaltung patriotischer Symbolik im Zeitalter der italienischen Nationalstaatsbildung, Würzburg 2012, 227–250.

[60] *Giorgio Spini*, Mito e realtà della Spagna nell rivoluzioni italiane del 1820–21, Rom 1950.

[61] Zu Griechenland vgl. *Gilles Pécout*, Philhellenism in Italy: political friendship and the Italian volunteers in the Mediterranean in the nineteenth-century, in: Journal of Modern Italian Studies 9, H. 4, 2004, 405–427; zu Spanien vgl. *Späth*, Revolution (wie Anm. 17); zum Risorgimento im Exil vgl. *Isabella*, Risorgimento (wie Anm. 38), und *Agostino Bistarelli*, Gli esuli del Risorgimento, Bologna 2011.

und heben dabei besonders die Verknüpfungen und Verflechtungen mit Mittel- und Südamerika hervor.[62] In derartigen Konzepten reiht sich der italienische Nationalismus lediglich als eines von mehreren Elementen in komplexe kosmopolitische Erfahrungen ein. Interessanterweise sind die Autoren solcher Studien meist entweder Nicht-Italiener oder Italiener „im Exil", d.h. im Ausland tätige Historikerinnen und Historiker. Das unterstreicht einmal mehr den Befund, wonach die italienische Historikerzunft das *Risorgimento* lange nahezu exklusiv als nationale Entwicklung betrachtet hat und dies teilweise immer noch tut.[63] Daher erscheinen Themenschwerpunkte in international ausgerichteten Zeitschriften wie diejenigen von Gilles Pécout zu den internationalen Freiwilligen im *Journal of Modern Italian Studies* oder von Oliver Janz und Lucy Riall zum *Risorgimento* aus transnationaler Perspektive in *Modern Italy* umso begrüßenswerter. Hier werden nationalgeschichtlich dominierte Blickwinkel aufgebrochen und aus der Sicht der Besiegten, der Einheitsgegner und zahlreicher internationaler Akteure neue transnationale Perspektiven auf das *Risorgimento* eröffnet.[64] Ob es sich nun um lokale, regionale und nationale Formen der Zusammenarbeit zwischen Venedig und dem Habsburgerreich, um die Erfahrungen freiwilliger transnationaler Soldaten, um das transnationale Netzwerk des Anti-*Risorgimento* durch die Gegenrevolution in Allianz mit der katholischen Kirche, um die transnationalen Einflüsse auf das Beziehungsgeflecht italienischer Nationalismus und Oper oder um Garibaldis Ruf als „Held zweier Welten" handelt: Diese Ansätze zeigen, dass ein lediglich nationaler Rahmen nicht ausreicht, um die globalen Einflüsse auf und durch das *Risorgimento* zu erfassen.[65]

Entstand Italien also letztlich rein zufällig und ohne tieferen Sinn? Vollzog sich die Einigung durch Personen, die vorgaben, einen Staat für die Nation zu wollen, aber am Ende eher auf die Expansion des regionalen Herkunftsstaats, die Verteidigung der Standesrechte oder Klasseninteressen abzielten? Dann wäre der Nationsbildungsprozess nur eine Art großer Scherz der Geschichte gewesen, so Banti im Anschluss an Riall.[66] Nun hat die neuere kulturgeschichtliche Forschung durch ihre Konzentration auf symbolische und anthropologische Aspekte eindrücklich gezeigt, wie wichtig in kultureller und emotionaler Hinsicht solche

---

[62] *Maurizio Isabella*, Il movimento risorgimentale in un contesto globale, in: Roccucci (Hrsg.), Costruzione (wie Anm. 35), 87–108.

[63] *Oliver Janz/Lucy Riall* (Hrsg.), Special Issue: The Italian Risorgimento: Transnational Perspectives. Introduction, in: Modern Italy 19, H. 1, 2014, 1–4, hier 1 f.

[64] *Gilles Pécout* (Hrsg.), International Volunteers and the Risorgimento, in: Journal of Modern Italian Studies 14, H. 4, 2009, 1–78; *Janz/Riall* (Hrsg.), Italian Risorgimento (wie Anm. 63), 1–92.

[65] Mit der von Gilles Pécout betreuten Doktorarbeit von *Simon Sarlin*, Le légitimisme en armes. Histoire d'une mobilisation internationale contre l'unité italienne (Bibliothèque des Écoles françaises d'Athènes et de Rome 359), Rom 2013 liegt nun die erste umfangreiche Arbeit aus den genannten Themenschwerpunkten als Buch vor.

[66] *Banti*, Risorgimento (wie Anm. 5), 144; *Lucy Riall*, The Italian Risorgimento. State, society and national unification, London/New York 1994, 81.

Momente für die italienische Gesellschaft im 19. Jahrhundert waren. Und doch – das wird auch nach den hier vorgestellten Überlegungen deutlich – gilt es, diese Symbole und Kategorien im Prozess der Nationalstaatsgründung und beim Zusammenbruch der alten Staaten immer wieder kritisch zu hinterfragen.

Revolution – Krieg – Nation: Zur Tragfähigkeit des Modells

Revolutionen und Kriege bilden zweifelsohne essentielle Bestandteile des *Risorgimento*. Doch mündeten beide Phänomene mit dem Doppelprozess aus Abspaltung und Vereinigung nicht zwangsläufig in die Entstehung des zentralistisch ausgerichteten, vom militärisch mächtigsten Einzelstaat Sardinien-Piemont angeführten Königreichs Italien mit Rom als Hauptstadt im Jahre 1871. Vielmehr müssen die ambivalenten Bedeutungen von Revolutionen und Kriegen im langen 19. Jahrhundert auf der Apenninenhalbinsel betont werden: So konnten Revolutionen im Sinne der linearen *Whighistory* neben repräsentativen Institutionen, Verfassungen sowie mehr politischen Freiheiten und sozialen Rechten für die Sieger eben auch traumatische Verluste auf Seiten der annektierten Verlierer, der zusammenbrechenden alten Staaten, hervorbringen. Gleiches ist für die Kriege des *Risorgimento* festzuhalten, die mit unifizierenden und sezessionistischen zwischenstaatlichen, Bürger- und Revolutionskriegen unterschiedliche Formen und durch Sieg und Niederlage wiederum ambivalenten Charakter annehmen konnten. Ein Sieg für die nationale Sache war selbst in der durch militärische Schwäche begründeten Niederlage beispielsweise des dritten Unabhängigkeitskrieges möglich.[67] Der Einen Unabhängigkeit bedeutete aber zugleich der Anderen neue Abhängigkeit. Schließlich konkurrierte ein revolutionäres Bild von Italianität mit dem monarchischen Militarismus Sardinien-Piemonts, in dem sich zwei alternative Nationsdiskurse, die Demokratie auf der einen und die Monarchie auf der anderen Seite, gegenüber standen.[68] Um all diese Ambivalenzen auf einen Nenner zu bringen, ließe sich das *Risorgimento* als eine Konfliktgeschichte bezeichnen und das Instrumentarium der neueren politikwissenschaftlichen Friedens- und Konfliktforschung fruchtbar anwenden.[69] Zwar sollten künftige Studien auch weiterhin mit dem historisch omnipräsenten Quellenbegriff „Krieg" arbeiten, ihn jedoch nur als eine Unterkategorie von „Konflikt" ver-

[67] *Ilaria Porciani*, Der Krieg als ambivalenter italienischer Gründungsmythos – Siege und Niederlagen, in: Nicolaus Buschmann/Dieter Langewiesche (Hrsg.), Der Krieg in den Gründungsmythen europäischer Nationen und der USA, Frankfurt am Main 2003, 193–212.

[68] Vgl. *Alberto M. Banti/Marco Mondini*, Da Novara a Custoza: culture militari e discorso nazionale tra Risorgimento e Unità, in: Walter Barberis (Hrsg.), Guerra e pace, Annali 18, Turin 2002, 417–462.

[69] Vgl. die 2012 begründete „Zeitschrift für Friedens- und Konfliktforschung" und den Aufsatz von *Carlo Masala*, Forschungsperspektiven in der Friedens- und Konfliktforschung, in: Zeitschrift für internationale Beziehungen 19, H. 1, 2012, 121–197.

stehen und dergestalt differenzierter die vielschichtigen Formen von Konflikten im Zeitalter der Nationalstaatsbildung betrachten.

Ebenso scheint es ratsam, an der „Nation" als Quellenbegriff und Analyseeinheit festzuhalten. Hingegen ist es absolut notwendig, die konkreten Inhalte des Begriffs „Nation" und auch des Adjektivs „national" zu überdenken, denn Zuschreibungen wie die „katholische Nation" oder die „italienische Nation" fruchten heute nicht mehr.[70] Auch was die Trägerschichten des Nationaldiskurses betrifft, sind mittlerweile in Bewegung geratene Parameter wie die dominierende männliche Rolle, die Trennung der Geschlechter und allgemein akzeptierte Kontrollmechanismen weiter kritisch zu hinterfragen. Ferner muss der Dialog zwischen den politischen und kulturellen Eliten schärfer hinsichtlich der politischen Absicht des Nationaldiskurses analysiert und die dabei zutage tretenden Antworten und Modelle (Republik vs. Monarchie, Zentralismus vs. Föderalismus) stärker differenziert werden. Im Hinblick auf die Frage nach der Einheit sollte Nationalismus nicht nur als Regimeideologie, sondern auch als Oppositionsbewegung und Ausdruck von Verlierern des Nationaldiskurses verstanden werden. Auf jeden Fall kritisch zu sehen ist die ungebrochene politische und kulturelle Kontinuität der Nationalsymbole von der Französischen Revolution und der napoleonischen Epoche bis hin zu den Nationalkulten. Diese autoritäre monarchische Meistererzählung seit dem Ende des 19. Jahrhunderts hat verdunkelt, dass die Nation in einer ersten Phase demokratisch und als Teil einer Befreiungsideologie gedacht war. Bestes Beispiel hierfür sind Garibaldi und die Römische Republik von 1849, als eine äußerst heterogene italienische Freiwilligenarmee aus Alt und Jung, „Italienern" und Ausländern, Verbrechern und Gentlemen, Frauen und einem farbigen Ex-Sklaven die Republik verteidigte.

Am Beispiel der Römischen Republik und der internationalen Freiwilligen lässt sich auch hervorragend die transnationale Dimension des *Risorgimento* aufzeigen. Dabei soll die transnationale Perspektive die Rolle des Nationalismus bei der Bildung des modernen Italien nicht unterbewerten, sondern helfen zu verstehen, auf welche Schwierigkeiten die Patrioten trafen, als sie den Nationalismus zum zentralen Diskurs in der öffentlichen Meinung machen wollten. Zugleich rücken transnationale Akteure und Ereignisse die lange bevorzugte Hierarchie der Nation als Ursache, Ziel und Produkt des *Risorgimento* in ein differenzierteres Licht.[71] In der Summe sind also noch mehr vergleichende, beziehungsgeschichtliche und transnational ausgerichtete Studien nötig, um die italienischen Besonderheiten im Nationalstaatsbildungsprozess herauszuarbeiten. Zu vermuten ist jedoch, dass diese – abgesehen von der Schwäche der italienischen Staaten der Restauration in der europäischen Ordnung oder der kulturellen und politischen Bedeutung des Papsttums und der katholischen Kirche – meist lokale und regio-

[70] *Soldani*, Centocinquant'anni (wie Anm. 1), 10f.

[71] *Janz/Riall* (Hrsg.), Italian Risorgimento (wie Anm. 63), 3.

nale Varianten europäischer oder globaler Trends werden erkennen lassen, die über die bereits häufig thematisierten Parallelitäten (und Unterschiede) zwischen Deutschland und Italien hinausgehen.[72] Das klassische Modell des *Risorgimento*-Nationalismus hat jedenfalls ausgedient und ist durch die in diesem Beitrag präsentierten differenzierenden Befunde zu ersetzen.

[72] Vgl. u.a. *Christof Dipper*, Revolution und Risorgimento. Italien 1848/49 aus deutscher Perspektive, in: Dieter Langewiesche (Hrsg.), Die Revolution von 1848 in der europäischen Geschichte. Überlegungen zu einer Wirkungsgeschichte der europäischen Revolutionen von 1848 (Historische Zeitschrift Beihefte 29), München 2000, 73–89; *Ders.*, Italien und Deutschland seit 1800: Zwei Gesellschaften auf dem Weg in die Moderne, in: Ders. / Lutz Klinkhammer / Alexander Nützenadel (Hrsg.), Europäische Sozialgeschichte. Festschrift für Wolfgang Schieder, Berlin 2000, 485–503; *Jürgen Osterhammel*, Die Verwandlung der Welt: eine Geschichte des 19. Jahrhunderts, 2. Aufl. München 2009, 591–593.

Krieg, Nationalismus und Demokratisierung im Dänemark des 19. Jahrhunderts

Niedergang des Imperiums und Bildung des Nationalstaates

Rasmus Glenthøj

Der dänische Nationalstaat entstand im 19. Jahrhundert infolge von Nationalismus, Demokratisierung und Krieg. Von einem internationalen Standpunkt aus betrachtet und im Hinblick auf die Wirkungsmacht dieser Kräfte auf dem europäischen Kontinent in der Epoche mag diese Erkenntnis wenig überraschen. Jedoch fügt sie sich schlecht in die traditionelle dänische Geschichtsschreibung, die noch bis vor kurzem den Nationalstaat auf die gesamte dänische Geschichte zurückprojizierte. Im Gegensatz dazu vertrete ich die These, dass Dänemark zu Beginn des 19. Jahrhunderts als ein Imperium verstanden werden sollte. Den Zusammenhalt stifteten dynastische Bindungen und eine absolutistische Regierungsform. Diese lösten sich unter dem Einfluss des Nationalismus und der Demokratisierung, die zu Revolution, Bürgerkrieg und internationalen Konflikten führten, auf.

So gesehen verlief der Modernisierungsprozess in Dänemark recht typisch. Allerdings unterscheidet er sich auf signifikante Weise von den meisten anderen Fällen der Nationsbildung in Europa. Das übliche Muster der Nationalbewegungen scheint entweder in der Loslösung von einem Staat oder Imperium bestanden zu haben (slawische Staaten, Belgien, Polen), in der Einigung der ‚Nation' (Deutschland, Italien) oder der Umwandlung eines bereits vorhandenen Staates in einen Nationalstaat (Frankreich, Niederlande, zum Teil auch Großbritannien). Man mag Parallelen sehen zwischen dem österreichischen und dem dänischen Fall, da beide als Beispiele eines Imperiums gelten können, das zu einem Nationalstaat wurde, jedoch unterscheiden sie sich insofern, als die Österreicher ihr Imperium so lange wie möglich zu erhalten suchten. Die Dänen dagegen bemühten sich infolge der Zwillingsideologien des Nationalismus und Liberalismus aktiv um die Zerstörung ihres Imperiums mit dem Ziel, die Nation zu retten. Aller Wahrscheinlichkeit nach sind die Dänen die einzige Nation, die zweimal in den Krieg gezogen ist im Bestreben, Teile ihres Territoriums zu verlieren. Dieser atypische Modernisierungsprozess muss vor dem Hintergrund einer drohenden deutschen Einigung und der unvereinbaren Ziele der dänischen und deutschen Nationalbewegungen gesehen werden, wobei das national gespaltene Herzogtum Schleswig den Brennpunkt bildete.

Revolution, Krieg und die Nation in der dänischen Geschichte

Dänemark ist heute ein kleiner und friedliebender Nationalstaat innerhalb der Europäischen Union, gekennzeichnet durch sozialen Zusammenhalt, Wohlfahrtsstaatlichkeit und Demokratie. Letztere ist mit dem Verfassungstag am 5. Juni, der als zentraler Feiertag dient, zur Zivilreligion geworden. An diesem Tag gehört es zum Ritual, dass dänische Politiker landauf, landab verkünden, wie im Jahr 1848 die Demokratie in Dänemark eingeführt wurde. Während der Rest Europas sich in blutige Revolutionen verstrickt hätte, tauschten die Dänen friedlich den Absolutismus gegen eine demokratische Verfassung, wobei betont wird, dass Dänen grundsätzlich keine Revolutionäre seien und Gewalt ablehnten.[1] Dieses dänische Demokratie-Evangelium ist verknüpft mit der Vorstellung eines skandinavischen *Sonderwegs*, derzufolge der Weg Dänemarks, Norwegens und Schwedens in die Moderne – im Unterschied zum deutschen – friedlich verlief, ungeachtet der Tatsache, dass der ideelle Kern des skandinavischen Nationalismus dem des deutschen im 19. Jahrhundert sehr ähnlich war.[2] Im vorliegenden Beitrag möchte ich aufzeigen, dass, sofern überhaupt von einem dänischen *Sonderweg* gesprochen werden kann, seine Wurzeln in erster Linie in den Ereignissen nach der Niederlage im zweiten Schleswig-Holsteinischen Krieg von 1864 zu suchen sind, da Dänemarks Weg in die Moderne entgegen der verbreiteten Auffassung charakterisiert ist durch Gewalt und sich somit ins allgemeine Muster der Demokratisierung fügt.[3]

Das dänische Imperium: Eine kurze Einführung

Seit kurzem haben einige dänische Historiker begonnen, vom dänischen Staat als einem Imperium zu sprechen. Das sollte nicht als Symptom dänischen Größenwahns gedeutet werden, sondern als Bruch mit dem methodologischen Nationalismus. Zu Beginn des 19. Jahrhunderts war der dänische Staat ein Konglomerat aus den Königreichen Dänemark und Norwegen, dem dänischen Herzogtum Schleswig, dem deutschen Herzogtum Holstein, den abhängigen Gebieten Island, Färöer und Grönland im Nordatlantik sowie Kolonien in der Karibik, in Indien und an der Goldküste. Um diesen überdehnten Küstenstaat zu verteidigen,

---

[1] *Anette Warring*, Historie, magt og identitet. Grundlovsfejringer gennem 150 år, Aarhus 2004.

[2] *Øystein Sørensen/Bo Stråth* (Hrsg.), The Cultural Construction of Norden, Oslo 1997; *Niels Kayser Nielsen*, Bonde, stat og hjem. Nordisk demokrati og nationalisme – fra pietismen til 2. verdenskrig, Aarhus 2009.

[3] Vgl. *Jack Snyder*, From Voting to Violence: Democratization and Nationalist Conflict, New York/London 2000.

baute das Imperium die fünftgrößte Flotte der Welt.[4] 1801 lebten 2,5 Millionen Menschen innerhalb seiner Grenzen, zusammengehalten durch die Treue zum gemeinsamen König und eine staatspatriotische Ideologie. Das dänische Imperium war ein Zentralstaat, in seiner Hauptstadt Kopenhagen konzentrierten sich der Hof, die Zentralverwaltung, die Flotte sowie die einzige Universität und die einzigen Banken der zwei Königreiche. Während Dänemark und Norwegen über eine gemeinsame Legislative und Verwaltung verfügten, genossen die beiden Herzogtümer einen höheren Grad an Autonomie und hatten ihre eigene Universität und Bank.

Absolutismus und Staatspatriotismus

Der Theorie nach regierte Christian VII. den Staat autokratisch gemäß der absolutistischen Verfassung (der *Lex Regia* von 1665), aber wie nahezu jeder wusste, war der wahre Regent Kronprinz Friedrich (VI., König ab 1808) und nicht der geisteskranke Monarch. Regierungsämter wurden, wie schon während fast des gesamten 18. Jahrhunderts, im dänischen Imperium überwiegend mit den Mitgliedern einer deutschsprachigen adligen Elite aus den Herzogtümern und Norddeutschland besetzt.

Wie in anderen Teilen Europas stieß sich das aufstrebende Bürgertum an der Macht der Aristokratie. Da die Kluft zwischen den beiden Gruppen nicht nur eine soziale, sondern auch eine nationale war, entwickelte das dänische Bürgertum einen dänischen Nationalpatriotismus mit Fokus auf der dänischen Sprache, Geschichte und Kultur, den es in Stellung brachte gegen als deutsch empfundenes Verhalten (z. B. herablassendes Auftreten) und die Privilegierung von Deutschen bzw. deren Familien gegenüber Dänen und Norwegern bei der Einstellung in den Staatsdienst. Die Regierung versuchte diesen Tendenzen aktiv entgegenzuwirken, indem sie einen staatspatriotischen Geist propagierte, demgemäß das Vaterland aus „allen Ländern und Königreichen des Königs" bestand. Diese Konstruktion einer auf den Staat bezogenen Identität kann mit der britischen verglichen werden, bei der verschiedene Nationen auf dem Territorium des Staates theoretisch gleichberechtigt waren und von einem gemeinsamen Zentrum aus regiert wurden. Herzstück dieser Staatsideologie war das Staatsbürgerschaftsgesetz von 1776, das dem *Act of Settlement* des englischen Parlaments von 1701 ähnelte. Es handelte sich um ein verfassungsmäßiges Recht, das den Zugang zu sämtlichen Regierungsämtern auf den Kreis der Staatsbürger beschränkte, d. h. Dänen, Norweger und Holsteiner.[5] Fortan wurde der Staat zusammengehalten

---

[4] *Jan Glete*, Navies and Nations: Warships, Navies and State Building in Europe and America, 1500–1860, 2 Bde., Stockholm 1993.

[5] *Gottlieb Japsen*, Statspatriotisme og nationalfølelse i Sønderjylland før 1848, in: Historie 13

durch allgemeines Recht, Untertanentreue und Institutionen, unterstützt durch Zustimmung zu einer erfolgreichen Regierungspolitik der Neutralität nach außen und des Fortschritts im Innern (Pressefreiheit, Bürgerrechte, Zoll-, Agrar- und Bildungsreformen). Dies hatte Auswirkungen auf die Wahrnehmung von Nationalität im Staat. Die meisten Holsteiner sahen sich als Deutsche, aber dies hielt sie nicht davon ab, sich auch als „Dänen" zu betrachten in dem Sinne, Untertanen der Oldenburg-Dynastie oder Bürger des dänischen Staates zu sein. Doch wie auch in Norwegen waren Probleme vorprogrammiert, sobald die Vorstellung, ein Holsteiner oder ein Deutscher zu sein, als unvereinbar mit der dem dänischen König geschuldeten Treue galt.[6]

Die Napoleonischen Kriege[7]

Dänemark war über ein Jahrhundert neutral gewesen, als es 1807 gegen seinen Willen in die Napoleonischen Kriege hineingezogen wurde. Als Reaktion auf die französisch-russische Übereinkunft im Frieden von Tilsit führte Großbritannien einen Präventivschlag gegen Kopenhagen mit dem Ziel, Napoleon die Kontrolle über die beachtliche dänische Flotte und die Ostsee zu entziehen. In der Folge verbündete sich Dänemark mit dem napoleonischen Frankreich. Unter dem Eindruck des gescheiterten Russlandfeldzugs des Kaisers versuchte Dänemark die Seiten zu wechseln, aber diese Bemühungen wurden vereitelt durch die Garantien, die Russland und Großbritannien Schweden gegeben hatten. Die alliierten Mächte hatten Letzterem Norwegen als Kompensation versprochen für den Verlust Finnlands im Jahre 1809. König Friedrich VI. wurden größere Teile Norddeutschlands und der Niederlande angeboten, doch der Monarch wies den Vorschlag zurück, da er sein Imperium als einen skandinavischen Staat sah und glaubte, ein deutsch-niederländisch-dänisches Imperium wäre national zu instabil. In Konsequenz hielt Dänemark fest an Napoleon und hoffte auf Friedensverhandlungen. Mit dem Scheitern des Prager Friedenskongresses 1813 und der französischen Niederlage bei Leipzig war sein Schicksal besiegelt. Im Kieler Frieden von 1814 trat Friedrich VI. Norwegen an Schweden ab, wodurch das dänische Imperium territorial zum größten Verlierer der Napoleonischen Kriege wurde.

(1–2), 1979–1981; *Linda Colley*, Britons: Forging the Nation 1707–1837, New Haven/London 1992.

[6] *Stephen Bo Frandsen*, Holsten i helstaten. Hertugdømmet inden for og uden for det danske monarki i første halvdel af 1800-tallet, Kopenhagen 2008, 9; *Ruth Hemstad*, Historie og nasjonal identitet. Kampen om fortiden i det dansk-tyske grenseland 1815–1840, Oslo 1996.

[7] Ausführlicher zum dänischen Staat während der Napoleonischen Kriege: *Rasmus Glenthøj/Morten Nordhagen Ottosen*, Experiences of War and Nationality in Denmark and Norway, 1807–1815, Basingstoke 2014. In kürzerer Version: *Rasmus Glenthøj*, The Danish State and the Napoleonic Wars, in: Ute Planert (Hrsg.), Napoleon's Empire, Basingstoke (im Druck).

Die Niederlage und der Friedensvertrag beeinflussten, wie wir sehen werden, die Entwicklung des Nationalismus im dänischen Imperium, aber die Grundlagen zur Zerstörung des Imperiums waren bereits während des Krieges gelegt worden, als der Gedanke der Nationalität auf Kosten des Staatspatriotismus gestärkt worden war. Letzterer war durch die Neutralitätspolitik (d. h. florierenden Handel), fortschrittliche Politik und gemeinschaftliche Institutionen wie die Marine gefestigt worden. Mit dem Krieg trat anstelle wirtschaftlicher Prosperität der Staatsbankrott, die Reformperiode endete, und die Marine wurde vernichtet. So wurde das Vertrauen in den Absolutismus erschüttert, das die Nationen des Imperiums aneinander gebunden hatte. Besonders in Norwegen und Holstein war dies der Fall, wo viele begannen, die Königsmacht als ‚dänisch' anzusehen. Vor allem die Norweger sahen in der Allianz mit Frankreich etwas, das dänische Interessen auf Kosten norwegischer sicherte. Dies wiederum förderte einen norwegischen Nationalpatriotismus, der sich bei einigen zu einem gegen die Zentralregierung in Norwegen gerichteten Nationalismus wandelte.

Der Kampf zwischen Zentralismus und Regionalismus wurde auch entscheidend für die Entwicklung in Holstein während des Krieges, mit weitreichenden Konsequenzen für den folgenden nationalen Konflikt zwischen Dänen und Deutschen im Imperium. Obgleich die Stände in den Herzogtümern beinahe ein Jahrhundert nicht mehr zusammengetreten waren, verfügten ihre aristokratischen Eliten (Ritterschaft) immer noch über eine gewisse Autonomie. Dies wurde durch eine Reihe von Reformen während der Napoleonischen Kriege in Frage gestellt, die unter der Bezeichnung „Dänisierung" in die Geschichte eingegangen sind. Im Kern handelte es sich um den Versuch, ein homogenes Imperium zu schaffen, wie es Joseph II. in den habsburgischen Ländern und Napoleon in seinem Imperium versucht hatten. Militär- und Steuerreformen sowie die Aufhebung der Leibeigenschaft wurden in Holstein durchgesetzt, und mit der Auflösung des Heiligen Römischen Reiches 1806 wurde das Programm intensiviert, indem der Prinzregent Holstein direkt nach Dänemark eingliederte und den Absolutismus einführte. Dänisch wurde zweite und gleichgestellte Sprache in der Verwaltung der Herzogtümer, wobei beabsichtigt war, dass Dänisch erste Sprache bei Gericht, in Schulen und Kirchen in Nordschleswig würde, wo die Bauern einen dänischen Dialekt sprachen. Die Annexion und das Reformprogramm entfremdeten der Krone viele ihrer traditionellen Anhänger in den Herzogtümern und schufen die Grundlage für eine nationale Auslegung der Dichotomie zwischen dem Zentralismus Kopenhagens und dem Regionalismus der Herzogtümer. Allerdings wurden viele der Sprachreformen infolge des Kriegsausbruchs und des Widerstands der Ritterschaft niemals umgesetzt. Mit der Niederlage Dänemarks im Jahr 1814 wurde das Programm rückgängig gemacht.[8]

[8] *Frandsen*, Holsten (wie Anm. 6), 75–84; *William Carr*, Schleswig-Holstein 1815–48: A Study in National Conflict, Manchester 1963, 36f.; *Harald Jørgensen*, Finansforvaltningens

Die politischen Folgen der Napoleonischen Kriege

Es waren nicht die Napoleonischen Kriege allein, die Vorstellungen von Nationalität auf Kosten des Imperiums beförderten. Es war auch ihr Ausgang. Für Dänemark endeten sie mit dem wirtschaftlichen Ruin und dem Verlust der Flotte, von einer Million Staatsbürgern und 320.000 km². Des Weiteren verwandelten der Kieler Frieden und der Wiener Kongress das Imperium von einem eindeutig skandinavischen Staat in einen national uneindeutigen, da die Bevölkerung Holsteins, Schleswigs und Lauenburgs rund 40 Prozent seiner Einwohner ausmachte (Letzteres hatte König Friedrich 1815 als Ausgleich für Norwegen erhalten). Umgekehrt erschwerte dies den ökonomisch weiter entwickelten Herzogtümern, irgendeine Form von dänischer Vorherrschaft zu akzeptieren. Der dänische Gesamtstaat war zu einem ‚Lilliput' geworden, das für sein Überleben angewiesen war auf die Gnade der Großmächte und das Wiener System.

Viele machten den Absolutismus verantwortlich für die Niederlage, und in der Hauptstadt war von Revolution die Rede. Die Hoffnung der dänischen Liberalen war, dass der mutmaßliche Erbprinz Christian (VIII.) Friedrich, der sich als Statthalter in Norwegen der Union mit Schweden widersetzt hatte, eine Rebellion anführen und die Einführung einer liberalen Verfassung zulassen würde. Ohne Unterstützung der Großmächte scheiterte die Erhebung jedoch, und Christian Friedrich wurde ins Exil nach Hause geschickt. Der Liberalismus verschwand dennoch nicht. Auf dem Wiener Kongress wurde Friedrich VI. gezwungen, die Annexion Holsteins aufzuheben, und verpflichtet, dem Deutschen Bund beizutreten. Als Bundesmitglied musste der König die Schlussakte des Kongresses unterzeichnen, womit er seinen deutschen Herzogtümern eine Art Verfassung versprach. Es überrascht nicht, dass dies im gesamten Imperium eine konstitutionelle Bewegung anstieß. Ab 1816 verhandelte die Regierung mit dem holsteinischen Adel die Frage einer Verfassung, aber es wurden keine wesentlichen Fortschritte erzielt, bevor die Reaktion, markiert durch die Karlsbader Beschlüsse von 1819, einsetzte.[9]

Trotz formeller Proteste der Ritterschaft vor dem Bundestag in Frankfurt konnte König Friedrich die Verfassungsfrage bis 1830 verschleppen. Als jedoch in Paris die Revolution ausbrach, zwangen Österreich und Preußen den dänischen Monarchen, Holstein eine Ständeverfassung zu geben, und dem Prinzip der Gleichheit innerhalb des Gesamtstaates entsprechend entschied der König, Stände auch in Schleswig, Jütland und auf den dänischen Inseln einzuführen (wobei für das Königreich zwei Ständeversammlungen geschaffen wurden –

Omdannelse i 1816. Bidrag til Centraladministrationens Historie under Frederik VI, in: Historisk Tidsskrift 1, H. 10, 1930, 191–209, hier 196f.

[9] *Ole Feldbæk*, Nærhed og adskillelse 1720–1814. Danmark-Norge 1380–1814, Bd. 4, Oslo 1998, 373; *Hemstad*, Historie (wie Anm. 6), 56; *Frandsen*, Holsten (wie Anm. 6), 106–120; *Rasmus Glenthøj*, 1864 – sønner af de slagne, Kopenhagen 2014, 43–45.

der Versuch einer Politik des ‚divide et impera'). Doch bevor überhaupt die Einrichtung der Stände bekannt gemacht werden konnte, veröffentlichte ein junger Beamter, Uwe Jens Lornsen, in Kiel ein Pamphlet, das eine liberale Verfassung für ein vereinigtes Schleswig-Holstein forderte. Insofern waren der Plan eines dänischen Gesamtstaates und Holsteins Mitgliedschaft im Deutschen Bund Haupttriebkräfte des Demokratisierungsprozesses in Dänemark. Doch zugleich untergrub die Bundesmitgliedschaft Holsteins die Souveränität des dänischen Imperiums, da sie dem Bund das Recht einräumte, in seine Angelegenheiten einzugreifen und für die Holsteiner eine politische Appellationsinstanz außerhalb des Gesamtstaates schuf. Diese Konstruktion war an sich nicht unbekannt, da ja Holstein vor 1806 Teil des Heiligen Römischen Reiches gewesen war, doch mit der Zunahme des Liberalismus, Radikalismus und Nationalismus gefährdete sie die Treue zur Dynastie, die den Staat zusammenhielt.

Die nationalisierende Wirkung der Napoleonischen Kriege[10]

Große Niederlagen können die Wahrnehmung der Nation verändern.[11] Der neue Status des Imperiums als eines ‚Lilliput' veränderte das kollektive Selbstverständnis der Dänen. Da der Weg zu politischen Reformen versperrt war, manifestierte sich der „Geist von 1814" in einem kulturellen Nationalismus. Im Bestreben, das Überleben der Nation und ihre Unabhängigkeit zu sichern, mühten sich Künstler, Gelehrte und Forscher, der Nation neues Leben einzuhauchen, indem sie in vergangenen ‚Goldenen Zeitaltern' nach ihrem ‚wahren' Wesen suchten. Diese kulturellen Reformer waren politisch konservativ und sehnten sich nach einer Dreieinigkeit von König, Kirche und Volk. Inspiriert durch die deutsche Romantik und Philosophie veränderten sie jedoch das Verständnis von Nation und Nationalität. Wie in Deutschland wurde auch in Dänemark die Sprache zentral für den dänischen Nationalismus. Bereits 1815 behauptete der bekannte dänische Philologe Christian Molbech, die Existenz der Nation sei abhängig von der Sprache und die Nation *könne* das Recht haben, sich selbst zu regieren. Damit hatte er die Lehre des Nationalismus auf den Punkt gebracht: das Recht der Nation auf einen eigenen Staat.[12]

Die ältere Generation der kulturellen Nationalisten zog jedoch nie die Konsequenz aus dieser Sichtweise, da ihr Konservatismus und ihre Treue zur Dynastie sie grundsätzlich an den Gesamtstaat banden. Den Anfang sollten Historiker, Juristen und Philologen an der Universität Kiel machen, die in den Jahren nach den Napoleonischen Kriegen dem Adel halfen, ein neues Bewusstsein einer sowohl

[10] Vgl. *Glenthøj*, 1864 (wie Anm. 9), 46–64.
[11] *John Hutchinson*, Nations as Zones of Conflicts, London 2005, 138 f., 179.
[12] *Christian Molbech*, Om Nationalsprogets Hellighed, Kopenhagen 1815, 6, 9 f., 18.

regionalen als auch deutschen Identität in Schleswig-Holstein zu fördern. Nikolai Falck, ein Rechtsprofessor, stellte 1819 fest, sein Vaterland seien in erster Linie die Herzogtümer, in einem weiteren Sinne aber der gesamte dänische Staat.[13]

Der Gordische Knoten

Das nationale Erwachen in Dänemark und den Herzogtümern hatte größere Folgen, als nach 1830 eine jüngere und liberale Generation die Idee einer durch Sprache, Kultur und Geschichte definierten Nation mit dem Konzept der Volkssouveränität (d.h. Macht in den Händen der Bildungseliten) verknüpfte. Eine Minderheit unter den Liberalen glaubte an die Möglichkeit eines konstitutionellen Gesamtstaates, aber sie wurde verdrängt von Bewegungen, die Liberalismus mit nationalistischen und/oder regionalistischen Forderungen verbanden. Infolgedessen höhlte der Prozess der Demokratisierung das Imperium von innen aus. Die Schleswig-Holsteiner forderten, dass die beiden Herzogtümer einen nur durch Personalunion an Dänemark gebundenen Staat innerhalb des Deutschen Bundes bilden sollten, wohingegen die dänischen Nationalliberalen eine Vereinigung von Königreich und Schleswig forderten, das mit Holstein nur durch Personalunion verbunden sein sollte.

Das national gespaltene Schleswig wurde zum Gordischen Knoten. Das Herzogtum war ein Lehen der dänischen Krone, war aber jahrhundertelang gemeinsam mit Holstein verwaltet worden. Zivilverwaltung, Wirtschaftsbürgertum und Aristokratie waren grundsätzlich sprachlich und kulturell deutsch, was sich in einer Ständeversammlung mit einem hohen Zensus widerspiegelte. Der Handel band die Mehrzahl der Städte an Holstein und den deutschen Raum. Die Hauptausnahmen waren Seehäfen wie Flensburg, die mit dem Königreich und den überseeischen Kolonien Handel trieben und sich auf die dänische Seite schlugen, als der nationale Konflikt eskalierte. Im Süden sprach die Bauernbevölkerung Niederdeutsch, im Westen Friesisch und im Norden einen dänischen Dialekt. Letzterer war auch in Mittelschleswig verbreitet gewesen, jedoch wechselten viele Bauern zum Deutschen, da es ein größeres Ansehen genoss. Die Bevölkerung sah sich im Allgemeinen als Schleswiger, aber als die Spannungen wuchsen, wurden die Menschen gezwungen, zwischen Dänisch und Deutsch zu wählen.

Hochdeutsch war die Sprache aller Institutionen im Herzogtum, 1838 jedoch machte die Ständeversammlung eine Eingabe beim König, im dänischsprachigen Nordschleswig Dänisch einzuführen. Christian VIII. kam dem Wunsch 1840 nach, aber in der Zwischenzeit hatte sich der Konflikt hochgeschaukelt. Die Schleswig-Holsteiner fürchteten eine neue ‚Dänisierung', wohingegen Liberale und die aufkeimende dänische Bewegung in Nordschleswig die Dominanz des

[13] *Hemstad*, Historie (wie Anm. 6), 44f.

Deutschen in allen Lebensbereichen im Herzogtum als eine Unterdrückung der dänischen Sprache, Kultur und Nationalität auffassten. Für die Bauern in Nordschleswig war Sprache in erster Linie eine praktische Frage, jedoch wurden sie bald eingeholt und beeinflusst vom kulturellen Nationalismus, der auf beiden Seiten zunahm.

In der Rückschau erscheint die Teilung Schleswigs, wie sie nach dem Ersten Weltkrieg vorgenommen wurde, als logische Konsequenz, doch selbst heute noch zögert die internationale Gemeinschaft, multinationale Staaten zu teilen, wie sich an Bosnien-Herzegowina, dem Kosovo oder der Ukraine beobachten lässt. Mitte des 19. Jahrhunderts war die Situation noch schwieriger. Eine Aufteilung war vor der Abschaffung des Absolutismus im Jahr 1848 unmöglich, da sie als erster Schritt hin zu einer Auflösung des Imperiums verstanden worden wäre, aber selbst nach der Einführung der konstitutionellen Monarchie war eine Teilung problematisch. Beide Bevölkerungsgruppen, Österreich sowie Dänemarks traditionelle Schutzmacht, Russland, waren gegen eine Aufteilung auf der Basis des Nationalitätsprinzips und der Volkssouveränität, da diese Ideen das Konzept autokratisch regierter, multinationaler Imperien bedrohten. Dementsprechend beriefen sich sowohl Schleswig-Holsteiner als auch Dänen auf historische Argumente, dynastische Ansprüche und alte Verträge, um ganz Schleswig für sich zu reklamieren. Im dänischen Fall sah man die Eider und die alten Befestigungsanlagen des Danewerks (wörtlich „Werk der Dänen") als ewige Grenze zwischen der dänischen und der deutschen Nation. Infolgedessen betrachteten dänische Nationalisten „deutschgesinnte" Schleswiger als Dänen, die, fehlgeleitet durch eine deutsche Adelselite und dynastische Interessen, ein ‚falsches Bewusstsein' entwickelt hatten.

Das Schwellenprinzip

Nach Eric Hobsbawm war für den Nationalliberalismus zwischen 1830 und 1870 die Idee kennzeichnend, dass ein Staat eine bestimmte Größe haben musste, um von Dauer zu sein.[14] Denen, die diese Schwelle nicht erreichten, fehlten entweder die militärischen Mittel, um ihr Territorium zu verteidigen, eine Nationalkultur, die fremde Einflüsse von außen abhielt, oder die Industrie, um unabhängig zu bleiben. Das Prinzip ist geprägt durch die Erfahrungen der Napoleonischen Kriege und lässt sich sowohl an der deutschen als auch der italienischen Einigung nachvollziehen, am Panslawismus sowie der Furcht der Schleswig-Holsteiner vor einer erneuten ‚Dänisierung', wie auch ihrem Wunsch, Schleswig möge dem Deutschen Bund beitreten, und dem Verschmelzen von Regionalismus und deutschem Nationalismus in den Herzogtümern.

[14] *Eric Hobsbawm*, Nations and Nationalism since 1780, 2. Aufl. Cambridge 2002, 29–34.

Im eigentlichen Dänemark existierten drei Zukunftsszenarien des Staates, die alle durch das Schwellenprinzip grundiert waren. Das erste setzte auf den Gesamtstaat. Man fürchtete, die Loslösung von Holstein würde den verbleibenden dänischen Staat zu klein und verwundbar machen. Die Nationalliberalen dagegen waren der Ansicht, dass Holstein aufgrund seiner Mitgliedschaft im Deutschen Bund die Souveränität des Staates in Frage stellte, und sie fürchteten, es würde entweder Schleswig oder ganz Dänemark in ein geeintes Deutschland hineinziehen. Ein Dänemark ohne Schleswig galt als zu klein, um zu überleben, und würde gezwungen sich entweder einem geeinigten Deutschland oder, wünschenswerter, einem geeinigten Skandinavien anzuschließen. In den 1830er und 1840er Jahren entstanden Verbindungen zwischen dem dänischen Nationalismus und der panskandinavischen Bewegung. Viele erblickten das Heil der Nation in einem föderalen skandinavischen Staat, da die dänische Nation als Zweig der gemeinsamen skandinavischen Nation angesehen wurde, und deshalb war dieser mit dem dänischen Nationalismus und Liberalismus vereinbar, anders als der Gesamtstaat, der Dänemark an Deutschland und den Absolutismus band. Mehr noch, man verband damit die Hoffnung, dass entweder ein geeintes Skandinavien oder eine skandinavische Allianz Schleswig für Dänemark ‚retten' könnte.

Die Existenzangst unter den dänischen Nationalisten muss im Licht einiger der Varianten der ‚großdeutschen Lösung' betrachtet werden. Für deutsche Nationalisten wie die Brüder Grimm waren die Dänen oder zumindest die Bevölkerung Jütlands von deutschem ‚Blut'. Konsequenterweise sollte ein geeintes Deutschland entweder die jütländische Halbinsel oder ganz Dänemark als einen ‚Admiralstaat' einschließen. Dieser deutsche Umarmungsversuch erfuhr eine leidenschaftliche dänische Erwiderung durch das ‚Eiderprogramm' (das einen dänischen Nationalstaat unter Einschluss Schleswigs vorsah). Zusätzlich verstärkt wurde die Existenzangst unter den dänischen Nationalisten durch das Vordringen der deutschen Sprache in Mittelschleswig. Sie fürchteten nicht nur, ganz Schleswig zu verlieren, sondern auch, die Ausbreitung des Deutschen würde sich in Jütland fortsetzen und die verbleibenden Dänen vor die Wahl stellen, sich entweder Deutschland oder Schweden anzuschließen.

Vorspiel des Bürgerkriegs

Die von Lornsen 1830 aufgestellten Forderungen wurden lauter, als Liberalismus, Regionalismus und Nationalismus sowohl in der Presse als auch in den Ständeversammlungen an Boden gewannen. Friedrich VI. hatte Letztere eingeführt in der Absicht, Absolutismus und Imperium zu erhalten; doch nach seinem Tod 1839 wurde klar, dass das Gegenteil erreicht worden war. Immer mehr Abgeordnete forderten eine liberale Verfassung, aber als die Versammlungen sich uneinig zeigten über die Ausgestaltung des Staates, wendeten sie sich gegeneinander.

Die Liberalen erwarteten, der neue König, Christian VIII., würde eine Verfassung einführen, da er eine Schlüsselrolle bei der Schaffung der norwegischen Verfassung 25 Jahre zuvor gespielt hatte, und waren geschockt angesichts der zögerlichen Haltung des Monarchen. Das Zaudern Christans VIII. ist mit einer konservativen Wende und dem Einfluss von Russland und Österreich erklärt worden. Das mag zutreffen, doch das unterschiedliche Vorgehen des Königs in Norwegen und Dänemark muss aus den verschiedenen politischen und nationalen Kontexten 1814 und 1839 verstanden werden. In Norwegen verschmolzen Liberalismus und Nationalismus zur Forderung eines norwegischen Nationalstaats, wobei die Mehrheit der Eliten im Staat vereinigt wurde. Im dänischen Imperium untergruben Nationalismus und Liberalismus das Konglomerat des Staates und die dynastische Treue. Daher überrascht es nicht, dass der Monarch 1839 einer anderen Strategie folgte. In Dänemark verfolgte er eine konservative Reformpolitik, wie sie in anderen Teilen Europas während des Vormärzes auch betrieben wurde, mit Veränderungen in der Verwaltung, der Armee und Verbesserungen der Infrastruktur. Politisch versuchte er, das Ständesystem einer föderalen Struktur unterzuordnen, indem er eine Versammlung für das Imperium schuf, was von Beobachtern als erster Schritt hin zu einem Parlament und einer Verfassung für den Gesamtstaat gesehen wurde. Der Vorschlag fand die Zustimmung beider dänischen Stände, wurde jedoch zurückgewiesen von jenen in den Herzogtümern. Letztere sahen das föderale Prinzip als Bedrohung ihrer Unabhängigkeit, der Idee eines vereinigten Schleswig-Holsteins und ihrer Nationalität. In der Folge kam die Rede vom Bürgerkrieg auf.

Die Unzulänglichkeiten des Kronprinzen Friedrich (VII.) erlaubten es ihm nicht, autokratisch zu regieren; so wurde die Notwendigkeit eines Übergangs zur konstitutionellen Monarchie während der Regentschaft Christians VIII. zunehmend deutlich. Doch auch in anderer Hinsicht stellte der Prinz ein Problem dar, da seine Unfähigkeit, einen Erben zu zeugen, die Thronfolge in Frage stellte. Im Königreich wurde die Notwendigkeit klar gesehen, nicht jedoch in Schleswig und Holstein, wo der Anführer der konservativen Opposition, der Herzog von Augustenburg, Ansprüche geltend machte. Um die Integrität des Imperiums zu sichern, gestand Christian VIII. in einem offenen Brief Zweifel hinsichtlich Teilen Holsteins zu, hielt aber an einer gemeinsamen Erbfolge für das Imperium fest. Dynastisch gesehen war sein Vorgehen folgerichtig und entsprach der öffentlichen Meinung in Dänemark, in den Herzogtümern aber stellten sich die Konservativen und die liberale Opposition vereint hinter die Ansprüche des Herzogs. Der Staat war im Begriff auseinanderzufallen, und nach (zu) langen Verhandlungen innerhalb der Regierung entschied der König Ende 1847 im Bestreben, das Imperium zu retten, eine konservative Verfassung für den Gesamtstaat durchzusetzen. Dazu sollte es jedoch nicht mehr kommen. Nach einem grippalen Infekt wurde der König durch seinen Leibarzt zur Ader gelassen, mit dem Ergebnis einer Blutvergiftung. Der König starb am 28. Januar 1848 und überließ es seinem Sohn, eine Verfassung einzuführen.

Revolution

Die Regierung wollte einen föderalen, konservativen Staat schaffen, in dem zwar die Ständeversammlungen fortbestehen, aber ein allgemeines Parlament eingeführt werden sollte, mit legislativer Gewalt und dem Recht, Steuern zu erheben. Die eine Hälfte seiner Mitglieder sollte aus den Herzogtümern berufen werden, die andere aus dem Königreich. Eine Vereinigung Schleswigs und Holsteins wurde untersagt, jedoch wurden die administrativen Bande zwischen ihnen bestätigt. Dieser Kompromiss stellte keine der Nationalbewegungen zufrieden, und der fragile Status quo wurde erschüttert durch die Welle von Revolutionen, die im Februar und März 1848 über den Kontinent lief.

Die Schleswig-Holsteiner forderten eine Vereinigung der Herzogtümer, eine eigene Verfassung und die Aufnahme Schleswigs in den Deutschen Bund, was ab März 1848 bedeutete, Teil eines geeinten Deutschlands zu werden. Die Nationalliberalen dagegen verlangten eine liberale Verfassung für Dänemark und Schleswig ohne Holstein. Angesichts möglicher Aufstände sowohl in Kopenhagen als auch in den Herzogtümern schlug sich der König auf die Seite der dänischen Bewegung, und eine Koalitionsregierung aus Liberalen und Konservativen wurde gebildet. Die Entlassung der alten Regierung genügte, um in den Herzogtümern eine Revolution auszulösen. Kurzum: Der Gesamtstaat des Frühjahrs 1848 ist ein Lehrbuchbeispiel dafür, wie Nationalismus und Liberalismus Absolutismus und Imperium aushöhlten und dadurch einen Bürgerkrieg verursachten.

Die demokratisierende Wirkung des Krieges

Der Fall des Absolutismus im Jahr 1848 und die Einführung der Verfassung von 1849 werden gemeinhin als Übergang zur Demokratie in Dänemark gewertet.[15] Ungeachtet dessen lehnt die Mehrheit der Forschung diese Interpretation heute ab.[16] Stattdessen sieht sie Dänemark als Beispiel einer konstitutionellen Monarchie, wie sie sich im post-napoleonischen Europa herausbildete.[17] Die Minister waren dem Parlament verantwortlich, aber die Exekutive lag immer noch beim

[15] *Undervisningsministeriet*, Demokratikanon, Kopenhagen 2008, 52.

[16] Z. B. *Jeppe Nevers*, Fra skældsord til slagord, Odense 2011; *Palle Svensson*, Var vore forfatningsfædre demokrater?, in: temp 5, 2012, 5–27; *Glenthøj*, 1864 (wie Anm. 9), 180–210.

[17] Vgl. *Markus J. Prutsch*, Making Sense of Constitutional Monarchism in Post-Napoleonic France and Germany, London 2013.

König, der das Kabinett berief. Dennoch markiert die liberale Verfassung von 1849 eine Demokratisierung der Gesellschaft, und der Krieg hatte, wie in anderen Fällen auch – bspw. im revolutionären Frankreich in den 1790er Jahren und in Norwegen 1814 –, eine radikalisierende Wirkung. Wie andere europäische Liberale auch wollten die dänischen Liberalen eine Verfassung, die die Macht in die Hände der gebildeten Stände legte, aber angesichts von Revolutionen allerorten auf dem Kontinent, sozialer Unzufriedenheit und des Ausbruchs des Bürgerkriegs war die neue Regierung gezwungen, die allgemeine Wehrpflicht einzuführen und das ‚allgemeine' Wahlrecht für alle Männer über 30 mit eigenem Haushalt (18 Prozent der Bevölkerung). Als die Revolution überall der Reaktion wich, blieb Dänemark der Außenseiter, da die neue Verfassung den – wieder an die Macht gelangten – europäischen Konservativen viel zu ‚demokratisch' war.

Dänemark ist ein Paradebeispiel sowohl dafür, wie ein plötzlicher Regimewechsel und Demokratisierung zu einer längeren Periode der Instabilität[18] führen können, als auch für die Schwäche der konstitutionellen Monarchie des 19. Jahrhunderts. Die Nationalliberalen benutzten das ‚Eiderprogramm', um Macht zu gewinnen, doch kaum ins Amt gelangt, waren sie bereit, Schleswig zu teilen. Der Nationalismus aber, den sie befördert hatten, schlug zurück, als die öffentliche Meinung sich vehement gegen diese Lösung wandte. Insofern verhinderte die Demokratisierung den Frieden. Dasselbe tat der König, indem er die Politik der Regierung stoppte, aus der Befürchtung heraus, nicht nur Holstein, sondern auch Teile Schleswigs für immer zu verlieren. Die nationalliberalen Minister reagierten darauf mit ihrem Rücktritt, und die Regierungsumbildung brachte ein konservativeres Kabinett hervor. Zusammengefasst verhinderten Presse, Volk und Friedrich VII. weitere dänische Versuche einer Aufteilung Schleswigs *außer* im Falle einer existenziellen Bedrohung. Demokratisierung, Nationalismus und Krieg gingen Hand in Hand.

Ein Pyrrhussieg

Der Bürgerkrieg war ausgebrochen unmittelbar bevor der Bund und Preußen in die Verwicklungen eintraten und damit die militärische Überlegenheit des Königreichs erschütterten. Jedoch hatten Russland und Großbritannien begründete Interessen in der Region. Infolgedessen wurde Preußen zunächst gezwungen, sich aus dem Krieg zurückzuziehen, und später dazu genötigt, die Rebellion in Holstein zu unterdrücken. Wenn der erste Schleswig-Holsteinische Krieg als dänischer ‚Sieg' gesehen werden kann, dann dank der Großmächte, die in Übereinstimmung mit dem Wiener System intervenierten, um die Stabilität sichern. Dies war nicht zuletzt führenden Politikern zu verdanken, doch die Presse propagierte

[18] Vgl. *Jack Snyder*, From Voting to Violence, New York 2000.

den Gedanken, dass der ‚Sieg' ein Ergebnis des ‚Geists von 1848' sei. Letzterer wurde verstanden als Wiedererwachen der gesamten dänischen Nation, die im einfachen dänischen Soldaten verkörpert war.

Der ‚Geist von 1848' kann als ‚time-bubble of nationalism', d.h. eine Periode intensivierter nationaler Mobilisierung und Solidarität infolge einer großen Erhebung gesehen werden.[19] Neuere Forschungen zeigen, dass die Bauern nur in geringem Maße von dieser ‚time-bubble' betroffen waren, wogegen die Quellen den Schluss nahelegen, dass sich innerhalb der Elite im Frühjahr 1848 ein zuvor nicht gekanntes Bewusstsein nationaler Identität herausbildete.[20] Dieses Nationalbewusstsein wurde durch Presse, Künste und wissenschaftliche Arbeiten gefördert und war verknüpft mit einer starken Ablehnung alles Deutschen. Trotz der Tatsache, dass kein Land die dänische Kultur stärker beeinflusst hatte als Deutschland, wurde ‚deutsch' zur Antithese von ‚dänisch'. Ähnliche Stereotypen der Dänen wurden in den Herzogtümern konstruiert, sodass es nahezu unmöglich wurde, den Gesamtstaat nach dem Bürgerkrieg wieder zusammenzuflicken.

1848 hatte Großbritannien mit einer Teilungslösung zu schlichten versucht, da sich dies jedoch als unmöglich erwies, ging die Initiative an Russland über, das einen Frieden auf der Basis des Status quo ante diktierte und damit keine der Nationalbewegungen zufriedenstellte. In zwei in London unterzeichneten Protokollen brachten die Großmächte und Schweden-Norwegen ihr Interesse an der Integrität des dänischen Staates zum Ausdruck und erkannten Prinz Christian von Schleswig-Holstein-Sonderburg-Glücksburg als Erben des gesamten Imperiums an. Der dänische König erhielt Holstein von Preußen und Österreich zurück und sicherte im Gegenzug zu, Schleswig nicht enger an Dänemark zu binden als Holstein sowie Mitsprache der beiden Herzogtümer bei der Schaffung einer neuen Verfassung des Gesamtstaates.

Im Einklang mit der postrevolutionären Politik in Europa versuchte die dänische Regierung die Uhr zurückzudrehen. Die Herzogtümer erhielten konservative Ständeverfassungen, was im Falle Schleswigs – auf österreichische Forderung hin – eine deutsche Mehrheit in der Versammlung garantierte, trotz einer leichten ‚dänischen / königstreuen' Mehrheit im Herzogtum. Keine dieser Ständeversammlungen konnte eine liberale Regierungsform tolerieren oder ein System, das eine dänische Dominanz in Staatsangelegenheiten oder eine Zentralregierung mit sich gebracht hätte, da man eine erneute ‚Dänisierung' fürchtete. Diese Furcht wurde verstärkt durch die Bestrebungen der Nationalkonservativen in der Regierung, die sich eben darum in Mittelschleswig bemühten. Das ‚Ei des Kolumbus' der konservativen Regierung war die De-facto-Wiedereinführung des Absolutismus per königlichem Dekret im Jahr 1852 und durch eine 1854

[19] *Randall Collins*, Time-Bubbles of Nationalism: Dynamics of Solidarity Ritual in Live Time, in: Nations and Nationalism 18, H. 3, 2012, 383–397.

[20] *Søren Frost*, Fædrelandskærlighed i soldaterbreve?, Kopenhagen 2008.

oktroyierte Verfassung. Ein Staatsparlament wurde eingerichtet, aber es hatte lediglich die Macht, die Minister des Königs zu beraten, die allein seiner Majestät verantwortlich waren. Die Herzogtümer wurden regiert, während die dänische Verfassung von 1849 nur in rein dänischen Angelegenheiten von Belang war.

Die Quadratur des Kreises

Die dänischen Liberalen weigerten sich jedoch, zum Absolutismus zurückzukehren, und angesichts starker Opposition sowohl im Parlament als auch in der Öffentlichkeit entließ König Friedrich sein konservatives Kabinett und berief eine Regierung der nationalen Einheit, um einen konstitutionellen Gesamtstaat zu schaffen. Bereits zu diesem Zeitpunkt glich diese Aufgabe dem Versuch einer Quadratur des Kreises, aber die neue Regierung schien das Problem zu lösen. Das Parlament des Königreichs und das beratende Staatsparlament wurden so lange eingeschüchtert, bis sie eine Verfassung akzeptierten, die einen außergewöhnlich konservativen Zensus für das Staatsparlament aufwies, um so die Aristokratie in den Herzogtümern und die konservativen Mächte (d. h. Russland, Österreich und Preußen) zufriedenzustellen. Das Ergebnis wurde in Wien wie in Berlin mit Genugtuung aufgenommen.

Nichtsdestotrotz waren alle Bemühungen vergeblich. Entsprechend der Bevölkerungsstatistik erhielten die Dänen eine Mehrheit der Sitze in der Staatsversammlung. Dies war inakzeptabel für die deutsche Elite in den Herzogtümern, wobei weitere dänische Zugeständnisse von den dänischen Liberalen und Radikalen gleichermaßen ausgeschlossen wurden, da sie fürchteten, die Konservativen im Imperium würden eine Allianz bilden mit dem Ziel, den Absolutismus wieder einzuführen. Infolgedessen war ein Konflikt unausweichlich, da die Regierung die neue Verfassung ohne Zustimmung der Versammlungen eingeführt und dabei ihre Zusagen gegenüber Österreich nicht eingehalten hatte. Die Opposition in Holstein appellierte an die deutschen Staaten und verursachte damit unlösbare diplomatische Verwicklungen zwischen Dänemark und dem Bund, Österreich und Preußen.

Die deutschen Staaten forderten eine neue Verfassung, die für die Ständeversammlung in Holstein annehmbar war. Dies bedeutete entweder die Schaffung eines föderalen Staates, in dem sämtliche Gesetze von den Versammlungen sowohl in Dänemark als auch in Schleswig, Holstein und Lauenburg verabschiedet wurden, oder die Schaffung eines Staatsparlaments mit einem durch Volkswahl bestimmten Unterhaus und einem Oberhaus mit gleich vielen Senatoren aus Dänemark und jedem der drei Herzogtümer. Aus dänischer Sicht stellten beide Vorschläge einen Angriff auf die dänische Souveränität dar, da sie es der deutschen Minderheit erlaubt hätten, die gesamte Gesetzgebung und den Haushalt zu blockieren. Darüber hinaus räumte der erste Vorschlag dem Miniaturherzogtum

Lauenburg denselben Einfluss wie dem Königreich ein, während der zweite eben dies für den Senat vorsah. Eine Lösung mit dem Ergebnis eines föderalen und liberalen Staates wurde unmöglich, da es kein Vertrauen zwischen den beiden Nationen des Königreichs gab. Dies kam auch in der grundsätzlichen Weigerung der Ständeversammlung in Holstein zum Ausdruck, irgendwelche neuen Staatsgesetze anzuerkennen oder zu ratifizieren.

Politik des äußersten Risikos

Aufgrund der Unmöglichkeit eines konstitutionellen Gesamtstaates blieben der Regierung – nun dominiert durch Nationalliberale – drei Optionen: die Wiedereinführung des Absolutismus, die Teilung Schleswigs oder ein Bruch der nach dem ersten Schleswig-Holsteinischen Krieg getroffenen Vereinbarungen. Die Konservativen favorisierten die erste, Preußen und einige deutsche Staaten die zweite und die dänische Regierung die dritte Option. Die Nationalliberalen sahen die autokratische Herrschaft als eine überwundene Stufe im Prozess der Zivilisation, während öffentliche Meinung und König eine Teilung in Friedenszeiten nicht zuließen. In Regierungskreisen jedoch schloss man diese Option im Falle eines Krieges nicht aus.

Über die Politik des Außenministers und Konseilspräsidenten Carl Christian Hall ist in den letzten 150 Jahren viel diskutiert worden, aber es wird allgemein angenommen, dass sie darin bestand, Holstein so viel Freiheit wie möglich zu geben und den Forderungen des Bundes ein Stück weit nachzukommen. Im Ergebnis wurde die Verfassung des Gesamtstaats für Holstein und Lauenburg zurückgenommen, sie blieb jedoch für Dänemark und Schleswig in Kraft. Auf diese Weise schieden die beiden deutschen Herzogtümer indirekt aus dem dänischen Imperium aus. Des Weiteren lehnte Hall eine deutsche und internationale Einmischung in Schleswig ab, versuchte eine Allianz mit Schweden-Norwegen auszuhandeln und appellierte wiederholt für eine internationale Vermittlung. Die Strategie ging 1861 beinahe auf, als Großbritannien und Schweden-Norwegen auf ein Ausscheiden von Holstein und Lauenburg drängten und damit letztlich das ‚Eiderprogramm' umsetzten. Der Versuch schlug jedoch fehl, da Russland und Frankreich die Krise nicht als akut ansahen. Stattdessen wurde Dänemark eine internationale Konferenz in London versprochen für den Fall, dass direkte Verhandlungen mit Preußen und Österreich scheitern sollten. Dies geschah in dem Moment, als beide Parteien gegen die Friedensvereinbarungen verstießen, indem die deutschen Mächte die Vereinigung von Schleswig-Holstein forderten und Dänemark mehr Freiheit für Holstein in Aussicht stellte.

Doch Hall bekam die Konferenz, die er angestrebt hatte, nicht, denn Großbritannien vollzog einen Politikwechsel von einer De-facto-Unterstützung des ‚Eiderprogramms' hin zu einer föderalen Version des Gesamtstaates im Sinne der Schleswig-Holsteiner. Der Schwenk Großbritanniens brachte beinahe die Nationalliberalen zu Fall, da die Radikalen eine neue Regierung verlangten, die Schleswig annektieren und die demokratischere Verfassung von 1849 einführen sollte, während die Konservativen den Absolutismus wiedereinführen wollten, um einen Krieg zu vermeiden und das Imperium zu retten. Angesichts einer Presse, der öffentlichen Meinung und eines Parlaments, die auf einen nationalistischen Kurs drängten, entschied sich Hall für eine Politik des äußersten Risikos.

Um ihre Position zu stärken, appellierte die Regierung unter Berufung auf den Skandinavismus an Schweden-Norwegen. Als sich der Konflikt mit den deutschen Staaten ab der Mitte der 1850er Jahre zuspitzte, hatte die Pan-Bewegung an Boden gewonnen, und mehrere Minister waren 1863 bereit, einer föderativen Union unter Führung Karls XV. von Schweden-Norwegen beizutreten – und dabei den voraussichtlichen Thronfolger zu opfern: den konservativen Prinzen Christian, der Dänemark an den Gesamtstaat band. König Karl war nur allzu bereit, die Rolle eines skandinavischen Viktor Emanuel zu übernehmen, während die aristokratische schwedische Regierung sich weniger enthusiastisch zeigte. Im Frühjahr 1863 gab die schwedische Regierung Dänemark diplomatische Rückendeckung, indem sie in London und Paris lobbyierte. Als Gegenleistung forderte Schweden das Ausscheiden Holsteins. Hall willigte ein. Im März wurden die holsteinischen und lauenburgischen Teile der Armee von der Dänemarks und Schleswigs getrennt und kurz darauf eine liberale Reform der Gesamtstaatsverfassung von 1855 in Gang gesetzt.

Die Dänen sahen einen günstigen Zeitpunkt für einen diplomatischen Coup gekommen, da Preußen international isoliert zu sein schien infolge des polnischen Aufstandes, gelähmt durch den Verfassungskonflikt und am Rande eines Krieges mit Österreich um die Zukunft des Bundes. Diese Sicht wurde unterstützt durch Signale aus Berlin, dahingehend, dass Preußen das ‚Eiderprogramm' akzeptieren könnte. Im Sommer 1863 wurden die Dänen in ihrer Entschlossenheit bestärkt durch eine Allianz mit Schweden-Norwegen, die von vielen als erster Schritt hin zu einer nordischen Union gesehen wurde. Die Allianz war vor allem von König Karl, ohne Wissen der schwedischen Regierung, geschlossen worden, aber trotz großer Bedenken fand sie die Zustimmung sowohl der schwedischen als auch der norwegischen Regierung. Doch kam es nicht mehr zu einer Ratifizierung des Vertrages vor dem Kriegsausbruch im November 1863.[21]

Die traditionelle dänische Geschichtsschreibung geht davon aus, dass diese bestärkenden Faktoren zusammen mit dem Druck einer nationalistischen öffentlichen Meinung die Regierung blind machten für das Risiko eines Krieges. Dafür wurde die Politik der Regierung 150 Jahre lang gescholten. Diese Interpretation ist jedoch beeinflusst von den Kriegsereignissen selbst und übersieht diejenigen Quellen, die zeigen, dass sich die Regierung des Risikos bewusst war. Aber anders

[21] *Glenthøj*, 1864 (wie Anm. 9), 328 f.

als spätere, pazifistisch geneigte Historiker fassten die zeitgenössischen Politiker Krieg im Sinne von Carl von Clausewitz (d.h. als Mittel der Politik) auf. Im Unterschied zur nationalistisch berauschten Öffentlichkeit jedoch glaubten die Spitzenpolitiker nicht an einen Sieg. Im Falle eines Krieges war ihr Ziel entweder eine Intervention oder Vermittlung durch die neutralen Mächte im Sinne des Wiener Systems, das Dänemark im ersten Schleswig-Holsteinischen Krieg gerettet hatte. Des Weiteren konnte ein Krieg klare Verhältnisse schaffen, die diplomatischen Zwänge aufheben und Lösungen anbahnen, die in Friedenszeiten unmöglich waren (d.h. eine Teilung Schleswigs). Kurz, politisch mochte ein Krieg die Antwort und nicht das Problem sein, da er entweder zur Verwirklichung eines dänischen Nationalstaates oder einem vereinten Skandinavien führen, die dänische Souveränität sichern und eine liberale Verfassung schaffen konnte.[22]

In der Zwickmühle

Am Freitag, dem 13. November 1863, verabschiedete das Parlament die Reform der Verfassung von 1855 und unterstrich damit die Tatsache, dass die Bande zwischen Dänemark und Schleswig enger geworden waren als jene zwischen letzterem und Holstein.[23] Bismarck ergriff die Gelegenheit, die preußische Verfassungskrise und den Konflikt mit Österreich zu überwinden, indem er die Aufmerksamkeit auf Dänemark lenkte. Offenbar eine diplomatische Falle stellend, berief sich der preußische Ministerpräsident auf seine früheren Stellungnahmen und forderte die Rücknahme der neuen Verfassung. Die Lage verschlechterte sich weiter für die dänische Regierung, als Friedrich VII. am 15. November unerwartet starb, was den neuen Herzog von Augustenburg veranlasste, Anspruch auf den Thron in den Herzogtümern zu erheben. Obgleich dies eine Verletzung des Londoner Protokolls darstellte, gewannen die Forderungen des Herzogs schnell die Unterstützung der deutschen Öffentlichkeit und aller deutschen Staaten, allerdings mit Ausnahme Preußens und Österreichs. Dies ließ die schwedische Regierung von der immer noch nicht ratifizierten Militärallianz Abstand nehmen. Der neue König Christian IX. versuchte vergeblich, sowohl eine konservative Regierung einzusetzen als auch die neue Verfassung zu blockieren, aber angesichts einer sich abzeichnenden Revolution in Kopenhagen gab er nach. Doch als im weiteren Verlauf die neutralen Mächte die Forderung einer Rücknahme der Verfassung unterstützten und der König ihr nachgeben wollte, um den Gesamtstaat zu erhalten, kam es zu einer Regierungskrise. Hall dagegen blieb bei seiner Risikopolitik. Er war bereit, die Verfassung aufzuheben, jedoch nur, wenn im Gegenzug eine internationale Konferenz zustande kam, die

[22] *Glenthøj*, 1864 (wie Anm. 9), 502–519.
[23] Fälschlicherweise wird häufig behauptet, Schleswig sei von Dänemark annektiert worden.

über die Zukunft des dänischen Imperiums entschied. Es gelang, London willigte Ende Dezember ein, doch Halls Kabinett war wenige Tage zuvor entlassen worden.

Krieg

Die neue dänische Regierung unter Ditlev Gothard Monrad war bereit, sich gegen die öffentliche Meinung zu stellen und die Verfassung im Gegenzug für eine Konferenz aufzuheben, jedoch nur auf verfassungsgemäße Weise. Im Bestreben, dies zu verhindern, brachte Bismarck Preußen und Österreich dazu, Dänemark ein Ultimatum zu stellen, das die Aufhebung binnen 48 Stunden forderte, womit Monrad nur die Wahl zwischen Krieg und einem Staatsstreich blieb. Aus Angst vor einer nationalistischen/skandinavistischen Revolution in der Hauptstadt entschied sich Monrad für ersteres. Die Kampfhandlungen begannen am 1. Februar 1864, als Preußen und Österreich die Eider überschritten und in Schleswig eindrangen.[24] Fünf Tage später zog sich die dänische Armee vom Danewerk zurück auf die Düppeler Schanzen in Nordschleswig und in die Festung Fredericia in Jütland. Der Rückzug war strategisch, aber er führte zu einem Aufruhr in Kopenhagen, wo man ihn als Verrat auffasste. Unruhen brachen aus, und skandinavistische Kreise planten eine Revolution, um Christian IX. durch Karl XV. zu ersetzen. Monrad gelang es erfolgreich, die Wogen in der Hauptstadt zu glätten, aber im weiteren Verlauf sah er sich gezwungen, den kommandierenden General zu entlassen. Dies wiederum belastete das Verhältnis zwischen Politik und Militär, das nun davor zurückschreckte, unabhängig zu handeln.

Der preußische Einmarsch in Dänemark zog beinahe eine militärische Intervention Großbritanniens und Frankreichs nach sich, doch am Ende einigten sie sich auf eine Konferenz in London, an der die beteiligten Parteien teilnehmen sollten sowie die neutralen Großmächte und Schweden-Norwegen. Preußen und Österreich willigten sogleich ein, während Dänemark in der Hoffnung auf ein militärisches Eingreifen Schweden-Norwegens, Italiens, Großbritanniens oder Frankreichs zögerlich blieb. Schweden-Norwegen war gewillt, in den Krieg einzutreten, wenn Großbritannien oder Frankreich es ebenso gewesen wären, Italien wollte Österreich angreifen, wenn sich irgendeine der anderen Mächte beteiligt hätte, und Großbritannien war bereit, wenn Frankreich es gewesen wäre. Frankreich schwankte und traute der britischen Zusage nicht; nichtsdestotrotz tat Napoleon III. sein Bestes, um Schweden-Norwegen zu einem Kriegseintritt zu überreden und so Skandinavien zu vereinen. König Karl war mehr als geneigt, aber sein Versuch, eine Kriegsregierung zu bilden, scheiterte wie auch seine Bemühungen, eine nordische Union auf diplomatischem Wege zu erreichen.

[24] Deutsche Truppen hatten im Dezember Holstein ohne Gegenwehr besetzt.

Doch all dies führte dazu, dass die dänische Regierung nur unter großem Druck der Konferenz zustimmte, wobei Dänemark erst nach dem Fall von Düppel im April einen Waffenstillstand akzeptierte.

Die Londoner Konferenz

Auf der Konferenz schlugen die britischen Vermittler eine Teilung Schleswigs entlang der Schlei südlich des Danewerks vor, da diese Linie sowohl eine ‚natürliche' als auch eine militärstrategische Grenze markierte (allerdings eine erhebliche deutschsprachige Minderheit in Dänemark belassen hätte). Dies entsprach exakt Monrads Plänen, nicht aber denen Christians IX. So erfolgte Dänemarks Antwort zögerlich und beinhaltete die Forderung nach Gebieten am südlichen Flussufer, um Louisenlund, wo der König aufgewachsen war, für diesen zu sichern. Während die Exekutive in Dänemark zutiefst gespalten war zwischen verschiedenen nationalistischen Plänen und der Idee eines Imperiums, verfolgte Preußen eine klare Politik, indem es sich auf das Nationalitätsprinzip berief, um so die Unterstützung Frankreichs zu erhalten. Offiziell forderten die deutschen Staaten eine Grenze bei Apenrade, während Preußen inoffiziell bereit war, eine Grenze nördlich von Flensburg zu akzeptieren (die heutige Grenze).

Der deutsche Widerstand und die französische Zurückhaltung ließen die Briten auf ihren eigenen Vorschlag einer Teilung auf der Basis einer Volksabstimmung in Mittelschleswig zurückkommen. Die dänische Verhandlungsdelegation tendierte zu einer Grenze südlich von Flensburg[25], aber durch eine erneute Regierungskrise in Kopenhagen waren ihr die Hände gebunden. Der König versuchte, ein konservatives Kabinett zu bilden, um so das Problem dynastisch in Form einer Personalunion zwischen Dänemark und einem vereinten Schleswig-Holstein zu lösen, aber wiederum ließen die Konservativen ängstlich die Zügel fallen. Monrad war an diesem Punkt geneigt, die Konferenz an der Frage der Abstimmung scheitern zu lassen. Seine Haltung war beeinflusst durch den letzten Krieg, einen drei Jahre andauernden Wechsel von Kampfhandlungen, Waffenstillständen und Verhandlungen. Unter dem Druck der öffentlichen Meinung war es schwierig für die Regierung, das nationale Symbol Danewerk und den nationalen Wettstreit um Mittelschleswig nach nur vier Monaten Krieg aufzugeben. Monrad fürchtete eine deutsche ‚Salamitaktik', und dass Dänemark entsprechend dem Schwellenprinzip mit Nordschleswig allein nicht überleben könnte. Auf diese Weise trugen Ausrichtung auf die Dynastie, Nationalismus und Demokratisierung zur Uneindeutigkeit der dänischen Diplomatie bei, die in einem Desaster endete.

---

[25] Flensburg war die größte und reichste Stadt in Schleswig und besaß eine pro-dänische/königstreue Mehrheit.

Monrad dachte, ein ergebnisloses Scheitern der Konferenz würde entweder zu einem Kriegseintritt Großbritanniens führen oder zum Sturz der Whig-Regierung, auf die ein pro-dänisches Kabinett folgen würde. Darüber hinaus glaubte er an die Möglichkeit direkter Verhandlungen in Berlin unter französischer Schirmherrschaft, wobei Dänemark Preußen erlauben würde, Holstein, Lauenburg und Schleswig südlich der Schlei zu annektieren, wenn es im Gegenzug Dänemark den Rest annektieren und einer skandinavischen Union beitreten ließe. Monrads Risikopolitik stieß auf Widerstand. Hall und zwei weitere frühere Minister taten ihr Bestes, um den Konseilspräsidenten zu überzeugen, entweder ein Schlichtungsangebot oder den inoffiziellen preußischen Vorschlag anzunehmen. Bedrängt von seinen früheren Kollegen ließ sich Monrad verunsichern und gab dem Druck nach.[26]

In der entscheidenden Kabinettssitzung am 20. Juni 1864 legte die Regierung sämtliche verschiedenen Pläne dem König vor, ohne jedoch einen zu empfehlen. Einige Historiker sind der Ansicht, dies sei verfassungswidrig gewesen. Sie treffen damit insofern nicht den Punkt, als sie spätere Vorstellungen von einer parlamentarischen Demokratie auf die konstitutionelle Monarchie der Mitte des 19. Jahrhunderts zurückprojizieren, um sie einem an den Whigs orientierten Narrativ der dänischen Geschichte einzufügen. Dennoch mag die Handlungsweise der Regierung als höchst unverantwortlich eingestuft werden, da sie die Entscheidung dem König überließ, dessen Politik durch dynastische Interessen bestimmt war und der die diplomatische Lage nicht erfasste. Ein Brief seines Schwiegersohns, des britischen Kronprinzen, ließ ihn glauben, dass das Imperium, wenn er auf der Schlei-Grenze bestünde, ohne weiteren Krieg gerettet werden könne. Christian IX. dachte – irrigerweise –, dass diese beiden Ziele miteinander vereinbar seien, obgleich ihm seine Minister zum wiederholten Male mitgeteilt hatten, dass dies nicht der Fall sei.

Die Entscheidung des Königs muss als am Interesse des Hauses Glücksburg und nicht an dem der Nation ausgerichtetes Handeln gesehen werden. Wie vorhergesagt, waren das Scheitern der Konferenz und die Fortführung des Krieges die Folge, doch anders als Monrad gehofft hatte, überstand die britische Regierung ein Misstrauensvotum. Ein Abstimmungsergebnis, das beeinflusst war durch die dänische Niederlage auf der Insel Alsen. Angesichts der Niederlage stand die Fähigkeit der Marine, die dänischen Inseln zu verteidigen, in Frage, und die Öffentlichkeit in Kopenhagen reagierte panisch. Monrad wurde abgelöst, eine neue konservative Regierung versuchte, eine nördliche Teilung Schleswigs zur erreichen, während der Monarch auf eigene Faust sowohl Preußen als auch Österreich als Gegenleistung für eine Personalunion zwischen dem Königreich und den Herzogtümern anbot, Dänemark würde dem Deutschen Bund beitre-

[26] Monrad war aller Wahrscheinlichkeit nach manisch-depressiv, und sein Geisteszustand mag seine Politik 1864 beeinflusst haben.

ten. Letzteres unterstrich den fatalen Widerspruch zwischen dem dynastischen und dem nationalen Prinzip im Imperium. Jedoch lehnten Großbritannien und Frankreich nach dem Scheitern von London und der Schlacht um Alsen eine weitere Beteiligung ab und zwangen Dänemark damit, Holstein, Lauenburg und ganz Schleswig abzutreten.[27]

Der Streit um die Verfassung

Der politische Kampf um die Deutungshoheit über die Niederlage hatte bereits begonnen, bevor die Waffen schwiegen. Zwei Erklärungen wurden vorgebracht: eine interne konservative Version und eine externe nationalliberale Version. Letztere behauptete, Dänemark sei Opfer einer deutschen Aggression und des Verrats der neutralen Mächte und seiner skandinavischen Brüder. Der einzige Fehler auf Seiten Dänemarks sei bei den konservativen Unterstützern des Gesamtstaates zu finden, beim König und bei der Armee, die nicht denselben ‚Geist' wie 1848 an den Tag gelegt hätten. Die interne Erklärung dagegen machte allein die Nationalliberalen, die nationalistische Presse und die öffentliche Meinung verantwortlich. Alle Versuche einer nuancierteren Beurteilung der Niederlage von 1864 endeten bald in gegenseitigen Schuldzuweisungen.

In der Nachkriegszeit gelangte eine jüngere Generation aristokratischer und stärker national orientierter Politiker mit Unterstützung der *Venstre* (die agrarisch-demokratische Partei) an die Macht. Dieses Bündnis führte 1866 zu einer konservativen Revision der Verfassung, die den Bauern de facto die Mehrheit im Unterhaus und den konservativen Großgrundbesitzern die Mehrheit im Oberhaus sicherte und die liberalen Stadtbewohner als Verlierer dastehen ließ. Jedoch zerbrach dieses Bündnis 1870, als offensichtlich wurde, dass die dänischen Junker nicht gewillt waren, die Exekutive mit den Bauern zu teilen. Dies führte zu einem 30 Jahre andauernden Streit um die Verfassung, der sich um die Frage des Parlamentarismus drehte. Die Linke behauptete, die Verfassung von 1866 stelle einen konservativen Rückschritt dar, der mit ‚demokratischen' Prinzipien und dem Parlamentarismus, der angeblich mit der Verfassung von 1849 eingeführt worden war, gebrochen habe. Die Konservativen auf der anderen Seite verteidigten die konstitutionelle Monarchie, wie sie in allen Verfassungen zwischen 1849 und 1866 zum Ausdruck gekommen sei, besonders die Rechte des Oberhauses und das Recht des Königs, seine eigene Regierung zu berufen. Kurz, wie anderswo in Europa befanden sich auch die Dänen in einer politischen Auseinandersetzung darüber, inwieweit Dänemark eine parlamentarische Demokratie sein sollte oder nicht.[28]

---

[27] Nordschleswig wurde nach einer Volksabstimmung 1920 Dänemark angegliedert.
[28] *Nevers*, Slagord (wie Anm. 16).

Wie in Deutschland und Frankreich wurden die noch verbliebenen Liberalen aufgerieben zwischen links und rechts.[29] Der Liberalismus des 19. Jahrhunderts war eine Ideologie des Ausgleichs zwischen Monarchie und Demokratie, wonach die Macht in den Händen der Besten und Klügsten (d.h. der Liberalen) liegen sollte, da die Nationalliberalen die Herrschaft des Pöbels oder einen von ungebildeten Bauern gelenkten Staat fürchteten. Infolgedessen schlugen sich die meisten Liberalen auf die Seite ihres alten Feindes, der Konservativen. Doch in den Jahrzehnten nach 1864 brach eine jüngere Generation von städtischen Intellektuellen mit den Liberalen und bildete ihren eigenen ‚radikalen' Flügel innerhalb der *Venstre*, die zu dieser Zeit die intellektuellen Netzwerke eroberte. Wie der Sieg des Parlamentarismus im Jahr 1901 erhebliche Folgen hatte für Dänemark, so auch die Dominanz der Radikalen innerhalb der dänischen Geschichtsschreibung, da die Historiker zu den Hütern einer nationalen, demokratischen und pazifistischen Deutung der Vergangenheit wurden.[30]

Der Streit um die Kultur

Große Niederlagen können erhebliche Anstrengungen zum Wiederaufbau der Nation auslösen. Frankreich nach der Niederlage von 1870/71 ist ebenso ein Beispiel wie Dänemark nach den Niederlagen von 1814 und 1864. In letzterem Fall äußerte sich dies in den Bemühungen, die Moore Jütlands urbar zu machen und landwirtschaftlich zu nutzen sowie durch Eindeichungen dem Meer Land abzuringen, zusammengefasst unter der Parole „Was draußen verloren ging / muss drinnen gewonnen werden". Das Sprichwort schuf ein einträchtiges Bild der dänischen Nation, doch lag dies weit jenseits der Realität. Der nationale Kampf zwischen Dänen und Deutschen im Imperium hatte die politische und soziale Spaltung innerhalb des eigentlichen Dänemark überdeckt. Nachdem Dänemark aus dem Krieg ohne Deutsche innerhalb seiner Grenzen hervorgegangen und nicht in der Lage war, sich gegen ein nach 1870 vereintes Deutschland im Kampf zu behaupten, wandten sich die Dänen gegeneinander im Streit um die politische und kulturelle Definition der Nation. In diesem Konflikt spiegelten sich ähnliche Konflikte im übrigen Europa. Die Radikalen waren vor allem durch das republikanische Frankreich beeinflusst, während sich die Konservativen an Bismarcks Deutschland orientierten.

Letztere propagierten ein Nationalbewusstsein, in dessen Mittelpunkt ‚König und Land', Nationalgeschichte, Elitenkultur und ein starkes Militär standen. Mit dem Ziel, Dänemark gegen eine deutsche Bedrohung zu schützen, verwandelte

[29] *Alan S. Kahan*, Liberalism in Nineteenth-Century Europe, London 2003.

[30] Vgl. als englischsprachige Studie *Rasmus Glenthøj*, The History of a Defeat – 1864 and the Flagellant Tradition of Danish Historiography, in: Michael Bregnsbo/Kurt Villads Jensen (Hrsg.), Schleswig-Holstein – Contested Region(s) Through History, Odense (im Druck).

die konservative Regierung Kopenhagen in eine der am besten befestigten Städte der Welt. Die Mehrheit der *Venstre* befürwortete ebenfalls eine starke Verteidigung, aber wollte entweder eine schlagkräftige Marine oder ein ‚Volk in Waffen' nach Schweizer Vorbild. Ihr Verständnis der nationalen Identität gründete sich auf die Werte der bäuerlichen Gemeinschaft und eine romantische Interpretation der dänischen Geschichte, wie sie sich nach 1814 entwickelt hatte und nun an den Volkshochschulen gelehrt wurde.

Der radikale Flügel der *Venstre* aber trat für eine ‚kulturelle Verteidigung' ein, da er jede Form militärischer Verteidigung für zwecklos hielt. Dänemark dürfe sich keine Hoffnung machen, einen Angriff abwehren zu können, und infolgedessen sollten die Dänen von den Polen lernen, wie man als Nation ohne eigenen Staat überlebte. Weder der Rest der *Venstre* noch die Rechte widersprachen diesem Konzept. Beide sahen es jedoch nur als eine zweite Verteidigungslinie an und waren mit den Radikalen darüber uneins, was unter dänischer Kultur verstanden werden sollte. Die Radikalen in den Städten betrachteten sich selbst als Internationalisten und ihr Schlüsselkonzept hieß ‚Realismus', in der Kultur wie in der Politik. Für sie bestand das Wesen des ‚Dänentums' in einer demokratischen Kultur, politischem Konsens und sozialer Gerechtigkeit. Der agrarische Teil der *Venstre* war ebenfalls entschieden demokratisch, aber wie die *Højre* (wörtlich „die Rechte", die Verschmelzung von Konservativen und Nationalliberalen) war er geprägt durch die Romantik und den Idealismus des 19. Jahrhunderts. Der Hauptunterschied zwischen Letzteren bestand im Gegensatz von Egalitarismus und Elitarismus.

Zusammenfassung und Schluss

Sofern man nicht glaubt, dass der Absolutismus eine praktikable Lösung gewesen wäre oder die deutsche Einigung hätte verhindert werden können, war das dänische Imperium im 19. Jahrhundert infolge des Ansturms neuer Ideologien dem Untergang geweiht. Die einzige winzige Überlebenschance für das Imperium hätte darin bestanden, gleich zu Beginn des Jahrhunderts ein konstitutioneller und föderaler Gesamtstaat zu werden. Doch dass das Aufeinanderprallen von gegensätzlichen nationalistischen und liberalen Bewegungen mit dynastischen, aristokratischen und imperialen Bindungen einen Konflikt wegen des national uneindeutigen Herzogtums Schleswig nahezu unvermeidbar machte, bedeutet nicht, dass der Ausgang von vorneherein klar war. Eine Teilung Schleswigs war 1848 oder 1864 möglich und eine skandinavische Union war nicht undenkbar.

Die Napoleonischen Kriege verwandelten das dänische Imperium von einem mittelgroßen europäischen Staat in einen Kleinstaat, während Nationalismus und Liberalismus, die sich in der Folge entwickelten, das Imperium in den zwei Schleswig-Holsteinischen Kriegen aushöhlten und zerstörten. Der erste Krieg hatte eine demokratisierende Wirkung, wohingegen der zweite einen demokratischen Rückschritt und einen Verfassungsstreit nach sich zog. So entstand der friedliche, demokratische und konsensorientierte dänische Nationalstaat, der einen Teil des Grundgerüsts der dänischen Geschichtsschreibung ausmacht, nicht vor Beginn des 20. Jahrhunderts.

Wie eingangs festgestellt, spiegelt dieser Modernisierungsprozess zwar in vielerlei Hinsicht den anderer Teile Europas zwischen der Französischen Revolution und dem Ersten Weltkrieg, jedoch tut er dies nur begrenzt. Der dänische Nationalismus war durch das Schwellenprinzip und eine Existenzangst geprägt. So wurden dänische Nationalisten nicht nur zu Anhängern des Skandinavismus, sondern Dänen zerstörten aktiv ein Imperium, das vom Königreich Dänemark dominiert wurde. Dänische Nationalisten trieben ein Ausscheiden von Holstein und Lauenburg voran, um Schleswig und Dänemark aus einem geeinten Deutschland herauszuhalten.

Im Unterschied zu anderen europäischen Fällen förderten die großen Niederlagen von 1814 und 1864 keinen revanchistischen dänischen Nationalismus. Es gab keinen echten Revanchismus nach 1814, und der Revanchismus nach 1864 verlor sich mit der französischen Niederlage 1870. Angesichts der deutschen Einigung wurde es Dänemarks Hauptziel, zu überleben; für die Mehrheit der Dänen schloss die Hoffnung auf eine Grenzrevision allein das dänischsprachige Nordschleswig ein. So ergriff die dänische Regierung absichtlich nicht die ihr durch die alliierten Mächte sowohl nach dem Ersten als auch nach dem Zweiten Weltkrieg verschaffte Gelegenheit, mehr von Schleswig zurückzugewinnen, als national vertretbar erschien.

Die Niederlage von 1864 hat das dänische Nationalbewusstsein geprägt und ‚Größe' zu etwas ganz und gar ‚Undänischem' gemacht. Während der ideologische Streit zwischen Realismus und Idealismus des 19. Jahrhunderts sich noch immer im heutigen Dänemark findet, ist die (nationale) Demokratie Teil dessen geworden, was es heißt, dänisch zu sein. Die Dänen haben vergessen, dass das Konzept an sich in Dänemark noch bis 1945 umstritten war, wie sie auch vergessen haben, dass die Geschichte des dänischen Staates nicht die eines Nationalstaates, sondern eher die eines Imperiums ist. Doch die Dinge ändern sich, und unter dänischen Historikern wird die alte Meistererzählung in Frage gestellt. Dementsprechend muss eine neue geschaffen werden, die das Imperium berücksichtigt und seinen Niedergang sowie die Modernisierung des Staates im Lichte von Krieg, Nationalismus und Demokratisierung begreift.

Sonderfall Irland? Revolution, Krieg und Nationsbildung im Westen des Westens

Christoph Jahr

Irland ist eine kleine, dünn besiedelte Insel hinter England.[1] Ungeachtet dieser aus kontinentaleuropäischer Sicht peripheren Lage, spielte es im Zeitalter der transatlantischen Revolutionen eine vergleichsweise bedeutende Rolle. Theobald Wolfe Tone (1763–1798) beispielsweise, einer der Gründerväter des irischen Nationalismus, war Protestant und dennoch ein energischer Verfechter der Katholikenemanzipation.[2] 1791 zählte er zu den Mitbegründern der „Society of United Irishmen", die eine unabhängige Irische Republik anstrebten. Zeitweilig im Exil in den noch jungen, von ihm allerdings durchaus kritisch gesehenen USA, überzeugte er 1796 das Direktorium in Paris davon, die irischen Republikaner durch eine Militärintervention zu unterstützen. Diese scheiterte unter General Hoche allerdings ebenso wie der 1798 mit französischer Unterstützung inszenierte Aufstand gegen die englische Herrschaft.

Schon damals waren alle Komponenten vorhanden, um das rückständig erscheinende Irland in das Zeitalter des modernen Nationalstaats zu katapultieren: die revolutionäre Epoche nach 1789, der Krieg in Gestalt der Auseinandersetzungen des revolutionären und napoleonischen Frankreich mit dem Rest der Welt, und eine irische Nation als Wille und Vorstellung. Doch zur Gründung eines irischen Nationalstaates kam es damals noch nicht. Stattdessen wurde Irland durch den „Act of Union" mit Wirkung zum 1. Januar 1801 staatsrechtlich integraler Bestandteil des Vereinigten Königreichs von Großbritannien und Irland, verlor aber konsequenterweise zugleich alle Zeichen und Institutionen *eigener* Staatlichkeit, vor allem das Parlament in Dublin.

---

[1] Wenige Schullektüren haben einen derartig bleibenden Eindruck hinterlassen wie die von George Mikes' *How to be an Alien*, London 1947; dort stellte er in unübertrefflicher Klarheit fest: „When people say England, they sometimes mean Great Britain, sometimes the United Kingdom, sometimes the British Isles – but never England."

[2] Als Überblick hierzu: *Robert F. Foster*, Modern Ireland, 1600–1972, London 1988, 236–258; zu Tone: *Marianne Elliott*, Wolfe Tone, 2. Aufl. Liverpool 2012, sowie *Sylvie Kleinman*, Initiating insurgencies abroad: French plans to „chouannise" Britain and Ireland, 1793–1798, in: Small Wars & Insurgencies 25/4, 2014, 784–799; zur Verflechtungsgeschichte Irlands mit der Französischen Revolution vgl. *Hugh Gough/David Dickson* (Hrsg.), Ireland and the French Revolution, Blackrock 1990.

Als rund 125 Jahre später tatsächlich ein irischer Nationalstaat entstand, waren wiederum alle drei Ingredienzien vorhanden, die von dem diesem Band zu Grunde liegenden modernisierungstheoretischen Deutungsmuster verlangt werden. Ein *Krieg*, der Erste Weltkrieg; ein damit einhergehendes Zeitalter *revolutionärer* Veränderungen in Europa, und ein ausgeprägter *Nationalismus*. Das Deutungsmuster des modernisierungstheoretischen Dreiklangs aus Revolution, Krieg und Nation(sbildung) auf Irland im Zeitraum 1916 bis 1922/23 anzuwenden, scheint auf den ersten Blick also nicht nur naheliegend, sondern geradezu zwingend. Doch Robert F. Foster weist vehement darauf hin, dass der Fall Irland „notoriously evades parallels with superficially ‚similar' regions, Celtic or Continental"[3], und David G. Boyce hat schon vor drei Jahrzehnten bezweifelt, dass der irische Nationalismus durch modernisierungstheoretische Ansätze erklärt werden kann.[4]

Wie fügt sich Irland, geographisch gewissermaßen der Westen des europäischen Teils des „Westens", in das modernisierungstheoretische Narrativ ein? Zur Beantwortung dieser Frage möchte ich zunächst erörtern, von welcher Art von *Revolution* überhaupt zu reden ist, dann, was für eine Art von *Krieg* vorlag und schließlich, mit welchem Typ von *Nation* bzw. Nationsbildung und Nationalismus wir es zu tun haben. Diese Fragen können aufgrund ihrer Komplexität und Vielschichtigkeit allerdings nicht erschöpfend behandelt werden, sondern nur durch eine Komplexitätsreduktion, die manche Details und Differenzierungen zugunsten der Übersichtlichkeit übergehen muss. Auch die strenge analytische Trennung der drei Komponenten Revolution, Krieg und Nation dient diesem Zweck – um den Preis, dass die Verbindungslinien zwischen ihnen erst am Ende kurz erörtert werden können.

Welche Revolution?

Von *Revolution* war in Irland im 19. Jahrhundert viel die Rede, jedoch in unterschiedlichen Kontexten und mit unterschiedlichen Stoßrichtungen. Die Emanzipation der Katholiken in Irland (wie im gesamten Vereinigten Königreich) 1829 kennzeichnete der anglikanische Erzbischof von Limerick als eine „Irish revolution".[5] Diese schien trotz vieler Krisen, allen voran der großen Hungersnot, als in den Jahren nach 1845 eine Millionen Iren verhungerten und eine weitere Millionen auswanderten, weitgehend erfolgreich gewesen zu sein. Als die „wahre irische Revolution", *The True Irish Revolution*, beschrieb nämlich 1877, annähernd fünf Jahrzehnte nach der Katholikenemanzipation, die Zeitschrift

[3] *Foster*, Ireland (wie Anm. 2), 569.
[4] *David George Boyce*, Nationalism in Ireland, London 1982, 375–389.
[5] Zit. n. *Bruce Nelson*, Irish Nationalists and the Making of the Irish Race, Princeton 2012, 58.

Catholic World die Tatsache, dass in Irland nur noch vereinzelte Echos des Aufruhrs zu vernehmen seien. Ansonsten sei das Land, der fortbestehenden englischen Herrschaft ungeachtet, ruhig, friedlich und zufrieden. Die Revolution, die hinter dieser Fassade im Gange sei, so die *Catholic World* weiter, drücke sich in einem bemerkenswerten Aufschwung in den Bereichen Bildung, Sprache und Literatur aus. Seit der Renaissance, so das unbescheidene Fazit dieses Artikels, habe kein Land mehr einen derart beeindruckenden Beweis seiner geistigen Fruchtbarkeit erbracht. Die „gegenwärtige irische Revolution" bestehe also darin, dass es wieder eine irische Sprache und Kultur gebe, die zugleich „national und katholisch" sei.[6]

Diesem ersten, geistig-kulturellen Begriff von „Revolution" entsprach ein zweiter, unmittelbar politischer. Die beiden 1886 respektive 1893 gescheiterten Anläufe, die kulturelle Emanzipation der katholischen Bevölkerungsmehrheit in Irland in eine weitgehende Selbstverwaltung („Home Rule") zu übersetzen, waren eine der Determinanten der britischen Innenpolitik gewesen, da die liberale Regierung Gladstone auf die Stimmen der irisch-katholischen Unterhausabgeordneten angewiesen war. Das Engagement der Liberalen für die „irische Sache" war allerdings keineswegs nur der Machtarithmetik geschuldet, sondern zugleich Motor und Ergebnis einer durchgreifenden Demokratisierung der britischen Gesellschaft und Politik.[7] Danach verschwand das Thema für beinahe zwei Jahrzehnte von der politischen Agenda, ehe die „irische Frage" zum Bestandteil eines Verfassungskonfliktes zwischen Liberalen auf der einen sowie den verbündeten Unionisten und Konservativen auf der anderen Seite wurde. In der Unterhauswahl im Januar 1910 hatten die Liberalen ihre Mehrheit verloren und waren nun erneut auf die katholisch-irischen Stimmen angewiesen. Die Irish Parliamentary Party (IPP) nutzte die Gunst der Stunde und setzte das Thema „Home Rule" wieder auf die Agenda. Da die Liberalen zugleich danach trachteten, das Vetorecht des Oberhauses zu beseitigen, wurde die „irische Frage" Teil einer Verfassungsrevolution. 1911 wurde das Vetorecht des Oberhauses de facto abgeschafft und dadurch ein zentrales Machtmittel der Adelsversammlung außer Kraft gesetzt.

„Revolution" in Irland bedeutete nun also, Motor und Profiteur der Durchsetzung der Massendemokratie zu sein. Die Emanzipation der irischen Katholiken war Teil einer umfassenden Gesellschafts- und Verfassungsmodernisierung des Vereinigten Königreichs. In diesem Sinne beschrieb der aus der katholischen Mittelschicht stammende, aber antiklerikal eingestellte Rechtsanwalt und Publizist Michael John Fitzgerald MacCarthy (1864–1928) 1912 die *Irish Revolution*, die er seit der Gründung der „Land League" 1879 im Gange sah. Noch 1877 erschienen ihm zumindest die wohlhabenderen Teile der Insel als „as peaceful as

---

[6] The True Irish Revolution, in: Catholic World 25, Nr. 148 July 1877, 551–556, Zitate 556.

[7] Das betont *Eugenio F. Biagini*, British Democracy and Irish Nationalism 1876–1906, Cambridge 2007; allgemein dazu vgl. *David George Boyce*, The Irish Question and British Politics, 1868–1996, 2. Aufl. Basingstoke 1996.

the ideal Arcadia", weshalb den Menschen der Gedanke fern erscheine, „that we are on the eve of a revolution which, without an armed rising, would overthrow the landlords, put all parliamentary representation and municipal government into the hands of the people, and bring a Dublin Parliament within bounds of possibility."[8]

Der eigentliche „revolutionäre Akt", jedenfalls im Sinne der republikanischen Geschichtsauffassung, war der Osteraufstand von 1916, der sich freilich mit den bisher vorgestellten Revolutionsbegriffen schwer in Einklang bringen lässt. Seine Protagonisten entstammten einer kleinen, militanten Gruppe, die sich, ohne zu diesem Zeitpunkt über eine breite gesellschaftliche und politische Basis zu verfügen, selbst ermächtigte, im Namen der irischen Nation zu handeln. Der Aufstand der Irish Republican Brotherhood (IRB), der Irish Volunteers sowie der sozialistisch angehauchten Irish Citizen Army James Connollys (1868–1916) war militärisch chancenlos, gilt aber als das Fanal zu jener tatsächlichen Revolution, an deren Ende 1922 die Gründung des Irish Free State stand. 1923 publizierte der irische Nationalist, Agitator, Landreformer und Parlamentsabgeordnete William O'Brien (1852–1928) die Schrift *The Irish Revolution and How it Came About*, in der er seinen Weg vom Befürworter der „Home Rule"-Bewegung zum radikalnationalistischen Advokaten der völligen Loslösung vom Vereinigten Königreich reflektierte. Aus den „depths of degradation", so O'Briens Deutung, „the young men of the Sinn Féin cycle had raised the Irish cause to a pinnacle".[9] Seither wird der Begriff *Revolution* auf Irland in der Regel nur noch verengt angewandt, auf die Jahre ab 1910, als der dritte Anlauf für eine „Home-Rule"-Gesetzgebung die politische Agenda bestimmte; ihren eigentlichen Ausgangspunkt hatte die irische Revolution dieser Deutung gemäß im Osteraufstand 1916. Die Verwirrung, wie das, was da in dem Zeitraum 1910 bzw. 1916 bis 1922/23 ablief, zu bezeichnen sei, dauert im übrigen bis heute an. So ist in einem Werk von 2003 für den Zeitraum 1916 bis 1923 mal von „Irish Revolution", mal von „Years of revolt", dann schließlich von „Ireland's Evolution" die Rede.[10]

Betrachtet man die irische Geschichte des 19. Jahrhunderts ohne teleologische Verengung, lassen sich zusammenfassend drei zeitgenössische Varianten der Begriffsbedeutung von *Revolution* identifizieren. *Erstens* bezeichnete man damit eine kulturelle nationale Wiedergeburt, die mit einem „großen Sprung nach vorne" zu vergleichen ist, der Irland wieder auf Augenhöhe mit den anderen „zivilisierten" Nationen Europas katapultierte; zum *zweiten* war damit gemeint, Teil einer Verfassungsrevolution zu sein, mit der sich das Vereinigte Königreich

[8] *Michael John Fitzgerald MacCarthy*, The Irish Revolution, Bd. 1: The Murdering Time, from the Land League to the First Home Rule Bill, Edinburgh/London 1912, Zitate 3 und 34; der angekündigte zweite Band ist, wohl aufgrund des Weltkriegs, nie erschienen.

[9] *William O'Brien*, The Irish Revolution and How it Came About, London 1923, 446.

[10] *Francis Costello*, The Irish Revolution and its Aftermath: 1916–1923. Years of Revolt, Dublin 2003.

an das heraufziehende Zeitalter der Massendemokratie anpasste; es hieß zum *dritten*, durch einen gewaltsamen Aufstand einer sich selbst ermächtigenden Avantgarde von Gewaltpolitikern, den Umsturz der bestehenden politischen Verhältnisse erzwingen zu wollen, wobei der Weg in den Bürgerkrieg vorgezeichnet war und die „Revolution" praktisch völlig in der Machtfrage aufging.

Welcher Krieg?

In den verschiedenen Phasen des Umbruchs in Irland sind nacheinander, aber auch nebeneinander, verschiedene Typen des Kriegs identifizierbar. Da ist, *erstens*, der bewaffnete Aufstand gegen eine „Besatzungsmacht", der „Befreiungskampf". In der Proklamation der Irischen Republik am Ostermontag 1916 wurde das wie folgt zum Ausdruck gebracht: „In jeder Generation hat das irische Volk sein Recht auf nationale Freiheit und Souveränität bekräftigt; in den letzten dreihundert Jahren hat es dies sechsmal mit Waffengewalt getan."[11] Diese Tradition angeblicher Kontinuität der gewaltsamen Erhebung ist, wie alle Traditionen des Nationalen, eine Erfindung. Tatsächlich ist die Geschichte der irischen Aufstände mindestens so sehr eine des Bruchs wie eine der Kontinuität. Zwischen dem IRB-Aufstand 1867 und dem Osteraufstand 1916 lag eine lange Phase des Experimentierens mit verschiedenen Formen terroristisch-anarchistischer Gewalt, die sich von der offen militärischen Auseinandersetzung während des Osteraufstandes deutlich unterschied.[12]

Erst in der Phase 1916 bis 1922/23 waren die Elemente terroristischer Gewalt, vor allem aber jene des Guerillakriegs, dominant. Das, was man heute „asymmetrische Kriegsführung" nennt, praktizierten beide Seiten: die IRA (um nur die in diesem Zusammenhang wichtigste Gruppierung zu nennen) ebenso wie die britische Regierung in Gestalt der an die Freikorps in Mittel- und Osteuropa erinnernden „Auxiliaries" und der „Black and Tans".[13] Diese Form von Gewalt war ab dem Januar 1919 ubiquitär, die Fronten unklar: Guerillakrieg, Bürgerkrieg und Fememord, „ethnische Säuberungen" und Vertreibungen lagen so dicht beieinander, dass sie kaum zu unterscheiden waren.[14] Sogar als eine frühe Form des

---

[11] Zitiert nach der Übersetzung in: *Peter Alter* (Hrsg.), Nationalismus. Dokumente zur Geschichte und Gegenwart eines Phänomens, München 1994, 106.

[12] Vgl. *Niall Whelehan*, The Dynamiters: Irish Nationalism and Political Violence in the Wider World, 1867–1900, Cambridge 2012.

[13] Dazu zuletzt *Julia Eichenberg*, Soldiers to Civilians, Civilians to Soldiers. Poland and Ireland after the First World War, in: Robert Gerwarth / John Horne (Hrsg.), War in Peace. Paramilitary Violence in Europe after the Great War, Oxford / New York 2012, 182–197.

[14] Vgl. dazu *Peter Hart*, The I. R. A. at War 1916–1923, Oxford 2003. Dass es sich im irischen Unabhängigkeitskrieg um ein Musterbeispiel asymmetrischer Kriegführung handelt, zeigt *Michael D. Hill*, Der irische Unabhängigkeitskrieg als Studie asymmetrischer Kriegsführung, Seminararbeit Universität Heidelberg Wintersemester 2009/2010 (unveröffentlicht). Das viel

Jahrzehnte später von Mao Tse Tung zum Programm erhobenen „Volkskriegs" ist der Kampf der Republikaner gegen die britische Herrschaft gedeutet worden.[15] Die ethnisch-nationale Frontstellung „Iren versus Engländer" war allerdings keineswegs so eindeutig, wie sie heute bisweilen erscheint. Da ja zu diesem Zeitpunkt alle Iren formal (wenn auch keineswegs in der Praxis) gleichberechtigte Staatsbürger des Vereinigten Königreichs waren, kann man auch schon den meist als „Anglo-Irish War" bezeichneten Sezessionskrieg als einen Bürgerkrieg bezeichnen, nicht erst den unmittelbar darauf folgenden „Irish Civil War".

Für Irland ist, *zweitens*, die latente Gewalttätigkeit und akute Gewaltausübung durch paramilitärische Verbände kennzeichnend.[16] Im Januar 1913 wurde die protestantisch-unionistische „Ulster Volunteer Force" gegründet, die aus 85 000 Mitgliedern bestand. Im November desselben Jahres entstand das katholisch-nationalistische Gegenstück, die „Irish Volunteers". Diese hatten zwar wesentlich mehr Mitglieder, rund 180 000, waren aber schlechter bewaffnet und ausgebildet als ihr Pendant in Ulster. Beide Seiten vergrößerten ihr Waffenarsenal im Frühjahr 1914 durch illegale Lieferungen aus Deutschland. Es standen zwei Bürgerkriegsarmeen bereit, die beide eine doppelte Stoßrichtung hatten. Einerseits waren sie gegen die jeweils andere paramilitärische Gruppierung gerichtet. Andererseits aber auch, was vor allem im Hinblick auf die Protestanten oft übersehen wird, gegen die britische Armee in Irland und die sie ergänzende Royal Irish Constabulary. Das wurde im Frühjahr 1914 durch den so genannten „Curragh-Incident" deutlich, als eine Reihe hoher britischer Offiziere damit drohte, der Regierung in London die Gefolgschaft zu verweigern, falls sie versuchen würde, die Durchsetzung der Home-Rule in Ulster mit Waffengewalt zu erzwingen.[17]

Drittens steht die „irische Revolution" und Unabhängigkeit natürlich im Kontext des Ersten Weltkriegs, also eines „klassischen" zwischenstaatlichen Konflikts.[18] Es ist beinahe sprichwörtlich, dass der Beginn des Ersten Weltkriegs

---

diskutierte, darüber hinausgehende Konzept des „neuen Kriegs" scheint dagegen nur begrenzt anwendbar; zu dessen Schwächen, v. a. seiner eurozentrischen und auf die Neuzeit begrenzten Perspektive vgl. *Dieter Langewiesche*, Wie neu sind die „Neuen Kriege"? Eine erfahrungsgeschichtliche Analyse, in: Georg Schild/Anton Schindling/Alkmar v. Alvensleben (Hrsg.), Kriegserfahrungen. Krieg und Gesellschaft in der Neuzeit. Neue Horizonte der Forschung, Paderborn 2009, 289–302.

[15] Vgl. hierzu *William H. Kautt*, The Anglo-Irish War, 1916–1921. A People's War, Westport, Conn. 1999.

[16] Vgl. im Folgenden *David Fitzpatrick*, Militarism in Ireland, in: Thomas Bartlett/Keith Jeffery (Hrsg.), A Military History of Ireland, Cambridge 1996, 379–406; *Francis Stewart Leland Lyons*, The Developing Crisis, 1907–14, in: William E. Vaughan (Hrsg.), New History of Ireland, Bd. 6: Ireland under the Union, II, 1870–1921, Oxford 1996, 123–239.

[17] Vgl. *Ian F. W. Beckett* (Hrsg.), The army and the Curragh incident 1914, London 1986; *Elizabeth A. Muenger*, The British Military Dilemma in Ireland: Occupation Politics 1886–1914, Lawrence (Canada)/Dublin 1991, 164–204.

[18] Vgl. *Keith Jeffery*, Ireland and the Great War. For the Freedom of Small Nations, Cambridge 2000.

Irland zumindest den sofortigen Bürgerkrieg erspart hat – und zugleich das dramatische Ende der gemäßigten, auf Reform statt Revolution zielenden Home Rule-Bewegung just im Augenblick ihres scheinbaren Triumphes einläutete.[19] Nachdem das dritte Home Rule Bill am 25. Mai 1914 verabschiedet worden war, rüsteten Katholiken und Unionisten in Irland unverdrossen weiter zum Bürgerkrieg. Doch ein Hauch von Burgfrieden lag ab August 1914 auch in Irland in der Luft. Alle Seiten versuchten freilich weiterhin, aus der britischen Zwangslage, insbesondere dem ständig wachsenden Rekrutierungsbedarf, Kapital für ihre divergierenden politischen Ziele zu schlagen.[20] Der Vollzug des Home-Rule-Gesetzes wurde einvernehmlich bis zum Kriegsende ausgesetzt. Die Zusage der IPP, dass sich die Katholiken Irlands ganz in den Dienst Großbritanniens stellen würden, entzweite die katholischen Iren. Die Abspaltung, die weiterhin „Irish Volunteers" hieß – während die Gruppe um den loyal zur „britischen Sache" stehenden John Redmond (1856–1918) sich jetzt „Irish National Volunteers" nannte – kam allerdings vor dem Osteraufstand 1916 über den Status einer Splittergruppe nicht hinaus. Die radikalnationalistische Sinn Féin verstärkte ihre schon vor dem Krieg geführte Kampagne gegen den als Vaterlandsverrat gebrandmarkten Dienst in der britischen Armee.

Die Auseinandersetzung um den Versuch der britischen Regierung, im Frühjahr 1918 die Wehrpflicht, von deren Einführung Irland 1916 noch ausdrücklich ausgenommen war, auf die grüne Insel auszudehnen, war neben der harten Reaktion auf den Osteraufstand das entscheidende Medium, durch das die bis mindestens 1916 mehrheitlich favorisierte Home-Rule-Lösung auf das politische Abstellgleis geriet.[21] Die Behauptung der radikalrepublikanischen Kräfte, dass der Weltkrieg Englands Krieg sei, mit dem die Iren nichts zu schaffen hätten, gewann darüber hinaus durch die alliierte Propaganda für das „Selbstbestimmungsrecht der Völker" zunehmend an Plausibilität.

Welcher Nationalismus?

Generell ist zu beachten, dass in Irland eine kaum durchschaubare Mischung verschiedener Nationalismen vorliegt, als derer Träger rund fünfzig Vereine, Parteien, Geheimbünde und paramilitärische Verbände auftraten.[22] Vereinfachend kann man drei Hauptströmungen des irischen Nationalismus un-

---

19 *Foster*, Ireland (wie Anm. 2), 471–474.

20 Vgl. *David u. Josephine Howie*, Irish Recruiting and the Home Rule Crisis of August-September 1914, in: Michael Dockrill/David French (Hrsg.), Strategy and Intelligence. British Policy During the First World War, London 1996, 1–22.

21 Vgl. *Thomas Hennessy*, Dividing Ireland. World War I and Partition, London 1998, 202–227.

22 Vgl. hierzu die Auflistung in *Kautt*, Anglo-Irish War (wie Anm. 15), 119–126.

terscheiden. Da ist, *erstens*, derjenige des sozial-konservativen katholischen Establishments, das die völlige staatsrechtliche, konfessionelle und kulturelle Emanzipation der Katholiken befürwortete. Die *Konstitutionalisten*, wie ich sie im folgenden nenne[23], erblickten seit den Tagen Daniel O'Connells (1775–1847) in der Union mit Großbritannien die Unterwerfung unter britische beziehungsweise englische Traditionen zum Schaden der irischen Nationalidentität. Die Autonomie sollte, dieses antienglischen Ressentiments ungeachtet, jedoch auf konstitutionellem Weg erlangt werden. Wie sie zu erreichen wäre, blieb freilich umstritten. Als Beispiel sei hier einer der führenden Politiker der Irish Parliamentary Party, der Anglikaner Charles Stewart Parnell (1846–1891), genannt: er wandelte sich zunächst vom Obstruktionspolitiker zum Agitator der Irish National Land League, der soziale Unzufriedenheit nationalistisch politisierte. Im Schlepptau der Liberalen Gladstones im Zuge des gescheiterten Home Rule Bill von 1886 vertrat er einen gemäßigten Kurs, bevor er nach 1890 wieder den Weg zurück zum militanten Oppositionellen gegen eine Kooperation mit den Liberalen fand. Nach 1891 spaltete sich seine IPP in Parnell-Anhänger um John Redmond (der seinerseits ein Gegner des Zweiten Home Rule Bill von 1893 wurde) und anti-Parnelliten (um Justin McCarthy [1830–1912] und John Dillon [1851–1927]). Erst 1900 fand die Wiedervereinigung der beiden Flügel statt, um dem kombiniertem Druck der Unionisten und Republikaner standhalten zu können. Zumindest bis zum Vorabend des Ersten Weltkriegs war die „Home-Rule-Partei" sowohl unter den Eliten, als auch in der katholischen Bevölkerung insgesamt klar dominant.

Die IPP konzipierte die „Irishness" nicht primär religiös oder kulturell (obwohl beide Elemente durchaus eine Rolle spielten), sondern als auf gemeinsamer Geschichte und Erfahrung basierend, die notwendig als different von der britischen Geschichte wahrgenommen wurde, da England als Quelle der Probleme Irlands galt. Daher hatte dieser Nationalismus unmittelbare politische Implikationen, weil er eigene irische Institutionen als Ausdruck spezifisch irischer Nationalität forderte, jedoch im Rahmen des Vereinigten Königreichs auf der Basis einer Gleichwertigkeit von Irland und Großbritannien. Dieser Nationalismus entwarf also nicht nur ein Konzept der *irischen* Nation, sondern auch ein neues Konzept des Vereinigten Königreiches im imperialen Kontext.

Besonders in diesem Zusammenhang ist auch der Rassismus als konstitutives Element des Nationalismus von zentraler Bedeutung. Einerseits wurden die (katholischen) Iren als inferiore Rasse imaginiert. Noch 1886 wies der Parteiführer der Konservativen, Lord Salisbury, die Forderung nach Home Rule mit Hilfe der Gleichsetzung von Iren und „Hottentotten" zurück und die Unionistische

---

[23] Diese Darstellung folgt *Katy Hayward*, Irish Nationalism and European Integration. The Official Redefinition of the Island of Ireland, Manchester 2009, 64–91, die zwar manche Binnendifferenzierung übergeht, dafür aber Orientierung in den unübersichtlichen irischen Verhältnissen bietet.

Dublin Evening Mail attestierte vielen Iren „the moral and intellectual condition of Dahomey".[24] Andererseits diente ein relativ offener, flexibler Begriff von Rasse dazu, die inneririschen Differenzen zu überbrücken und sich als Teil der „weißen" imperialen Herrschaftselite zu definieren.

Zweitens gab es den zunehmend offener sezessionistischen und auch gewaltbereiten protestantischen Ulster-Nationalismus, der ungeachtet des Antagonismus zwischen anglikanisch-englischer Herrschaft und presbyterianisch-schottischstämmiger Bevölkerung jeglichen Gedanken an Home Rule ablehnte, weil er darin eine schleichende Katholisierung („Home Rule is Rome Rule") witterte. Die Unionisten betonten vor 1914 jedoch weniger ihre *britische* als ihre *irische* Identität, so etwa ein Redner auf einer Unionistischen Versammlung in Dublin 1892: „We are the true united Irishmen"[25], womit er auf Wolf Tones „United Irishmen" von 1791 anspielte. Hundert Jahre nach Tone waren auch für die Unionisten noch weniger Religion, Kultur oder Politik entscheidend, als vielmehr das Territorium. Lord Castletown (1849–1937) etwa sagte auf derselben Versammlung 1892: die „Irische Rasse" sei zusammengesetzt aus „Celt and Norman, Dane and Cromwellian". *Irishness* war nur eine geographische Tatsache ohne tagesaktuelle Bedeutung. Das Eingebundensein in britische bzw. englische Traditionen und Strukturen wurde daher nicht als Widerspruch zum Irischsein gesehen. Im Gegenteil, erst die *Lockerung* der Bindung an Großbritannien würde Irland – zum Schaden beider Seiten – in einen Kolonialstatus absinken lassen, wie Castletown feststellte, denn die Iren seien jene, „to whom the Empire owes its prosperity and fame".[26]

Drittens ist der bis 1916 numerisch völlig periphere, radikal-republikanische, zwar meist katholisch grundierte, aber oft antiklerikal und auch sozialistisch angehauchten Nationalismus der IRB zu nennen, zu dem sich der ebenfalls zunehmend gewaltbereite Nationalismus der Sinn Féin gesellte. Die Nation galt ihnen als politische und kulturelle Einheit, die ihre Heimat in einem unabhängigen Nationalstaat zu finden habe. Die Nation wurde als Gesellschaft und Staat vorausgehend verstanden. So schrieb der Dichter Séamas Ó hAodha (1886–1967) in der Zeitschrift *Irish Volunteer* im Oktober 1914: „God made Nationalities; men and women, mostly bad men and women, made Empires, not by improving God's plan but by assailing it."[27] Damit einher ging das Programm der Schaffung einer gälisch-irischen Kultur durch die Gaelic Athletic Association (1884), die Gaelic League (1893) oder die von Patrick Pearse (1879–1916) gegründete Saint Enda's School (1908). Dieser Nationalismus, der nach 1916 dominierte, war hochgradig exklusiv und antibritisch; er vertrat eine Ideologie des Widerstands und des Martyriums gegen jede Form der Fremdherrschaft. Douglas Hyde (1860–1949) war

[24] Zit. n. *Nelson*, Nationalists (wie Anm. 5), 125.
[25] Zit. n. *Hayward*, Nationalism (wie Anm. 23), 65.
[26] Zit. n. *Hayward*, Nationalism (wie Anm. 23), 67.
[27] Zit. n. *Hayward*, Nationalism (wie Anm. 23), 69.

Protestant, Gründer der Gaelic League, Advokat der „gälischen Wiedergeburt Irlands“ und 1938 erster Präsident der Republik Irland. 1892 verkündete er in einer Rede „die Notwendigkeit der Entanglisierung Irlands“:

> […] diese Nation, die einstmals, wie jeder zugibt, eine der am gründlichsten klassisch gebildeten und kultiviertesten Nationen Europas war, [ist] jetzt eine der am weitesten zurückgebliebenen [… Das irische Volk …] hat aufgehört, irisch zu sein, ohne dadurch englisch zu werden. […] Ich möchte Ihnen sagen, daß wir durch unsere Anglisierung in Bausch und Bogen leichtfertig den überzeugendsten Anspruch aufgegeben haben, von der Welt als Nation anerkannt zu werden.[28]

Über die gewalttätige Radikalisierung des irischen Nationalismus im Weltkrieg zeigte er sich freilich entsetzt. Nach dem Osteraufstand schrieb er an einen Freund empört über die Aufständischen der IRB, dass sie das physische und intellektuelle vermischt haben: „These people ‚queered the pitch‘ on me, mixed the physical and the intellectual together, interpreted my teaching into terms of bullets and swords.“[29]

Die Nationalismen der katholischen Konstitutionalisten und der Republikaner besaßen viele Ähnlichkeiten. Beide erblickten in Irland die „most cruelly and sorely oppressed of all the world's nations“[30] und stellten das vermeintliche eigene Martyrium als eine einzigartige Leidensgeschichte dar. Intellektuelle und kulturelle Eliten spielten eine große Rolle, lange Zeit insbesondere auch südirische Protestanten. Der Nationalismus wurde durch eine breite Agitation mittels Zeitungen, Pamphleten, Massenversammlungen, aber auch Dichtung und Literatur unters Volk gebracht. Diese Agitation widerspiegelte die Modernisierung der irischen Gesellschaft, den relativen Bildungs- und Wohlstandsaufstieg sowie neue (Massen)Kommunikationsformen. Die wachsende Unzufriedenheit mit dem Status quo beförderte die Suche nach einer neuen Nationalität und sozialen Ordnung. Die irische Nation wurde als scharf getrennt von der Englischen wahrgenommen, als „uniquely Irish, and in every fundamental aspect distinct from and alien to English patriotism“[31], wie es Samuel George Hobson (1870–1940), Sozialist, langjähriges Mitglied der Fabian Society und der ILP, 1912 formulierte. Die Existenz einer Irischen Nation wurde vorausgesetzt und diese als Hort der europäischen Zivilisation definiert. In dem 1926 erschienenen Buch von N. C. West, *The truth about Ireland*, hieß es über die dunkle Zeit der Völkerwanderung und des frühen Mittelalters: „Learning, which had been exiled

[28] Diese Rede ist auszugsweise abgedruckt in: *Peter Alter* (Hrsg.), Nationalismus. Dokumente zur Geschichte und Gegenwart eines Phänomens, München 1994, 103–105, Zitate 103 f.

[29] Zit. n. *Leon Ò Broin*, Revolutionary Underground. The Story of the IRB 1858–1924, Dublin 1976, 171.

[30] Vgl. *Nelson*, Nationalists (wie Anm. 5), 242, der eine anonyme Schrift aus dem Jahr 1920 zitiert.

[31] Zit. n. *Hayward*, Nationalism (wie Anm. 23), 71.

from Europe by the din and tumult of war and the invading hosts of illiterate barbarians, found a safe asylum in the peaceful valleys of Erin."[32]

Geschichte und Kultur waren die Pfeiler dieser imaginierten irischen Identität sowohl bei den Konstitutionalisten, als auch bei den Republikanern. Erstere akzeptierten allerdings stärker die positiven Folgen der Besiedlung durch die verschiedenen Völkerschaften. Der bereits zitierte George Hobson etwa vertrat die Auffassung: „Gael still persists in the Irish character; so also the Celt; Norman ancestry and Norman types are not uncommon [...]; Anglicisation has played no inconsiderable part. In the sum-total a type (endlessly varied) is produced, and we know him as the Irishman."[33] Die Herausbildung kultureller Definitionen irischer Nationalität, insbesondere der Katholizismus und die gälische Sprache, war zwar bei den Republikanern besonders ausgeprägt, aber auch die IPP verfolgte seit 1875 eine Politik der Nationalisierung von Sprache und Kultur, so dass um 1900 alle symbolischen Elemente irischer Nationalität vorhanden waren.

Diese gemeinsame Basis des republikanischen und des konstitutionellen Nationalismus erodierte im Zuge der Radikalisierung der irischen Politik seit 1900 und besonders seit 1914. In vier Bereichen lassen sich markante Unterschiede zwischen diesen beiden Nationalismen feststellen. *Erstens* unterschied sich die Idealvorstellung eines Nationalstaates. Die republikanischen Nationalisten verlangten die Dominanz der essentialistisch verstandenen Nation über den Staat, „the complete political, the complete economical and the complete moral and intellectual independence of Ireland"[34], wie es der Home-Rule-Befürworter Robert Mitchell Henry (1873–1950) 1920 in kritischer Distanz zu Sinn Féin formulierte. Sie fühlten sich inspiriert von der Amerikanischen und Französischen Revolution und wollten gerade deswegen die „Säuberung" von allem Britischem, vor allem Englischem. Die Konstitutionalisten waren dagegen flexibler, denn sie konnten sich die wieder erstarkte irische Kultur auch in einem britisch dominierten Staatswesen vorstellen. „[T]he tendency of the world at present is all towards great empires and away from little states"[35], schrieb etwa der liberale Journalist Harold Spender in seiner Schrift *Home Rule* 1912, wobei ihm die Entwicklung der folgenden Jahrzehnte allerdings unrecht gab.

Der *zweite* Unterschied lag in den Methoden der Realisierung des jeweils favorisierten Nationalstaats-Modells. Der durch den Osteraufstand 1916 unternommene Versuch, dem „kulturellen" Nationalismus durch eine militärische Aktion zum politischen Durchbruch zu verhelfen und zugleich die irische Frage auf die internationale Ebene zu heben, war nicht weniger als die Antithese zu der Home-Rule-Politik der Konstitutionalisten.

---

32 Zit. n. *Hayward*, Nationalism (wie Anm. 23), 71.
33 Zit. n. *Hayward*, Nationalism (wie Anm. 23), 72.
34 Zit. n, *Hayward*, Nationalism (wie Anm. 23), 73.
35 Zit. n. *Hayward*, Nationalism (wie Anm. 23), 74.

Drittens ist auf die Bedeutung des internationalen Kontextes für dieses Modell hinzuweisen. Die Republikaner sahen die Nation als Basis einer spezifisch irischen, also gerade *nicht* universalistischen Zivilisation. Die Konstitutionalisten dagegen verstanden die Nation als Werkzeug des universellen Menschheitsfortschritts und versuchten, Nation und Empire zu versöhnen; damit waren sie Teil einer das ganze Empire, insbesondere die „weißen" Kolonien, umfassenden Debatte. Die antikolonialen Aufstände in der Mitte des 19. Jahrhunderts, vor allem in Indien, dienten nicht weniger als der Kampf der Buren gegen die britische Vorherrschaft in Südafrika um die Jahrhundertwende als Vorbild und Ansporn des irischen Nationalismus.[36] Die Haltung der irischen Nationalisten gegenüber dem Empire war dabei freilich hochgradig ambivalent; gerade das Beispiel der „weißen Kolonien" und ihres privilegierten Status als Dominions schien zu beweisen, dass weitgehende Autonomie und gleichzeitige Teilhabe an der zutiefst rassistisch geprägten Ausbeutungsgemeinschaft des Empire einander nicht auszuschließen brauchten. Ausdrückliche Anti-Imperialisten waren nur die wenigsten irischen Nationalisten.[37]

Viertens schließlich sind die Reaktionen auf die europäische Krise von 1914 zu nennen, denn der Weltkrieg hob die Gegensätze zwischen den irischen Gruppierungen hervor. Die Konstitutionalisten sahen den Krieg als „Ireland's war, and that Ireland for the first time in the passage of long centuries sends out her sons fully accredited to fight for the sake of Ireland and for Ireland's cause"[38], wie es in einem 1915 erschienenen *Battle Song for the Irish* pathetisch hieß. Der Weltkrieg sei ein Krieg für das Selbstbestimmungsrecht der kleinen Nationen, vor allem Belgiens, aber auch Irlands. Für die Unionisten dagegen hatte sich die irische Frage durch den Weltkrieg erübrigt, denn er bot die Gelegenheit zu beweisen, dass nur sie bedingungslos zu Krone und Empire stünden.[39] Für die Republikaner wiederum war er *die* Chance, Irland aus Englands Windschatten zu lösen und in einen europäischen Kontext zu stellen. Sinn Féin-Gründer Arthur Griffith (1872–1922) verkündete, Irland sei aufgrund des Kriegs „no longer an island lying behind England but was again, politically, as well as geographically, part of Europe."[40] Griffith und andere stellten sich in die Tradition Wolf Tones,

---

[36] Vgl. *Matthew Kelly*, Irish Nationalist Opinion and the British Empire in the 1850s and 1860s, in: Past and Present 204, 2009, 127–154; *Nelson*, Nationalists (wie Anm. 5), 121–177.

[37] Daniel O'Connell, Charles Stewart Parnell, John Dillon oder John Redmond äußerten zwar gelegentlich Kritik am britischen Imperialismus, aber nur wenige Parlamentsabgeordnete wie Frank Hugh O'Donnell, Alfred Webb und Michael Davitt traten als dessen grundsätzliche Gegner hervor; vgl. *Pauline Collombier-Lakeman*, Ireland and the Empire: The Ambivalence of Irish Constitutional Nationalism, in: Radical History Review 104, Spring 2009, 57–76.

[38] Zit. n. *Hayward*, Nationalism (wie Anm. 23), 78.

[39] Vgl. *Gillian McIntosh*, The Force of Culture, Unionist Identities in 20th Century Ireland, Cork 1999, 10f.

[40] Zit. n. *Hayward*, Nationalism (wie Anm. 23), 79.

denn sie betrachteten sich ebenso als Europäer wie als Nationalisten, ja als Nationalisten, um Europäer sein zu können.

Die Folgen des Weltkriegs für Irland können hier nur kurz skizziert werden.[41] Der Anspruch Sinn Féins, die in den Unterhauswahlen im Dezember 1918 fast alle Wahlbezirke Irlands erobert hatte, Irland als eigenständigen Teilnehmer an der Friedenskonferenz von Versailles anzuerkennen, wurde von den Siegermächten zurückgewiesen. Dennoch war die weltpolitische Lage günstig für die Nationalisten, denn angesichts des vielfach proklamierten Selbstbestimmungsrechts der Völker und des Endes der mittel- und osteuropäischen Vielvölkerreiche schien die Home Rule als „irische Lösung" im imperialen Kontext keine tragfähige Perspektive mehr zu sein. Sinn Féin unter Éamon de Valéra (1882–1975) schwenkte endgültig auf den bis dahin nur von den Radikalnationalisten vertretenen Kurs „volle Unabhängigkeit": Mit der Ausrufung des ersten Dail Eirann, des Parlaments der Irischen Republik, begann im Januar 1919 der „Anglo-Irische" Sezessionskrieg, begleitet vom Aufbau einer alternativen (republikanischen) Staatlichkeit in Südirland.[42] Mit dem Anglo-Irischen Vertrag vom Dezember 1921 erhielt Irland einen Dominion-Status. Dies führte zur Spaltung Sinn Féins und vom Juni 1922 bis Mai 1923 zum von beiden Seiten grausam geführten irischen Bürgerkrieg, in dem die Befürworter des Free State-Vertrags obsiegten. In den Zwanziger Jahren konnte sich der Free State relativ schnell stabilisieren, indem er viele der alten administrativen Strukturen der Briten übernahm. Zugleich erlangte die katholische Kirche jene überragende, die Pluralisierung und weitere Modernisierung der irischen Gesellschaft lang hemmende Dominanz, die die Kirchenskeptiker in allen politischen Lagern immer befürchtet hatten.

Der Anglo-Irische Krieg und der irische Bürgerkrieg festigten auch die Spaltung zwischen Nationalisten und Unionisten; der Konflikt territorialisierte sich gewissermaßen endgültig durch die Schaffung eines eigenen Regionalparlaments für Ulster im Juni 1921. Die Free-State-Verfassung vom Dezember 1922 war eine widersprüchliche Mischung aus republikanischen Anteilen einerseits, in denen der irische Staat den Neugründungen Mittel- und Osteuropas ähnelte, und britisch-konstitutionell-monarchischen Elementen andererseits. Insofern lebte in ihr ein Teil des Erbes der Konstitutionalisten fort, nur eben mit republikanischem Etikett. Der Irisch / Gaelisch-idealistische Nationalismus verlor in der Folgezeit viel von seiner Attraktivität und geriet für Jahrzehnte wieder in jene

---

[41] Vgl. *Jürgen Elvert*, Der Bruch. Irlands Weg in die Zweistaatlichkeit (1916–1921), in: Ders. (Hrsg.), Nordirland in Geschichte und Gegenwart / Northern Ireland – Past and Present, Stuttgart 1994, 128–149; vgl. z. B. auch *Keith Jeffery*, Ireland and the Great War, Cambridge 2000, der stärker auf die mentalen Kriegsfolgen eingeht.

[42] Vgl. *Gretchen M. MacMillan*, State, society and authority in Ireland. The foundations of the modern state, Dublin 1993, 150–161; *Arthur Mitchell*, Alternative Government: ‚Exit Britannia' – The Formation of the Irish National State, 1918–21, in: Joost Augusteijn (Hrsg.), The Irish Revolution 1913–1923, Manchester 2002, 70–86.

Minderheitenposition, in der er im 19. Jahrhundert verharrt hatte. Die Periode bis 1932 kann einerseits als Zeit der Konsolidierung im Zeichen der *Realpolitik* gedeutet werden. Nicht ohne Spott konstatierte etwa Stephen Gwynn (1864–1950), der sich im Mai 1923 im *Observer* gegen Sinn Féins Kulturidealismus und Provinzialismus wandte: „We do need in Ireland to get a civilised State, and we can only do that by adopting the patterns which are established in Europe, to which we belong. It is a great deal more important to be civilized than to be Gaelic."[43] Aus der Perspektive der Vertragsgegner war dies aber andererseits eine Epoche des „Verrats" an den republikanischen und egalitären Idealen – konsequenterweise könnte man diese Zeit daher als eine der „Gegenrevolution"[44] kennzeichnen. Erst in den 1930er Jahren unter de Valéra kam es zur „Vollendung" der Unabhängigkeit und Republikanisierung mit der neuen Verfassung von 1937 und dem Austritt aus dem Commonwealth 1949.

Es ist eine die irische Geschichte bis heute prägende Tatsache, dass Staats- und Nationsbildung nach 1922/1923 auseinanderfielen. Während die Vertragsbefürworter nach dem Sieg im Bürgerkrieg unter William Thomas Cosgrave (1880–1965) den neuen Staat aufbauten und dabei sozial wie politisch auf die traditionellen Strukturen und Eliten sowie das enge Bündnis mit der katholischen Kirche setzten, dominierten die Vertragsgegner und Verlierer des Bürgerkriegs die Definition der nationalen Mythen.[45] Dadurch erschien der sich bildende irische Nationalstaat in dreierlei Hinsicht unvollendet. *Territorial*, weil sechs der neun Grafschaften Ulsters fehlten; *politisch*, weil die völlige Loslösung von der britischen Krone vor allem auf symbolischer Ebene nicht gelungen war; und *gesellschaftlich*, weil die alten Eliten – katholischer Mittelstand, der Klerus und die (allerdings zunehmend an Bedeutung verlierende) Protestant Ascendancy – weiterhin das Land dominierten. Die Lücke zwischen der Essenz, der Nation, und der Substanz, dem Staat, bestand in Irland nach der Regierungsübernahme durch de Valéra weiter, weil auch er das Ziel einer sozialen Revolution aufgab und stattdessen ganz auf die nationale Karte setzte. Es ist daher nicht erstaunlich, dass auch die Erinnerung an den Bürgerkrieg bis heute eine desintegrative

[43] Zit n. *Hayward*, Nationalism (wie Anm. 23), 81.

[44] *John M. Regan*, The Irish Counter Revolution 1921–1936. Treatyite Politics and Settlement in Independent Ireland, Dublin 1999.

[45] *Bill Kissane*, Victory in Defeat? National Identity after Civil War in Finland and Ireland, in: John A. Hall / Sinisa Malesevic (Hrsg.), Nationalism and War, Cambridge 2013, 321–340, Zitat 332: „Fianna Fáil played the green, not red card on their way back to power." Die Bedeutung Cosgraves für die schnelle Stabilisierung Irlands nach dem Bürgerkrieg betont *Ciara Meehan*, The Cosgrave Party. A history of Cumann na nGaedheal, 1923–33, Dublin 2010. Die Kosten der mit einer klerikal geprägten Verfassung und einer traditionell orientierten Gesellschaft erkauften Stabilität betont *Heinrich A. Winkler*, Geschichte des Westens. Die Zeit der Weltkriege 1914–1945, München 2011, 418: „Gegenüber dem übrigen Nordwesteuropa wirkten beide Teile Irlands in der Zwischenkriegszeit wirtschaftlich, sozial und mental zurückgeblieben."

Wirkung entfaltet.[46] Es wird daher interessant sein zu verfolgen, wie, beginnend mit dem Jahrestag des Osteraufstands von 1916, die Hundertjahrfeiern in beiden Teilen Irlands und in Großbritannien ausgestaltet werden.

Fazit

Der Dreiklang aus Revolution – Krieg – Nation war konstitutiv für den Weg Irlands in die Unabhängigkeit – jedoch auf eine sehr komplexe und widersprüchliche Art. Er kann gehört werden als die Auseinandersetzung zwischen einem primär auf die *Staatsbürgerschaft* in einem multinationalen Empire gegründeten (Konstitutionalisten) und einem *ethnozentrischen* Modell (Republikaner); er kann ebenso gehört werden als eine Auseinandersetzung zwischen dem britisch-imperialen und dem kontinental-westeuropäisch-nationalstaatlichen Ordnungssystem. Doch in keinem dieser Bezugssysteme geht der „Fall Irland" vollständig auf. Was sollte den Kern des „Irisch-Seins" bilden? Der Ethno-Romantizismus einer prästabilierten Gemeinschaft, die sich über die gälische Sprache und Kultur definierte?[47] Die Vorstellung, Teil einer gesamteuropäischen „Zivilisation" zu sein? Sollten die jahrhundertealten Verflechtungen irischer und britischer Geschichte, Politik, Institutionen und Kultur auf eine Ebene der Gleichwertigkeit gehoben werden – oder sollte alles „Englische" überwunden, ja sogar getilgt werden? Dass diese Fragen und die daraus erwachsenden Konflikte bis heute auch im internationalen Rahmen präsent sind, liegt natürlich vor allem am Nordirland-Problem. Wie in kaum einem anderen westeuropäischen Land zeigt das Zusammenwirken von Revolution, Krieg und Nation(alismus) bis heute sein desintegratives Potential mit aller Deutlichkeit.

Nicht zuletzt deswegen mutet der Weg Irlands im um den Ersten Weltkrieg zentrierten zweiten Zeitalter der Revolutionen in gewisser Weise osteuropäisch an – ungeachtet der Tatsache, dass die Grüne Insel geographisch am westlichen Rand Europas liegt; darauf hat Peter Alter schon 1971 hingewiesen.[48] Dadurch hat er die von Hans Kohn postulierte Dichotomie zwischen einem über viele Jahrhunderte gewachsenen Nationalismus im Westen und einem vermeintlich in deutlich höherem Maße durch Rückständigkeit, Emotionalität und auch Gewalttätigkeit geprägten Nationalismus im Osten für das Beispiel Irland relativiert.

---

[46] Vgl. *Anne Dolan*, Commemorating the Irish Civil War. History and Memory, 1923–2000, Cambridge 2003.

[47] Zu den vielfältigen, nicht auf einen Nenner zu bringenden Abstufungen zwischen exklusiv-irischen und allgemein-humanistischen Lesarten des „Rasse-Diskurses" vgl. *Nelson*, Nationalists (wie Anm. 5), zusammenfassend 242–257; Nelson hebt jene Aspekt des irischen Rassediskurses hervor, die zur Antisklavereibewegung im 19. Jahrhundert ebenso beitrugen wie zum Antikolonialismus des 20. Jahrhunderts.

[48] *Peter Alter*, Die irische Nationalbewegung zwischen Parlament und Revolution. Der konstitutionelle Nationalismus in Irland 1880–1918, München 1971, 11.

Dieser Spur ist die Forschung, wie Florian Keisinger unlängst festgestellt hat, bisher allerdings noch kaum gefolgt; auch hier kann dieses Desiderat nur erneut konstatiert werden.[49] In Irland liegt ein für Westeuropa zu dieser Zeit untypisch gewordener Sezessionsnationalismus vor, den es hier zuletzt 1830 mit Belgiens Trennung von den Vereinigten Niederlanden gab. Norwegens 1905 erfolgte Loslösung von Schweden war deutlich weniger konfliktbeladen und gewalttätig als im Fall Irlands, fand aber ebenfalls an der europäischen Peripherie statt. Die starken ethnonationalistischen Elemente in Irland, das hohe Maß an irregulärer, teils terroristischer, teils guerillaartiger, teils paramilitärischer Gewalt, das bruchlose Ineinanderübergehen von zwischenstaatlichem Krieg, bewaffnetem Aufstand und Bürgerkrieg – all das erinnert ebenfalls an osteuropäische Nationalismen.[50] Untypisch für Westeuropa ist auch die Konstellation von imperialer Zentrale und quasi-kolonialer Peripherie, die dazu führt, dass die Loslösung Irlands vom Vereinigten Königreich zumindest *auch* als Akt der Dekolonisierung betrachtet werden kann.

Doch in vieler Hinsicht folgt Irland durchaus dem „westlichen Pfad". Ein Aspekt, der hier nur angedeutet werden kann und der die Geschichte Irlands sehr „westlich" erscheinen lässt, ist die sich seit den Zeiten Wolfe Tones durch den irischen Nationalismus ziehende transatlantische Verflechtung. Die Massenauswanderung in die USA und die dort entstandene Bewegung der Fenier zählen ebenso dazu wie die Unterstützung der Sinn Féin und der IRA durch die irische Diaspora in den USA.[51]

Die Nationalismen in Irland waren vielfach verknüpft mit demokratischen Bewegungen und verloren diese Bindung im Gegensatz zu vielen anderen Nationalismen nie völlig. Am offensichtlichsten ist das bei der Frage der rechtlichen, ökonomischen und gesellschaftlichen Emanzipation der katholischen Bevölkerungsmehrheit, aber auch der presbyterianischen Minderheit in Ulster. Die zeitweise endemische politische Gewalt und die ethnischen Vertreibungen blieben in ihrem Umfang begrenzt. Das gilt freilich nur, wenn man die ungleich gewalt- und opferreicheren Fälle in Mittel- und Osteuropa als Maßstab nimmt, denn der Sezessionskrieg forderte immerhin etwa 2 000 Todesopfer, der irische Bürgerkrieg rund 4 000. Gut 15 000 Protestanten verloren in unmittelbarer Folge gewaltsamer Vertreibungen ihre Heimat, etwa 15 % aller Protestanten, die den „Free State" nach seiner Gründung verließen.[52] Die Gewalteskalation wurde letztlich durch die Einsicht beider Seiten gestoppt, dass einerseits Großbritan-

[49] *Florian Keisinger*, Unzivilisierte Kriege im zivilisierten Europa? Die Balkankriege und die öffentliche Meinung in Deutschland, England und Irland 1876–1913, Paderborn 2008, 141–182, bes. 141 f.

[50] *Bill Kissane*, The Politics of the Irish Civil War, Oxford 2007, 1.

[51] Zu „Ireland abroad" vgl. *Foster*, Ireland (wie Anm. 2), 345–372, sowie *Michael Doorley*, Irish-American Diaspora Nationalism. The Friends of Irish Freedom, 1916–35, Dublin 2005.

[52] *Andy Bielenberg*, Exodus: The Emigration of Southern Irish Protestants During the Irish War of Independence and the Civil War, in: Past and Present 218, 2013, 199–233, hier 229 f.

nien militärisch nicht zu besiegen war, andererseits aber die britische Dominanz über den Süden Irlands nur noch eine gesichtswahrende proforma-Herrschaft sein konnte, sollte das Land nicht in den Zustand des perpetuierten Ausnahmezustands abgleiten.[53]

Die politische Mehrheit, die 1922 per Vertrag den Sezessionskrieg beendete, vertrat ein vergleichsweise liberales Politik- und Gesellschaftsmodell und war insofern supranational orientiert, als die Zugehörigkeit Irlands zum Commonwealth nicht grundsätzlich in Frage gestellt wurde. Der Radikalismus der IRA hatte (und hat) dagegen starke undemokratische und isolationistische Elemente; es ist das bleibende Verdienst der Regierung unter de Valéra nach 1932, an der Einhegungspolitik gegenüber der IRA festgehalten und die Demokratie nicht grundsätzlich infrage gestellt zu haben; der Isolationismus freilich dominierte die irische Außenpolitik, was an der Neutralitätspolitik im Zweiten Weltkrieg am deutlichsten wurde. Erst die EU-Mitgliedschaft des Landes löste dieses Dilemma des irischen Nationalismus.[54] Im Gegensatz zu allen anderen nach 1918/19 neu gegründeten Staaten Europas blieb Irland eine Demokratie und bildet daher ein Beispiel dafür, wie die Krise der Demokratie in den 1920er und 1930er Jahren, die auch Irland voll erfasste, gemeistert werden konnte, ohne den Kernbestand einer westlich-demokratischen Verfassungsordnung aufzugeben. Das ist um so bemerkenswerter angesichts des autoritären Erbes, das Unabhängigkeit und Bürgerkrieg hinterlassen hatten und das seinen deutlichsten Ausdruck in dem Antagonismus zwischen IRA und der irischen Variante des Faschismus, der „Blue Shirt"-Bewegung, fand.[55]

Insofern ähnelt die Geschichte Irlands derjenigen Großbritanniens im weiteren Verlauf des 20. Jahrhunderts mehr, als es gemeinhin den Anschein hat, zumal die vielfältigen Verflechtungen zwischen beiden Nationen bis heute fortbestehen, denn beide Länder waren „never fully united, never entirely separated, and above all, never agreeing on the details of either union or separation."[56] Insbesondere die britische Tradition des Konstitutionalismus und des Systems der „checks and balances" dürfte nicht unerheblich dazu beigetragen haben, dass die aggressiven und antidemokratischen Elemente des irischen Nationalismus trotz aller Gewalteruptionen letztlich immer wieder eingehegt werden konnten. Die Geschichte Irlands im Zeitalter von Revolution, Krieg und Nationalismus erinnert daher an die Westküste des Landes: gelegentlich ist sie von sanfter Heiterkeit, meist aber schroff, wild und zerklüftet – nur langweilig ist sie nie.

---

[53] *Hart*, I. R. A. (wie Anm. 14), 241–258, betont die deeskalierenden Faktoren, deretwegen es zu keiner ethnischen Vertreibung im großen Stil kam.

[54] *Bill Kissane*, The Politics of the Irish Civil War, Oxford 2007, 239 f.

[55] *Bill Kissane*, Éamon de Valéra and the Survival of Democracy in Inter-war Ireland, in: Journal of Contemporary History 42, H. 2, 2007, 213–226 – der Demokratie treu blieb bekanntlich auch die Tschechoslowakei, bis sie Hitlers Aggressionspolitik zum Opfer fiel.

[56] *Mo Moulton*, Ireland and the Irish in Interwar England, Cambridge / Mass. 2014, 1.

Viel Krieg, keine Nation: Die Entstehung der modernen Türkei

Stefan Plaggenborg

Über die Entstehung der so genannten modernen Türkei ist unter den Fachleuten viel geforscht worden. Aber es liegen kaum Versuche vor, die Vorgänge im späten Osmanenreich und der frühen Republik in eine vergleichende, mit theoretisch orientierten Konzepten verbundene Vergleichsperspektive zu stellen. Die türkische Geschichtsschreibung unternimmt derlei nicht, und in der deutschen Historiographie ist die Geschichte der Türkei kaum über den engeren Kreis der Experten hinaus in den Blick geraten, ausgenommen der Völkermord an den Armeniern 1915 sowie gelegentliche politisch induzierte Polemik über spätere Entwicklungen. Dabei gäbe es viele und gewichtige Gründe, den in einer lediglich formalen Hinsicht, nämlich territorial außereuropäischen Fall mit den historischen Verläufen in Europa in Beziehung zu setzen.[1] Die folgenden Zeilen versuchen dies – zugegebenermaßen etwas schematisch – anhand der Leitbegriffe dieses Sammelbandes.

Über die Entstehung der „modernen" Türkei kann man kaum schreiben, ohne sich mit dem zumindest in der Türkei noch immer dominierenden kemalistischen Narrativ der Geschichte auseinander zu setzen. Alle Beschreibungen der Geschichte, besonders der Anfangsjahre der Republik Türkei, der Entstehung der türkischen Nation und des Nationalstaats sehen sich nolens volens vor die Aufgabe gestellt, die Positionen des kemalistischen Narrativs zu kritisieren, um eine Geschichtsschreibung zu ermöglichen, die den glattgebürsteten und schöngefärbten Beschreibungen und Begriffen die quellenmäßig fassbare historische Wirklichkeit entgegenhält. Zur Geschichte von Nation und türkischem Nationalstaat gehörte auch eine lange Zeit diskurshegemoniale, staatlich alimentierte nationale Geschichtsschreibung, die sich über Jahrzehnte als Tempelwächter der türkischen nationalgeschichtlichen Heiligtümer verstand.

[1] Siehe dazu ausführlich mein Buch Ordnung und Gewalt: Kemalismus – Faschismus – Sozialismus, München 2012, auf das ich mich in den folgenden Ausführungen immer wieder beziehen werde, ohne dies jedes Mal zu verzeichnen.

Das kemalistische Narrativ

Aus der Perspektive der kemalistischen Geschichtsschreibung stellt die Entstehung der modernen Türkei eine großartige, bruchlose und über alle Kritik erhabene historische Entwicklung dar. Sie lässt sich folgendermaßen zusammenfassen: Der nationale Befreiungskampf der Türken ist das große Thema der Geschichte der Türkei im späten 19. und beginnenden 20. Jahrhundert. Die türkischen Nationalisten im Osmanenreich erkannten die im multiethnischen und multikonfessionellen Reich nicht erfolgte Klärung der Stellung der Türken, den Separatismus der christlichen Reichsbevölkerung, der in Südosteuropa Erfolge feiern konnte, sowie den Imperialismus der europäischen Mächte. Zwar war das Osmanenreich keine Kolonie, aber es war wirtschaftlich von den europäischen Mächten abhängig und politisch in seinen Handlungsmöglichkeiten eingeschränkt, so dass der Begriff Halbkolonie zutreffend schien. Für die türkische Nationalbewegung stellte sich daher die Frage nach einem unabhängigen Staat zusammen mit der Frage nach der nationalen Identität der Türken. Das Narrativ vergröbernd ließe sich sagen, dass die nationalen Ideale, wie sie seit der Französischen Revolution in Europa existierten, vor allem aber die Separatismen der christlichen Teile der Reichsbevölkerung (v. a. Griechen, Serben, Bulgaren, Armenier) zu einer Besinnung auf die türkische Nation im Osmanenreich führten, die durch eine antiimperialistische Haltung der türkischen Nationalisten verstärkt wurde.[2]

Den Höhepunkt der nationalen Geschichte der Türken bildet die „Atatürk-Revolution".[3] In der kemalistischen Version liest sie sich folgendermaßen: Sie befreite die Nation aus der politischen, finanziellen, ökonomischen, militärischen und kulturellen Abhängigkeit; im propagandistisch verklärten „Unabhängigkeitskrieg" oder „nationalen Befreiungskrieg" 1919–1922 vollzog sich die Nationswerdung der Türken; der Krieg markierte den Beginn der modernen Nationalgeschichte der Türken; in der nationalen Revolution fand die türkische Nation zu sich selbst; unter dem großen nationalen Führer Mustafa Kemal (Atatürk) vollendete sie ihre Bestimmung, die sich in Modernisierung und einer *mission civilisatrice* für die nichttürkischen Minderheiten des Staates zum Ausdruck brachte, wobei Türken als den anderen Völkerschaften auf dem Boden der modernen Türkei überlegen galten; zu Anfang der 1930er Jahre wurde die

---

[2] Überblick s. *Halil Berktay* (Hrsg.), Türkiye Tarihi, davon *Ibrahim Metin Kunt*, Bd. 3: Osmanlı Devleti 1600–1908, 11. Aufl. Istanbul 2011, und *Sina Akşin*, Bd. 4: Çağdaş Türkiye 1908–1980, 11. Aufl. Istanbul 2011; *Robert Mantran* (Hrsg.), Histoire de l'Empire Ottoman, Paris 1989, 459–682 (Beiträge von Paul Dumont und François Georgeon).

[3] Mit modernisierungstheoretischem Hintergrund dennoch informativ *Suna Kili*, The Atatürk-Revolution. A Paradigm of Modernization, Istanbul 2003. Als Gesamtdarstellung für das 20. Jahrhundert immer noch maßgeblich *Erik J. Zürcher*, Turkey. A Modern History, 2. Aufl. London / New York 1997.

Revolution mit der Bestimmung der „sechs Pfeile" (Grundprinzipien) durch die kemalistische Cumhuriyet Halk Partisi (CHP, Republikanische Volkspartei) auch ideologisch vollendet: Republikanismus, Nationalismus, Volksnähe[4], Laizismus, Etatismus (d. h. staatliche Intervention und Steuerung der Wirtschaft und der gesellschaftlichen Entwicklungen), Reformismus.[5] Diese sechs Pfeile enthalten die Ideen des Kemalismus, die in der Praxis während der grundstürzenden Reformen in den 1920er und 30er Jahren zum Ausdruck kamen. Mit Ausnahme des Etatismus bilden sie das Grundgerüst der Türkei bis zum heutigen Tag.[6]

In der Tat sind die Veränderungen in den 1920er und 30er Jahren als eine gewaltige Zäsur im gesellschaftlichen, politischen, religiösen und kulturellen Leben der Türkei zu verstehen. Nach Ablauf weniger Jahre war das Erbe des Osmanenreiches entweder abgeschüttelt, sofern es als nicht tauglich für die Zukunft erachtet wurde, oder in jenen Bereichen übernommen, wo es die Modernisierungs- und Europäisierungsvorgänge bereits eingeleitet hatte, die von der kemalistischen Revolution nach 1922 in Siebenmeilenstiefeln weitergeführt wurden. Welchen scharfen Schnitt die Reformen, in knapp zehn Jahren in Gang gesetzt, für die Türkei bedeuteten, lässt sich daran erkennen, dass die Männer um Mustafa Kemal zunächst die Monarchie der über 600 Jahre regierenden Osmanen beendeten. Aber auch das in religiöser Hinsicht symbolisch wichtige Amt des Kalifen, bis auf die letzte Phase in Personalunion mit dem Sultanat vereint, wurde abgeschafft. Sultan und Kalif verließen das Land. Damit ging die politische Autorität gänzlich auf die „Große Nationalversammlung" über, die in Ankara tagte und die vorgab, die Nation zu repräsentieren. Der Laizismus kam in der vollständigen Ausschaltung des Islams aus dem politischen Leben und in seiner Unterstellung unter staatliche Aufsicht zum Ausdruck. Derwischklöster, in denen sich die mystischen Ausformungen des Islams fanden, wurden von den rationalistischen und laizistischen Kemalisten geschlossen, das Schulwesen säkularisiert und vom Staat in die Hände genommen, die Scharia durch europäisches Recht und europäische Prozessordnungen ersetzt, wobei man ergänzen muss, dass bereits zum Ende des Osmanenreiches der Geltungsbereich des islamischen Rechts sich weitgehend auf Fragen des Familienrechtes beschränkt hatte. Be-

[4] Der türkische Begriff halkçılık ist ebenso unpräzise ins Deutsche zu übersetzen wie das russische narodničestvo, mit dem er inhaltlich verwandt ist: Populismus, Volkstum.

[5] Im Türkischen inkılapçılık; der Begriff schwankt zwischen der Bedeutung des revolutionären Wandels der Atatürk-Periode und dem steten Fortschritt durch immer neue Reformen. Die Kemalisten haben ihn zumeist in der letzten Variante verstanden.

[6] Aus einer Fülle von Literatur hier nur einige der populären Darstellungen: *Doğan Avcıoğlu*, Milli Kurtuluş Tarihi, 4 Bde., Istanbul 1974–1975; *Sabahattin Selek*, Anadolu İhtilali, 2 Bde., Istanbul 1963; *Salahi R. Sonyel*, Atatürk. The Founder of Modern Turkey, Ankara 2010; *Ders.*, Türk Kurtuluş Savaşı ve Dış Politika, Ankara 1995; außerdem bis heute alle Lehrbücher, die von unterschiedlichen Autoren herausgebracht wurden und die das Fach Türkiye Cumhuriyet İnkılap Tarihi ve Atatürkçülük (Revolutionsgeschichte der Türkei und Atatürk-Kunde) von der Grundschule bis zu den Universitäten bestimmen.

kleidungsvorschriften sollten die Türken europäischem Äußeren näherbringen. Eine der wichtigsten Neuerungen betraf die Einführung des lateinischen Alphabets, das die Bedeutung des europäischen Projekts der Kemalisten auch dadurch unterstreicht, dass es die Sprache des Korans zur Sprache allein der Religion degradierte. Zusammen mit der Entschleierung der Frau und der Kalenderreform (mit dem christlichen Sonntag als Ruhetag) ergab sich die Tagesordnung der Kemalisten – Europäisierung, Modernisierung und Nationalstaat. Die Bewohner der Republik, gleichgültig ob Türken oder nationale Minderheiten, fanden sich in einem Staat und einer Gesellschaft wieder, welche die kemalistische Elite entworfen hatte.

Aus diesen Schritten lässt sich ablesen, welche Lehren die Kemalisten aus dem Untergang des Osmanenreiches gezogen hatten, um der Türkei ein besseres Schicksal in der Zukunft zu gewährleisten. Auch aus heutiger Rückschau sind sie als atemberaubend zu charakterisieren, weil sie ein im europäischen Vergleich auf allen Feldern gewaltig rückständiges Land in die europäische Moderne katapultieren sollten. Vor diesem Hintergrund wundert es nicht, dass eine national orientierte Historiographie und Politikwissenschaft die Grundlegung der modernen Türkei in dieser Phase erkannte. Ihre Interpretationen gipfeln in der erzkemalistischen Apotheose: „Der osmanisch-türkische Revolutionsprozess zeigt die klarste Logik unter den vier eurasischen Revolutionen. Er verlief relativ stetig und kontinuierlich und fand im Kemalismus der 20er Jahre ein ruhendes Ziel." Um 1925 sei dieses Ziel erreicht worden.[7]

Allein, der Leser staunt, diese Würdigung noch im Jahre 2009 zu lesen, und er entdeckt im Autor einen unvermuteten Anhänger des kemalistischen Narrativs. Doch die kemalistische Version der türkischen Geschichte der Republikzeit ist, ebenso wie die zitierte Einschätzung, in allen Punkten unzutreffend.

Das kemalistische Narrativ taucht die Geschichte in die güldenen Farben des Sieges, übersieht oder marginalisiert den Widerstand, seine Gründe und welche Schäden und Opfer der türkischen Gesellschaft, vor allem den nichttürkischen und nichtislamischen Minderheiten in der „modernen" Türkei zugefügt wurden. Die Nationswerdung und der Nationalstaat hingegen erfuhren eine teleologische Überhöhung; unter Berufung auf europäische Ideen der Nation gerieten auch die Ambivalenzen aus dem Blick, die sich in Unabhängigkeit, Emanzipation und Bürgerrechten einerseits, in Ausgrenzungs- und Gewaltmechanismen andererseits zum Ausdruck brachten; die enorme historische Leistung Atatürks ist unbestreitbar, aber das Narrativ erhebt den „Vater" der türkischen Nation zum unfehlbaren „großen Führer"; vom Krieg ist als „Unabhängigkeitskrieg" (kurtuluş savaşı) und „nationalem Befreiungskrieg" (millî mücadele) die Rede, der – propagandistisch aufgeplustert – zur Geburtsstunde der Nation hochstilisiert

[7] *Jürgen Osterhammel*, Die Verwandlung der Welt. Eine Geschichte des 19. Jahrhunderts, München 2009, 815.

wurde. Unter diesen Umständen ist kaum noch zu bemängeln, dass Revolution und Nation, Begriffe, mit denen die Kemalisten wie auch die Historiographie dauernd arbeiteten, theoretisch nicht abgesichert sind.

Dagegen stellen die folgenden Zeilen den Versuch dar, in knapper Form zentrale Probleme der türkischen Nations- und Staatsbildung zu charakterisieren. Dass sie die soeben skizzierten Interpretationen in Frage stellen, dürfte schon klargeworden sein.

Gab es eine türkische nationale Revolution?

Wenn wir von einer Revolution im Zusammenhang der türkischen Nationsbildung sprechen, dann wäre es nicht statthaft, sich allein auf die Ereignisse nach dem Ersten Weltkrieg zu konzentrieren. Vielmehr rücken für gewöhnlich die Ereignisse des Jahres 1908 in den Blick, die unter dem Namen „jungtürkische Revolution" in die Geschichte eingegangen sind. Schematisch gesehen hätte damit auch die türkische Nationalbewegung ihre Revolution und wäre damit zumindest begrifflich mit europäischen Nationalbewegungen vergleichbar. Nur sollte man genauer hinschauen, um sich Klarheit über den Charakter dieser Revolution zu verschaffen.

Sie war eine Angelegenheit der Peripherie. Sie fand im europäischen Reichsteil statt, ging von Saloniki aus und spielte sich in Makedonien und Thrakien ab. In Anatolien blieb es ruhig. Es handelte sich um eine Meuterei von Offizieren der osmanischen Armee gegen den Sultan, der sich die Stadtbevölkerung in den genannten Gebieten anschloss. Ihr wichtigstes Ziel bestand in der Wiedereinsetzung der Verfassung von 1876, die seinerzeit nach nur wenigen Monaten von Sultan Abdülhamid II., der 1908 immer noch regierte und mit seinem autoritären Herrschaftsstil die Entstehung der Opposition auf seine Weise gefördert hatte, außer Kraft gesetzt worden war. Mit anderen Worten: Die „Revolution" war der Staatsstreich einiger europäisierter Offiziere, die machtvoll ins Zentrum Istanbul ausstrahlte und Anzeichen einer konstitutionellen re-volutio trug. Militärische Elitenkreise, Abgänger der von den Reformsultanen zuvor geschaffenen Militärakademie, stellten ihre Kader. Weder entstand sie aus einer Massenbewegung noch ging eine solche aus ihr hervor; sie blieb weitgehend ohne soziales Programm. Ein Austausch der Eliten fand nicht statt, auch nicht des Regimes, ja nicht einmal des verhassten Monarchen. Erst als Abdülhamid so unvorsichtig war, den coup d'état rückgängig machen zu wollen, verlor er seinen Thron (1909). In der Hauptstadt Istanbul fiel kein Schuss. Was den nationalen Charakter der „Revolution" anging, so konnte aufgrund des zu diesem Zeitpunkt noch toleranten nationalen Programms der Jungtürken die Befreiung von Restriktionen gefeiert werden. So geschah etwas, was in den Folgejahren nicht mehr zu beobachten sein sollte: Die Menschen tanzten auf den Straßen, jedoch keineswegs nur Türken, sondern Armenier, Griechen, Juden und andere mit den Türken zusammen, und zwar fröhlich!

Außerdem hatte sie ihre Wurzeln in der Reformperiode des 19. Jahrhunderts (tanzimat), einer von den Sultanen und der hohen Bürokratie angestoßenen Modernisierung des Reiches besonders im militärischen, Rechts-, Verwaltungs- und Bildungsbereich. Die aus der militärischen und bürokratischen Elite des Reiches stammenden Jungtürken, um einige Intellektuelle verstärkt, waren ebenso sehr ein Produkt der Reformen „von oben" wie ihre Einsicht in den unübersehbaren Niedergang des Reiches und seiner Ohnmacht gegenüber der Einmischung in fast alle inneren Belange durch die europäischen Mächte.

Gelegentlich ist die jungtürkische Revolution als die türkische Ausgabe des Dekabristenaufstandes in St. Petersburg 1825 bezeichnet worden. Dieser Vergleich übersieht aber zwei wesentliche Unterschiede: Sie fand in der Provinz statt, und – wichtiger – sie war erfolgreich. Was aber die Interpretation als nationale Revolution angeht, so ist dies eine nachträgliche Etikettierung. Das muss den Stellenwert der Vorgänge keineswegs schmälern, aber von einer nationalen Revolution der Türken zu sprechen, geht ziemlich weit an der historischen Realität vorbei. Wenn es aber mit der Revolution schon nicht zum Besten steht, wie dann mit der Nation?

Späte und unvollendete Nationsbildung

Für das Osmanenreich bedeutete das Zeitalter der Nationalismen eine tiefe und entscheidende Zäsur. Bis in das 19. Jahrhundert hinein spielte die nationale oder ethnische Zugehörigkeit keine Rolle, entscheidend vielmehr war der Glaube. Als dann die nationalen Bewegungen besonders unter der christlichen Reichsbevölkerung den Verbleib im Reich immer mehr ablehnten, stand auch nicht der türkische Nationalismus als Antwort auf dem Programm, sondern die Frage, wie das Reich trotz der von den europäischen Mächten bestärkten Nationalismen zu erhalten war. Zunächst lautete die Antwort Osmanismus, d.h. ein auf Dynastie und Reich bezogener Patriotismus für alle Bewohner sollte Bestand und Einheit des Staates garantieren. Dieser Weg kam in der Verfassung von 1876 mit Gleichstellungsrechten für alle Bewohner des Reiches, auch in religiöser Hinsicht (wenngleich der Islam als Staatsreligion festgelegt wurde), zum Höhepunkt. Jedoch führte er nicht zu dem gewünschten Ergebnis, weil besonders die Christen im Reich ihr nationales Heil im eigenen Staat sahen. Blieb der supranationale Osmanismus ohne durchschlagende Wirkung, so richtete sich der Blick notgedrungen auf die muslimische Bevölkerung, die mit dem Islamismus zusammengebunden werden sollte. Darin versteckte sich ein politischer Rückzug, denn auf diese Weise wurden die christlichen Separatisten als für das Reich verloren angesehen. Doch auch die Hoffnung, die Muslime unter dem Dach des

Islamismus zusammenhalten zu können, trog, denn in den arabischen Reichsteilen zeigten sich ebenfalls separatistische Bestrebungen. Als der Sultan und Kalif im Ersten Weltkrieg zum Dschihad gegen die Feinde aufrief, verlor sich dieser Appell in den ölreichen arabischen Wüsten, wo Araber mit den Engländern gemeinsame Sache gegen das Osmanenreich machten.

In diesem Ensemble aufbrechender nationaler Bewegungen und Ideologien entstand vergleichsweise sehr spät eine türkische nationale Bewegung.[8] Sie war gewissermaßen ein Abfallprodukt der bereits machtvoll bestehenden Nationalismen, als sich herausstellte, dass für die Türken seltsamerweise kein Platz in der Geschichte vorgesehen war. Für die Entstehung einer türkischen nationalen Bewegung sind besonders drei Faktoren anzuführen. Erstens: Ideologisch wurde sie besonders von turksprachigen muslimischen Tataren entworfen, die im Zarenreich wegen ihrer politischen Tätigkeit verfolgt wurden und ins Osmanenreich emigrieren mussten. Diese Vordenker türkischer, zuweilen auch panturkistischer Nationalität[9] sahen das Problem, dass der Status der namengebenden Bevölkerung im Reich keineswegs geklärt war. Mehr noch: Im Gegensatz zu den Muslimen war den Christen und Juden im 19. Jahrhundert vom Sultan gestattet worden, ihre seit langem bestehende kulturelle Autonomie in öffentlichen Körperschaften mit konfessioneller Selbstverwaltung zu formalisieren (millet-System), die sich zu Keimzellen der nationalen Bestrebungen wandelten. Umso deutlicher begann sich die Frage abzuzeichnen, wie es sich mit der türkischen Bevölkerung verhalte. Zweitens: Diese Frage erhielt ihre Verschärfung dadurch, dass das Osmanenreich über Jahrzehnte eine enorme Einwanderung muslimischer Flüchtlinge und Übersiedler aus Nachbarstaaten verzeichnete. Der demographische Faktor erhöhte das Gewicht der Muslime und Türken im Reich in einer Zeit, in der viele Christen sich zu separieren hofften. Diese in der europäischen Geschichtswissenschaft gern übersehenen Migrationswellen hingen zumeist mit Kriegen und mit der Vertreibungspolitik der christlichen Staaten zusammen, so dass sowohl aus dem von Russland eroberten Kaukasusgebiet als auch aus den sich national gebenden neuen Staaten in Südosteuropa Millionen Menschen ins Osmanenreich flüchteten und dort eine neue Existenz aufbauen mussten.[10] Flüchtlingsströme, Übersiedlungen und völkerrechtlich legalisierte Vertreibungen eingeschlossen ergeben, dass 1923 etwa ein Viertel der Bevölkerung der Republik Türkei im Verlauf der vorangegangenen ca. 50 Jahre eingewandert war. Die neuen Bewohner sprachen Türkisch und beteten zu Allah;

---

[8] *David Kushner*, The Rise of Turkish Nationalism 1876–1908, London 1977; *Feroz Ahmad*, Ittihatçılıktan Kemalizme, Istanbul 1985; *Sina Akşin*, Jön Türkler ve Ittihat ve Terakki, Istanbul 1987.

[9] *Jacob M. Landau*, Pan-Turkism. From Irredentism to Cooperation, 2. Aufl. London 1995.

[10] *Berna Pekesen*, Vertreibung und Abwanderung der Muslime vom Balkan, in: Europäische Geschichte Online, http://www.ieg-ego.eu/de/threads/europa-unterwegs/ethnische-zwangsmigration/berna-pekesen-vertreibung-der-muslime-vom-balkan (25.08.2011).

sie galten den türkischen Nationalisten daher als Türken, obwohl sie kulturell eng mit ihren Herkunftsgebieten verbunden und kulturelle Fremdlinge in der Türkei waren. Drittens: Die Forschung ist sich einig darüber, dass die Balkankriege 1912/13 einem ethnischen Verständnis von Türken und der Radikalisierung des Nationalismus massiv Vorschub geleistet haben. Nur wenige Jahre nach den fröhlichen Tänzen auf den Straßen Istanbuls vertieften sich die nationalistischen Gräben immer mehr, ein Prozess, den die jungtürkische Regierung nach Kräften verstärkte. Viertens: Der Erste Weltkrieg brachte die ethnische Reinigungspolitik der Regierung mit dem Völkermord an den Armeniern zum Höhepunkt. Den nationalistischen Nachfolgern des 1918 besiegten Osmanenreiches stand im Anblick des Untergangs aller bisherigen Staatskonzepte die Errichtung eines neuen Staates auf der Grundlage der türkischen Nation vor Augen.

Zahlenmäßig drückten sich die katastrophalen Verbrechen an der Bevölkerung des Osmanenreiches gleich welchen Glaubens und welcher nationalen Zugehörigkeit während der Jahre 1914–1923 folgendermaßen aus: Gemäß der Volkszählung von 1927 lebten 14,6 Millionen Menschen in der Türkei, davon waren die Kurden mit 1,2 Millionen die größte Minderheit, gefolgt von 134 000 Arabern, 120 000 Griechen (das sind diejenigen Griechen, die von dem Bevölkerungsaustausch, im Vertrag von Lausanne 1923 ausgehandelt, in der Türkei verbleiben durften, d. h. die Griechen im Raum Istanbul), 82 000 Juden (zumeist Sepharden), 77 500 Armenier sowie weitere kleinere Minderheiten. Verglichen mit der nationalen Bevölkerungszusammensetzung des späten Osmanenreichs war die 1923 gegründete Republik Türkei in der Tat weitaus homogener geworden. Die meisten Bewohner der Türkei waren laut Zensus Türken. Lassen wir die Problematik der Zuschreibungen und Selbstauskünfte anlässlich der Zählung hier beiseite, so ergibt sich doch die Frage: Existierte auf der Basis dieser Zahlenverhältnisse eine türkische Nation, als 1923 die Republik ausgerufen wurde? Das ist selbstverständlich eine Frage, die von den Zahlen nicht beantwortet werden kann.

Den Nationalisten um Mustafa Kemal in Ankara ging es anfangs um die Delegitimierung des Sultans, seiner Regierung, des multikulturellen Schmelztiegels Istanbul und das Überleben der von ihnen als existent postulierten türkischen Nation nach der Niederlage 1918. Bereits vor 1914 war der antiimperialistische Aspekt im türkischen Nationalismus vorhanden, während des Ersten Weltkrieges aber verstärkte er sich und erhielt durch den Frieden von Sèvres neue Nahrung. Die Sieger drückten die Türkei lediglich auf das Ausmaß eines Schrumpfstaats in Zentralanatolien zusammen, während sich England, Frankreich und das ebenfalls imperialistische Italien und die Griechen mit ihren Hoffnungen auf einen nach Anatolien ausgedehnten Großstaat große Stücke aus dem Leichnam des „kranken Mannes am Bosporus“ herausrissen.

Die nationalistische Regierung in Ankara, zunächst eine Rebellenregierung gegen den Sultan, handelte im Namen der türkischen Nation, die sie zu repräsentieren vorgab. Deswegen war eines der ersten Gremien, welches die Nationalisten in Opposition zur Sultansregierung schufen, das „Repräsentationskomitee“, das den nationalen Willen zu verkörpern vorgab, der jedoch bald in die besser legitimierte Nationalversammlung überging. Hier, so die Nationalisten, war der nationale Wille seitdem zuhause, von dem Mustafa Kemal behauptete, er könne „nur aus Anatolien entspringen“.[11] Die Nation war unstrittig die Handlungsgrundlage der Regierung in Ankara, aber man wird nicht behaupten können, sie sei dort wirklich repräsentiert gewesen. In der Nationalversammlung saßen zumeist Personen, die aus der militärischen und bürokratischen Elite des Osmanenreiches stammten und die sich auf die Seite der Nationalisten geschlagen hatten. Die Nation war weder sozial organisiert (was in Anbetracht eines weitgehend fehlenden türkischen oder muslimischen Bürgertums nicht verwundert) noch politisch organisiert. Bei der Nationalversammlung handelte es sich um eine „verkürzte“ Repräsentation der Nation. Die Delegierten waren handverlesen nach den Kriterien der politischen Loyalität und Zugehörigkeit zum Kreis um Mustafa Kemal. *Diese* Nation war ein Phantom: 70 % der Delegierten konnten ein Hochschuldiplom vorweisen, nur 17 % sprachen keine Fremdsprache.[12] Eine solche Zusammensetzung in der agrarischen und zu einem großen Teil analphabetischen Türkei entspräche soziologisch nicht einmal einer heutigen demokratischen Gesellschaft des Westens. Die türkische Nation bestand demnach weder aus Hirten und Bauern noch aus Handwerkern, Soldaten der unteren Ränge, Analphabeten und Frauen.

Die türkische Nation existierte zum Zeitpunkt der Gründung der Republik Türkei nicht, sie war nicht einmal annähernd in der Nationalversammlung repräsentiert. Mustafa Kemal schuf zuerst den türkischen Staat, der der Nationsbildung der Türken voranging. Insofern ist der Ehrentitel Atatürk (Vater der Türken) zwar richtig, weil die Nation erst geschaffen werden musste, aber ebenso richtig ist es, von Mustafa Kemal als dem devlet baba, dem Vater des (türkischen) Staates zu sprechen. Seit 1919 lautete das unausgesprochene Motto der späteren Kemalisten „Für die Nation!“, aber angesichts der Zusammensetzung der Nationalversammlung und des nicht erkennbaren Willens, sie auf die genannten, nicht repräsentierten Bevölkerungsgruppen auszudehnen, muss man es ergänzen: „Für die Nation, aber ohne sie!“ Die türkische Nation war das politische Projekt der herrschenden Elite, die Legitimationsgrundlage ihres Handelns, während eben diese Elite für eine eigentümliche Absence der Nation in der Politik sorgte.

War die Nation weder vorhanden noch repräsentiert und dennoch der Referenzrahmen allen politischen Handelns, so musste sie symbolisch substituiert werden. Darin waren die Kemalisten in der Tat kreativ. Sie schufen mehrere Institutionen dieser Art: 1) Die „Große Nationalversammlung“, die seit 1920 in

[11] *Gasi Mustafa Kemal Pascha*, Die neue Türkei, Bd. 1, Leipzig 1928, 55.
[12] *Frederick W. Frey*, The Turkish Political Elite, Cambridge, Mass. 1965, 167–198.

Ankara tagte, gehörte in Anbetracht der genannten Gründe als allererstes dazu. 2) Die nationale Führerschaft Mustafa Kemals ersetzte die Nation mit einer atemberaubenden Chuzpe. Der „große Führer" sagte von sich,

> dass es mir oblag, schrittweise unseren ganzen sozialen Organismus zu einer Entwicklung zu bringen entsprechend der großen Entwicklungsfähigkeit, die ich in der Seele und in der Zukunft der Nation wahrnahm und die ich selbst als ein nationales Geheimnis in meinem Bewusstsein trug.[13]

Atatürk wuchs zu einem nationalen Symbol par excellence heran. 3) Die Rhetorik der Nation färbte die gesamte politische Sprache und die Begründungen für politisches Handeln. 4) Das anatolische und national eindeutige, aber unscheinbare Städtchen Ankara trat als Hauptstadt an die Stelle der national und kulturell inhomogenen Metropole Istanbul, denn – wie schon gesagt – der nationale Wille entsprang in Anatolien. 5) Die Republik entwickelte ästhetische Konzepte einer nationalen Architektur, die den internationalistischen Avantgarde-Stil der ersten Jahre nach Gründung des Staates ablösten.[14] Zwar existierte noch keine türkische Nation, aber man wusste immerhin, was ihren Stil ausmachte. 6) Der Unabhängigkeitskrieg 1919–1922 wurde zu einem Gründungssymbol der Nation: in Blut erstanden, im Kampf gehärtet, im Sieg vereint. 7) Den Nationalisten um Mustafa Kemal gelang es, den von den meisten Soldaten und dem Großteil der Bevölkerung als religiös geführten Krieg gegen die christlichen Eindringlinge zum säkularen nationalen Befreiungskrieg umzuwerten. Der Islam als Motiv für den Widerstand fiel in der Propaganda der kemalistischen Republik vollständig unter den Tisch.

Vor dem Hintergrund dieser Entwicklungen ist gefolgert worden: „Eine nationalstaatliche Identität oder ein Selbstverständnis als Türken lassen sich zu diesem Zeitpunkt [1923], außer bei der Führungsschicht, noch nicht ausmachen."[15] Zunächst dachten die Männer um Mustafa Kemal nicht einmal an eine türkische Nation, sondern an die islamische Gemeinschaft, wenngleich tagesaktuelle verbale Zugeständnisse mitgespielt haben mögen. Der türkische Nationalismus, so Mustafa Kemal anfangs, trage auch Züge eines religiösen Nationalismus.[16]

Bald darauf aber war die religiös definierte Einheit Geschichte und die türkische Nation trat an die vorderste Stelle. Allein, selbst wenn es gelang, sie unter den Bedingungen der Republik zu formen, so taten die Kemalisten doch alles, sie zu spalten. Die Abschaffung des Sultanats hat Risse in die beschworene Nation getrieben, die Abschaffung des Kalifats aber und das unhöfliche Hinauskom-

---

[13] *Mustafa Kemal*, Türkei (wie Anm. 11), 13.

[14] *Sibel Bozdoğan*, Modernism and Nation Building: Turkish Architectural Culture in the Early Republic, Washington 2001; zu den Stilveränderungen der Atatürk-Denkmäler *Aylin Tekiner*, Atatürk heykelleri. Kült, estetik, siyaset, Istanbul 2010.

[15] *Berna Pekesen*, Nationalismus, Türkisierung und das Ende der jüdischen Gemeinden in Thrakien 1918–1942, München 2012, 156.

[16] *Atatürk'ün Soylev ve Demeçleri*, Bd. 2, Ankara 1981, 9.

plimentieren des Amtsinhabers haben einen Keil hineingeschlagen. Viele Muslime selbst unter den Nationalisten konnten diesen Schritt nicht mit vollziehen, geschweige denn große Teile der Bevölkerung. Außerdem zerstörte er die Gemeinschaft mit den Muslimen jenseits der Grenzen der Türkei, aber das gehörte zum Kalkül der laizistischen Kemalisten, die sich keinen islamischen „Papst" mit großer religiöser Autorität im Lande halten wollten und der zum Störenfried der anvisierten politischen Entmachtung des Islams hätte werden können.[17]

Die Herstellung der Nation führte schließlich zu einer teilweise gewaltsamen Assimilationspolitik des Regimes und zu Ausschließungsmechanismen nationaler Minderheiten. Die Türkisierung aller Bereiche stand auf dem Programm; sie betraf die Sprache und das kulturelle Leben, die Politik ohnehin, aber auch – zu ihrem Nachteil – die Wirtschaft; so machte sie z. B. vor der Entlassung qualifizierter Nichttürken zugunsten unqualifizierter Türken in einigen Unternehmen sowie vor der Entlassung nichttürkischer Beamter nicht halt. Die Minderheiten sahen sich dem Türkisierungsdruck immer stärker ausgesetzt, den die kemalistische Regierung unter Ausnahmerecht (1925–1929) und diktatorischen Bedingungen durchsetzte. Selbst die Jahrhunderte lang im Osmanenreich auskömmlich lebenden und loyalen Juden sollten sich türkisieren. Erstmals in der türkischen Geschichte kam es dank des überhitzten türkischen Nationalismus zu einem Pogrom an der jüdischen Bevölkerung.[18]

Die gesamte Politik der Kemalisten bis zu ihrem Abtreten von der politischen Macht durch Wahlen im Jahre 1950 war bestrebt, die Nation zu bilden. Dass sie damit erfolgreich waren, lässt sich trotz Widerstand und Opposition nicht bestreiten. Für junge Männer und besonders junge Frauen, die säkulare Bildung erlangten und vom Land ins urbane Milieu übersiedelten, Karrieren machten, von denen sie zuvor nie hätten träumen können, traten überzeugt ins kemalistische nationale Lager ein, sicherlich überzeugter als die ländliche, religiöse und in traditionellen Bindungen stärker verbliebene Bevölkerung. Diese blieb dem Kemalismus wegen seines Laizismus und seiner kulturellen Europäisierung fremd gegenüber, nicht aber den Verführungen des Denkens und Handelns in nationalen Begriffen. Gerade hier lässt sich das Ergebnis in einem Paradoxon zusammenfassen: Als reformerische und modernisierende Kemalisten scheiterten sie 1950, als türkische Nationalisten waren sie erfolgreich. Nationalismus ohne Kemalisten – einige Jahre zuvor waren beide Begriffe noch Synonyme gewesen und die frühen Kemalisten hätten sich nicht vorstellen können, dass sich die Nation in einer Wahl, die einem Plebiszit über die kemalistische Politik gleichkam, von den Kemalisten trennen könnte. Die Kemalisten hatten hinsichtlich der Nationsbildung also einiges erreicht. Mit dem Nationalismus setzte sich auch

[17] *Niyazi Berkes*, The Development of Secularism in Turkey, Montreal 1964, 458.

[18] *Mete Tunçay*, Türkiye Cumhuriyetin'de Tek Parti yönetimi'nin kurulması (1923–1931), 3. Aufl. Istanbul 1992; *Pekesen*, Nationalismus (wie Anm. 15).

die dauernde Diskriminierung der Minderheiten auch durch andere türkische Parteien und Regierungen fort.

Krieg als Urerlebnis

Am Anfang war der Krieg. So erzählt es die kemalistische Geschichtsversion. Aber Krieg hieß in diesem Fall weitaus mehr als die Kemalisten mit dem Unabhängigkeitskrieg meinten. Das Osmanenreich stand von 1912, dem Beginn des ersten Balkankrieges, bis 1922, dem Ende des „Unabhängigkeitskrieges", dessen Charakter uns hier beschäftigen wird, im Krieg; den Regionalkrieg in Libyen gegen Italien 1911 kann man hier beiseite lassen, weil er v.a. mit den militärischen Kräften der dortigen Stämme geführt worden ist. Über die Folgen der beiden Balkankriege 1912/13 für die Radikalisierung des türkischen Nationalismus ist schon kurz berichtet worden. Welche Folgen der Erste Weltkrieg für das Osmanenreich zeitigte, darf als bekannt vorausgesetzt werden. Den „Unabhängigkeitskrieg" 1919–1922 aber muss man sich genauer ansehen.

Der Begriff des „Unabhängigkeitskrieges" oder „nationalen Befreiungskampfes" suggeriert die binäre Vorstellung von der vereinten Nation im Kampf gegen einen Feind. Das ist ein kemalistischer Mythos, der seine Dienste im Zusammenhang des Aufbaus der Nation nach diesem Krieg ja erst leisten sollte. In der Wirklichkeit sahen die Dinge viel komplizierter aus. Die beiden Begriffe sind vollständig irreführend. Vielmehr haben wir es mit einem Bürgerkrieg zu tun, der sich nicht – wie bei Bürgerkriegen zumeist der Fall – en forme abspielte, zahlreiche größere und kleinere Parteien kannte, die Unterscheidung in militärische und zivile Räume sowie Kombattanten und Zivilisten verschwinden ließ, unübersichtliche Kampfesverläufe, wechselnde Koalitionen und ideologisierte Kampfesparolen kannte und mit dem totalen Sieg einer der Parteien endete, was den vollständigen sowohl militärischen als auch politischen Untergang der anderen bedeutete. Die Nationsbildung der Türken ging in der Tat mit einem äußerst brutal und blutig geführten Krieg einher, dessen ethnische Dimensionen unübersehbar sind, aber es bleibt eine offene Frage, ob die kriegerischen Ereignisse dazu beigetragen haben, die Nation zu bilden, oder ob es nicht eher so war, dass die „Nation", im Bürgerkrieg zerrissen und in verschiedene regionale und soziale Einzelteile zerlegt, mit Hilfe des Mythos als einem kommunikativen – und propagandistischen – Ereignis erst geschaffen wurde. Nicht der Krieg schuf die Nation, sondern der Sinn, den ihm die Kemalisten während er stattfand und nachdem er beendet war, unterlegten. Die folgenden Zeilen plädieren dafür, den Krieg selbst nicht als das national kittende Ereignis zu betrachten, sondern den Akt der Umwertung und Sinnstiftung durch die Kemalisten, die in späteren Jahren damit das Urerlebnis der Nationswerdung feierlich in Erinnerung rufen konnten, zahlreiche Formen der Heldenverehrung hervorbrachten und den als

Sieg der türkischen Nation umgedeuteten Kriegsverlauf als Legitimationsgrundlage ihres politischen Handelns nutzen konnten.

Selbst die Verwendung des Krieges im Singular ist in Anbetracht der Verhältnisse nicht statthaft. *Den* Krieg gab es nicht, sondern viele ineinander verschachtelte, die für sich allein abliefen, aber im Zusammenhang mit den anderen kaum diese Dynamik hätten entfalten können und zusammen die unterschiedlichen Ebenen des Bürgerkrieges ergaben. Diese verschiedenen Kriege seien hier skizziert.

Erstens: Der Bürgerkrieg wurde von der massenhaften Desertion der Soldaten aus der regulären Armee des Osmanenreiches seit der vernichtenden Niederlage bei Sarıkamış Anfang 1915 angefeuert. Dazu muss man wissen, dass die kämpfende Truppe des Reiches ausschließlich aus Muslimen bestand; Christen mussten in Arbeitsbataillonen Zwangsdienst leisten. Die folglich durchweg muslimischen Deserteure nahmen zahlreiche, auch schwere Waffen mit und bildeten Banden, die infolge der erodierenden Staatsmacht ganze Landstriche unter ihre Kontrolle brachten.[19] In Anatolien, so ein Zeuge im Mai 1919, sei die Lage „anarchistisch" und es sei nicht festzustellen, wer über welche militärische Kräfte und Machtmittel verfüge; Freischärler würden überall herrschen und die Behörden seien dagegen machtlos.[20]

Zweitens: Griechische Truppen besetzten Anfang 1919 Izmir. Bald darauf begannen sie ihren Vormarsch nach Anatolien. Sie betrieben ethnische Säuberung in einem Gebiet, in dem Griechen 14 % der Bevölkerung stellten. Diese Griechen, Bürger des Osmanenreiches, trugen griechische Namen, waren griechisch-orthodoxen Glaubens, sprachen Griechisch und zumeist auch Türkisch, und viele von ihnen schrieben das Türkische in griechischen Buchstaben (besonders die im Vergleich zu den westanatolischen Griechen stärker türkisierten Karamanlı (türk.) bzw. Karamanlides (griech.) genannten Griechen Zentralanatoliens). Ca. 1,2 Millionen Muslime flohen vor den anrückenden Truppen nach Osten.[21] Der griechische König Konstantin hatte seine Soldaten mit Parolen kultureller Überlegenheit zu einem Kampf angeheizt[22], dessen Folgen der zeitgenössische Beobachter und Historiker Arnold Toynbee als „war of extermination" charakterisierte.[23] Der im grausamen Bürgerkrieg in Russland 1918–1921 keineswegs ver-

---

[19] *Liman von Sanders*, Fünf Jahre in der Türkei, Berlin 1920, 335; *Mich[ail] Pavlovič*, Revoljucionnaja Turcija, Moskau 1921, 71; *Ryan Gingeras*, Sorrowful Shores. Violence, Ethnicity, and the End of the Ottoman Empire, 1912–1923, Oxford/New York 2009.

[20] *E. K. Sarkisjan*, Velikaja Oktjabr'skaja Socialističeskaja Revolujucija i nacional'no-osvoboditel'naja bor'ba v Turcii, Erevan 1958, 42 f.

[21] *Justin McCarthy*, The Ottoman Peoples and the End of the Empire, London 2001, 131 f., 135.

[22] *Vlad. Melikov*, Marna 1914 goda. Visla 1920 goda. Smirna 1922 goda, Moskau/Leningrad 1928, 370.

[23] *Arnold Joseph Toynbee*, The Western Question in Greece and Turkey. A Study in the Contact of Civilisations, New York 1970, 259.

zärtelte sowjetische General Michail Frunze schrieb in seinen Aufzeichnungen während seiner Reise nach Anatolien 1921: „Die Griechen vernichten systematisch die ganze türkische Bevölkerung in den Vilayets (Bezirken – S. P.) Smyrna (Izmir – S. P.) und Bursa.“[24] Wie die Griechen, so handelten auch andere. Er notierte eine Beobachtung, welche die Lage drastisch erläuterte: „Ausnahmslos alle Völker, die in der heutigen Türkei siedeln, wenden die gleiche Methode der Lösung der nationalen Fragen an; sie ist außerordentlich einfach: Sie läuft auf die allgemeine Vernichtung des Gegners hinaus.“[25] Nur für die Juden gilt dieses Wort nicht. Sie haben sich nicht an derlei Gräueln beteiligt, wurden aber von den Griechen gleich mitgesäubert, indem letztere die Hälfte von ihnen entweder ermordeten oder vertrieben.[26] Den Kampf gegen die Griechen nahmen zunächst die Freischärlerverbände auf. Erst nach einer gewissen Verzögerung gelang es Mustafa Kemal und seinen Männern, eine eigene, „nationale Streitkräfte“ (kuva-i milliye) genannte Truppe aufzustellen (aus der die Soldaten ebenso desertierten wie zuvor aus der Sultansarmee). Der Niederlage der griechischen Truppen, in Izmir, dem Ausgangspunkt der Invasion, besiegelt, folgte die Ermordung und Vertreibung der armenischen und griechischen Bevölkerung der Stadt durch die türkischen Truppen.

Drittens: In den letzten Monaten des Jahres 1920 führten die nationalen Truppen in Ostanatolien den Krieg gegen Armenien. Ihnen schlossen sich Freischärler an, weil die Kräfte der armenischen Nationalbewegung Muslime vertrieben und Pogrome gegen sie organisiert hatten.[27] Dieser Krieg ging vergleichsweise rasch mit einem Sieg der türkischen Truppen zu Ende.

Viertens: Im Gebiet der Pontusgriechen an der Südküste des Schwarzen Meeres etwa zwischen Sinop und der Grenze zu Georgien kam es zu einem Kampf auf Leben und Tod zwischen den dortigen Griechen, die – angespornt durch den zunächst erfolgreichen Vormarsch der griechischen Truppen in Westanatolien – einen separaten Staat anstrebten und der Nationalregierung in Ankara, besonders aber zwischen den Pontusgriechen und den ebenfalls dort siedelnden muslimischen Lasen, deren zahlenmäßig starke Freischärlerverbände dem Ansinnen der Pontusgriechen im Verein mit den kuva-i milliye Ankaras ein blutiges Ende bereiteten, nachdem sich die Pontusgriechen Mühe gegeben hatten, es ihren Landsleuten in Westanatolien gleichzutun. Die Kemalisten deportierten die verbliebenen Pontusgriechen mitten im Winter 1920/21 schließlich ins Innere Anatoliens unter Bedingungen, die zu einem Massensterben führten.[28]

---

[24] *Michail V. Frunze*, Poezdka v Angory, in: Ders., Sobranie sočinenij, Bd. 1, Moskau/Leningrad 1929, 325.

[25] *Frunze*, Poezdka v Angory (wie Anm. 24), 278.

[26] *McCarthy*, Peoples (wie Anm. 21), 135.

[27] *Pavlovič*, Turcija (wie Anm. 19), 81.

[28] *Stéphane Yerasimos*, La question du Pont-Euxin, 1912–1923, in: Guerres mondiales et conflits contemporains 153, 1989, 9–34; *Michel Bruneau* (Hrsg.), Les Grecs pontiques. Diaspora, identité, territoires, Paris 1998, besonders die Einleitung des Herausgebers.

Fünftens: Der Sultan schickte im April 1920 seine eigenen Truppen gegen die Rebellen in Ankara ins Feld, d. h. der Bürgerkrieg war nun inoffiziell erklärt. Diese „Kalifatsarmee“ genannten Verbände waren von den Alliierten ausgerüstet worden, englische Berater begleiteten sie. Aber sie waren zu schwach, um militärisch gegen die nationalen Streitkräfte und die mit ihnen verbundenen Freischärler bestehen zu können.

Sechstens: Nicht zufällig standen muslimische Tscherkessen in den Reihen der Kalifatsarmee, deren Anführer ebenfalls ein Tscherkesse war. Sie rebellierten gegen die Nationalisten um Mustafa Kemal, von deren nationalem Programm sie nicht viel erwarteten. Diese Tscherkessen, ihrerseits Flüchtlinge aus den nordkaukasischen russischen Reichsgebieten, siedelten am Südrand des Marmarameeres und konnten somit leicht gemeinsame Sache mit den vorrückenden Griechen machen. Das taten sie Ende 1921, als ihre Vertreter im griechisch besetzten Izmir die Tscherkessen als Nation „unter den Schutz der zivilisierten griechischen Regierung“ stellten. Aus Ankara gesehen bedeutete das Verrat und Separatismus. Nach dem Krieg büßten die Tscherkessen ihr Handeln mit der Deportation ganzer Dörfer.[29]

Siebtens: Auswärtige Interventen leisteten ihren zweifelhaften Beitrag zu den kriegerischen Ereignissen. Die Engländer besetzten und kontrollierten Thrakien, Istanbul und die Meerengen, die Italiener das Gebiet um Antalya, die Franzosen Kilikien, wobei die Frage hier offen bleiben muss, ob dort unter ihrer Protektion ein Armenierstaat eingerichtet werden sollte, und die Armenier beanspruchten die Gebiete um Kars und Ardahan. Ethnisch motivierte Gräueltaten spielten sich besonders zwischen Türken und Armeniern ab[30], für die Frunzes Wort von der gegenseitigen Vernichtung ebenfalls zutraf, auch auf Seiten der Armenier. Das Handeln der armenischen Soldaten im Gebiet um Kars bezeichnete ein britischer Verbindungsoffizier als „horrors“, und er schlug seinen Vorgesetzten vor, „im Interesse der Menschlichkeit sollte den Armeniern kein unabhängiges Kommando über die muslimische Bevölkerung überlassen werden, da ihre Truppen undiszipliniert und unkontrolliert agieren und ständig Gräuel begehen.“[31]

Achtens: Während des Bürgerkrieges lassen sich zahlreiche Aufstände vorwiegend in Zentralanatolien beobachten, die sich jedoch kaum auf einen Nenner bringen lassen und aus lokalen und regionalen Anlässen entstanden. Sie hatten weder einen gemeinsamen Gegner, wenngleich sie häufig gegen die Ankara-Regierung gerichtet waren, noch hingen sie miteinander ursächlich zusammen. Zusätzlich widersetzten sich muslimische irreguläre Truppen der Eingliederung in die kuva-i milliye. Mustafa Kemal sprach von „Terror“, um den Kampf von Muslimen gegen Muslime zu kennzeichnen.[32]

---

[29] *Gingeras*, Shores (wie Anm. 19).
[30] *Yücel Güçlü*, Armenians and the Allies in Cilicia 1914–1923, Salt Lake City 2010.
[31] *McCarthy*, Peoples (wie Anm. 21), 143.
[32] *Atatürk'ün Söylev ve Demeçleri*, Bd. 1, Ankara 1981, 138–142.

Die Aufzählung ist keineswegs vollständig, doch sie mag an dieser Stelle ausreichen, die Begründung für die Ablehnung des Begriffs „Unabhängigkeitskrieg“ oder „nationaler Befreiungskampf“ zu liefern. Muslime kämpften gegen Muslime, Muslime gegen Christen und umgekehrt, muslimische Lasen gegen Griechen, muslimische Tscherkessen gegen muslimische Türken, türkische Nationalisten gegen osmanische Loyalisten, Republikaner gegen Monarchisten, Nationalisten und Muslime gegen ausländische Interventen. Die Vermischung religiöser, ethnischer und krimineller Sphären in diesen Kriegen lässt sich nur der Systematik halber vornehmen.

Noch einmal: Wo war die türkische Nation?

Die Frage nach der Nation und Nationswerdung wurde zuvor schon erörtert. Vor dem Hintergrund der hier skizzierten kriegerischen Ereignisse soll sie aber abschließend noch einmal aufgegriffen werden. Dabei spielt eine Rolle, dass Krieg und Nationsbildung gemeinhin in einem engen Zusammenhang gesehen werden. Wie aber ist die Frage für die Türkei zu beantworten? Dazu greife ich einige bereits geäußerte Gedanken noch einmal auf.

Die späte, nicht verspätete, Nationsbildung der Türken war von „Vätern“ theoretisch formuliert worden, die mehrheitlich von „außen“ kamen. Yusuf Akçura kam aus Kazan' an der Wolga, Ahmet Ağaoğlu aus dem russischen Kaukasus, Ziya Gökalp hatte kurdische Wurzeln, Tekin Alp, einer der Vordenker des Kemalismus, hieß zuvor Moise Cohen und selbst Atatürk kam aus Saloniki und nicht aus dem von ihm als nationales Kerngebiet betrachteten Anatolien. Das bedeutet aber nicht, dass nicht auch Türken der türkischen Nationalbewegung angehört hätten. Dieser Umstand macht aber auf ein Merkmal aufmerksam, das für die hier nicht vorgenommene vergleichende Perspektive interessant wäre.[33] Und schon gar nicht klärt sich dadurch die Frage, wo die Nation 1923 stand und ob sie überhaupt existierte.

Noch schwieriger war nach Gründung der Republik die Frage zu beantworten, wer ein Türke sein sollte bzw. wie er zu bestimmen sei. Der Islam als Kennzeichen fiel aus, da er von Kemalisten des politischen Feldes verwiesen wurde. Andererseits ließ sich auch vom überzeugtesten Laizisten nicht leugnen, dass die Türken Muslime waren, was den nationalitätenpolitischen Nachteil hatte, die Differenz zu Muslimen anderer Nationen einzuebnen. Den Islam aus der Definition des

[33] Es gehört jedoch zu den Eigenheiten osteuropäischer Nationalismen, dass ihre Initialgedanken häufig von Personen formuliert wurden, die sich in einer kulturellen Distanz zu den von ihnen erkannten Nationen befanden, sei es, weil sie nicht dazugehörten, sei es, weil sie durch Bildung aus dem zumeist bäuerlichen Milieu sich entfernt hatten, so dass kulturelle Distanz offenkundig zu einer Vorbedingung des Erkennens nationaler Eigenschaften wurde. Gute Beispiele dafür sind die Nationalbewegungen bei den Finnen, Esten, Letten, Litauern.

Türken zu streichen, war wiederum unmöglich, denn sonst wäre ein türkischsprechender Christ zum Türken geworden. Außerdem ließ sich nicht übersehen, wie religiös die Landbevölkerung war, immerhin der überwiegende Teil der Bewohner. Sie verstand sich eher durch den Glauben definiert als dass sie ein türkisches Bewusstsein gehabt hätte. Für die Nationalisten entstand dadurch ein unauflösliches Dilemma: Sie definierten die Türken auch durch den Islam, den sie aber als strenge Laizisten ablehnten. Aus dieser Lage gab es kein Entrinnen.[34]

Die Sprache taugte ebenfalls nicht als Kriterium für Nation. Auf dem Boden der Republik waren mehrere Sprachen zu hören, das Türkische vorwiegend, aber auch die kurdischen Dialekte, das Armenische der armenischen Restbevölkerung, das Griechische, Arabische und das Judeo-Espagnolische der sephardischen Juden sowie weitere Minderheitensprachen, darunter auch das dem Georgischen verwandte Lasisch. Nicht vergessen sollte man, dass viele der muslimischen Einwanderer und Flüchtlinge kein Türkisch konnten, sondern die Sprache ihrer Herkunftsländer sprachen.

Die Kemalisten standen nach der Staatsgründung vor dem schwierigen Problem, auf welchem Wege sie die Nation schaffen sollten. Die historische, kulturelle, sprachliche und religiöse Inhomogenität bot ungünstige Bedingungen, wenngleich die demographischen Verhältnisse innerhalb der rund zehn Jahre vor der Gründung der Republik eindeutig in Richtung einer Homogenisierung der Bevölkerung zeigten. Das Problem ließ sich durch Anerkennung der Pluralität lösen oder – wie in den meisten Fällen multinationaler Staaten nach 1918 – national rigoristisch. Zu Anfang der 1920er Jahre schwankte die Regierung tatsächlich zwischen diesen Möglichkeiten, bis sie sich aus hier nicht näher zu erörternden Gründen dazu entschloss, zu einer Politik der Türkisierung überzugehen. Seit Mitte der 1920er Jahre lässt sich das systematisch betriebene nation-building beobachten. Dazu gehörten Bildungsanstrengungen mit nationalem Programm, die politischen Inszenierungen und Rituale, die grundstürzenden kemalistischen Reformen, ins Absurde gesteigerte Überhöhungen des Türkischen in Sprache, Geschichte und Kultur und auch immer mehr Zwangsmaßnahmen, die sich gegen die offenkundigen Nichttürken, d.h. Christen und Juden sowie muslimische Nichttürken, richteten. Der Druck zur Assimilation ins diffus bleibende Türkische wurde immer stärker. Er äußerte sich in kampagnenartig vorgetragenen Losungen, etwa im ebenso hochmütigen wie unpräzisen „Ne mutlu Türküm diyene!" (Wie glücklich sagen zu können, ich bin ein Türke). Fremde Sprachen sollten auf türkischen Boden nicht mehr gesprochen werden, also suchte die Regierung die sprachliche Homogenisierung als Teil der Türkisierungspolitik zu verwirklichen. Die „Vatandaş Türkçe Konuş!" (Bürger, sprich Türkisch!)-Kampagnen legten davon Zeugnis ab. Die Exklusion der nichtmuslimischen und

[34] *Soner Çağaptay*, Islam, Secularism and Nationalism in Modern Turkey: Who is a Turk? London/New York 2006.

nicht turkophonen Bevölkerung nahm repressive Züge an. Die Folgen für die loyalen jüdischen Gemeinden wurden schon erwähnt. Rassistische Untertöne flossen in die Auseinandersetzungen mit ein; manche türkische Nationalisten verstiegen sich zu der Behauptung, die Türken seien Arier.[35]

Gewalt gegen Minderheiten verschwand nicht aus dem politischen Handeln der Kemalisten. Wie zur Herstellung der kemalistisch dominierten Nation das Verbot politischer Opposition gehörte, so auch der Mord nicht nur an kommunistischen Gegnern, sondern auch an nationalen Minderheiten. Die 1925 aus nationalen und religiösen Gründen aufständischen Kurden wurden gnadenlos niedergeschlagen, alle weiteren Aufstände in Kurdengebieten, 18 insgesamt, danach ebenfalls. Dabei schreckte die Führung auch vor Massenmord nicht zurück. So wurden die 1937/38 rebellierenden alevitischen kurdischen Stämme im Gebiet Dersim (heute Tunceli) mit allen militärischen Mitteln bekämpft. Ob das die beste Methode war, ihre „Absorbierung in das Türkentum" zu beschleunigen, wie der für das Gebiet zuständige Generalinspekteur zuvor noch geschrieben hatte,[36] bleibt das Geheimnis der Kemalisten. Während der Niederschlagung wurden fast 14 000 Kurden getötet.[37] Das war Krieg im Innern des Landes gegen eine Minderheit. Ob er der Festigung der türkischen Nation gedient hat, ist nicht erforscht. Behauptet haben das nicht einmal die Kemalisten.

Zurück zu Krieg – Revolution – Nation?

Die eingangs gestellten Fragen scheinen geklärt. Überlassen wir das kemalistische Narrativ endgültig der Geschichte. Es ist unzutreffend hinsichtlich der historischen Prozesse, der verwendeten Begriffe, und es überschätzt die vermeintliche Tatsache, dass die Entwicklungen eine türkische Nation hervorgebracht haben. Ganz besonders nicht kam die Revolution Mitte der zwanziger Jahre zur Ruhe, wie das Zitat meinte. Vielmehr ließe sich diskutieren, ob sie nicht erst zu diesem Zeitpunkt anfing. Insofern ist die Dekonstruktion der Leitbegriffe dieses Bandes im türkischen Fall geradezu Historikerpflicht.

Aber die Geschichte des nation-building spielt sich nie allein auf der empirisch fassbaren, sondern auch auf derjenigen der Erzählungen und Kommunikation über sie ab. Der türkische Fall zeigt erneut: besonders und hauptsächlich hier. Denn fraglich ist nicht das namenlose historische Geschehen, sondern der Sinn,

---

[35] *Pekesen*, Nationalismus (wie Anm. 15).

[36] *Pekesen*, Nationalismus (wie Anm. 15), 247 f.

[37] *Martin van Bruinessen*, Genocide in Kurdistan? The Suppression of the Dersim Rebellion in Turkey (1937–1938) and the Chemical War against the Iraqi Kurds (1988), in: George J. Andreopoulos (Hrsg.), Genocide. Conceptual and Historical Dimensions, Philadelphia 1994, 141–170; die jüngsten, offiziell bestätigten Opferzahlen in der Zeitung Radikal, http://www.radikal.com.tr/Radikal.aspx?aType=RadikalDetayV3&ArticleID=1070404&Date=30.11.2011&CategoryID=78 (01.12.2011).

den Akteure ihm unterlegen. Deswegen war es hier notwendig, sich zunächst an die Deutungen der dominierenden türkischen Historiographie zu erinnern, bevor es an die kritische Prüfung der Tatbestände ging. Nicht übersehen lässt sich jedoch, dass sich in der Dekonstruktion eine eigentümliche Ambivalenz verbirgt. In den Deutungen, Sinnstiftungen und Begriffen des kemalistischen Narrativs kommt die Europäisierung der kemalistischen Elite, ihres Denkens und ihrer politischen Projekte zum Ausdruck. Sie übernahm die europäischen Verlaufsmuster und Begriffe und schien dadurch Jahrzehnte lang das europäische „Modell" zu bestärken. Der Sinn des kemalistischen Narrativs lag ja darin, die Türkei historisch mit Europa zu verbandeln, indem sie dieselben nationalgeschichtlichen und modernisierungsgeschichtlichen Prozesse durchlief, wenngleich nicht synchron. Das Narrativ selbst ist Europäisierung. Der geschichtsgestaltende Wille der Kemalisten setzte eine aus Europa kopierte Entwicklung in Gang. Dass sie in Asien stattfand, hat zu Irritationen geführt. Diesen scheinbaren Widerspruch bemerkte bereits John Dewey, der sich 1924 für kurze Zeit in der Türkei aufhielt: „It is paradoxical that it should be necessary for a nation to go into Asia in order to make sure that it is to be Europeanized."[38]

So ist es. Die Dekonstruktion macht aus dem türkischen Beispiel, nur weil sich in Anatolien abspielend, noch keine Andersartigkeit. Selbst wenn wir wissen, dass Revolution, Nation und Unabhängigkeitskrieg konstruierte, ja imaginierte Vorgänge etikettierten, so folgt als nächstes das Problem, mit welchen alternativen Konzepten und Begriffen wir die hier skizzierten historische Ereignisketten, symbolischen Ordnungen und narrativen Vermittlungen kennzeichnen sollen. Aus welchem Gefängnis aber befreien wir uns, wenn wir scheinbar überholte Begriffe verwerfen, und welche Freiheit gewinnen wir dadurch? Für die Türkei wird man sagen dürfen: Im Kreis der europäischen Nationalismen bestens aufgehoben, und zwar in allen seinen Facetten von der Gewährung von Bürgerrechten und parlamentarischer Repräsentation bis hin zum Massenmord. Wo ist der Unterschied?

---

[38] *Ernest Wolf-Gazo*, John Dewey in Turkey: An Educational Mission, in: Journal of American Studies of Turkey 3, 1996, 15–42, hier 20.

Berlin – Bukarest – Paris

Nationalstaat, Krieg und Minderheitenschutz in Südosteuropa am Ende des langen 19. Jahrhunderts

Mathias Beer

Einführung oder: Orte als Chiffren

„Im Namen des Allmächtigen Gottes" – diese Beistandsversicherung leitet die Präambel des Vertrags ein, den Deutschland, Österreich-Ungarn, Frankreich, Großbritannien, Italien, Russland und die Türkei am 13. Juli 1878 in Berlin aufsetzten. Die Vertragsparteien wurden dabei „vom Wunsche geleitet, in einem der europäischen Ordnung entsprechenden Sinne [...] die Fragen zu regeln, welche im Orient durch die Ereignisse der letzten Jahre und durch den Krieg entstanden" waren.[1]

Am 10. August 1913 unterzeichneten die Vertreter fünf südosteuropäischer Staaten, Rumänien, Griechenland, Montenegro, Serbien und Bulgarien, in Bukarest einen Vertrag mit dem Ziel, wie es in der Präambel der Urkunde heißt, „établir la paix entre leurs peuples si longtemps éprouvés ontrésolu de conclure un Traité définitif de paix."[2]

Die alliierten und assoziierten Hauptmächte, die Vereinigten Staaten von Amerika, das Vereinigte Königreich, Frankreich, Italien und Japan, sowie die mit ihnen assoziierten Mächte, Belgien, Bolivien, Brasilien, China, Cuba, Ecuador, Griechenland, Guatemala, Haiti, Hedschas, Honduras, Liberia, Nicaragua, Panama, Peru, Polen, Portugal, Rumänien, der serbisch-kroatisch-slowenische Staat, Siam, Tschecho-Slowakien und Uruguay, auf der einen Seite und Deutschland auf der anderen Seite unterschrieben am 28. Juli 1919 in der Nähe von Paris den Versailler Vertrag. Gemäß der Präambel des Vertrags verbanden sie damit den Wunsch, „an die Stelle des Krieges, in den sie nacheinander unmittelbar oder mittelbar verwickelt worden sind [...], einen festen, gerechten und dauerhaften Frieden treten zu lassen."[3]

---

[1] *Imanuel Geiss* (Hrsg.), Der Berliner Kongreß 1878. Protokolle und Materialien, Boppard am Rhein 1978, 369.

[2] Jahrbuch des Völkerrechts 2, Abt. I, 1914, 180–184, Zitat 180.

[3] http://www.versailler-vertrag.de/vv-i.htm (12.08.2014).

Die drei Verträge decken, bezieht man deren Vorgeschichte und Folgen mit ein, weit mehr als die gut vier Jahrzehnte ab, die zwischen dem ersten und letzten Friedensschluss liegen. Bei allen Unterschieden, wie schon allein die beteiligten Staaten, deren Zahl und die Orte, an denen die Abkommen unterzeichnet wurden, erkennen lassen, weisen die Verträge auch eine Reihe gemeinsamer Merkmale auf, die nicht nur der spezifischen Art der Dokumente geschuldet sind. Lediglich die für die Argumentation des Beitrags wichtigsten sollen herausgegriffen werden.

Alle drei Verträge schlossen für die europäische Geschichte folgenreiche Kriege ab: Der Berliner Vertrag beendete den russisch-osmanischen Krieg von 1877/78, der Vertrag von Bukarest den zweiten Balkankrieg im Jahr 1913 und der Versailler Vertrag den Ersten Weltkrieg von 1914 bis 1918. Alle drei Verträge hatten, wenn auch nicht ausschließlich, mit Südosteuropa eine bestimmte Region des Kontinents im Blick. Diese erfuhr durch die drei Friedensschlüsse wesentliche Veränderungen. Zugleich enthielten die Friedensschlüsse den Keim zu einer Revision des mit den Verträgen erreichten Friedensstandes. Und alle drei Verträge zielten darauf ab, einen Kriegszustand zu beenden, um an die Stelle der durch diese Kriege verursachten Unordnung eine neue Ordnung zu errichten, die einen endgültigen und dauerhaften Frieden herbeiführen sollte.[4]

Darüber hinaus thematisieren alle drei Verträge Minderheitenfragen, was allerdings erst eine eingehendere Analyse der Friedensschlüsse offenbart. Legt man diesen chladenischen Sehepunkt einer Betrachtung der drei Verträge zugrunde, so erweisen sich Berlin, Bukarest und Paris als Chiffren im langen 19. Jahrhundert für die Suche nach einer Antwort auf die sich mit der Entstehung der modernen Nationalstaaten in Europa stellende grundsätzliche Frage: Wie kann das Verhältnis von Mehrheit und Minderheit(en) im Nationalstaat so gestaltet werden, dass die gleichberechtigte Teilhabe aller Staatsangehörigen als Staatsbürger[5] sichergestellt wird?

Die drei Verträge haben für die Staaten Südosteuropas auf die Frage des Minderheitenschutzes zeit- und kontextspezifische Antworten gegeben. Miteinander in Beziehung gesetzt, lassen die Verträge eine Entwicklung erkennen, deren Tragweite weit über den originären südosteuropäischen Ausgangspunkt hinausgeht. Deshalb bedeutet die Beziehung zwischen Krieg, Nationalstaat und Minderheitenschutz in Südosteuropa am Ende des langen 19. Jahrhunderts auszuloten, immer auch den europäischen Bemühungen um einen völkerrechtlich

---

[4] *Winfried Baumgart*, Vom europäischen Konzert zum Völkerbund. Friedenschlüsse und Friedenssicherung von Wien bis Versailles, 2. Aufl. Darmstadt 1987.

[5] Zur Unterscheidung zwischen Staatsangehöriger und Staatsbürger vgl. *Thomas H. Marshall*, Bürgerrechte und soziale Klassen. Zur Soziologie des Wohlfahrtsstaates, Frankfurt am Main/New York 1992; *Dieter Gosewinkel*, Staatsbürgerschaft und Staatsangehörigkeit, in: Geschichte und Gesellschaft 21, 1995, 533–556; *Christoph Conrad/Jürgen Kocka* (Hrsg.), Staatsbürgerschaft in Europa. Historische Erfahrungen und aktuelle Debatten, Hamburg 2001.

abgesicherten Minderheitenschutz grundsätzlich nachzuspüren. Diese zielten darauf, so die These dieses Beitrags, die „dunkle Seite der Nationalstaaten“[6] soweit einzuhegen, dass die staatsbürgerliche Teilhabe aller Staatsangehörigen ohne Unterschied des Glaubens, der Sprache oder der Ethnie an den Grundwerten, die dem modernen Nationalstaat zugrunde liegen, in möglichst weitem Umfang gewährleistet wird. Verfolgt man also mit Blick auf Südosteuropa die Voraussetzungen und die Etappen der Entwicklung des Minderheitenschutzes[7], so fragt man grundsätzlich nach dem Handeln der Politik, um das Versprechen von Freiheit, Gleichheit und Brüderlichkeit des Nationalstaats einzulösen.

Berlin oder: Vom großen Prinzip der Rechts- und Glaubensfreiheit nicht abweichen

Vom 13. Juni bis zum 13. Juli 1878 tagte in der Reichshauptstadt, im gerade neu bezogenen Reichskanzlerpalais in der Wilhelmstraße, angeregt durch die österreich-ungarische Regierung und auf Einladung von Reichskanzler Otto von Bismarck ein Kongress, der in die Geschichte als der Berliner Kongress einging.[8] Neben der federführenden deutschen Delegation saßen, wie im Gemälde von Anton von Werner von 1881 festgehalten, mit England, Frankreich, Österreich-Ungarn, Italien, Russland und dem Osmanischen Reich nur Vertreter der europäischen Großmächte am Verhandlungstisch. Der Kongress wollte einen Schlussstrich unter die sich in der Orientkrise (1875–1878) zuspitzende orientalische Frage[9] setzen – Was wird aus dem seit dem Ende des 18. Jahrhunderts niedergehenden und daher als „kranker Mann am Bosporus“ bezeichneten Osmanischen Reich? Die Brisanz der Frage ergab sich aus den sich überkreuzenden Interessen der europäischen Großmächte, allen voran Russlands, Österreich-Ungarns sowie Englands und Frankreichs, und der aufstrebenden Nationalbewegungen in der Region.[10] Deren als Folge von Aufständen und von

[6] *Philipp Ther*, Die dunkle Seite der Nationalstaaten. „Ethnische Säuberungen“ im modernen Europa, Göttingen 2011.

[7] *Sarah Pritchard*, Der völkerrechtliche Minderheitenschutz. Historische und neuere Entwicklungen, Berlin 2001.

[8] Vgl. dazu *Geiss* (Hrsg.), Berliner Kongreß (wie Anm. 1); *Ralph Melville/Hans-Jürgen Schröder* (Hrsg.), Der Berliner Kongress von 1878. Die Politik der Großmächte und die Probleme der Modernisierung in Südosteuropa in der zweiten Hälfte des 19. Jahrhunderts, Wiesbaden 1982.

[9] Vgl. dazu und zum Folgenden *Mark Mazower*, The Balkans. From the end of Byzantium to the present day, London 2001; *Edgar Hösch*, Geschichte der Balkanländer. Von der Frühzeit bis zur Gegenwart, 4., aktual. und erw. Aufl. München 2002, bes. 113–192. Vgl. auch *Fikret Adanir*, Bevölkerungsverschiebungen, Siedlungspolitik und ethnisch-kulturelle Homogenisierung. Nationsbildung auf dem Balkan und in Kleinasien, 1878–1923, in: Sylvia Hahn u. a. (Hrsg.), Ausweisung, Abschiebung, Vertreibung in Europa 16.–20. Jahrhundert, Innsbruck u. a. 2006, 172–192.

[10] Eine gute Übersicht in tabellarischer Form der nationalrevolutionären Phasen, Kriege und Autonomiestufen in den Staatsbildungsprozessen auf dem Balkan im langen 19. Jahrhundert

Kriegen zwischen Russland und dem Osmanischen Reich erreichte Etappen hin zu unabhängigen Nationalstaaten in der zweiten Hälfte des 19. Jahrhundert sind mit der Autonomie Serbiens (1817), der von den Großmächten garantierten Souveränität Griechenlands (1831), der Vereinigung der Fürstentümer Moldau und Walachei zu Rumänien unter der Suzeränität des Osmanischen Reiches (1859/61) und dem zwischen Lehensabhängigkeit und Unabhängigkeit vom Osmanischen Reich changierenden Status von Montenegro umrissen.

Diese einzelnen Etappen des bei weitem noch nicht abgeschlossenen Staatenbildungsprozesses in Südosteuropa im langen 19. Jahrhundert waren in hohem Maße mit Gewalt verbunden, die, ein weiteres Kennzeichen, eine sonst in Europa nicht bekannte entgrenzte Gewalt über die staatlichen Heere hinaus charakterisiert.[11] Zunächst vornehmlich religiös, sprachlich und dann sich zunehmend auf ein Volk und damit sich ethnisch definierende Gruppen waren zugleich Täter und Opfer in diesen Aufstände, Kriege und Bürgerkriege umfassenden Auseinandersetzungen. Sie haben mittlerweile in der Forschung vor allem unter dem Begriff der „ethnischen Säuberungen" gerade bezogen auf Südosteuropa große Aufmerksamkeit gefunden. „Nationale Befreiung durch Vertreibungen" überschreibt Michael Schwartz in einer neuen grundlegenden Studie die Zeit zwischen 1804 und 1878 in Südosteuropa und stuft den „Balkan als Lernort für ethnische ‚Säuberungen'" ein.[12]

Mit den Aufständen in der Herzegowina seit 1875, in Bosnien, Thrakien und Rumelien 1876 sowie dem Eingreifen Serbiens und Montenegros gegen das Osmanische Reich, das die gewaltsame Auflehnung erfolgreich abwehrte und damit Russland den erwünschten Anlass zum Kriegseintritt bot, steuerte die Orientalische Krise im dritten russisch-osmanischen Krieg seit 1812 ihrem Höhepunkt zu. In dessen von Migrationen, Massakern, Flucht und Vertreibungen begleiteten Verlauf[13] brach zwischen April 1877 und Ende Januar 1878 die osmanische Herrschaft in Südosteuropa fast vollständig zusammen. Verbündet mit Montenegro,

---

bietet *Konrad Clewig*, Staatensystem und innerstaatliches Agieren im multiethnischen Raum. Südosteuropa im langen 19. Jahrhundert, in: Ders. / Oliver Jens Schmitt (Hrsg.), Geschichte Südosteuropas. Vom frühen Mittelalter bis zur Gegenwart, Regensburg 2011, 432–553, hier 447 f. Vgl. auch *Christo Choliolčev / Karlheinz Mack / Arnold Suppan* (Hrsg.), Nationalrevolutionäre Bewegungen in Südosteuropa im 19. Jahrhundert, München 1992.

[11] *Wolfgang Höpken*, Gewalt auf dem Balkan. Erklärungsversuche zwischen „Struktur" und „Kultur", in: Ders. / Michael Rieckenberg (Hrsg.), Politische und ethnische Gewalt in Südosteuropa und Lateinamerika, Köln u. a. 2001, 53–96; *Ders.*, Bevölkerungsverschiebungen in Südosteuropa seit der Nationalstaatswerdung (19./20. Jahrhundert), in: Comparativ 6, H. 1, 1996, 25–40; *Clewig*, Staatensystem (wie Anm. 10), 454.

[12] *Michael Schwartz*, Ethnische „Säuberungen" in der Moderne. Globale Wechselwirkungen nationalistischer und rassistischer Gewaltpolitik im 19. und 20. Jahrhundert, München 2013, 235–261, Zitate 235 und 238. Der Band enthält auch eine gute Übersicht zum aktuellen Stand der Forschung zu ethnischen Säuberungen.

[13] *Schwartz*, Ethnische „Säuberungen" (wie Anm. 12), 238–244. Vgl. auch *Ivan Ninić* (Hrsg.), Migrations in Balkan History, Belgrade 1989.

Serbien und Rumänien standen die russischen Truppen in kurzer Zeit unmittelbar vor Konstantinopel. Es wird geschätzt, dass dabei bis zu 300.000 Muslime getötet wurden und eine noch viel größere Gruppe heimatlos wurde.[14] Nach dem Krieg hatte sich die Bevölkerung Konstantinopels verdoppelt, eine Folge der Aufnahme von einer halben Million Flüchtlinge durch das Osmanische Reich.

Aus einer Position der Stärke heraus diktierte Russland dem Osmanischen Reich den am 3. März 1878 unterzeichneten Frieden von San Stefano.[15] Weniger der erhebliche Gebietszuwachs, der darin für Montenegro, Serbien und Rumänien festgeschrieben wurde, als ein sich abzeichnendes großes, von Russland abhängiges Bulgarien sowie die Kontrolle der Meerengen durch Russland brachten Großbritannien und Österreich-Ungarn auf den Plan. Sie sahen mit einer Vorherrschaft des Zarenreiches auf dem Balkan das Mächtegleichgewicht in Südosteuropa grundlegend gestört sowie eigene Interessen beeinträchtigt und zwangen daher Russland mit einer unverhohlenen Kriegsdrohung zu einer internationalen Überprüfung des geschlossenen Vertrags. Eine wichtige Weichenstellung dafür bildete eine von England in die Wege geleitete Abmachung mit Russland, die am 30. Mai 1878 in London unterschrieben worden war.

Auf dem Berliner Kongress mutierte San Stefano zu einem Vorfriedensvertrag, dessen Beschlüsse Punkt für Punkt überprüft und in wesentlichen Teilen korrigiert wurden.[16] Lediglich die wichtigsten und auf Südosteuropa bezogenen gilt es festzuhalten: Aufteilung des territorial verkleinerten Bulgarien mit dem Balkangebirge als Grenze in zwei Staatsgebilde, das Fürstentum Bulgarien unter der Oberhoheit des Sultans und die administrativ autonome Provinz Ost-Rumelien unter der unmittelbaren politischen und militärischen Autorität des Osmanischen Reiches; die als Okkupation verhüllte „Annexion zur linken Hand" von Bosnien und Herzegowina durch Österreich-Ungarn; Rückgabe Makedoniens an das Osmanische Reich; Unabhängigkeit Montenegros, Rumäniens und Serbiens unter Auflagen und von Grenzveränderungen[17] begleitet; Gebietserweiterung Griechenlands in Thessalien und im Epirus sowie Garantie der freien Donauschifffahrt.

In dem hier diskutierten Zusammenhang gilt es, die an Bedingungen geknüpfte Anerkennung der Unabhängigkeit von Montenegro, Serbien und Rumänien genauer zu betrachten. Nach kontroversen Diskussionen über die Zulassung Rumäniens wurden dessen Vertreter zur Sitzung am 1. Juli 1878 geladen, um dabei lediglich zu den Bestimmungen des Vertrags von San Stefano gehört zu werden. Nach der Verabschiedung der rumänischen Delegation besprachen die

---

[14] *Jürgen Osterhammel*, Die Verwandlung der Welt. Eine Geschichte des 19. Jahrhunderts, München 2009, 217.

[15] *Geiss* (Hrsg.), Berliner Kongreß (wie Anm. 1), 15–21.

[16] Der Text des Vertrags in *Geiss* (Hrsg.), Berliner Kongreß (wie Anm. 1), 367–407.

[17] Vgl. z. B. für die Dobrudscha *Constantin Iordachi*, Citizenship, Nation und State-Building. The Integration of Northern Dobrogea into Romania, 1878–1913, Pittsburgh 2002.

Kongressteilnehmer die Frage der Unabhängigkeit Rumäniens.[18] Einleitend erinnerte Reichkanzler Bismarck daran, dass der Pariser Kongress von 1856, mit dem der Krim-Krieg beendet worden war, der Vereinigung der rumänischen Fürstentümer nicht zugestimmt habe. Da sich aber die Walachei und die Moldau mittlerweile zu einem Staat zusammengeschlossen und mehrere Mächte diesen durch mit ihm abgeschlossene Handelsverträge bestätigt hätten, sei eine neue Situation entstanden. Allerdings habe nur Europa das Recht, die Unabhängigkeit Rumäniens zu bestätigen. Er warf daher die Frage auf, ob und, mit Verweis auf die Serbien gemachten Auflagen, unter welchen Bedingungen dies erfolgen solle.

Der französische Außenminister William Henry Waddington, der als erster das Wort ergriff, bestand darauf, „vom großen Prinzip der Rechtsgleichheit und der Glaubensfreiheit nicht abzuweichen." Rumänien könne nicht für die eigenen Staatsbürger das ablehnen, was rumänischen Staatsbürgern in der Türkei gewährt wurde. „Wenn Rumänien in die große europäische Völkergemeinschaft eintreten wolle, müsse es zweifellos auch die Lasten, ja Nachteile einer Stellung auf sich nehmen, deren Vorteile es in Anspruch nehmen wolle."[19] Dieser Argumentation schlossen sich alle Kongressteilnehmer an, in dem sie wie im Falle Serbiens insbesondere mit Bezug auf die Juden „der Religionsfreiheit größtes Gewicht" beimaßen. Nachdem auch ein russisches Junktim, das die Anerkennung der Unabhängigkeit Rumäniens mit der Klärung offener Grenzfragen verband, zu seinen Gunsten geklärt worden war, verkündete der Vorsitzende die einstimmige Anerkennung der Unabhängigkeit Rumäniens (Artikel 43), allerdings ausdrücklich nur unter zwei Bedingungen: Der Abtretung des südlichen Teils von Bessarabien an Russland (Artikel 45) und, ganz zentral, der Gewährung von Glaubensfreiheit, wie sie im Artikel 44 des Berliner Vertrags festgehalten wurde:

> In Rumänien darf der Unterschied des religiösen Glaubens und der Bekenntnisse Niemand gegenüber geltend gemacht werden als ein Grund der Ausschließung oder der Unfähigkeit bezüglich des Genusses der bürgerlichen und politischen Rechte, der Zulassung zu öffentlichen Diensten, Aemtern und Ehren oder der Ausübung der verschiedenen Berufs- und Gewerbezweige, an welchem Orte es auch sei.
>
> Die Freiheit und öffentliche Ausübung aller Kulte werden allen Angehörigen des Rumänischen Staats sowie Ausländern zugesichert, und es darf weder der hierarchischen Organisation der verschiedenen Religionsgemeinschaften noch den Beziehungen derselben zu ihren geistlichen Oberen ein Hindernis entgegen gestellt werden.[20]

Die Protokolle des Berliner Kongresses geben nur begrenzt darüber Auskunft, weshalb die Religionsfreiheit und das Diskriminierungsverbot als unabdingbare Voraussetzungen für die Anerkennung Rumäniens als souveräner Staat Eingang in Artikel 44 gefunden haben. Der Artikel ist, wie die Forschung herausgearbeitet

---

[18] *Geiss* (Hrsg.), Berliner Kongreß (wie Anm. 1), 269–282, Protokoll Nr. 10 der Sitzung vom 1.07.1878.

[19] *Geiss* (Hrsg.), Berliner Kongreß (wie Anm. 1), 274 f. Hier auch das folgende Zitat.

[20] *Geiss* (Hrsg.), Berliner Kongreß (wie Anm. 1), 399.

hat[21], im Zusammenhang mit den Folgen einer beträchtlichen jüdischen Zuwanderung insbesondere in die Moldau seit dem ausgehenden 18. Jahrhundert zu sehen. Als unbequeme wirtschaftliche Konkurrenten abgestempelt, wurde den Juden in den Vereinigten Fürstentümern der Walachei und Moldau die staatsbürgerliche Gleichstellung versagt, so dass sie als Staatenlose praktisch rechtlos waren. Darauf machten Lobbyverbände in den USA aufmerksam, Erkenntnisse, die dank amerikanischer diplomatischer Fürsprache britische Unterstützung und so Eingang in die Verhandlungen des Berliner Kongresses fanden. Hier wurde dann der Einzelfall am Grundsatz der Rechtsgleichheit und der Glaubensfreiheit gemessen und erhielt damit einen herausgehobenen Stellenwert. Darin liegt die über den konkreten Fall hinausgehende Bedeutung der Bestimmung, zu der nicht nur Rumänien verpflichtet wurde. Die Bestimmungen des Artikels 44 des Berliner Vertrags fanden in der gleichen Formulierung Eingang in alle der im Berliner Vertrag genannten Staaten Südosteuropas – Bulgarien (Artikel 5), Montenegro (Artikel 27), Serbien (Artikel 35), Rumänien (Artikel 44) und Türkei (Artikel 62), wobei sie aber nur für Serbien und Rumänien eine Bedingung für die Anerkennung der Unabhängigkeit dieser beiden Staaten darstellten.

Das in diesen Artikeln des Berliner Vertrags festgelegte Gleichheitsgebot bezog sich ausschließlich auf den Bereich der Religion. Es hatte insofern schon Vorgänger, als sich Griechenland im Londoner Protokoll von 1830 verpflichtet hatte, die nichtorthodoxe Bevölkerung gleich zu behandeln.[22] Darauf wurde aber beim Berliner Kongress nicht Bezug genommen. Unterschiede des religiösen Glaubens und des Bekenntnisses durften nach dem Wortlaut des Berliner Vertrags kein Grund für eine Benachteiligung bei der Wahrnehmung und Ausübung staatsbürgerlicher Rechte ein. Dieses Gleichheitsgebot bildete nach Lesart der Protokolle des Kongresses nicht weniger als das Eintrittstor der darauf verpflichteten Staaten in die große europäische Völkergemeinschaft. In der Lesart der drei Staaten handelte es sich dagegen um einen Eingriff in die nationale Souveränität, weshalb, wie nicht nur der rumänische Fall zeigt, die Bestimmungen nur zögerlich und unvollkommen in nationales Recht umgesetzt wurden. Als Deutschland, Frankreich und Großbritannien im Februar 1880 die Unabhängigkeit Rumäniens anerkannten, gaben sie ihre Unzufriedenheit mit der individuellen rumänischen Einbürgerungspraxis nur in einer Note zum Protokoll. Von einer conditio sine qua non für die internationale Anerkennung der staatlichen

[21] Vgl. dazu *Dietmar Müller*, Staatsangehörigkeit und Staatsbürgerschaft in Südosteuropa. Der Staatsbürger in den „nationalen Codes" Rumäniens, Bulgariens und Serbiens, in: Osteuropa 52, H. 6, 2002, 752–773; *Clewig*, Staatensystem (wie Anm. 10), insbes. 484 f.; *Holm Sundhaussen*, Unerwünschte Staatsbürger. Grundzüge des Staatsbürgerschaftsrechts in den Balkanländern und Rumänien, in: Conrad/Kocka (Hrsg.), Staatsbürgerschaft (wie Anm. 6), 193–215; *Carole Fink*, Defending the Rights of Others. The Great Powers, the Jews and International Minority Protection, Cambridge 2004.

[22] *Herbert Kraus*, Das Recht der Minderheiten. Zur Einführung in das Verständnis des modernen Minoritätenrechts, Berlin 1927, 48.

Unabhängigkeit waren Religionsfreiheit und Diskriminierungsverbot zu einer Unmutsäußerung geschrumpft.

Zweifellos standen vor allem individuelle religiöse Minderheitenrechte im Mittelpunkt, wenn im Berliner Vertrag der Schutz von Minderheiten thematisiert wurde. Dem historischen Kontext entsprechend überwog bezogen auf Minderheitenschutz das religiöse Moment im Vertrag. Dennoch wurden in einer weicheren Form auch Minderheitenrechte von ethnischen Gruppen zumindest angeschnitten, wie die sich auf die Türkei (Artikel 61) und Bulgarien (Artikel 4 und 5) beziehenden Artikel erkennen lassen:

> An denjenigen Orten, wo Bulgaren mit türkischen, rumänischen, griechischen und anderen Bevölkerungen gemischt sind, soll den Rechten und Interessen dieser Bevölkerungen bezüglich der Wahlen und der Ausarbeitung des organischen Reglements Rechnung getragen werden.[23]

Der Berliner Kongress wird in der Forschung als eine Etappe der Krisenbewältigung in Südosteuropa im 19. Jahrhundert eingestuft[24], die immer das Austarieren der Mächteverhältnisse der Großmächte untereinander und das Ringen der Völker der Region um einen eigenen Nationalstaat oder dessen territoriale Erweiterung verband. Auf diese Einschätzung, wenn auch beschränkt auf einen Aspekt, trifft man auch bereits bei Zeitgenossen. Der Generalsekretär des Kongresses, von Radowitz, bilanzierte in einem Brief die Ergebnisse des Berliner Kongresses mit den Worten:

> Fünf Jahre mindestens, glaube ich, wird die jetzt geschaffene Lage vorhalten können [...]. Jetzt aber haben wir Europa vom Krieg bewahrt und den Weg gezeigt, auf den man auch in Zukunft ohne Kampf sich einigen könnte. Das ist der Gewinn des Kongresses: Zum ersten Male hat ein solches europäisches Werk einem großen Kriege vorbeugen können. Die anderen Kongresse kamen erst zustande, nachdem sich die Mächte schwer geschädigt hatten, oder es sind die europäischen Kämpfe aus ihnen hervorgegangen.[25]

Die Einschätzung ist aus mehreren Gründen bemerkenswert. Für einen wichtigen Teilnehmer am Kongress, und nicht nur für ihn, zählte offensichtlich ausschließlich die von den großen Mächten getragene große Politik, die Verhinderung eines befürchteten großen Krieges. Den Kongress betrachtete er als Instrument präventiver Friedenspolitik der europäischen Großmächte. Die Welle der Nationalstaatsgründungen in Südosteuropa und die damit verbundenen Minderheitenfragen spielten dagegen damals angesichts ihres scheinbar geringen

[23] *Geiss* (Hrsg.), Berliner Kongreß (wie Anm. 1), 377.

[24] *Hösch*, Geschichte der Balkanländer (wie Anm. 9), 113.

[25] *Joseph Maria von Radowitz*, Aufzeichnungen und Erinnerungen aus dem Leben des Botschafters Joseph Maria von Radowitz, hrsg. von Hajo Holborn, Stuttgart 1925, 58; zitiert nach *Imanuel Geiss*, Der Berliner Kongreß. Eine historische Retrospektive, in: Melville/Schröder (Hrsg.), Berliner Kongreß (wie Anm. 8), 31–49, Zitat 49.

Stellenwertes eine so untergeordnete Rolle, dass sie in der Bilanz nicht erwähnt wurden.

Doch maß von Radowitz dem Berliner Vertrag mit Blick auf die Interessen der Großmächte und hier insbesondere Österreich-Ungarns vor dem Hintergrund eines schwächelnden Osmanischen Reiches nur eine begrenzte, schwer einzuschätzende Halbwertzeit zu. Diese sollte auch von der Nationalstaats- und Minderheitenfrage in Südosteuropa wesentlich beeinflusst werden. Insofern ist der Feststellung zuzustimmen, wonach der Berliner Kongress als ein Bindeglied zwischen dem Wiener Kongress von 1814/15 und dem Versailler Kongress von 1919 gedeutet wird[26], allerdings ohne dass man dabei in erster Linie die Entwicklung des Minderheitenschutzes im Blick gehabt hätte, der mit dem Berliner Kongress zweifellos ein neues Stadium erreichte.[27]

Bukarest oder: Who can best dispossess and ‚denationalize' his neighbor?

Die Dauer des auf den Beschlüssen des Berliner Kongress fußenden Friedens zwischen den europäischen Großmächten sollte weit über die Prognose von Radowitz' hinausgehen. Doch die Abwesenheit eines „großen Krieges" in Europa am Ende des 19. Jahrhunderts darf den Blick nicht für die in dieser Zeit stattfindenden kleinen europäischen Kriege verstellen. Gerade in Südosteuropa verbanden sie Großmachtinteressen sowie nationale Eigenstaatlichkeitsbestrebungen mit einer hohen Gewaltdynamik und erreichten zu Beginn des 20. Jahrhunderts in den beiden Balkankriegen[28] einen neuen Höhepunkt.

Aufgrund eines komplizierten Systems bilateraler Verträge kam 1912 ein Bündnissystem zustande, dem Montenegro, Serbien, Bulgarien und Griechenland angehörten. Im Rahmen des so genannten Balkanbundes[29] zielten die darin zusammengeschlossenen Staaten jeweils darauf ab, jene Gebiete der Balkanhalbinsel, die sich nach den Ergebnissen des Berliner Kongresses noch unter osmanischer Herrschaft befanden, zu „befreien", und sich davon möglichst großen Gebiete zu sichern. Eigenen, nationalstaatlich ausgeflaggten Interessen verpflichtet, blieben daher die Ziele der Kriegskoalition eher vage und enthielten damit den Keim für den späteren Streit der Koalitionäre untereinander.

Der erste Balkankrieg wurde mit der Kriegserklärung Montenegros an das Osmanische Reich am 8. Oktober 1912 eröffnet. Diese setzte im Laufe des Monats

---

[26] *Geiss* (Hrsg.), Berliner Kongreß (wie Anm. 1), XI.

[27] Zu der Einschätzung der Minderheitenrechte auf dem Berliner Kongress vgl. *Clewig*, Staatensystem (wie Anm. 10), 480–485.

[28] *Richard C. Hall*, Balkan Wars 1912–1913. Prelude to the First World War, London 2000.

[29] Vgl. dazu *Katrin Boeckh*, Von den Balkankriegen zum Ersten Weltkrieg. Kleinstaatenpolitik und ethnische Selbstbestimmung auf dem Balkan, München 1996, bes. 23–31.

die einzelnen Stufen des Bündnissystems in Gang, das bis Mai 1913 der osmanischen Präsenz in Europa weitgehend ein Ende bereitete. Unter der Devise „Der Balkan den Balkanvölkern" ging es keinesfalls darum, *alle* Völker an den schnell errungenen Gebietsgewinnen teilhaben zu lassen, sondern allein die Interessen der im Balkanbund zusammengeschlossenen *Nationalstaaten* zu befriedigen. Das Kosovo mutierte zu Altserbien und Makedonien zu Südserbien, um nur zwei Beispiel zu nennen. Insofern war der Balkanbund nur der Mantel, unter dem die einzelnen Staaten hofften, ihre weitreichenden Ziele durchzusetzen, die sie in einem bis in graue Vorzeiten projizierten Territorium der eigenen Nation sahen.

Diese blutigen, unter dem Banner mythisch befrachteter Nationalstaatsvorstellungen geführten Kriege schlugen sich in den Ergebnissen des ersten Balkankrieges nieder, der mit dem am 30. Mai 1913 in London unterzeichneten Vertrag zwischen Griechenland, Serbien, Bulgarien und Montenegro einerseits und der Türkei andererseits abgeschlossen wurde. Dem Vertrag entsprechend hatte die Türkei u. a. alle Gebiete westlich einer Linie zwischen Enos und Midia abzutreten und auf alle Souveränitätsrechte auf Kreta zu verzichten. Die Großmächte sollten die Zugehörigkeit der türkischen Ägäis-Inseln und der Chalkidike-Halbinsel klären. Albanien wurde als Staat neu geschaffen und den europäischen Großmächten das Recht eingeräumt, dessen Grenzen und seine staatliche Gestaltung festzulegen. Die Frage der Staatsangehörigkeit, die sich angesichts der eingetretenen territorialen Veränderungen für zigtausende Menschen stellte, sollte wie weitere Angelegenheiten Inhalt einer eigenen Konvention sein. Ungeklärt blieb, wie die territorialen Verluste des Osmanischen Reiches auf die Staaten des Balkanbundes aufzuteilen waren. Das Unvermögen Serbiens, Griechenlands und Bulgariens sich darüber zu einigen, löste den zweiten Balkankrieg aus, der die Kriegsverluste und -kosten in allen Staaten in die Höhe schießen ließ.[30]

War der erste Balkankrieg in hohem Maße eine muslimisch-christliche Auseinandersetzung, so war der zweite Balkankrieg ein Krieg zwischen sich christlich definierenden Nationalstaaten, unter deren territorialem Anspruch die muslimische Bevölkerung nicht weniger zu leiden hatte.[31] Mit dem am 29./30. Juni eingeleiteten Überfall bulgarischer Truppen auf Serbien entstand im zweiten Balkankrieg eine neue Frontlinie, an der Bulgarien seinen früheren Verbündeten Serbien, Griechenland, Montenegro und schließlich auch Rumänien gegenüber stand. Die Türkei nutzte mit Verweis auf bulgarische „horreurs […] avec une barbarie et un vandalisme indescriptibles"[32] die Gunst der Stunde, um zu versuchen, die in London eingegangenen Verpflichtungen wenn nicht zu revidieren,

---

[30] Vgl. *Boeckh*, Balkankriege (wie Anm. 29), 70–73 die tabellarische Aufstellung der Kriegsverluste und Kosten.

[31] *Justin McCarthy*, Death and Exile. The Ethnic Cleansing of Ottoman Muslims 1821–1922, Princeton/New York 1995; *Alexandre Tumarkine*, Les Migrations des Populations Musulmanes Balkanique en Antalie (1876–1913), Istanbul 1995.

[32] Jahrbuch des Völkerrechts 2, Abt. I, 1914, 180–184, Zitat 189.

so dann doch zu mildern. In einem kurzen und blutigen, von Massakern, Flucht und Ausweisungen begleiteten Krieg unterlag das eingekreiste Bulgarien der militärischen Übermacht seiner Gegner.

Schon am 30. Juli 1913 traten auf Vorschlag des rumänischen Ministerpräsidenten Titu Maiorescu die Vertreter der fünf kriegsführenden Parteien im Bukarester Außenministerium zusammen, um über eine Friedensregelung zu beraten. Zu der unter Ausschluss der Türkei stattfindenden Konferenz, deren Vorsitz das Gastgeberland übernahm, waren auch Vertreter der Großmächte eingeladen, die allerdings, anders als bei der Berliner Konferenz, nicht federführend waren. Insofern ist die Bukarester Friedenskonferenz als ein Akt der Emanzipation der neuen südosteuropäischen Nationalstaaten gegenüber den Großmächten zu deuten. Auf der Berliner Konferenz hatte man Vertreter einiger südosteuropäischer Staaten lediglich gehört und, wie das Protokoll vermerkt, anschließend die Stühle am Verhandlungstisch wieder zurechtgerückt. Jetzt saßen die südosteuropäischen Staaten nicht nur am Tisch, sondern sie hatten auch das Sagen, zumal ausschließlich Angelegenheiten Gegenstand der Verhandlungen in Bukarest waren, die die fünf am zweiten Balkankrieg beteiligten Staaten betrafen. Die erzielten Ergebnisse fanden ihren Niederschlag in dem am 10. August unterzeichneten Vertrag von Bukarest, der von den Vertragsparteien bis zum Monatsende ratifiziert wurde.

Der Vertrag ist im Wesentlichen ein Grenzregelungsvertrag, der mit neuen Grenzziehungen das festlegte, worauf sich die kriegsführenden Parteien am Ende des ersten Balkankrieges nicht hatten einigen können, nun allerdings unter ganz anderen Voraussetzungen.[33] Bulgarien musste die Süddobrudscha an Rumänien abtreten und bestehende Festungen innerhalb von zwei Jahren schleifen (Artikel 2) sowie zugunsten Serbiens (Artikel 3) und Griechenlands (Artikel 5) auf weite Teile Makedoniens verzichten. Den genauen Verlauf der Grenzen, der den religiösen, sprachlichen und ethnischen Verhältnisse vor Ort nicht Rechnung trug, sollte im Rahmen eines Schiedsspruchverfahrens eine gemischte Kommission festlegen. Demobilisierung, Räumung des bulgarischen Gebiets und Kriegsgefangenenaustausch waren Gegenstand weiterer Bestimmungen.

Fragen des Minderheitenschutzes, die angesichts der weitgehenden territorialen Veränderungen und der beträchtlichen Bevölkerungsverschiebungen in Form von Flucht, Ausweisungen und Vertreibungen und Massakern während und als Folge des Krieges nahe gelegen hätten[34], waren kein Gegenstand des Ver-

[33] Der Vertragstext bei *Kraus*, Das Recht der Minderheiten (wie Anm. 22), 180–184.

[34] *Dimitrije Djordjević*, Migrations during the 1912–1913 Balkan Wars and World War one, in: Ninić (Hrsg.), Migrations (wie Anm. 13), 115–129; *Wolfgang Höpken*, Flucht vor dem Kreuz? Muslimische Emigration aus Südosteuropa nach dem Ende der osmanischen Herrschaft (19./20. Jahrhundert), in: Comparativ 6, 1996, H. 1, 1–24; *Cathie Carmichael*, Ethnic Cleansing in the Balkans. Nationalism and the Destruction of Tradition, London/New York 2002; *Schwartz*, Ethnische „Säuberungen“ (wie Anm. 12), 298–308.

trags. Nicht Rechts- und Glaubensfreiheit waren die Grundsätze, von denen sich die in Bukarest versammelten Vertreter südosteuropäischer Staaten leiten ließen, sondern ein auf die Titularnation zugeschnittenes, nationalisiertes Staatsbürgerschaftsverständnis.

In einer Note hatte zwar die amerikanische diplomatische Vertretung, und nur sie, ihrer Erwartung Ausdruck gegeben,

> qu'il regarderait avec satisfaction si un provision accordant pleine liberté civile et religieuse aux habitants de tout territoire qui pourrait être assujetti à la souverainité de quicoque des cinq Puissance ou qui pourrait être transféré de la jurisdiction de l'une des Puissance à celle d'une autre, pourrait être introduite dans toute convention conclue à Bucarest.[35]

Doch der Vorschlag wurde sowohl vom rumänischen Vorsitzenden der Konferenz als auch vom griechischen Vertreter, Ministerpräsident Eléphterios Venizélos, und der bulgarischen Delegation mit dem Verweis auf die nationalen Verfassungen zurückgewiesen, in denen solche Rechte bereits verankert seien. Bürgerliche Rechte und Glaubensfreiheit wurden so zur inneren Angelegenheit der Nationalstaaten erklärt und dadurch dem Einfluss von außen, der auf der Berliner Konferenz für die Aufnahme solcher Bestimmungen gesorgt hatte, entzogen.

Dass Verfassungstext und Verfassungswirklichkeit weit auseinanderklafften, also völlige bürgerliche und religiöse Freiheit im Alltag keineswegs selbstverständlich waren, hatten nicht zuletzt die beiden Balkankriege deutlich vor Augen geführt. Die breite Berichterstattung auch in der westeuropäischen Presse, die angesichts der Erfolge der südosteuropäischen Staaten zunächst von einer „Balkaneuphorie" gekennzeichnet war, beurteilte die Kriegsführung und insbesondere die schwerwiegenden Auswirkungen auf die Zivilbevölkerung in der Folgezeit kritisch.[36] Deren Ausmaß führte die von der Carnegie-Stiftung im Juli 1913 eingesetzte internationale Kommission mit ihrem Bericht über die Ursachen und den Verlauf der Balkankriege in Sprache und Bildern deutlich vor Augen. Im Kapitel „Krieg und die Nationalitäten" sind Ausrottung und Vernichtung, Emigration und Assimilation die Leitbegriffe. Auch deshalb kam der Bericht zu den beiden Balkankriegen zu einem insgesamt und gerade auch bezogen auf die Einschätzung des Verhältnisses von Nationalstaat, Krieg und Minderheiten zu einem äußerst ernüchternden Fazit:

> Never was a lesson clearer and more brutal. United, the peoples of the Balkan peninsula, oppressed for so long, worked miracles that a mighty but divided Europe could not even conceive. [...] Disunited, they were forced to come to a standstill and to exhaust themselves further in their effort to begin again, an effort indefinitely prolonged. For, far from being a solution, the second war was only the beginning of other wars, or rather of a con-

[35] Vgl. die Akten der Konferenz, in: Jahrbuch des Völkerrechts 2, Abt. 1, 1914, Zitat 162.

[36] *Florian Keisinger*, Unzivilisierte Kriege im zivilisierten Europa? Die Balkankriege und die öffentliche Meinung in Deutschland, England und Irland 1876–1913, Paderborn 2008.

tinuous war, the worst of all, a war of religion, of reprisals, of race, of war of one people against another, of man against man and brother against brother. It has become a competition, as to who can best dispossess and ‚denationalize' his neighbor.[37]

Mit den territorialen und bevölkerungspolitischen Veränderungen in den beiden Balkankriegen, bei denen sich die einzelnen Staaten auf angeblich angestammte historische Heimstätten ihrer Nation beriefen, wurde die religiöse, sprachliche und ethnische Vielfalt der Region unter nationalstaatlichem Vorzeichen „nationalisiert". Unter diesen Umständen stellte sich die Frage des Verhältnisses von Titularnation und Minderheiten besonders akut. Sie wurde, dem ethnozentristisch ausgerichteten Nationalstaatsgedanken verpflichtet, in der angestrebten Nationalisierung, d.h. Homogenisierung der Minderheiten, ihrer Ausweisung oder physischen Vernichtung gesehen, um so einen ethnisch gereinigten Nationalstaat herzustellen. Wohl gerade deshalb stellte sich die Frage des Minderheitenschutzes für die südosteuropäischen Staaten auf der Bukarester Konferenz nicht, als sie erstmals weitgehend selbständig ihr Verhältnis zueinander klären konnten, ohne damit für eine stabile Friedensordnung in der Region sorgen zu können. In Bukarest wurde dem Wettlauf der südosteuropäischen Staaten um eine nur auf Kosten der Nachbarn zu erreichende nationale Wiedergeburt nicht Einhalt geboten. Die Balkankriege gingen nahtlos in die Urkatastrophe des 20. Jahrhunderts über.

Paris oder: Guaranties d'une manière effective contre tout risque de traitement injuste ou d'oppression

Auf der Konferenz, die vom 18. Januar 1919 bis zum 21. Januar 1920 in Versailles stattfand, überführten die alliierten und assoziierten Großmächte den am 11. November 1918 in Compiègne zwischen Frankreich und Großbritannien einerseits und dem Deutschen Reich andererseits unterzeichneten Waffenstillstand in eine allgemeine Friedensregelung, mit der der Erste Weltkrieg beendet wurde. Kernstück des Vertragswerks war der nach einer ultimativen Aufforderung der Entente-Mächte von der deutschen Delegation am 28. Juni 1919 unterzeichnete Friedensvertrag von Versailles.

In einem Brief vom 24. Juni 1919, nur vier Tage vor der Vertragsunterzeichnung, erläuterte der französische Ministerpräsident Georges Clemenceau in seiner Funktion als Vorsitzender der Pariser Friedenskonferenz dem Präsidenten des polnischen Ministerrats und zugleich Minister für Auswärtige Angelegenheiten Ignacy Jan Paderewski, weshalb es die alliierten und assoziierten Großmächte als unabdingbar ansahen, dass Polen einen Minderheitenschutz-

---

[37] *Carnegie Endowment for International Peace*, Report of the International Commission to inquire into the causes and conduct of the Balkan Wars, Washington, D.C. 1914, 15f.

vertrag unterschrieb. Dessen Stellenwert für die alliierten Mächte unterstrich Clemenceau mit dem Verweis auf ein Junktim: Ohne die Unterzeichnung des Minderheitenschutzvertrags keine internationale Anerkennung der Souveränität und Unabhängigkeit des neuen polnischen Staates einschließlich der ihm auf Kosten des Deutschen Reiches zugeschlagenen Gebiete. Für den Standpunkt der Alliierten – eine offene, nur diplomatisch verbrämte Drohung – führte der französische Ministerpräsident historische Argumente an, er verwies zudem auf die eingetretenen territorialen Veränderungen und hob schließlich das neue System internationaler Beziehungen als Ergebnis des Ersten Weltkriegs hervor.

Der mit Artikel 93 des Friedensvertrags mit dem Deutschen Reich übereinstimmende unterschriftsreife Minderheitenschutzvertrag[38], so Clemenceaus historisch-völkerrechtliche Argumentation, stelle mit Blick auf die europäische Geschichte keineswegs ein Novum dar, im Gegenteil:

> C'est une procédure depuis longtemps établie en droit public européen que lorsqu'un Etat est créé, ou même lorsqu'un Etat déja existant reçoit des accroissements territoriaux considérables, sa reconnaissance collective et formelle des grandes puissances doit être accompagnée de l'assurance que cet Etat s'engagera, sous forme d'une convention internationale, à observer certains principes de gouvernement.[39]

Diese Grundsätze, für die es eine Reihe weiterer Präzedenzfälle gebe, hätten ihre deutlichste internationale Anerkennung beim Berliner Kongress von 1878 erhalten, als die europäischen Großmächte die Unabhängigkeit Serbiens, Montenegros und Rumäniens nur unter der Voraussetzung anerkannt hätten, dass diese Staaten allen Bewohnern ihrer Staates religiöse Freiheiten gewährten. Um keinen Zweifel aufkommen zu lassen, werden im Brief die Passagen des entsprechenden Protokolls des Berliner Kongresses zitiert. Von solchen bewährten (Rechts)Traditionen, heißt es weiter, wollten die Alliierten keinesfalls abrücken, vielmehr sähen sie darin eine ausgesprochene Verpflichtung, „d'assurer dans la forme la plus durable et la plus solennelle les garanties de certains droits essentiels qui donneront aux habitants une protection nécessaire, que soient les changements qui puissent se produire."

Unterschiedliche international sanktionierte Schutzbestimmungen, darunter konfessionelle Schutzbestimmungen für das Königreich der Niederlande von 1814/15 und jene vom Berliner Kongress verabschiedeten, habe es mit Blick auf das 19. Jahrhundert schon gegeben, führte Clemenceau weiter aus, und leitete damit zum zweiten Argument über, mit dem die alliierten Mächte den Min-

[38] In Artikel 93 erklärte sich Polen bereit, „daß die alliierten und assoziierten Hauptmächte in einem mit ihm zu schließenden Vertrag die Bestimmungen aufnehmen, die sie zum Schutz der Interessen der nationalen, sprachlichen und religiösen Minderheiten in Polen für notwendig erachten." Vgl. http://www.versailler-vertrag.de/vv-i.htm (12.08.2014).

[39] *Kraus*, Das Recht der Minderheiten (wie Anm. 22), 43–50, Zitat 44, hier auch die folgenden Zitate. Vgl. auch *Harold William Vazeille Temerley* (Hrsg.), A History of Peace Conference of Paris, Bd. 5: Economic reconstruction and Protection of Minorities, London 1921, 432–437.

derheitenschutzvertrag begründeten. Doch die als Ergebnis des Krieges neue politische Landkarte Europas erfordere auch neue einschlägige Bestimmungen. Durch die territorialen Veränderungen seien Polen sowie vielen anderen Staaten Gebiete zugesprochen worden, in denen große Gruppen von Menschen anderer Sprache und Nationalität als die jeweilige Titularnation lebten.

On croit que ces populations s'accoutumeront plus facilement à leur nouvelle situation si, dès le début, elle savent qu'elles sont assures d'être protégées et garanties d'une manière effective contre tout risque de traitement injuste ou d'oppression.

Solche vertraglich abgesicherten Schutzregelungen, die allen Einwohnern jene Grundrechte zusicherten, wie sie jeder zivilisierte Staat garantiere, würden, so die Hoffnung von Clemenceau, dazu beitragen, die betroffenen Menschen mit ihrer neuen Lage, sich in einem anderen Staat wiederzufinden, zu versöhnen. Zudem könnten, so die ausgesprochene Erwartung, die damit verbundenen internationalen Garantien bewirken, dass Forderungen von Minderheiten nicht immer wieder vorgebracht werden.

Mit den internationalen Garantien ist das dritte Argument angesprochen, mit welchem die Notwendigkeit, ja Unausweichlichkeit des zu unterzeichnenden Vertrages begründet wurde. Dieser Minderheitenschutzvertrag, so Clemenceau an Paderewski, unterscheide sich tatsächlich von früheren Verträgen zu vergleichbaren Angelegenheiten. Das sei aber gewollt, denn der neue Vertrag sei eine notwendige Folge des Krieges und „fait essentiellement partie du nouveau régime des relations internationales qui se trouvent instituées actuellement par l'établissement de la Société des nations." Anders als in der Vergangenheit, im alten System, in dem die Großmächte über die Erfüllung von Verträgen gewacht hätten und damit eine politisch motivierte Einmischung in die inneren Angelegenheiten eines Staates möglich gewesen wäre, würde im neuen System die Zuständigkeit der Überwachung des Minderheitenschutzvertrags beim Völkerbund liegen.[40] Dieser werde auch zuständig sein, wenn es zu Auseinandersetzungen im Zusammenhang mit dem Minderheitenschutzvertrag käme, womit sichergestellt sei, dass mögliche Verfahren aus dem politischen Bereich in jenen der Judikative überführt würden und damit in der Verantwortung eines Gerichtshofs liege. Damit werde unparteiischen Entscheidungen ebenso vorgebeugt wie der Einmischung der Großmächte in die inneren Angelegenheiten Polens.

Mit dem Vertrag, den Polen mit den Hauptalliierten sowie den assoziierten Mächten zur gleichen Zeit zu unterzeichnen habe, zu dem der Friedensvertrag mit dem Deutschland unterschrieben werde, heißt es abschließend im Schreiben, werde Polen sich feierlich vor der Welt zu den Grundsätzen der Gleichheit, Freiheit und Toleranz bekennen.

---

[40] *Erwin Viefhaus*, Die Minderheitenfrage und die Entstehung der Minderheitenschutzverträge auf der Pariser Friedenskonferenz 1919. Eine Studie zur Geschichte des Nationalitätenproblems im 19. und 20. Jahrhundert, Würzburg 1960.

Polen, der bevölkerungsreichste der neu entstandenen bzw. deutlich vergrößerten Staaten nach dem Ersten Weltkrieg, unterzeichnete nur vier Tage später, am 28. Juni 1919, den Minderheitenschutzvertrag, sicher auch, weil es dazu keine Alternative gab.[41] Dass der Vertrag am gleichen Tag wie der Friedensvertrag mit Deutschland unterschrieben wurde, dessen erster Teil zudem die bereits am 28. April verabschiedete Völkerbundsatzung enthält, unterstreicht neben dem Schreiben Clemenceaus den Stellenwert, der von den alliierten und assoziierten Großmächten dem Minderheitenschutzvertrag beigemessen wurde. Das umso mehr, als der Minderheitenschutz zwar nicht, wie angestrebt, Teil der Völkerbundsatzung wurde, aber eng an ihn angebunden wurde und damit ein wesentliches Element des mit den Pariser Verträgen abgestrebten neuen Systems der internationalen Beziehungen darstellte.[42] Die ostmitteleuropäischen Nationalstaaten verpflichteten sich,

> à accorder, à tous les habitants pleine et entière protection de leur vie et de leur liberté sans distinction de naissance, de nationalité, de langage, de race ou de religion. Tous les habitants [...] auront droit au libre exercice, tant public que privé, de tout foi, religion ou croyance [...].[43]

Gerade weil die Unterschrift des Vertrags für Polen alternativlos war, kommt den Argumenten, die die alliierten Mächte vorbrachten, ein umso höherer Stellenwert zu. Sie wurden zwar erstmals am Beispiel Polens konkretisiert, die darüber hinaus angestrebte Allgemeingültigkeit zeigt sich an der Modellfunktion des polnischen Minderheitenschutzvertrags. Weitere vergleichbare Verträge wurden mit der Tschechoslowakei (10. September 1919), dem Königreich der Serben, Kroaten und Slowenen (10. September 1919), Rumänien (09. Dezember 1919) und Griechenland (10. August 1920) abgeschlossen, Spezialregelungen zu Minderheitenfragen fanden Eingang in die Friedensverträge mit Österreich, Bulgarien, Ungarn und der Türkei sowie in besondere Kapitel innerhalb von bilateralen Verträgen und schlugen sich in Erklärungen Albaniens, Estlands, Finnlands, Lettlands und Litauens vor dem Völkerbundrat nieder.[44] Trotz der universalen Zielrichtung des Minderheitenschutzes lässt die Aufzählung eine deutlich abgestufte Praxis erkennen. Minderheitenschutzverträge hatten im Wesentlichen nur

---

[41] *Carol Fink*, The Minorities Question at the Paris Peace Conference. The Polish Minority Treaty, June 28, 1919, in: Manfred F. Boemke / Gerald D. Feldman / Elisabeth Glaser (Hrsg.), The Treaty of Versailles. A Reassessment after 75 Years, Cambridge Univ. Press 1998, 249–274.

[42] *Peter Hilpold*, Minderheitenschutz im Völkerbundsystem, in: Christoph Pan / Beate Sibylle Pfeil (Hrsg.), Zur Entstehung des modernen Minderheitenschutzes in Europa, Wien / New York 2006, 156–189.

[43] *Kraus*, Das Recht der Minderheiten (wie Anm. 22), 54. Diese Passage aus Artikel 2 des Vertrags mit Polen findet sich in allen anderen Minderheitenschutzverträgen.

[44] Vgl. dazu *Dietrich A. Loeber*, Die Minderheitenschutzverträge – Entstehung, Inhalt und Wirkung, in: Hans Lemberg (Hrsg.), Ostmitteleuropa zwischen den beiden Weltkriegen (1918–1939). Stärke und Schwächen der neuen Staaten, nationale Minderheiten, Marburg 1997, 189–200, bes. 200.

eine Reihe ostmitteleuropäischer Staaten zu unterschreiben, allen voran die als Ergebnis des Ersten Weltkriegs neu entstanden oder solche, die ihr Territorium deutlich vergrößert hatten. Innerhalb des auf Ostmitteleuropa liegenden geographischen Fokus ist darüber hinaus bei den getroffenen Regelungen insgesamt ein Mittelost- und Südosteuropa-Schwerpunkt unübersehbar.

Gleichsam drei konzentrischen Kreisen, die die Vergangenheit, Gegenwart und Zukunft verbanden, zielten die drei Argumente des Schreibens des Vorsitzenden der Pariser Friedenskonferenz darauf zu erklären, weshalb es von den Siegermächten nach dem Ersten Weltkrieg als notwendig erachtet wurde, das Verhältnis von Nationalstaat und Minderheiten und insbesondere bezogen auf Ostmittel- und Südosteuropa auf eine neue völkerrechtliche und nationalstaatliche Grundlage zu stellen. Den Ausschlag dafür gaben ein Krieg von bis dahin unvorstellbarem Ausmaß und seine Folgen – ein Weltkrieg. Das alte europäische System, das bis 1914 auf fünf Großmächten beruht hatte, existierte nach dem Ersten Weltkrieg nicht mehr. Eine nichteuropäische Großmacht, die USA, hatte im Grunde den Krieg entschieden; zwei europäische Großmächte, Österreich-Ungarn und das Osmanische Reich, waren untergegangen; Russland war auch aufgrund der Oktoberrevolution als Ganzes gelähmt; das um zehn Prozent territorial verkleinerte Deutschland war in Paris kein Verhandlungspartner, sondern hatte den Versailler Vertrag anzunehmen und unter den Siegermächten war Italien durch den Krieg außerordentlich geschwächt. Einem auf dem Kontinent dominierenden Frankreich stand zunächst keine kontinentale Großmacht mehr gegenüber.

Die Siegermächte veränderten mit den Pariser Vorortverträgen die politische Landkarte Europas von Grund auf. Einem Bündel von Faktoren folgend[45], darunter auch dem „Selbstbestimmungsrecht der Völker", entstand als Ergebnis der Friedensverhandlungen aus der Konkursmasse der Großreiche eine Reihe von mittleren und kleineren Staaten wieder oder sie wurde neu geschaffen: 20.000 Kilometer Staatsgrenzen wurden in Europa neu fixiert.[46] Ein großer Teil der Bevölkerung gerade Ostmitteleuropas fand sich als Ergebnis des Ersten Weltkriegs, ohne dass er seinen Heimatort verlassen hätte, in einem neuen Staat wieder. Für zig Millionen Menschen änderten die vorgenommenen Grenzziehungen die Staatszugehörigkeit.

> Versailles hatte sechzig Millionen Menschen eigene Staaten gegeben, dafür aber weitere fünfundzwanzig Millionen zu Minderheiten gemacht. Darunter befanden sich nicht nur Zigeuner, Ukrainer und Makedonier, sondern auch ehemals herrschende Volksgruppen

[45] *Jost Dülffer*, Selbstbestimmung, Wirtschaftsinteressen und Großmachtpolitik. Grundprinzipien für die Friedensregelung nach dem Ersten Weltkrieg, in: Mathias Beer (Hrsg.), Auf dem Weg zum ethnisch reinen Nationalstaat? Europa in Geschichte und Gegenwart, 2. aktual. Auflage Tübingen 2007, 41–67.

[46] *Christian Baechler/Carole Fink* (Hrsg.), The Establishment of European Frontiers after the Two World Wars, Bern u. a. 1996.

> wie etwa Deutsche, Ungarn und Muslime. Besonders die Letztgenannten betrachteten sich als zivilisierter als die bäuerlichen Emporkömmlinge, die jetzt das Sagen hatten, und tat sich schwer damit, in der neuen Nationalkultur aufzugehen, sich zu assimilieren, wie es die liberale politisch Theorie vorsah. [...]; die ethnischen Beziehungen in den neuen Demokratien waren von Abgrenzung und Feindseligkeit bestimmt.[47]

Die neuen Grenzziehungen verringerten die Zahl der Minderheiten insgesamt betrachtet erheblich. Doch blieben auch jetzt aufgrund der ethnischen Gemengelage und weil die Alliierten den Interessen der mit ihnen verbündeten Staaten folgten, jene Staaten die Ausnahme, in denen eine Ethnie mehr als 90 Prozent der Bewohner stellte. Zahlreicher waren die Staaten, in denen gleich mehrere Nationalitäten eine beträchtliche Minderheit bildeten.[48] In der Forschung wurde daher schon bald von einem „belt of minority states" gesprochen[49], also von Nationalitäten- und nicht Nationalstaaten. Ein wichtiger Teil dieses Gürtels von Minderheitenstaaten lag, wie der Blick auf die ethnische Karte Europas als Ergebnis der Pariser Vorortverträge zeigt, in Südosteuropa. Der multiethnische Teppich Südosteuropa wurde, mit Karl Kaser gesprochen, noch mehr zu einem Leopardenfell[50], womit bildlich das hohe Konfliktpotential unterstrichen wird, das die ethnische Vielfalt der Region und in den einzelnen Staaten und der von seinem Anspruch her ethnisch reine Nationalstaat seit dem 19. Jahrhundert erzeugte.

In Paris standen die alliierten und assoziierten Großmächte vor der Aufgabe, und zwar in dieser Reihenfolge, den Interessen der Siegermächte, den als legitim angesehenen Wunsch aller großen Völker, in einem eignen Nationalstaat zu leben bzw. diesen dem Verständnis der Staatsnation folgend abzurunden und den als berechtigt eingestuften Belangen der kaum überschaubaren Zahl von Minderheiten – „minorités de langue, de race et de réligion" – gerecht zu werden. Eine Großmachtinteressen, Nationalstaaten, neue Grenzziehungen und den Minderheitenschutz vereinigende Friedensordnung ließ sich nicht mit dem bestehenden, das 19. Jahrhundert bestimmende System der internationalen Beziehungen erreichen. Es bedurfte eines neuen Systems in Gestalt des Völkerbundes und einer Verpflichtung der Nationalstaaten, von der sich die Alliierten ausnahmen, auf die im Grunde selbstverständliche, aber in der Praxis gerade bezogen auf andere Gruppen als die Titularnation nur selten gewährte Freiheit, Gleichheit und Brüderlichkeit in Form des Minderheitenschutzes. Dessen Überwachung wurde dem Völkerbund zugewiesen. Beim Minderheitenschutz

[47] *Mark Mazower*, Der dunkle Kontinent. Europa im 20. Jahrhundert, Berlin 2000, 70.

[48] Vgl. dazu die Zahlen bei *Wolfgang Kessler*, Die gescheiterte Integration. Die Minderheitenfrage in Ostmitteleuropa 1919–1939, in: Lemberg (Hrsg.), Ostmitteleuropa zwischen den beiden Weltkriegen (wie Anm. 44), 161–188, bes. 170 f.

[49] *Jacob Robinson u. a.*, Were the Minority Treaties a Failure?, New York 1943.

[50] *Karl Kaser*, Südosteuropäische Geschichte und Geschichtswissenschaft. 2., völlig neu bearb. und akt. Aufl. Wien / Köln / Weimar 2002, 91.

handelte es sich, wie Clemenceau deutlich hervorhob, um einen wesentlichen Teil des neuen Systems internationaler Beziehungen, der prinzipiell helfen sollte, jedweder Gefahr, ungerechter Behandlung und Unterdrückung von Minderheiten durch den Nationalstaat, der das grundlegende Prinzip für die politische und territoriale Neuordnung Ostmitteleuropas nach 1919 darstellte, vorzubeugen.

Die Minderheitenschutzregelungen, wie sie in Paris im Grundsatz festgelegt wurden, können daher als ein „Korrektiv [...] des den Staatenneubildungen von 1919 zugrunde gelegten Nationalstaatsprinzips"[51] und zugleich als ein grundsätzliches Misstrauen gegenüber dem modernen Nationalstaat angesehen werden, allen Staatsangehörigen auch die ihnen zustehenden Staatsbürgerrechte zu gewähren. Dieses grundsätzliche Misstrauen galt insbesondere den neuen Nationalstaaten in Ostmitteleuropa, denen die Siegermächte ohne Überwachung nicht zutrauten, für Gleichheit, Freiheit und Toleranz aller ihren Staatsangehörigen ohne Unterschied der Religion, der Sprache und Ethnie zu sorgen.

Fazit oder: Minderheitenschutz als Versuch der Einhegung der dunklen Seite der Nationalstaaten

Die neuzeitliche Vorstellung von Nation, der „imagined community", wie der geprägte bildhafte Begriff lautet[52], und damit verbunden jene vom Nationalstaat waren von Anfang an doppeldeutig. Der Nationalismus wurde zum „Inbegriff der Erwartungen und Hoffnungen ganzer Generationen, die im Nationalstaat die Vollendung ihres Persönlichkeitsideals sahen, und er wurde der Schrecken ganzer Völker, die durch nationalistischen Fanatismus ihre Freiheit oder ihre Heimat verloren."[53]

Die Erwartungen und Hoffnungen erfüllte der Nationalstaat mit seinem doppelten Versprechen von Partizipation und Integration. Partizipation bedeutete Fürstenherrschaft und ständische Ungleichheit durch Teilhabe und Mitwirkung an einem Staatswesen zu ersetzen, dessen auf Gewaltenteilung und -kontrolle fußende Verfassung die Grund- sowie Menschenrechte und freie wirtschaftliche Entfaltungsmöglichkeiten garantierte – Freiheit und Gleichheit. Integration versprach dem Individuum Teil eines Ganzen, friedlich zusammenlebender Nationsgenossen zu sein – Brüderlichkeit.

---

[51] *Kessler*, Die gescheiterte Integration (wie Anm. 48), 163.

[52] *Benedict Anderson*, Imagined Communities. Reflections on the Origin and Spread of Nationalism, London 1983; u. dt. Titel: Die Erfindung der Nation. Zur Karriere eines erfolgreichen Konzepts, 2. Aufl. Frankfurt am Main 1993. Vgl. dazu die kritischen Anmerkungen von *Dieter Langewiesche*, Was heißt „Erfindung der Nation"?, in: Beer (Hrsg.), Auf dem Weg (wie Anm. 45), 19–40.

[53] *Theodor Schieder*, Das Problem des Nationalismus in Osteuropa, in: Ders., Nationalismus und Nationalstaat. Studien zum nationalen Problem im modernen Europa, hrsg. von Otto Dann / Hans-Ulrich Wehler, Göttingen 1991, 347–359, Zitat 347.

Zum Schrecken wurde der Nationalstaat, weil diesen neben der Partizipationsverheißung stets auch eine aggressive Gewaltbereitschaft charakterisiert: „Ein spezifisches Gemisch von Partizipation und Aggression kennzeichnet die Berufung auf die Nation als Letztwert gesellschaftlicher Legitimität zu allen Zeiten."[54] Mit weit in die Vergangenheit zurückreichenden Mythen, die man zu angeblich abgesicherten „historischen Argumenten" funktionalisierte, wurde der Anspruch und die „historische Rechtmäßigkeit" des Einklangs zwischen einem bestimmten Territorium und einem Volk immer wieder zu untermauern versucht. Eine postulierte Abstammungsgemeinschaft, gemeinsame Herkunftsmythen und Erinnerungen dienten dazu, ein Bewusstsein zu verfestigen, eine Nation zu sein, die anders ist als die anderen, und einen „historisch" begründeten Anspruch auf ein selbst definiertes Staatsterritorium zu haben. Der Prozess der Nationalstaatsbildung war deshalb von Anfang an gewalt- und blutdurchtränkt. Von Beginn an waren es „die Abgrenzung gegen den Nachbarn, die Feindschaft und der Kampf, wodurch die europäischen Nachbarn zu sich selbst fanden."[55] Die Kriege, zunächst gegen das Osmanische Reich und dann untereinander, welche die Verträge von Berlin 1878, Bukarest 1913 und Paris 1919 beendeten, markieren nur einige wichtige Stationen dieses Prozesses.

Die Selbstfindung und Selbstdefinition durch Abgrenzung war aber nicht allein nach außen gerichtet. Zum Janusgesicht des Nationalstaats gehört auch die nach innen gerichtete Ausgrenzung jener, die aus der Sicht des den Nationalstaat tragenden Staatsvolks als nicht dazugehörig, als fremd galten. Das „bewegliche Epitheton ‚national'" wirkte, „wie ein Lackmuspapier", das es der Titularnation ermöglichte, die Mitglieder der Nation einem „aus- oder eingrenzenden Gesinnungstest" zu unterziehen.[56]

Der Fragmentierung Südosteuropas unter der Flagge des Nationalstaates stand die ethnische, sprachliche und religiöse Vielfalt der Region entgegen. Erst der Nationalismus und das Nationalstaatsversprechen führten dazu, dass diese Vielfalt politisiert und im Zeichen des Nationalstaats instrumentalisiert wurde. Doch ein abgerundetes Gehäuse für ein Staatsvolk war nicht zu erreichen, nicht mit Grenzverschiebungen, die man immer wieder durch Krieg zu erreichen versuchte. Und ein religiös, sprachlich und ethnisch einheitliches Staatsvolk war auch nicht erreichbar, nicht durch Erwerb neuer Territorien, die die Vielfalt der Bevölkerung noch vergrößerte, und auch nicht durch die Purifizierung der Nation – durch Unterdrückung, Assimilation, Ausweisung, Vertreibung und

[54] *Dieter Langewiesche*, Nationalismus im 19. und 20. Jahrhundert: zwischen Partizipation und Aggression, in: Ders., Nation, Nationalismus. Nationalstaat in Deutschland und Europa, München 2000, 35–54, hier 41.

[55] *Hagen Schulze*, Staat und Nation in der europäischen Geschichte, München 1994, 190.

[56] *Reinhart Koselleck*, Volk, Nation, in: Geschichtliche Grundbegriffe. Historisch-politisches Lexikon zur politisch-sozialen Sprache, hrsg. von Otto Brunner / Werner Conze / Reinhart Koselleck, Bd. 7, Stuttgart 1992, 141–431, Zitat 398.

Ausrottung von Minderheiten, für die die Aufstände, Kriege und Bürgerkriege in Südosteuropa am Ende des langen 19. Jahrhunderts in besonderem Maße stehen.[57] Gerade solche unter dem „nationalen Reinigungspostulat" in allen Staaten Südosteuropas ergriffenen Maßnahmen scheinen Lösungen zum Minderheitenschutz geradezu erzwungen zu haben, die allerdings von außen kamen.

Von sich aus haben die Nationalstaaten Südosteuropas vermutlich gerade angesichts der Staatsbildungsprozesse, in denen sie sich befanden, keine Antworten darauf gefunden, wie sie *allen* Staatsangehörigen ohne Unterschied sprachlicher, religiöser oder ethnischer Zugehörigkeit die Teilhabe an den Grundsätzen der Freiheit, Gleichheit und Brüderlichkeit sichern konnten, um so ein weitgehend friedliches Zusammenleben von Mehrheit und Minderheit als Staatsbürger zu gewährleisten. Solche Lösungen mussten den Staaten aufgezwungen werden, zunächst von den Großmächten. Ansätze dazu wurden im Rahmen der Berliner Konferenz erprobt, als die Anerkennung der staatlichen Souveränität von drei Staaten Südosteuropas an die Bedingung geknüpft wurde, dass kein Bürger aufgrund seines religiösen Glaubens und Bekenntnisses vom Genuss der bürgerlichen und politischen Rechte ausgeschlossen werden durfte. Darin sahen die Großmächte, wie sich der französische Außenminister Waddington äußerte, zwar eine Last, ja einen Nachteil, diesen galt es aber mit Blick auf die damit verbundene Aufnahme dieser Staaten in die europäische Völkergemeinschaft in Kauf zu nehmen.

Wie die rumänische Delegation in Berlin formal zutreffend argumentierte, handelte es sich um einen Eingriff in die inneren Angelegenheiten eines Staates. Dieser wurde aber von den Staaten, denen das religiöse Diskriminierungsverbot auferlegt wurde, selbst veranlasst, weil sie, dem Ideal eines homogenen Nationalstaats verpflichtet, gegen die dem modernen Verfassungsstaat selbstverständliche Gleichheit aller Staatsbürger verstoßen hatten. Darüber hinaus, so ist das Junktim von Souveränität und Rechts- sowie Religionsfreiheit zu deuten, hatten die Großmächte in Berlin gute Gründe anzunehmen, dass diese Staaten auch künftig, nach ihrer internationalen Anerkennung das Gleichheitsgebot von sich aus nicht für alle Staatsangehörigen sicherstellen würden, zumal für die Zeit nach der staatlichen Anerkennung keine Überprüfungs- und Sanktionsmechanismen vorgesehen waren.

Bestätigt wurde diese Annahme durch den Bukarester Vertrag von 1913, in dem sich die unterzeichnenden südosteuropäischen Staaten keineswegs „vom großen Prinzip der Rechtsgleichheit und der Glaubensfreiheit", welches in Berlin bestimmend gewesen war, leiten ließen. Im Gegenteil, unter sich und ohne äußeren Druck tagend, fanden sich die fünf Vertragsparteien nicht dazu bereit,

[57] *Holm Sundhaussen*, Die Ethnisierung von Staat, Nation und Gerechtigkeit. Zu den Anfängen nationaler „Homogenisierung" im Balkanraum, in: Beer (Hrsg.), Auf dem Weg (wie Anm. 45), 69–90.

eine Anregung zur Aufnahme von Bestimmungen zu voller bürgerlicher und religiöser Freiheit gerade für die Bewohner neu erworbener Gebiete oder umgesiedelter Personen aufzugreifen. Sie begegneten dem Vorschlag trotz der Kenntnis der massiven und fortwährenden Verstöße gegen diese Grundsätze in den beiden Balkankriegen mit dem Hinweis auf ihre Verfassungen, in denen diese Grundsätze verankert seien. Daher finden sich im Vertrag von Bukarest auch keine Bestimmungen, die sich gegen die Diskriminierung von Minderheiten richtet, was für die Einschätzung spricht, wonach die von den Großmächten aufgezwungene Ordnung zu gravierenden Konsequenzen für religiöse und nationale Minderheiten führten.[58] Insofern blieb Bukarest hinter den Ergebnissen des Berliner Kongresses zurück und stellt in der Entwicklung des Minderheitenschutzes einen Rückschritt dar.

In Paris wurde mit Blick auf die neuen Grenzen in Europa und die massive Diskriminierung von Minderheiten, deren Ausweisung, Vertreibung, Umsiedlung und Töten im langen 19. Jahrhundert und auch im letzten großen Krieg an die Überlegungen des Berliner Kongresses angeknüpft. Der Schutz der „minorités de langue, de race et de réligion" wurde von den alliierten und assoziierten Großmächten und jetzt auch darüber hinaus als ein Grundrecht eingestuft, das es unter allen Umständen zu schützen galt. Es fand seinen Niederschlag in den Minderheitenschutzverträgen, die, wie im Berliner Vertrag, bei einer Reihe von Staaten Südosteuropas eine Voraussetzung für die staatliche Anerkennung waren. Darüber hinaus wurde mit dem international verankerten Minderheitenschutzverfahren des Völkerbundes ein genuin neues Instrumentarium geschaffen, das es erlauben sollte, die Umsetzung der Minderheitenschutzverträge zu überprüfen und so den Minderheiten angemessene Garantien gegen jede Gefahr ungerechter Behandlung oder Unterdrückung durch den betreffenden Staat zu geben.

Führt man sich die Etappen bei der Herausbildung des Minderheitenschutzes vor Augen[59], für die die Chiffren Berlin, Bukarest und Paris stehen, so lässt sich als Folge von Kriegen und Bürgerkriegen in dem knappen halben Jahrhundert ein schrittweiser, aber unübersehbarer Wandel feststellen, der vier Bereiche betrifft. Zielten die Überlegungen, wie Minderheiten gegen die Mehrheit der Titularnation zu schützen seien, zunächst allein auf religiöse Gruppen, so umfasste der Schutz schließlich religiöse, ethnische und nationale Minderheiten. Handelte es sich anfangs um sehr allgemein gehaltene Bestimmungen, so wurden diese in der Folgezeit in ausgereiften Verträgen festgelegt. Wurden die Schutzbestimmungen zunächst durch die Großmächte erzwungen und überwacht, lag die Überprüfung der von den einzelnen Staaten eingegangenen Garantien zugunsten ihrer Minderheiten letztendlich beim Völkerbund, wodurch eine

---

[58] *Osterhammel*, Die Verwandlung der Welt (wie Anm. 14), 261.

[59] *Eric D. Weitz*, From the Vienna to the Paris System. International Politics and the Entangled Histories of Human Rights, Forced Deportations and Civilizing Missions, in: American Historical Review 113, 2008, 1313–1343.

supranational einklagbare juristische Verankerung des Minderheitenschutzes erfolgte. Waren die ersten Schritte, Minderheiten vor Mehrheiten zu schützen, regional in Südosteuropa verortet, erlangte der Minderheitenschutz schließlich universelle Geltung.

Folgt man diesen Überlegungen, dann erweist sich Südosteuropa nicht allein als „Lernort für ethnische Säuberungen", als „klassisches Labor für ethnische Säuberungen"[60], sondern auch als Lernort für die Entwicklung des Minderheitenschutzes. Beide Lernorte sind Ausdruck der sich in Kriegen und Bürgerkriegen äußernden aggressiven Gewaltbereitschaft des modernen Nationalstaats, der unter den besonderen geographischen, religiösen, nationalen und gesellschaftlichen Voraussetzungen Südosteuropas eine eigene Ausprägung erfuhr.[61] Diese Seite des Nationalstaats, das wurde im Rahmen der Staatsbildungsprozesse in Südosteuropa erkannt, galt es einzuhegen, wenn der Nationalstaat seine Partizipations- und Integrationsversprechen für alle Staatsangehörigen einlösen sollte. Das Ergebnis waren Diskriminierungsverbote gegenüber bestimmten Minderheiten, die südosteuropäischen Staaten auferlegt und die im langen 19. Jahrhundert schrittweise zu einem international verankerten allgemeinen Minderheitenschutzsystem ausgebaut wurden.[62]

Dieses Minderheitenschutzsystem war, wie mit Blick auf die Zeit des Zweiten Weltkriegs und seiner Folgen zu Recht hervorgehoben wurde[63], trotz aller Unzulänglichkeiten, die es zweifellos aufwies, besser als vieles, was nach dem Minderheitenschutz des Völkerbundes folgte. Die Gleichzeitigkeit von ethnischen Säuberungen und Humanisierung in Form der Verrechtlichung des Minderheitenschutzes stellen kein Paradoxon dar[64], sondern der Minderheitenschutz ist mit eine Antwort auf ethnische Säuberungen und kann insofern als Schutz des Nationalstaats vor sich selbst gedeutet werden. Der besondere Stellenwert dieses Versuchs ist im Lichte der Nationalstaatsbildungsprozesse im langen 19. Jahrhundert zu sehen und wird auch durch seine negative Einschätzung nach dem Zweiten Weltkrieg sowie durch die Abkehr vom Minderheitenschutz zugunsten individueller Menschenrechte[65] nach 1945 nicht geschmälert.

---

[60] *Schwartz*, Ethnische „Säuberungen" (wie Anm. 12), 632.

[61] *Dieter Gosewinkel*, Staatsangehörigkeit in Deutschland und Frankreich im 19. und 20. Jahrhundert, in: Conrad / Kocka (Hrsg.), Staatsbürgerschaft in Europa (wie Anm. 5), 48–62.

[62] *Martin Scheuermann*, Minderheitenschutz contra Konfliktverhütung? Die Minderheitenpolitik des Völkerbundes in den zwanziger Jahren, Marburg 2000.

[63] *Hans Lemberg*, Kulturautonomie, Minderheitenrechte, Assimilation. Nationalstaaten und Minderheiten zwischen den beiden Weltkriegen in Ostmitteleuropa, in: Beer (Hrsg.), Auf dem Weg (wie Anm. 45), 91–117, Zitat 116. Vgl. auch *Carol Alymer Macartney*, National States and national Minorities, London 1934, Reprint New York 1968; *Mark Mazower*, Minorities and the League of Nations in Interwar Europe, in: Daedalus 126, H. 2, 1997, 47–65.

[64] *Schwartz*, Ethnische „Säuberungen" (wie Anm. 12), 639.

[65] *Mark Mazower*, The Strange Triumph of Human Rights, 1933–1950, in: Historical Journal 47, H. 2, 2004, 379–398; *Ders.*, No Enchanted Palace. The End of Empire and the Ideological Origins of the United Nations, Princeton Univ. Press 2009.

Die Ursprünge, die Entwicklung und insbesondere den erreichten Stand des Minderheitenschutzes am Ende des langen 19. Jahrhunderts gilt es gerade auch mit Blick auf die Zeit danach immer wieder in Erinnerung zu rufen. Dadurch wird deutlich, dass der Siegeszug der ethnischen Säuberungen seit dem Ersten Weltkrieg und bis in die Gegenwart nicht die einzige Antwort auf die Frage nach dem Verhältnis von Mehrheit und Minderheit im Nationalstaat darstellt.

Die Revolution von 1905 und der Wandel der Nationsbilder im Russischen Reich

Malte Rolf

Schon Zeitgenossen betitelten die Revolution von 1905 als „Aufstand der Völker" und als versuchten „Ausbruch aus dem zaristischen Völkergefängnis". Auch die Forschung der letzten Jahre hat das Bild bestärkt: Die erste Revolution im Russischen Reich wurde ganz wesentlich von nicht-russischen Akteuren an den Peripherien des Imperiums getragen; sich national verstehende Parteien aller Art griffen in das Geschehen ein, in einigen Regionen – vor allem in polnischen und baltischen Provinzen – gelang ihnen in der Revolution der Schritt zu Massenbewegungen. In diesen Grenzprovinzen brach 1905 zwischenzeitlich die staatliche Ordnung fast vollständig zusammen, und hier waren die Auseinandersetzungen aufgrund der multiethnischen und -konfessionellen Gemengelagen zudem besonders gewalttätig.[1]

Auch wenn man die nach-revolutionäre Periode in den Blick nimmt, so besteht kein Zweifel, dass 1905 die Nationalisierung des Imperiums erheblich vorantrieb. Nach 1906 legalisierte Parteien mit nationaler Agenda dominierten die neue politische Öffentlichkeit, und ihre zahlreichen Presseorgane, Verbände und Vereine trugen dazu bei, Menschen zu mobilisieren und zu politisieren. Und sie forcierten zugleich die nationale Versäulung der Gesellschaft: Vom Bildungsverein bis zur Jugendorganisation – überall wurde nun nach „nationalen Lagern" rekrutiert.[2]

---

[1] Vgl. zur Revolution von 1905 allg. *Abraham Ascher*, The Revolution of 1905. A Short History, Stanford 2004. Zur Revolution an der Peripherie des Imperiums siehe u. a. *Werner Benecke*, Die Revolution des Jahres 1905 in der Geschichte Polens, in: Martin Aust/Ludwig Steindorff (Hrsg.), Russland 1905. Perspektiven auf die erste Russische Revolution, Frankfurt am Main 2007, 9–22; *Robert E. Blobaum*, Rewoljucja. Russian Poland, 1904–1907, Ithaca 1995; *Marian Kamil Dziewanowski*, The Polish Revolutionary Movement and Russia, 1904–1907, in: Hugh McLean/Martin E. Malia/George Fischer (Hrsg.), Russian Thought and Politics, Cambridge 1957, 375–394; *Stanisław Kalabiński*, Czwarte powstanie czy pierwsza rewolucja. Lata 1905–1907 na ziemiach polskich, Warschau 1976; *Gert von Pistohlkors*, Die Ostseeprovinzen unter russischer Herrschaft (1710/95–1914), in: Gert von Pistohlkors (Hrsg.), Deutsche Geschichte im Osten Europas. Baltische Länder, Berlin 1994, 266–450, bes. 416–435.

[2] Vgl. dazu u. a. *Jörg Gebhard*, Lublin. Eine polnische Stadt im Hinterhof der Moderne (1815–1914), Köln 2006, 203–224; *François Guesnet*, „Die beiden Bekenntnisse leben weit entfernt voneinander, sie kennen und schätzen sich gegenseitig nicht." Das Verhältnis von Juden und Deutschen im Spiegel ihrer Organisationen im Lodz des 19. Jahrhunderts, in: Jürgen Hensel

Dieser durch die Revolution von 1905 initiierte Nationalisierungsschub führte ähnlich wie in der Habsburger Monarchie zu einer partiellen Selbstblockade des politischen Systems. Die nationalisierten Konflikte beherrschten nun auch in Russland lokale Gremien von Meinungsbildung ebenso wie diejenigen des imperialen Machtzentrums. So kämpften beispielsweise rivalisierende nationale Fraktionen in den städtischen Magistraten von Kiew, Tiflis oder Riga um Hegemonie, und es organisierten sich Parlamentsabgeordnete der Staatsduma in „nationalen Klubs“ und drängten darauf, die Partikularinteressen einer Ethnie durchzusetzen. Gleichzeitig propagierte die Petersburger Regierung unter Petr Stolypin einen großrussischen Nationalismus und trieb umstrittene Projekte voran, die in den nationalisierten Öffentlichkeiten der Grenzregionen wiederum weitere Proteste und Widerstand hervorriefen. In den vielschichtigen multinationalen Gemengelagen des Russischen Reichs und angesichts der zahlreichen konkurrierenden Ansprüche auf Bevölkerungsgruppen und Territorien legten die erstarkten Nationalismen zudem eine ausgesprochene Aggressivität an den Tag. Die Hegemoniebestrebungen einer Nation gingen auf Kosten anderer; offene Forderungen nach Diskriminierungen der jeweiligen „Minderheiten“ im beanspruchten Gebiet waren die Regel. Das Nationale war mit 1905 endgültig politisch geworden und politische Partizipation hatte sich nationalisiert. Nationale Kategorien überlagerten nun zumindest in den Randgebieten alle anderen sozialen oder konfessionellen Konflikte.[3]

(Hrsg.), Polen, Deutsche, Juden in Lodz 1820–1939. Eine schwierige Nachbarschaft, Wiesbaden 1999, 139–170.

[3] Siehe zu nationalisierten Auseinandersetzungen in den städtischen Magistraten und Öffentlichkeiten v. a. *Anna Veronika Wendland/Andreas R. Hofmann*, Stadt und Öffentlichkeit: Auf der Suche nach einem neuen Konzept in der Geschichte Ostmitteleuropas. Eine Einführung, in: Andreas R. Hofmann/Anna Veronika Wendland (Hrsg.), Stadt und Öffentlichkeit in Ostmitteleuropa 1900–1939, Stuttgart 2002, 9–25; ebenso *Ulrike von Hirschhausen*, Die Grenzen der Gemeinsamkeit. Deutsche, Letten, Russen und Juden in Riga 1860–1914, Göttingen, 2006, 165–210 sowie 273–327; sowie zahlreiche Fallstudien im Sammelband *Michael F. Hamm* (Hrsg.), The City in Late Imperial Russia, Bloomington 1986. Zur Duma vgl. u. a. *Laura Engelstein*, Slavophile Empire. Imperial Russia's Illiberal Path, Ithaca 2009, 203–205; *Manfred Hagen*, Das Nationalitätenproblem Russlands in den Verhandlungen der III. Duma 1907–1911, Göttingen 1962; *Manfred Hagen*, Die Entfaltung politischer Öffentlichkeit in Rußland 1906–1914, Wiesbaden 1982; *Edward Chmielewski*, The Polish Question in the Russian Duma, Knoxville 1970; *Glenn Janus*, The Polish Koło, the Russian Duma, and the Question of Polish Autonomy, Ann Arbor 1974; *Pascal Trees*, Dumawahlen und Nationalitätenpolitik an der Peripherie des Russischen Reiches. Das Beispiel Polen 1906–1907, in: Dittmar Dahlmann/Pascal Trees (Hrsg.), Von Duma zu Duma. Hundert Jahre russischer Parlamentarismus, Göttingen 2009, 173–199. Zu Stolypin siehe *Abraham Ascher*, P. A. Stolypin. The Search for Stability in Late Imperial Russia, Stanford 2001; *Mary Schaeffer Conroy*, Peter Arkadevich Stolypin. Practical Politics in Late Tsarist Russia, Boulder/Col. 1976; *Klaus Kindler*, Die Cholmer Frage 1905–1918, Frankfurt am Main 1990; *Alexandra Korros*, A Reluctant Parliament. Stolypin, Nationalism, and the Politics of the Russian Imperial State Council, 1906–1911, Lanham 2002; *Alexandra S. Korros*, Nationalist Politics in the Russian Imperial State Council. Forming a New Majority, 1909–1910, in: Mary Schaeffer Conroy (Hrsg.), Emerging Democracy in Late Imperial Russia: Case Studies on Local Self-Go-

Die Revolution von 1905 stieß also eine Entwicklung an, die den Zusammenhalt des Imperiums gefährdete. Es war zwar erst die Implusion des zarischen Machtzentrums in der Februarrevolution von 1917, die zum endgültigen Zerfall des Vielvölkerreichs führte. Insofern besteht für den ostmitteleuropäischen Geschichtsraum keine Frage, dass der Erste Weltkrieg der eigentliche „Geburtshelfer" der Nationalstaaten war, da seine Belastungen die Mobilisierungsfähigkeit der Monarchien überforderten. Aber die Perspektive auf Sezession und die Visionen eigenständiger Staatlichkeit jenseits des Imperiums wurden für viele nationalbewegte Akteure im Russischen Reich überhaupt erst in der Revolution von 1905 denkbar. Der „Völkerfrühling" von 1905 markiert hier zweifellos einen klaren Bruch.[4]

Dass die Revolution als Katalysator der Nationalisierung des Imperiums wirkte, ist also unstrittig. Dagegen hat sich die Forschung bisher weitaus weniger intensiv damit befasst, wie tiefgreifend sich die Vorstellungen von dem, was eine Nation konstituiert, im Zuge der Revolution wandelten; wie sich mit und seit 1905 die Nationsbilder im Russischen Reich grundsätzlich veränderten. Genau diese Frage steht aber im Mittelpunkt des folgenden Beitrags. Es ist zu diskutieren, wie sich mit den Ereignissen von 1905 die Grenzziehungen nationaler Zugehörigkeit verschoben, mit welchen neuen Kriterien nun bestimmt wurde, wer zur nationalen Gemeinschaft gehörte und wer nicht deren Teil sein durfte. Und es ist ebenso nach den Gründen für eine solche Bedeutungstransformation von Nationsvorstellungen zu fragen, wie zugleich deren gravierende Folgewirkungen für das imperiale Staatsgefüge zu skizzieren sind.

Der vorliegende Aufsatz wählt dabei die westlichen Provinzen des Russischen Reichs als Fallbeispiel und richtet damit den Blick auf jene Gebiete, die Petersburg mit der Zerschlagung der polnisch-litauischen Adelsrepublik im späten 18. Jahrhundert sowie mit den Beschlüssen des Wiener Kongresses in das Imperium inkorporiert hatte.[5] Es werden die sich wandelnden Nationsbilder von Meinungsführern der polnischen Nationalbewegung ebenso wie einer lokalen russischen Öffentlichkeit herausgearbeitet. Zugleich ist danach zu fragen, inwieweit

vernment (The Zemstvos), Sate Duma Elections, The Tsarist Government, and the State Council before and during World War I, Niwot 1998, 198–227; *Peter Waldron*, Stolypin and Finland, in: The Slavonic and East European Review 63, H. 1, 1985, 41–55.

[4] Vgl. auch *Andreas Kappeler*, Rußland als Vielvölkerreich. Entstehung, Geschichte, Zerfall, München 1992, 268–276.

[5] Die hier beschriebenen Prozesse lassen sich – mit leichten Modifikationen – ebenso in anderen Randprovinzen des Imperiums, wie beispielsweise den Ostseeprovinzen oder Finnland, identifizieren. Siehe grundsätzlich zu der komplexen Herrschaftssituation sowie den vielschichtigen ethnischen und konfessionellen Gemengelagen in den westlichen und nordwestlichen Gebieten *Theodore R. Weeks*, Nation and State in Late Imperial Russia. Nationalism and Russification on the Western Frontier, 1863–1914, DeKalb 1996; *Darius Staliunas*, Making Russians. Meaning and Practices of Russification in Lithuania and Belarus after 1863, Amsterdam 2007; und *Malte Rolf*, Imperiale Herrschaft im Weichselland. Das Königreich Polen im Russischen Imperium (1864–1915), München 2015.

die Vorstellungen von nationaler Zugehörigkeit auch bei den Repräsentanten der imperialen Staatsmacht in Bewegung gerieten. In der Interaktion der konkurrierenden Konzepte von „Volk“ und „Nation“ wird damit deutlich, wie stark die Revolution von 1905 in dieser Konfliktgemeinschaft der imperialen Peripherie zu einer grundlegenden semantischen Neuausrichtung der Begriffe beitrug. Abschließend ist aber auch zu klären, wie sich die Begrifflichkeit zeitgenössischer Akteure in eine wissenschaftliche Analyse übersetzen lässt, die die traditionelle Defizitgeschichte zum osteuropäischen Geschichtsraum überwindet. Der vorliegende Aufsatz wird daher im Fazit das Potential eines begriffsgeschichtlichen Ansatzes beleuchten.

1. Die Primordialisierung der Nation: Revolution und Abstammungsdiskurse im ausgehenden Zarenreich

Das Jahr 1905 bedeutete auch für den Wandel der Nationsbilder eine markante Zäsur: Die Vorstellungen von „dem Nationalen“ *nach* der Revolution unterschieden sich merklich von denjenigen, die *zuvor* dominant gewesen waren. Denn die Ereignisse von 1905 trugen wesentlich zu einer Primordialisierung von Nationskonzepten bei. Die Merkmale, anhand derer man eine Nation identifizierte, wurden nun immer mehr zu unveränderlichen Eigenschaften. Und die Zugehörigkeit zu einer Nation als Abstammungs- und Schicksalsgemeinschaft nahm eine zeitlose Qualität an, die weder anzunehmen noch abzulegen war. Sei es als exklusives Privileg, wenn es um die eigene Gruppe ging, sei es als ausgrenzendes Stigma, wenn man der anderen zugewiesen wurde – der Ein- oder Austritt aus dieser Gemeinschaft war nicht mehr vorgesehen. Mit 1905 drängte sich das Bestreben in den Vordergrund, endgültige und klare Grenzen zwischen den Nationen zu ziehen, alte Durchlässigkeiten der Trennlinien zu unterbinden und eine Nationalisierung als rigiden Inklusions- und Exklusionsmechanismus durchzusetzen.

Die entscheidenden Kriterien zur Bestimmung von Zugehörigkeit sowie Differenz blieben dabei kultureller Natur. Ein biologisierender Rassediskurs vermochte sich im Russischen Reich nie durchzusetzen.[6] Es waren vor allem die traditionellen Indikatoren von Sprache, Religion und Brauchtum oder Alltagspraktiken, die zur Identifizierung nationaler Eigenart herangezogen wurden. Die Selbstzuschreibungen der Menschen spielten dennoch keine Rolle. Es bestand

[6] Zu Ansätzen von Rassediskursen in Russland siehe: *Marina Mogilner*, Russian Physical Anthropology of the Nineteenth-Early Twentieth Centuries. Imperial Race, Colonial Other, Degenerate Types, and the Russian Racial Body, in: Ilya Gerasimov/Jan Kusber/Alexander Semyonov (Hrsg.), Empire Speaks Out. Languages of Rationalization and Self-Description in the Russian Empire, Leiden 2009, 155–190; *Marina Mogilner*, Homo Imperii. Istorija fizičeskoj antropologii v Rossii (konec XIX – načalo XX v.), Moskau 2008.

ein breiter Konsens zwischen politischen Meinungsführern, Statistikern und Kartografen, dass die nationale Zuweisung vor allem bei bäuerlichen Unterschichten von außen erfolgen müsse, also zu objektivieren sei. Die Nation als tägliches Plebiszit war hier nicht vorgesehen.[7]

Eine solche Ethnisierung der Nationsvorstellung im Russischen Reich war keinesfalls neu. Sie fußte auf einer breiten Herder-Rezeption ganz unterschiedlicher Akteursgruppen und lässt sich lange ins 19. Jahrhundert zurückverfolgen.[8] Selbst im polnischen Fall, bei dem eine alte Tradition eines politischen Nationsbegriffs bestand, ist eine solche Verschiebung in der zweiten Hälfte des 19. Jahrhunderts zu beobachten. Der in den 1880er Jahren einflussreiche Warschauer Positivismus entwickelte so beispielsweise positiv konnotierte Bilder vom „Volk", das in deutlicher Abgrenzung zur überlieferten Vorstellung der Adelsnation als der eigentliche Träger des Nationalen verstanden und mystifiziert wurde. Die vom Positivismus beschworene „organische Arbeit" an den „Grundlagen der Nation" pflegte einen ausgesprochenen Kult um das „Volkswesen" als originäre

[7] In der reichsweiten Volkszählung von 1897 lehnte die Mehrheit der beteiligten Bevölkerungswissenschaftler eine explizite Frage nach der nationalen Selbstzuschreibung entschieden ab. Sie argumentierten, dass die meisten Untertanen nicht in der Lage seien, ihre nationale Zugehörigkeit eindeutig zu benennen. Die „richtige" Nationalität der Befragten glaubten die Experten selbst bestimmen zu können, indem sie die gemachten Angaben zur Muttersprache und Konfession kompilierten. Vgl. *Juliette Cadiot*, Searching for Nationality. Statistics and National Categories at the End of the Russian Empire (1897–1917), in: Russian Review 64, H. 3, 2005, 440–455, v.a. 441–446; *David W. Darrow*, Census as a Technology of Empire, in: Ab Imperio 4, 2002, 145–177; *Dietrich Geyer*, Nation und Nationalismus in Rußland, in: Manfred Hettling / Paul Nolte (Hrsg.), Nation und Gesellschaft in Deutschland, München 1996, 100–113, hier 101; *Peter Holquist*, To Count, to Extract, and to Exterminate. Population Statistics and Population Politics in Late Imperial and Soviet Russia, in: Ronald Grigor Suny / Terry Martin (Hrsg.), A State of Nations. Empire and Nation-Making in the Age of Lenin and Stalin, Oxford 2001, 111–144; *Charles Steinwedel*, To Make a Difference. The Category of Ethnicity in Late Imperial Russian Politics, 1861–1917, in: David L. Hoffmann / Yanni Kotsonis (Hrsg.), Russian Modernity. Politics, Knowledge, Practices, Houndmills 2000, 67–86. Vgl. allg. zur Volkszählung *Henning Bauer / Andreas Kappeler / Brigitte Roth* (Hrsg.), Die Nationalitäten des Russischen Reiches in der Volkszählung von 1897, Stuttgart 1991.

[8] Zur Herderrezeption in Osteuropa siehe *Kevin Karnes*, A Garland of Songs for a Nation of Singers. An Episode in the History of Russia, the Herderian Tradition and the Rise of Baltic Nationalism, in: Journal of the Royal Musical Association 130, H. 2, 2005, 197–235; *Manfred Klein*, Jonas Basanavičius (1857–1927) und sein Beitrag zur europäischen Folkloristik, in: Norbert Angermann / Wilhelm Lenz / Konrad Maier (Hrsg.), Geisteswissenschaften und Publizistik im Baltikum des 19. und frühen 20. Jahrhunderts, Berlin 2011, 397–423, v.a. 407–409; *Alix Landgrebe*, „Wenn es Polen nicht gäbe, dann müsste es erfunden werden". Die Entwicklung des polnischen Nationalbewusstseins im europäischen Kontext von 1830 bis in die 1880er Jahre, Wiesbaden 2003, v.a. 111f; *Andrejs Plakans*, The Latvians. A Short History, Stanford 1995, 92–94. Zu parallelen Tendenzen der Ethnisierung von Nationsvorstellungen im Habsburger Reich vgl. grundsätzlich *Benno Gammerl*, Untertanen, Staatsbürger und Andere. Der Umgang mit ethnischer Heterogenität im Britischen Weltreich und im Habsburgerreich 1867–1918, Göttingen 2010, 246–326.

Form der Gemeinschaft, zu der eine Zugehörigkeit eben immer weniger politisch als vielmehr durch kulturelle Bestimmungskriterien festgelegt wurde.[9]

Der Beginn einer fortschreitenden Ethnisierung des Nationsbegriffs datierte somit bereits ins 19. Jahrhundert. Das Jahr 1905 markierte hier aber dennoch eine scharfe Radikalisierung: denn seit der Revolution wurden diese weichen, da wandelbaren Eigenschaften in zunehmend harte, unveränderliche Merkmale umgedeutet. Nichts zeigt das deutlicher als der sich nun durchsetzende Diskurs über „Herkunft" und „Abstammung". Mit den revolutionären Wirren entwickelte sich eine leidenschaftliche Debatte um die Frage nach der „Herkunft" des Einzelnen. Nur diese sollte noch über nationale Zuordnung entscheiden, spätere Wechsel von Alltagssprache, Konfession und Habitus waren hier nicht mehr vorgesehen. Man war etwas, aber man wurde es nicht. Es ist das allgemeine Schwinden von Wandelbarkeit, das das Sprechen über Nationalität seit 1905 auszeichnete. Und da in den unübersichtlichen Gemengelagen des Vielvölkerreichs der Wechsel von Sprachgebrauch, Alltagspraktiken und – wenn auch seltener – der Religionsgemeinschaft ein verbreitetes Phänomen darstellte, gehörte zu dieser Obsession zugleich immer auch die Suche nach „falschen Freunden". Es galt, diejenigen, die zu Unrecht und angeblich nur zur Maskierung die Merkmale einer Nation angenommen hatten, zu „enttarnen". In einem Herkunftsdenken waren solche Personen zweifelhaft, ihnen lastete das Stigma der Unzuverlässigkeit und des potentiellen Dolchstoßes an der nationalen Sache an.[10]

Der Siegeszug eines solchen Abstammungsdiskurses nach 1905 lässt sich an zahlreichen Beispielen belegen. Dominant wurde er vor allem in den Westgebieten des Russischen Reichs. Nationale Meinungsträger unterschiedlicher Provenienz hatten es hier mit oftmals unklaren Grenzziehungen zwischen den

---

[9] Vgl. zum Warschauer Positivismus grundsätzlich *Stanislaus A. Blejwas*, Realism in Polish Politics. Warsaw Positivism and National Survival in Nineteenth Century Poland, New Haven 1984, v. a. Kap. 4 und 5; *Stanislaus A. Blejwas*, Warsaw Positivism – Patriotism Misunderstood, in: The Polish Review 27, 1–2, 1982, 47–54. In diesem Kontext ist auch relevant, dass das kulturelle Merkmal der Konfessionszugehörigkeit bei der Bestimmung dessen, was „das Polnische" sei, an Bedeutung gewann und damit Polonität konfessionell zunehmend eingeengt wurde. Vgl. *Ewa Jabłońska-Deptuła*, Samoobronny model „Polaka-katolika" i jego wpływy na stosunek do mniejszości narodowych, in: Jan Lewandowski (Hrsg.), Trudna tożsamość. Problemy narodowościowe i religijne w Europie Środkowo-Wschodniej w XIX i XX wieku. Materiały z międzynarodowej konferencji „Samoidentyfikacja narodowa i religijna a sprawa mniejszości narodowych i religijnych w Europie Środkowo-Wschodniej", Lublin 1993, 62–67; *Konrad Sadkowski*, Catholic power and Catholicism as a component of modern Polish national identity, 1863–1918, Seattle 2001; *Zygmunt Zieliński*, Mit „Polak-Katolik", in: Wojciech Wrzesiński (Hrsg.), Polskie mity polityczne XIX i XX wieku, Wrocław 1994, 107–118. Zu den sich wandelnden Vorstellungen von „Volk" im polnischen Kontext des ausgehenden 19. Jahrhunderts siehe auch *Brian A. Porter*, When Nationalism Began to Hate. Imagining Modern Politics in Nineteenth-Century Poland, Oxford 2000, 104–134.

[10] Vgl. *Porter*, Nationalism (wie Anm. 9), 227–232. Zum allgegenwärtigen Topos des Verrats siehe auch *Magdalena Micińska*, Zdrada córka nocy. Pojęcie zdrady narodowej w świadomości Polaków w latach 1861–1914, Warschau 1998.

von ihnen identifizierten „nationalen Einheiten“ zu tun. Es bestanden Überlappungen in den Bereichen von Sprache, Konfession oder Alltagskulturen, die die wünschenswerte klare Zuordnung erschwerten. Und es existierten zahlreiche Siedlungsinseln von Bevölkerungsgruppen, auf die konkurrierende Nationalbewegungen im Wettstreit Anspruch erhoben. In dieser unübersichtlichen Gemengelage der Gegenwart verhieß eine mystisch-historische Zuordnung über Abstammung und Herkunft dagegen Eindeutigkeit.[11]

So war beispielsweise die litauische Nationalbewegung, deren Aktivisten sich 1905 erstmals zu einer größeren Versammlung in Wilna trafen, nicht nur damit beschäftigt, sich über die territorialen Ausmaße eines imaginierten Litauens zu verständigen und Ansprüche auf die zukünftige Hauptstadt Vilnius zu erheben. Es ging ihnen ebenso um eine „Sammlung der litauischen Völker“ und damit um eine „Zusammenführung“ der verschiedenen „Volksstämme“, die sich durch eine von außen zugewiesene „litauische Abstammung“ auszeichneten. Dabei erfolgte die von den Akteuren der Nationalbewegung erteilte Aufnahme in den Kreis der Nation weitgehend unabhängig von dem *de facto* bestehenden Grad einer kulturellen Polonisierung oder einer gegenwärtigen Zugehörigkeit zur orthodoxen oder protestantischen Glaubensgemeinschaft der jeweiligen Bevölkerungsgruppen.[12]

Weitaus stärker noch prägte das neue Herkunftsparadigma das Denken der polnischen Nationaldemokraten und damit die Agenda der stärksten politischen Kraft in den polnischen Provinzen des Russischen Reichs. Während der Revolution von 1905 vollzogen die Nationaldemokraten unter der Führung von Roman Dmowski den Schritt zur Massenbewegung, die mit ihren zahlreichen Unter-

---

[11] Zu der ethnisch-konfessionellen Gemengelage im ostmitteleuropäischen Geschichtsraum sowie den Versuchen zahlreicher Akteure, hier „Eindeutigkeit“ zu schaffen, vgl. ganz grundsätzlich *Timothy Snyder*, The Reconstruction of Nations. Poland, Ukraine, Lithuania, Belarus, 1569–1999, New Haven 2003, 31–51; *Steven J. Seegel*, Mapping Europe's Borderlands. Russian Cartography in the Age of Empire, Chicago 2012; *Weeks*, Nation and State (wie Anm. 5), v. a. Kap. 4 und 6. Siehe zum Ersten Weltkrieg auch *Vejas Gabriel Liulevicius*, Kriegsland im Osten. Eroberung, Kolonisierung und Militärherrschaft im Ersten Weltkrieg, Hamburg 2002, 148–155.

[12] Vgl. dazu *Tomas Balkelis*, The Making of Modern Lithuania, London 2009, v. a. 50–68 und 85–103; *Mathias Niendorf*, Zwischen historischer und ethnischer Nation. Die litauische Nationalbewegung und die Rolle der Sprache, in: Konrad Maier (Hrsg.), Nation und Sprache in Nordosteuropa im 19. Jahrhundert, Wiesbaden 2012, 294–312, v. a. 303–306; *Egidijus Motieka*, The Great Assembly of Vilnius, 1905, in: Lithuanian Historical Studies 1, 1996, 84–96; *Vytautas Petronis*, Constructing Lithuania. Ethnic Mapping in Tsarist Russia, ca. 1800–1914, Stockholm 2007, v. a. 222–269; *Darius Staliunas*, Wilno czy Kowno? Problem centrum narodowego Litwinów na poczatku XX wieku, in: Bernard Linek / Kai Struve (Hrsg.), Nacjonalizm a tozsamosc narodowa w Europie Srodkowo-Wschodniej w XIX i XX w. / Nationalismus und nationale Identität in Ostmitteleuropa im 19. und 20. Jahrhundert, Opole / Marburg 2000, 259–267; *Darius Staliunas*, Tadeusz Wróblewski a idea kulturalnej autonomii personalnej na Litwie na poczatku XX w., in: Jan Jurkiewicz (Hrsg.), Krajowosc – tradycje zgody narodów w dobie nacjonalizmu. Materialy z miedzynarodowej konferencji naukowej w Instytucie Historii UAM w Poznaniu (11–12 maja 1998), Poznan 1999, 99–107.

gruppierungen die politische Öffentlichkeit im Königreich Polen dominierten und auch fast alle Duma-Abgeordnete dieser Region stellten. Noch während der revolutionären Wirren wandelte sich das nationaldemokratische Schreiben über das, was Polonität ausmache, in einen Abgrenzungs- und Abstammungsdiskurs. Es ging nun darum, die polnische Nation von allen vermeintlichen fremden und damit vor allem „jüdischen Einflüssen" zu „reinigen".[13]

Seit 1905 befassten sich Dmowski und andere Parteiideologen unablässig mit der „jüdischen Frage". Sie identifizierten in den Juden die wesentliche Gefahr für das vermeintlich im unerbittlichen Überlebenskampf der Völker bedrohte Polentum. In ihren Schriften wurde polnisch-katholische „Herkunft" zum entscheidenden Kriterium, um einen „echten" Polen zu bestimmen. Dagegen erschienen gerade jene Juden als besonders bedrohlich, die sich weitgehend an die polnische Leitkultur assimiliert hatten, die sich in Kleidung und Habitus nicht von ihren polnischen Nachbarn unterschieden, die Polnisch als Alltagssprache benutzten und von denen einige sogar zum Katholizismus oder Protestantismus konvertiert waren. Die nationaldemokratische Presse der Jahre 1905–14 wartete mit „Enttarnungen" aller Art auf, in denen die jüdische Herkunft von Mitbürgern „aufgedeckt" wurde. Allgegenwärtig sind vor allem in Warschau die „Entdeckungen", die auf die „jüdische Unterwanderung" der polnischen Bürgergesellschaft und den wachsenden Einfluss der vermeintlichen jüdischen Machtkartelle verweisen.[14]

Diese antisemitischen Kampagnen der Nationaldemokraten wurden dabei von einem breiten antijüdischen Konsens auch im liberal-bürgerlichen Spektrum der polnischen Öffentlichkeit mitgetragen. Sie gipfelten in einem Boykott jüdischer Geschäfte im Jahr 1912, der sich gegen die alteingesessene, teilweise assimilierte jüdische Kaufmanns- und Händlerschicht in den polnischen Provinzen richtete. Jüdische Polonität durfte und konnte es im rigiden Abstammungsdenken der Nationaldemokraten nicht geben. Und sie eben waren es, die im Russischen

[13] Vgl. grundsätzlich zu den Nationaldemokraten sowie Dmowski *Peter Brock*, Polish Nationalism, in: Peter F. Sugar/Ivo John Lederer (Hrsg.), Nationalism in Eastern Europe, Seattle 1971, 310–372, bes. 342–343; *Alvin Fountain*, Roman Dmowski. Party, Tactics, Ideology 1895–1907, New York 1980; *Porter*, Nationalism (wie Anm. 9); *Pascal Trees*, Wahlen im Weichselland. Die Nationaldemokraten in Russisch-Polen und die Dumawahlen 1905–1912, Stuttgart 2007, 50–87.

[14] Vgl. schon die Schrift Roman Dmowskis von 1903 *Myśli nowoczesnego Polaka*. Siehe Auszüge auch in *Roman Dmowski*, Thoughts of a Modern Pole, in: Peter F. Sugar (Hrsg.), Eastern European Nationalism in the Twentieth Century, Lanham 1995, 205–207. Vgl. dazu u. a. *Robert E. Blobaum*, Criminalizing the „Other". Crime, Ethnicity, and Antisemitism in Early Twentieth-Century Poland, in: Robert E. Blobaum (Hrsg.), Antisemitism and Its Opponents in Modern Poland, Ithaca 2005, 81–102; *François Guesnet*, Polnische Juden im 19. Jahrhundert. Lebensbedingungen, Rechtsnormen und Organisation im Wandel, Köln 1998, 61–80; *Theodore R. Weeks*, Fanning the Flames. Jews in the Warsaw Press, 1905–1912, in: East European Jewish Affairs 28, 1998/99, 63–81.

Reich den zeitgenössischen Diskurs über die polnische Nation und ihre Wesenszüge dominierten.[15]

Ein solches Herkunftsparadigma zur Feststellung von Zugehörigkeit wurde aber keinesfalls nur von den nicht-russischen Akteuren propagiert. In den unübersichtlichen westlichen Grenzräumen erlebte die Kategorie „Abstammung" auch in der imperialen Staatsadministration sowie der breiteren russischen Öffentlichkeit einen rasanten Aufstieg. Seit den revolutionären Tumulten von 1905 galten in der Perspektive imperialer Beamter nur noch Untertanen „russischer Abstammung" („*russkoe proischoždenie*") als vertrauenswürdig. Dieses Bestimmungsmerkmal wurde mit 1905 omnipräsent. Mit dieser Kategorie entschieden staatliche Amtsträger nun über die Wahlberechtigung in den privilegierten „russisch-nationalen" Wahlkurien, sie wurde in amtlichen Statistiken erfasst und hatte im Folgenden Auswirkungen auf Beförderungsentscheidungen im Beamtenapparat. Sogar bei den Debatten um die Stipendienvergabe für Studierende an der Kaiserlichen Universität in Warschau spielte das Abstammungsmerkmal seit 1905 eine bedeutsame Rolle.[16]

Das bedeutete in der imperialen Verwaltungstätigkeit eine klare Infragestellung der alten Praxis, allein anhand der jeweiligen amtlich-registrierten Konfessionszugehörigkeit Entscheidungen über Bevor- bzw. Benachteiligung zu treffen. In den langen Jahren nach dem polnischen Januaraufstand von 1863 war man als Katholik diskriminiert worden, nicht jedoch als „Pole" oder „Litauer". Wer immer bereit war, den Schritt der Konversion zur Orthodoxie (oder zum Protestantismus) zu gehen, entkam den zahlreichen benachteiligenden Gesetzen.[17]

---

[15] Zum Boykott siehe ausführlicher *Robert E. Blobaum*, The Politics of Antisemitism in Fin-de-Siecle Warsaw, in: The Journal of Modern History 73, H. 2, 2001, 275–306; *Heinz-Dietrich Löwe*, The Tsar and the Jews. Reform, Reaction, and Anti-Semitism in Imperial Russia, 1772–1917, Chur 1993; *Theodore R. Weeks*, From Assimilation to Antisemitism. The „Jewish Question" in Poland, 1850–1914, DeKalb 2006, 149–169. Zu den erst in der Zwischenkriegszeit entwickelten Vorstellungen einer expliziten „jüdischen Polonität" vgl. *Katrin Steffen*, Jüdische Polonität. Ethnizität und Identität im Spiegel der polnischsprachigen jüdischen Presse 1918–1939, Göttingen 2004.

[16] *Staatsarchiv der Russländischen Föderation*, Moskau (*Gosudarstvennyj Archiv Rossijskoj Federacii* = GARF), f. 726, op. 1, d. 21, ll. 173–186ob [Personalunterlagen der Warschauer Gendarmendivision, 1. November 1912]; *Hauptarchiv der alten Akten*, Warschau (*Archiwum Głowne Akt Dawnych* = AGAD), KGGW, sygn. 9012, kart. 27–28 [Schreiben des Stadtpräsidenten an den Kanzleidirektor des Warschauer Generalgouverneurs: Zusammenstellung der Wahlkreise sowie der Wählerlisten für die Wahl der Wahlmänner russischer Herkunft, 13. August 1907]; Sokraščennye protokoly zasedanii Soveta Imperatorskogo Varšavskogo Universiteta za 1911 g. (Vtoroe polugodie), in: *Varšavskie universitetskie izvestija*, Nr. 2 (1913), 17–32. Zur Debatte um die Stipendienvergabe siehe auch *Leonid E. Gorizontov*, Paradoksy imperskoj politiki. Poljaki v Rossii i russkie v Pol'še (XIX – načalo XX v.), Moskau 1999, 261 f.

[17] GARF, f. 102, op. 254, d. 1, ll. 1–12 [*Obozrenie mer Pravitel'stva, prinjatych po Carstvu Pol'skomu posle 1863 goda*, Bericht des Innenministeriums 1880]. Vgl. Sbornik administrativnych postanovlenij Carstva Pol'skogo. Vedomstvo vnutrennych i duchovnych del, Bd. 1, Warschau 1866; Sbornik cirkuljarov voenno-policejskogo upravlenija v Carstve Pol'skom 1863–1866 godov, Warschau 1867. Vgl. zu den antipolnischen Bestimmungen der Phase nach dem Januaraufstand

Eben dies änderte sich mit der Revolution von 1905, da mit der „russischen Herkunft" ein neues mächtiges Instrument zur Identifizierung politischer Verlässlichkeit zur Verfügung stand. Wer über eine „russische Abstammung" verfügte, war nun in den imperialen Staatsstrukturen mit einem erheblichen Vertrauensvorschuss ausgestattet.[18]

Ein solches Zusammendenken von Russischsein und Reichsloyalität war in der breiteren russischen Öffentlichkeit noch viel deutlicher ausgeprägt. Dementsprechend laut wurde hier seit 1905 die Kritik an der multiethnischen Komposition der zarischen Staatsbürokratie. Im Königreich Polen liefen die Meinungsträger der russischen Diaspora beispielsweise Sturm gegen den in der Revolution neu berufenen Generalgouverneur, Georgij Skalon, da dieser Baltendeutscher war. Zwar gewährte die Zensur nur einen engen Rahmen für offene Kritik an zarischen Amtsträgern, dafür standen aber die Medien Beschwerdebrief oder Denunziation bei übergeordneten Petersburger Instanzen zur Verfügung. In Zeiten, in denen mit dem Ministerpräsidenten Petr Stolypin ein eindeutiger Verfechter großrussischer Dominanz in den nicht-russischen Peripherien die Regierungsgeschäfte leitete, hatten Beschuldigungen, die einem Beamten Versagen im Kampf für die „russische Sache" unterstellten, erhöhte Autorität. Entsprechend aktiv wurden diejenigen, die in einem baltendeutschen Generalgouverneur eine Gefährdung der russischen Interessen in den Westgebieten sahen. Zahlreiche Beschwerden beschrieben nach 1905 den „Untergang der russischen Sache" in den polnischen Gebieten, legten entweder implizit ein fehlendes Engagement Skalons in diesem „ihm national fremden Kampf" nahe oder sprachen explizit von einem gefährlichen Wirken deutscher Seilschaften in dem auch militärstrategisch so wichtigen Grenzbereich.[19]

---

auch *Łukasz Chimiak*, Gubernatorzy rosyjscy w Królestwie Polskim 1863–1915. Szkic do portretu zbiorowego, Wrocław 1999, 31–41; *Malte Rolf*, Russifizierung, Depolonisierung oder innerer Staatsaufbau? Konzepte imperialer Herrschaft im Königreich Polen (1863–1915), in: Zaur Gasimov (Hrsg.), Kampf um Wort und Schrift: Russifizierung in Osteuropa im 19.–20. Jahrhundert, Göttingen 2012, 51–88; *Malte Rolf*, „Approved by the Censor": Tsarist Censorship and the Public Sphere in Imperial Russia and the Kingdom of Poland (1860–1914), in: Jan C. Behrends / Thomas Lindenberger (Hrsg.), Underground Publishing and the Public Sphere. Transnational Perspectives, Wien 2014, 31–74; *Weeks*, Nation and State (wie Anm. 5), v. a. 92–109.

[18] Dies kam unter anderem bei der Zusammenstellung der Wählerlisten einer gesonderten „russischen Wahlkurie" in Warschau zum Ausdruck. AGAD, KGGW, sygn. 9012, kart. 10–12v [Brief Stolypin an den Warschauer Generalgouverneur Skalon, 17. Juli 1907]; kart. 101 [Chiffrierte Depesche Stolypins an Skalon, 13. September 1907]. Vgl. dazu auch *Trees*, Wahlen im Weichselland (wie Anm. 13), 315–317; *Weeks*, Nation and State (wie Anm. 5), 128.

[19] So wurde beispielsweise Skalon in einer Denunziation, die 1908 den Innenminister erreichte, des Verrats an der „russischen Sache" im Weichselland bezichtigt. Die sich als „Russen aus Warschau" stilisierenden Autoren warfen Skalon ein Versagen dabei vor, den „russischen Namen hochzuhalten" und die „nationalen Interessen an der Weichsel" angemessen zu schützen. Stattdessen sei das Königreich inzwischen „fest in den Händen der Feinde Russlands". GARF, f. 215, op. 1, d. 156, ll. 25–27 [Auskunft zu anonymem Brief an den Innenminister, 26. Juli 1908], hier l. 25. Ganz ähnliche Anschuldigungen des „Verrats an der russischen Sache" wurden

Dass Stolypin 1910 eine Senatorenrevision zur Überprüfung der Vorwürfe in das Weichselland entsandte, zeugt von der Argumentationskraft dieser Kritikführung.[20] Mochte ein Generalgouverneur wie Skalon noch so russifiziert in seinen Umgangsformen sein, mochte der Besuch orthodoxer Gottesdienste selbstverständlich zum Kernbereich seiner Herrschaftsrepräsentation gehören und mochte sein Selbstbild vollkommen von Reichs- und Zarentreue geprägt sein – an ihm haftete dennoch das Stigma der Unzuverlässigkeit, da ihn die „Herkunft" als Deutschen auswies. In einer Zeit, in der das Schlagwort von „Russland den Russen" die russisch-nationalistische Presse dominierte, wirkte das nicht mehr zeitgemäß. Zu einem „wahren Russen" – einem der Kampfbegriffe russischer Nationalisten der Zeit – konnte man auch nach Jahren des Dienstes in der zarischen Verwaltung nicht werden. Der Zutritt zur exklusiv gedachten russischen Abstammungsgemeinschaft war solchen imperialen Staatsdienern verwehrt.[21]

Und zugleich wurde ihnen ihre Präsenz in der imperialen Bürokratie streitig gemacht. Denn die angestrebte Nationalisierung des Imperiums bedeutete für die russischen Meinungsführer immer auch, dass der Staatsapparat zu einer Institution werden sollte, in der die Russen das Sagen hatten. Diese mit und seit der Revolution von 1905 wachsende Kritik einer russisch-nationalistischen Öffentlichkeit an der multiethnischen Zusammensetzung der Reichsverwaltung ist zweifellos Ausdruck für die neue Dominanz von ethnisierten Nationsbildern, die von Vorstellungen der Unveränderlichkeit und vom Bestreben einer rigiden In- und Exklusion gekennzeichnet waren.[22]

---

auch gegenüber dem deutschstämmigen Piotrkówer Gouverneur Konstantin Miller geäußert. AGAD, KGGW, sygn. 1893, kart. 1–89v [Schreiben des Piotrkówer Gouverneurs Miller an den Warschauer Generalgouverneur Čertkov, 15. April 1903], hier l. 68ob.

[20] Siehe den entsprechenden Revisionsbericht *Dmitrij B. Nejdgart*, Vsepoddannejšij otčet o proizvedennoj v 1910 godu po vysožajšemy poveleniju Gofmejsterom Dvora Ego Imperatorskago Veličestva Senatorom Nejdgartom revizii pravitel'stvennych i obščestvennych ustanovlenij Privislinskago kraja i Varšavskago voennago okruga, Graždanskoe vedomstvo, St. Petersburg 1911.

[21] Davon zeugt u. a. der Initiativantrag russischer Nationalisten in der II. Duma, der die Abberufung Skalons anstrebte. Vgl. Priloženija k stenografičeskim otčetam Gosudarstvennoj Dumy. III sozyv, ses. V, Bd. 3, St. Petersburg 1912, Nr. 374: Zakonodatel'noe predloženie ob uprazdnenii dol'žnosti Varšavskogo General-Gubernatora (29. Februar 1912). Vgl. auch die Publikationen von in Warschau tätigen russischen Nationalisten wie *Vladimir Istomin*, Sovremennoe položenie „Pol'skogo voprosa" v Privislinskom krae, Moskau 1905; *Vladimir Istomin*, Nacional'no-patriotičeskie školy, Moskau 1907; *Vladimir Istomin*, Programma nacional'no-demokratičeskoj pol'skoj partii i dejatelnost' poslednej v „russkom zachvate", Moskau 1907; *Vladimir Istomin*, Svoi i čužie vragi pravoslavno-russkogo dela v gubernijach Privislinskogo kraja, Moskau 1907; *Platon Kulakovskij*, Poljaki i vopros ob avtonomii Pol'ši, St. Petersburg 1906; *Platon Kulakovskij*, Pol'skij vopros v prošlom i nostajaščem. Biblioteka Okrain Rossii, Nr. 3, St. Petersburg 1907; *Platon Kulakovskij*, Russkii russkim. Čto značit' „pol'skaja avtonomija"?, Bd. 1, St. Petersburg 1907; *Aleksej Sidorov*, Pol'skaja avtonomij i slavjanckaja ideja, Kiew 1908; *N. A. Veckij*, K voprosu o Varšavskom Universitete, Warschau 1906.

[22] So bei *Aleksej A. Brusilov*, Moi vospominanija, Minsk 2003, 52–53; aber auch im Revisionsbericht *Dmitrij B. Nejdgart*, Vsepoddannejšij otčet o proizvedennoj (wie Anm. 20), passim.

Die Tatsache, dass sich an der multinationalen Komposition der zarischen Administration in den Jahren 1905–14 allerdings nur wenig änderte, zeugt zugleich von den Grenzen eines solchen Diskurses. Die Hegemonie der Russen war in dem komplexen Gefüge des Vielvölkerreichs nicht einfach herzustellen, und die Engführung eines russländischen Imperiums auf eine russische Staatlichkeit war hier nicht ohne weiteres zu bewerkstelligen. Das Petersburger Zentrum benötigte dabei die zahlreichen nicht-russischen Vertreter in der imperialen Machtelite auch keinesfalls nur aus pragmatischen Gründen. In der Autokratie war die Loyalität des höheren Adels, der im Russischen Reich selber eine multinationale Veranstaltung darstellte, letztlich doch das höchste Gut.[23]

Die demokratischen Implikationen eines noch so „wahrhaft" russischen Nationalismus wurden in den obersten Petersburger Machtinstanzen dagegen mit Argwohn betrachtet. Denn eine nationalistische Öffentlichkeit beanspruchte doch immer eine Teilhabe an den Entscheidungsprozessen, die nach autokratischem Selbstverständnis alleine dem Zaren, seinen Ministern und Beamten zustanden.[24] Ein einfacher Ivanov blieb ein Emporkömmling, mochte er noch so russisch-patriotische Töne anschlagen. Dagegen war ein georgischer Prinz wie beispielsweise der Warschauer Generalgouverneur Aleksandr Imeretinskij angesichts der übernationalen aristokratischen Standesloyalität wie auch in der Räson eines Ständestaates am Ende doch ein verlässlicherer Träger des *ancien régime*. Ähnlich wie in der Habsburger Monarchie mutierte damit auch im Russischen Reich die multiethnische, adelige Elite der obersten Staatsbeamten zu einem der letzten Verteidiger der alten Ordnung, zu der traditionell ebenso die multiethnische Zusammensetzung der Reichsverwalter gehörte. Die radikale Nationalisierung des Imperiums stieß also in den zentralen Machtapparaten in Petersburg schnell auf Grenzen, selbst wenn einzelne Akteure wie Stolypin mit großrussischen Integrationsstrategien liebäugelten.[25]

Vgl. auch *Leonid E. Gorizontov*, Vybor nositelja „russkogo načala" v pol'skoj politike Rossijskoj imperii. 1831–1917, in: Viktor A. Chorev (Hrsg.), Poljaki i russkie v glazach drug druga, Moskau 2000, 107–116, v. a. 110 f.

[23] Die Volkszählung von 1897 ermittelte, dass nur 53 % der Erbadeligen Russisch für ihre Muttersprache hielten. *Jörg Baberowski*, Auf der Suche nach Eindeutigkeit. Kolonialismus und zivilisatorische Mission im Zarenreich und der Sowjetunion, in: Jahrbücher für Geschichte Osteuropas 47, 3, 1999, 482–503, hier 488. Zur Multinationalität des Adels im Russischen Reich vgl. auch *Geyer*, Nation und Nationalismus in Rußland (wie Anm. 7), 103–104; *Kappeler*, Rußland als Vielvölkerreich (wie Anm. 4), 236–238.

[24] Vgl. *Raphael Utz*, Rußlands unbrauchbare Vergangenheit. Nationalismus und Außenpolitik im Zarenreich, Wiesbaden, 2008, v. a. 252–253. Grundsätzlich zu den sich wandelnden Vorstellungen vom Politischen im Russischen Reich siehe auch *Walter Sperling*, Vom Randbegriff zum Kampfbegriff. Semantiken des Politischen im ausgehenden Zarenreich (1850–1917), in: Willibald Steinmetz (Hrsg.), „Politik". Situationen eines Wortgebrauchs im Europa der Neuzeit, Frankfurt am Main 2007, 248–288.

[25] Vgl. dazu ausführlicher *Malte Rolf*, Imperiale Herrschaft im städtischen Raum. Zarische Beamte und urbane Öffentlichkeit in Warschau (1870–1914), in: Bianka Pietrow-Ennker (Hrsg.), Russlands imperiale Macht. Integrationsstrategien und ihre Reichweite in transnationaler Per-

Aber ein solcher Befund stellt doch keinesfalls den allgemeinen Siegeszug der Denkkategorie „Abstammung" nach 1905 in Abrede. Die Vorstellung, nationale Zugehörigkeit sei eine angestammte, auf ewig festgeschriebene Größe, setzt sich mit der Revolution zweifellos breitenwirksam durch. Damit stellt sich aber zugleich die Frage, warum die turbulenten Ereignisse von 1905 so erheblich zu dieser Verengung der Nationsbestimmung beitrugen.

Die Revolution wirkte hier auf mehreren Ebenen bewusstseinsverändernd. Einerseits waren es zweifellos die Erlebnisse eruptiver interethnischer Gewalt, oft ausgelöst aus einer Überlagerung von sozialen und ethnischen Konflikten, die das nationalisierte Lagerdenken verstärkten und all jene Mechanismen beförderten, mit denen sich ethnische In- und Exklusion vermeintlich eindeutig herstellen ließ. In die gleiche Richtung wirkte die plötzlich aufscheinende Möglichkeit einer Staatsverfassung jenseits des Imperiums. Denn während das *ancien régime* taumelte, hatte sich 1905 das Machtpotential einer nationalen Massenmobilisierung gezeigt und damit die Phantasien zur zukünftigen radikalen Neuordnung der politischen Verhältnisse zweifellos beflügelt. Nationale Meinungsführer wie Dmowski positionierten sich hier bereits für die Periode *nach dem Ende* der Vielvölkerreiche. Auch dieser gegenwärtig noch vage Ausblick auf einen Nationalstaat beförderte die Festschreibung von nationalen Merkmalen. Denn es war klar, dass die eigenen nationalen Ambitionen gegen konkurrierende Nationalbewegungen durchgesetzt werden müssten und dass vermeintliche „Fremdvölker", die auf den „eigenen" Territorien siedelten, Ansprüche auf Teilhabe, Autonomie oder gar eigene Staatlichkeit erheben würden. Grenzgänger aller Art und Menschen „uneindeutiger Herkunft" erschienen hier schnell als Vertreter einer „fünften Kolonne" und damit als potentielle innere Bedrohung der nationalen Einheit. Sie gerieten unter den Pauschalverdacht der nationalen Illoyalität. Und überhaupt schienen die Erfahrungen von 1905 all jenen Recht zu geben, die immer schon vom unerbittlichen Kampf der Völker gesprochen hatten. Siegen würde hier scheinbar nur jene Nation, die in der Lage war, geschlossen und „gereinigt" von allen Fremdeinflüssen aufzumarschieren. Das Kriterium der „Herkunft" schien dabei am ehesten geeignet, diese „Reinheit der Nation" sicherzustellen.[26]

spektive, Köln 2012, 123–153, v.a. 144–145. Und zur Habsburger Monarchie siehe demnächst *Marion Wullschleger*, „Gut österreichische Gesinnung": Imperiale Identitäten und Reichsbilder der letzten österreichischen Statthalter in Triest (1904–1918), in: Tim Buchen / Malte Rolf (Hrsg.), Imperiale Biographien: Lebensläufe, Karrieremuster und Selbstbilder der Reichseliten in der Romanow- und der Habsburger Monarchie, Köln in Bearbeitung 2014. Zu Stolypin siehe *Ascher*, Stolypin (wie Anm. 3); *Conroy*, Stolypin (wie Anm. 3); *Korros*, Stolypin (wie Anm. 3).

[26] Zum Machtzuwachs der nationalen Bewegungen in den Peripherien des Russischen Reichs durch 1905 vgl. u.a. zu Polen *Blobaum*, Rewoljucja (wie Anm. 1), v.a. 188–233; *Trees*, Wahlen im Weichselland (wie Anm. 13), v.a. Kap. 4–10; oder zu den Ostseeprovinzen *Hirschhausen*, Die Grenzen der Gemeinsamkeit (wie Anm. 3), Kap. III; *Pistohlkors*, Ostseeprovinzen (wie Anm. 1), 416–435; *Plakans*, The Latvians (wie Anm. 8), 104–107.

Nicht zuletzt erlaubten die plötzlichen, zuvor ungekannten Freiräume in der Revolutionsphase ganz neue Formen des politischen Diskurses. So wurden beispielsweise im polnischen Fall ältere Debatten über Gesundheit und Hygiene nun rasch politisiert und zugleich ethnisiert. Ein noch aus dem Positivismus stammendes allgemeines Fortschrittsdenken, das stark mit Ordnungs- und Reinheitsvorstellungen operiert hatte, wurde jetzt auf die Nation überhaupt übertragen. Dabei spielte bei Akteuren wie Dmowski auch die Rezeption zentraleuropäischer Strömungen von völkischen und integralen Nationalismen eine wichtige Rolle.[27] All dies wurde im Zuge der revolutionären Turbulenzen von 1905 auf einmal auch öffentlich und unzensiert schreib- und publizierbar. Gerade dies verweist auf die langfristige und nachhaltige Wirkung der Revolution. Denn es waren die Zugeständnisse, die sich der Zar angesichts der staatlichen Ohnmacht im Oktobermanifest von 1905 hatte abringen lassen, die eine Entfaltung politischer Öffentlichkeit in einer zuvor undenkbaren Weise ermöglichten. Die folgenden Grundgesetze von 1906 schrieben die politischen Konzessionen der Autokratie fest und gewährten nicht nur die Staatsduma als Volksvertretung, sondern die Legalisierung von Parteien, Vereinen, Verbänden und politischen Presseorganen sowie weitgehende Versammlungs- und Meinungsfreiheit. All dies schuf die Grundlage für die offene und breitenwirksame Weiterentwicklung nationaler Vorstellungen.[28]

In diesen neuen Foren von Öffentlichkeit wurde die Nationalisierung von politischen Debatten und von gesellschaftlicher Verfasstheit nach 1905 weitgehend ungehindert vorangetrieben. Hier konnte die Frage nach Herkunft als höchste Priorität der nationalen Selbstbestimmung massenmedial postuliert werden. Insofern gehören für eine Betrachtung der fortschreitenden Nationalisierung von Gesellschaft und Öffentlichkeit im Russischen Reich die Revolution von

---

[27] Vgl. *Porter*, Nationalism (wie Anm. 9), 157–188 sowie 227–232; auch *Blobaum*, Criminalizing the „Other" (wie Anm. 14). Zu zeitgenössischen Hygienediskursen in der polnischen Gesellschaft vgl. u. a. *Adolf Suligowski*, Kwestya Mieszkań, Warschau 1889; *Adolf Suligowski*, Kwestje miejskie, in: Ders., Pisma, Bd. 2, Warschau 1916. Siehe auch *Ute Caumanns*, Mietskasernen und „Gläserne Häuser". Soziales Wohnen in Warschau zwischen Philanthropie und Genossenschaft 1900–1939, in: Alena Janatková/Hanna Kozińska-Witt (Hrsg.), Wohnen in der Großstadt 1900–1939. Wohnsituation und Modernisierung im europäischen Vergleich, Stuttgart 2006, 205–224, v. a. 205–208; *Ute Caumanns*, Modernisierung unter den Bedingungen der Teilung. Überlegungen zur Frage strukturellen und kulturellen Wandels in Warschau am Beispiel öffentlicher Gesundheit, in: Carsten Goehrke/Bianka Pietrow-Ennker (Hrsg.), Städte im östlichen Europa. Zur Problematik von Modernisierung und Raum vom Spätmittelalter bis zum 20. Jahrhundert, Zürich 2006, 365–391, v. a. 374–380.

[28] Vgl. dazu ausführlicher *Malte Rolf*, Revolution, Repression und Reform. 1905 im Königreich Polen, in: Lilia Antipow/Matthias Stadelmann (Hrsg.), Schlüsseljahre. Zentrale Konstellationen der mittel- und osteuropäischen Geschichte. Festschrift für Helmut Altrichter zum 65. Geburtstag, Stuttgart 2011, 219–232; und *Malte Rolf*, A Continuum of Crisis? The Kingdom of Poland in the Shadow of Revolution (1905–15), in: Felicitas Fischer v. Weikersthal u. a. (Hrsg.), The Russian Revolution of 1905 in Transcultural Perspective. Identities, Peripheries, and the Flow of Ideas, Bloomington 2013, 159–174.

1905 und die folgende Vorkriegsdekade zusammen. Was an neuem Denken und an primordialen Nationsbildern in den revolutionären Ereignissen angestoßen worden war, wurde im öffentlichen Sprechen und Schreiben darüber im Folgejahrzehnt nachjustiert und verfestigt.

Damit war zumindest in den Westgebieten des Russischen Reichs schon zu Beginn des Weltkriegs das mentale Rüstzeug entwickelt, mit dem sich die jeweiligen nationalen Eliten nach dem Zusammenbruch der Vielvölkermonarchien an den Aufbau von Nationalstaaten machten. Die Vorstellung einer ethnisch-kulturell zu bestimmenden Nationszugehörigkeit als unveränderliche Eigenschaft prägte dann auch nach 1917/18 die politischen Diskurse Ostmitteleuropas. Noch die Debatten und Politiken, die die so genannten „Minderheiten-Fragen" der Zwischenkriegszeit anleiteten, wurden ganz wesentlich von einem auf Abstammung fixierten Denken bestimmt. Die in der Revolution von 1905 geformten Nationsbilder erwiesen sich somit als ausgesprochen langlebig und überaus wirkungsmächtig.[29]

2. Nationsvorstellungen im Wandel: Begriffsgeschichtliche Perspektiven auf zeitgenössische Horizonte – ein Fazit

Im ausgehenden Russischen Reich bestand ein unmittelbarer Zusammenhang zwischen den revolutionären Ereignissen von 1905 und einer inhaltlichen Neuausrichtung der Vorstellungen von „dem Nationalen" oder „der Nation". Die fundamentale Krise des Imperiums in der 1905er-Revolution war diesbezüglich sogar bestimmender als der folgende Weltkrieg und der Zusammenbruch der Romanow-Monarchie im Februar-März 1917. Zweifellos ermöglichten erst der Krieg und die durch ihn ausgelöste Februarrevolution jene Nationalstaatsgründungen, die die politische Landkarte Ostmitteleuropas in den Jahren

[29] Zu Nationsvorstellungen und „Minderheiten-Fragen" im Ostmitteleuropa der Zwischenkriegszeit siehe u. a. *Wolfgang Kessler*, Die gescheiterte Integration. Die Minderheitenfrage in Ostmitteleuropa 1919–1939, in: Hans Lemberg (Hrsg.), Ostmitteleuropa zwischen den beiden Weltkriegen (1918–1939). Stärke und Schwäche der neuen Staaten, nationale Minderheiten, Marburg 1997, 161–188; *Hans Lemberg*, Kulturautonomie, Minderheitenrechte, Assimilation. Nationalstaaten und Minderheiten zwischen den beiden Weltkriegen in Ostmitteleuropa, in: Mathias Beer (Hrsg.), Auf dem Weg zum ethnisch reinen Nationalstaat? Europa in Geschichte und Gesellschaft, Tübingen 2004, 91–118; *Cornelia Schenke*, Nationalstaat und nationale Frage. Polen und die Ukrainer 1921–1929, München 2004, v. a. 217–230; *Karl Schlögel*, Ethnic Cleansing as an Invention of the Twentieth Century. An Account of Expulsions in Europe, in: Rainer Münz / Rainer Ohliger (Hrsg.), Diasporas and Ethnic Migrants. Germany, Israel and Russia in Comparative Perspective, London 2003, 98–111; *Philipp Ther*, The Spell of the Homogeneous Nation-State. Structural Factors and Agents of Ethnic Cleansing, in: Rainer Münz / Rainer Ohliger (Hrsg.), Diasporas and Ethnic Migrants. Germany, Israel and Russia in Comparative Perspective, London 2003, 77–97; *Jerzy Tomaszewski*, Ojczyzna nie tylko Polaków. mniejszości narodowe w Polsce w latach 1918–1939, Warschau 1985.

1917–19 radikal umgestalteten. Und es waren auch erst die Bedingungen des Weltkriegs, die bei zahlreichen nicht-russischen Minderheiten des Imperiums die Idee des unabhängigen Nationalstaats für breitere Bevölkerungskreise zu einem plausiblen und attraktiven Zukunftsmodell machten.[30] Aber die Postulate vom primordialen Charakter von nationalen Zugehörigkeitsmerkmalen waren bereits im Zuge der Revolution von 1905 formuliert und sind im Folgenden medial durchgesetzt worden. Die Semantiken eines ethnisierten Nationsbegriffs hatten somit schon im Laufe der revolutionären Turbulenzen jene Engführung erfahren, die auch die Debatten um nationale Identität und „Minderheiten" im Ostmitteleuropa der Zwischenkriegszeit dominieren sollten.

Dabei wird zugleich klar, wie wenig sich eine Geschichte der Nationswerdungen und Nationalstaatsgründungen in Ost- und Ostmitteleuropa als einfaches Emanzipations- und Fortschrittsnarrativ erzählen lässt. Der historische Prozess, in dem das, was als „das Nationale" verstanden wurde, definiert und fortwährend umgedeutet wurde, war geprägt von zunehmenden Grenzziehungen und Einengungen. Der Nationsbegriff erfuhr hier im langen 19. Jahrhundert eben nicht nur eine Ethnisierung, sondern zugleich eine exkludierende Primordialisierung der Merkmalsbestimmung. Die Nation wurde in diesem Wandlungsprozess zu einer Gemeinschaftskonstruktion, die zwar intern ein Gleichheitsversprechen aufstellte, die aber die Abgrenzungen gegen all jene, die nicht als zugehörig betrachtet wurden, undurchlässig machte und zunehmend aggressiv verteidigte.

Dass es sich dabei um einen Prozess der umkämpften Um- und Neudeutung handelte, wird bei einem genaueren Blick auf die Semantiken der Zeitgenossen sichtbar. Erst der begriffsgeschichtliche Zugang zu den zeitgenössischen Konzepten und Kategorien erlaubt hier, nicht nur Bedeutungsverschiebungen zu identifizieren, sondern die zentralen Akteure im Deutungskampf und ihre kommunikativen Strategien zur Durchsetzung von interpretativer Autorität zu bestimmen. Dabei scheint zugleich auf, wie sehr die Semantiken des Nationalen in

[30] Vgl. zur Bedeutung von Weltkriegs-, Evakuierungs- bzw. Diasporaerfahrungen bei der Popularisierung von nationalen Selbstzuschreibungen *Nick Baron/Peter Gatrell*, Population Displacement, State-Building, and Social Identity in the Lands of the Former Russian Empire, 1917–23, in: Kritika: Explorations in Russian and Eurasian History 4, H. 1, 2003, 51–100; *Nick Baron/Peter Gatrell*, Introduction, in: Nick Baron/Peter Gatrell (Hrsg.), Homelands: War, Population and Statehood in Eastern Europe and Russia, 1918–1924, London 2004, 1–9; *Peter Gatrell*, A Whole Empire Walking. Refugees in Russia during World War I, Bloomington 1999, 141–170; ebenso *Tomas Balkelis*, In Search of a Native Realm. The Return of World War One Refugees to Lithuania, 1918–24, in: Nick Baron/Peter Gatrell (Hrsg.), Homelands: War, Population and Statehood in Eastern Europe and Russia, 1918–1924, London 2004, 74–97. Vgl. zur Wiedereröffnung der „polnischen Frage" und zu den Debatten zur Unabhängigkeit Polens, die durch den Wettstreit der Kriegsparteien um die Loyalität der polnischen Bevölkerung beflügelt wurden, u.a. *Aleksandra Ju. Bachturina*, Okrainy rossijskoj imperii. Gosudarstvennoe upravlenie i nacional'naja politika v gody pervoj mirovoj vojny (1914–1917 gg.), Moskau 2004; *Jeffrey Aaron Mankoff*, Russia and the Polish Question, 1907–1917. Nationality and Diplomacy, Yale 2006; *Snyder*, The Reconstruction of Nations (wie Anm. 11), 57–60.

einem komplexen Interaktionsgefüge geformt wurden. Zum einen trifft dies auf die begrifflichen und konzeptionellen Transferleistungen zu, in denen zentrale Schlagworte wie Nation, Emanzipation und Moderne oder auch Fortschritts-, Freiheits- und Gleichheitsversprechen auf einem globalen Meinungsmarkt zirkulierten und die in anverwandelter Form auch die ost(mittel)europäischen Debatten prägten. Derartige Importe von Denkfiguren und Kampfbegriffen erfolgten als kreativer Akt der Anpassung von Kategorien an das, was die zeitgenössischen Akteure als lokale Spezifik und Gegebenheit verstanden. Es existierte diesbezüglich in Ost- und Ostmitteleuropa ein ausgeprägter Diskurs über die vermeintlichen „Besonderheiten" der eigenen kulturellen Ressourcen, dem auch die Sinnstifter nationaler Identität und die Protagonisten der Nationalbewegungen Rechnung tragen mussten.

Zum anderen bestand bei der Artikulation von Nationskonzepten eine intensive Interaktion zwischen den unmittelbaren Streitparteien des öffentlichen Diskurses. Polnische, litauische und russische Identitätskonstruktionen wurden beispielsweise in einem Spannungsfeld von gegenseitiger Beeinflussung und Abgrenzung entworfen. In diesen Begegnungssituationen von Konfliktgemeinschaften verliefen Reinterpretationen von nationalen Bestimmungsmerkmalen nicht getrennt voneinander, sondern fanden in wechselseitigem Austausch statt.[31] Gerade auch die sich seit 1905 abzeichnenden Tendenzen zur Abschließung nationaler Kollektivkonstruktionen gegenüber „Fremden" erfuhren hier eine reziproke Radikalisierung. Damit verdeutlicht der Blick auf die zeitgenössischen Begriffsapparate und ihre Anwendungen, wie sehr in Konkurrenz stehende Ordnungssysteme durch wechselseitige Transferwirkungen geprägt wurden. Und nicht zuletzt schärft er die Wahrnehmung für jene Differenzen und Hierarchien, die *innerhalb* sich national definierender Gemeinschaften verhandelt wurden. Denn auch hier wurde ein erbitterter Kampf darüber ausgetragen, wie „die Nation" zu definieren sei. Konkurrierende Nationskonstruktionen offenbaren damit in Frage gestellte Rangordnungen von interpretativer Autorität, umkämpfte Ansprüche auf Deutungshoheit und sich wandelnde kommunikative Strategien zu deren Durchsetzung.

In dieser zeitgenössischen Deutungskonkurrenz wird die interaktive Dimension von Begriffsbildungen und -zuschreibungen ebenso sichtbar wie das Prozesshafte von Ordnungsvorstellungen und ihren Modifikationen. Letztlich bietet eine solche begriffsgeschichtliche Perspektive auch den größtmöglichen Schutz vor einer normativen Defizitgeschichte, die gerade für den ost(mittel)europäi-

---

[31] Ein eindringliches Beispiel aus dem hier behandelten Konfliktraum ist die fortschreitende Konfessionalisierung der Bestimmung einer polnischen nationalen Identität, die durch das konfessionelle Paradigma der imperialen Politik im Russischen Reich nach 1864 und ihre entsprechenden anti-katholischen Maßnahmen erheblich verstärkt wurde. Vgl. zur Konfessionalisierung *Jabłońska-Deptuła*, Samoobronny model „Polaka-katolika" (wie Anm. 9); *Sadkowski*, Polish national identity (wie Anm. 9); *Zieliński*, „Polak-Katolik" (wie Anm. 9).

schen Raum immer nur ein „rückständig", „zu spät", „zu wenig" oder „not yet" konstatiert hat. Ein Interesse an den Wahrnehmungshorizonten der Zeit, das nicht von externen oder *ex post*-Maßstäben angeleitet ist, erlaubt vielmehr, auch bei der Genese von Nationsbildern die Eigenständigkeit unterschiedlicher Entwicklungspfade zu beschreiben. Es schärft zugleich den Blick für die Ergebnisoffenheit der historischen Situation und damit für jene fundamentale Zukunftsunsicherheit, mit der sich auch die zeitgenössischen Akteure konfrontiert sahen.

Gewalt als Machttechnik. Revolution und Staatswerdung an der asiatischen Peripherie der Sowjetunion

Jörg Baberowski

„Eine Nation ist also eine große Solidargemeinschaft", schreibt Ernest Renan, getragen von dem Gefühl der Opfer, die man gebracht hat, und der Opfer, die man noch zu bringen gewillt ist. Sie setzt eine Vergangenheit voraus, aber trotzdem faßt sie sich in der Gegenwart in einem greifbaren Faktum zusammen: der Übereinkunft, dem deutlich ausgesprochenen Wunsch, das gemeinsame Leben fortzusetzen. Das Dasein einer Nation ist – erlauben Sie mir dieses Bild – ein täglicher Plebiszit, wie das Dasein des einzelnen eine andauernde Behauptung des Lebens ist.

Für Renan war die Nation ein Geschehen, eine gelebte Gemeinschaftsidee von Menschen, die zueinander gehören wollen.

Der Mensch ist weder Sklave seiner Rasse, seiner Sprache, seiner Religion noch des Laufs der Flüsse oder der Richtung der Gebirgsketten. Eine große Ansammlung von Menschen, gesunden Geistes und warmen Herzens, erschafft ein Moralbewußtsein, welches sich eine Nation nennt.[1]

Alle Geschichten, die man sich in Europa über den Anfang von Nationalstaaten und Demokratien und das Ende der Alten Regime erzählt hat, berufen sich auf diesen einen Gedanken: dass nationale und revolutionäre Erhebungen Ereignisse sind, die zum Ausdruck bringen, was Menschen wollen. Solche Vorstellungen aber sind nichts als Romantik. Oder sollen wir wirklich glauben, Revolutionen und Nationen seien nur als Verwirklichung von Gemeinschaftsideen vorstellbar? Wie sollen wir verstehen, was vor drei Jahren in Ägypten geschah? Der Präsident wurde aus dem Amt gejagt, weil das Volk seine Alleinherrschaft nicht mehr länger ertragen wollte, am Ende aber siegte wieder einmal die Diktatur der Wenigen über den Willen der Vielen. Und welchen Reim soll man sich auf die Ukraine machen, ein Land, das zur Nation verdammt ist, ohne Nation sein zu können?[2]

Im April 1917, wenige Wochen nach dem Ende der alten Ordnung, fuhr der Dichter Iwan Bunin mit dem Zug von Moskau nach Petrograd. Als er aus dem

[1] *Ernest Renan*, Was ist eine Nation?, in: Michael Jeismann / Henning Ritter (Hrsg.), Grenzfälle. Über neuen und alten Nationalismus, Leipzig 1993, 308–310.

[2] *Felix Schnell*, Die erwartete Nation. Imperien, Bauern und Konjunkturen des Nationalen in der Ukraine (Zarenreich und Sowjetunion), in: Journal of Modern European History 11, 2013, 375–396.

Zug stieg und den Newski-Prospekt betrat, mochte er nicht glauben, was er sah. Die Revolution hatte den Glanz von den Häusern und den Straßen genommen. Leblos und schmutzig seien die Straßen gewesen, erinnerte sich Bunin. „Der Newski war überflutet von einer grauen Menge – Soldateska mit umgehängten Uniformmänteln." Auf der Fahrbahn lag Abfall und tierischer Kot, die Kutsche, die den Dichter zum Hotel „Ewropeiskaja" fuhr, musste Schlaglöchern ausweichen. Einst ein Prachtboulevard, hatte sich der Newski-Prospekt in wenigen Wochen in eine schmutzige Dorfstraße verwandelt. „Das Volk ist jetzt wie Vieh ohne Hirten", habe der Kutscher gesagt, „es macht alles dreckig und richtet sich selbst zugrunde." Was man dagegen denn tun könne, wollte der Dichter vom Kutscher wissen. „Machen kann man jetzt nichts", antwortete er, „jetzt ist Feierabend. Keine Regierung mehr."[3]

Als im Februar 1917 die Autokratie aus den Angeln gehoben wurde, beriefen sich Liberale wie Sozialisten auf den Willen des Volkes. In seinem Namen hatten sie die alte Ordnung gestürzt und die neue ins Leben gerufen. Nur war, was die Revolution verhieß, nichts als ein leeres Versprechen. Denn es gab weder Volk noch Nation, weder Staatsbürger noch Nationalstaat. Liberale wie Revolutionäre besaßen nichts außer ihrem Willen, zu unterwerfen, was sich ihnen nicht fügte. Und deshalb war die Revolution auch nicht das Ende von Despotie und Unterdrückung. Sie war vielmehr Grund und Anlass, das Imperium und seine Diktatur wieder herzustellen. Viel Krieg, viel Gewalt, und eine Revolution, die eine Veranstaltung der Machthaber war, aber weder Nation noch Emanzipation – jedenfalls nicht an der Peripherie des sowjetischen Vielvölkerreiches. So könnte man die Geschichte der sowjetischen Staatswerdung beschreiben. Sie war ein gewalttätiger Kraftakt, in dem sich das Imperium wiederherstellte, eine Unterwerfungsmission, die sich gegen den Willen des Volkes vollzog. Millionen fielen diesem Verstaatlichungsfeldzug zum Opfer, nicht, weil die Bolschewiki entschieden hatten, dass sterben müsse, wer zur Unterwerfung nicht imstande war, sondern weil es ihnen an Möglichkeiten fehlte, Gehorsam auch ohne Androhung und Anwendung von Gewalt zu erzwingen.

Ihre Institutionen waren schwach, die Kommunikationswege lang und die Vermittler ihrer Herrschaft unzuverlässig. Mit Heinrich Popitz könnte man sagen, dass die Bolschewiki an den Rändern ihres Reiches nur „sporadische Macht" ausübten, die auf Einzelfälle beschränkt blieb. Dauerhafte Unterwerfung entsteht erst, wenn der Mächtige auch im Schlaf seiner Macht gewiss sein kann. „Wie auch immer der Abhängige festgehalten wird, irgendeine Bindungskraft muß der Machthaber ausnutzen können, um über sporadische Macht hinauszukommen."[4] Erst wenn es ihm gelingt, Herrschaftsfunktionen auf Vermittler zu übertragen, die in seinem Namen Kontrolle ausüben, kann von dauerhafter

[3] *Iwan Bunin*, Verfluchte Tage. Ein Revolutionstagebuch, Frankfurt am Main 2008, 99.
[4] *Heinrich Popitz*, Phänomene der Macht, 2. Aufl. Tübingen 1992, 238.

Macht überhaupt die Rede sein. Der Mächtige erzwingt Gehorsam, obwohl er nicht mehr nur von Fall zu Fall drohen muss, und die Untertanen erhalten Ordnungssicherheit. Elias Canetti hat diese Wahrheit in eine schöne Formulierung gebracht: „Wenn die Gewalt sich mehr Zeit läßt, wird sie zur Macht."[5]

Überall und zu jeder Zeit beruhte die Macht der Wenigen über die Vielen auf dieser Vereinbarung. Macht aber kann sich, wenn sie Herrschaft werden will, nicht nur auf die Androhung von Gewalt beschränken. Erst wenn sich Fügsamkeit nicht mehr nur mit Angst verbindet, sondern in Normen verfestigt und von jedermann internalisiert wird, kann von dauerhafter Macht die Rede sein. Der Herrscher kann mit „voraussehbaren Leistungen" rechnen, und er muss nicht präsent sein, um zu erreichen, dass seine Anordnungen ausgeführt werden. „Aus einer Hier-und-Jetzt-Fügsamkeit ist eine Immer-wenn-dann-Fügsamkeit geworden. Aus einer Konformität von Fall zu Fall normiertes Verhalten."[6]

Wo Macht fest geworden ist, weiß jeder, was zu tun ist, weil das richtige Verhalten nicht mehr erzwungen werden muss, sondern aus der Situation abgeleitet werden kann. Der Herrscher spart Zeit, weil die Untertanen ihr Verhalten selbst steuern und wissen, was von ihnen verlangt wird. Erst durch Routine gelingt es überhaupt, Machtaktionen zu koordinieren und Verhaltensweisen zu standardisieren. Jetzt können die Vermittler der Herrschaft beliebig ausgetauscht werden, und dennoch geschieht, was der Mächtige will. Alle Machtbeziehungen folgen nun einem bekannten und für jedermann verständlichen Schema. Nicht auf Personen, sondern auf Regeln kommt es also an.

Am Ende aber zahlt auch der Mächtige für die Formalisierung der Macht einen Preis: er kann, wie Popitz sagt, „nicht alle naselang etwas anderes wollen".[7] Macht, die auf nichts anderem als Willkür und Angst beruht, schafft keine Ordnungssicherheit, weder für die Untertanen, noch für die Vermittler, die sie durchsetzen sollen. Wer es sich leisten kann, ist gut beraten, auf despotische Willkür zu verzichten, wer es nicht kann, muss die Konsequenzen tragen, die sich aus dauerhafter Gewalterzeugung ergeben. Darin aber bestand das Dilemma der sowjetischen Machtpraxis: dass sie normiertes Verhalten nicht erzeugen konnte und deshalb auf sporadische Machtausübung, auf Willkür und Gewalt zurückgreifen musste, um ihre Ansprüche in Erinnerung zu halten. Der Stalinismus war eine Despotie, die den Aufgaben, die sie sich gestellt hatte, nicht gewachsen war.[8]

Schon immer hatten Russlands Machthaber versucht, das Imperium den Zwecken des Zentralstaates zu unterwerfen, und stets waren sie an ihrer eigenen Hy-

---

[5] *Elias Canetti*, Masse und Macht, München 1960, 333.

[6] *Popitz*, Phänomene der Macht (wie Anm. 4), 239.

[7] *Popitz*, Phänomene der Macht (wie Anm. 4), 239–242.

[8] Vgl. dazu *Jörg Baberowski*, Verbrannte Erde. Stalins Herrschaft der Gewalt, 3. Aufl. München 2012; *Botakoz Kassymbekova*, Helpless Imperialists: European State Workers in Soviet Central Asia in the 1920s and 1930s, in: Central Asian Survey 30, 2011, 21–37.

bris gescheitert. Russlands Möglichkeiten waren begrenzt, die Ansprüche seiner Regierungen maßlos. In den Dörfern und an den Rändern des Imperiums brachte sich der europäische Ordnungsentwurf des autokratischen Regimes kaum zu Bewusstsein, weil es ihm an einheimischen Vermittlern fehlte und weil es für die Bauerngesellschaften keine Anreize gab, sich ihm zu unterwerfen. Denn der autokratische Staat war zwar ein Räuber, der Steuern und Abgaben erzwang, für dauerhafte Ordnungssicherheit aber nicht sorgen konnte. Und dennoch hielten die Beamten des Zaren an der Einheit des Imperiums, an der Dominanz der russischen Amtssprache und dem Vorrang des Adels gegenüber den Bauern fest. So aber brachten sie sich an der Peripherie um jeden Kredit. Was hätten Juden und Muslime, Bauern und Nomaden von einem Staat erwarten können, der viel verlangte, aber wenig zu geben versprach, und dessen Herrschaftsansprüche auf Einbildung beruhten? Ohne Vermittler kam er über die Anwendung sporadischer Macht nicht hinaus, und in Situationen der Krise blieb ihm keine andere Wahl, als sich mit Waffengewalt gegen Widerstand und Renitenz durchzusetzen.[9]

Als die Revolution triumphiert hatte, lag das Imperium in Trümmern. Im Jahr 1914 hatte der große Krieg begonnen, und erst im Jahr 1924 war er endgültig zu Ende gegangen. Was in drei Jahrhunderten mühsam errichtet worden war, fiel in wenigen Jahren zusammen. Es schien, als hätte es den Staat des Zaren niemals gegeben. „Wo war der Zarismus?“, fragte sich der menschewistische Revolutionär Nikolai Suchanow im Februar 1917. „Es gab ihn nicht mehr. Im Nu fiel er in sich zusammen. In drei Jahrhunderten wurde er errichtet, und in drei Tagen verschwand er.“[10] An der asiatischen Peripherie des Imperiums tobte die Gewalt zwischen Nomaden und Siedlern, Armeniern und Muslimen seit dem Beginn des Weltkrieges, und es gab keine Instanz, die den Frieden hätte erzwingen können.[11] Revolution und Bürgerkrieg hatten verheerende Verwüstungen angerichtet, die russische Beamtenschicht aus dem Land getrieben, Ortschaften in Trümmern gelegt und Landstriche entvölkert, Muslime gegen Christen, Nomaden gegen Bauern und Clan gegen Clan aufgebracht. Hunderttausende waren gestorben, verhungert, an Seuchen und Epidemien zugrunde gegangen, Pogromen zum Opfer gefallen, hunderttausende zu Flüchtlingen geworden. In der kasachischen Steppe und im südlichen Kaukasus hinterließ der Bürgerkrieg verbrannte Erde und traumatisierte Menschen, die einander nicht mehr trauen konnten.

Als der amerikanische Schriftsteller John Dos Passos im Sommer 1921 mit dem Zug in die Kaukasusregion reiste, begegnete er dem Tod auf Schritt und

[9] Vgl. im Überblick *Jörg Baberowski*, Auf der Suche nach Eindeutigkeit: Kolonialismus und zivilisatorische Mission im Zarenreich und in der Sowjetunion, in: Jahrbücher für Geschichte Osteuropas 47, 1999, 482–504.

[10] *Nikolaj Suchanov*, Zapiski o revoljucii, Bd. 1, Moskva 1991, 126.

[11] *Jörn Happel*, Nomadische Lebenswelten und zarische Politik. Der Aufstand in Zentralasien 1916, Stuttgart 2010, 103–153; *Daniel Brower*, Turkestan and the Fate of the Russian Empire, New York 2003; *Eric Lohr*, Nationalizing the Russian Empire. The Campaign against Enemy Aliens during World War I, Cambridge/Mass. 2003, 150–165.

Tritt. Menschen, die andere Menschen mitleidlos töteten, Hungernde, die Tote ausgruben und verzehrten, Sterbende, die auf den Straßen lagen. Er konnte nicht vergessen, was er sah, als der Zug über die türkisch-sowjetische Grenze nach Armenien fuhr:

> Aber kaum begann der Zug, sich den Südhang hinunterzuwinden, war alles die reinste Wüstenei. Der letzte türkische Angriff war 1920 über das Land hinweggefegt. In den Dörfern war kein Haus unversehrt, die Ernte, ja selbst die Bahnhöfe waren systematisch zerstört und alles, was nicht niet- und nagelfest war, weggeschafft worden. Dschingis Khan und seine Horden hätten nicht gründlicher vorgehen können.[12]

Wie hätte eine Strategie aussehen müssen, die der Wirklichkeit des Schreckens gerecht geworden wäre? Auch die neuen Herren besaßen wenig außer ihren Waffen und ihrer Fähigkeit, die streitenden Parteien gegeneinander auszuspielen. In Zentralasien und im Kaukasus beruhte ihre Macht auf den Bajonetten russischer Siedler und Soldaten, nicht aber auf dem Einverständnis einheimischer Bauern und Nomaden. In der zarischen Armee hatte es keine muslimischen Soldaten gegeben, und so kam es, dass Armenier über Türken, Russen über Kasachen triumphierten, weil sie, nicht aber ihre Gegner Waffen besaßen. Für die Unterlegenen war die Revolution eine Veranstaltung von Unterdrückern, die sie zu Untertanen zweiter Klasse degradierte. Als die Bolschewiki im Frühjahr 1918 die Macht in Baku ergriffen, richteten sie ein Blutbad unter dem Muslimen an, die in der Stadt lebten. Ihre Revolution war eine Erhebung von Russen und Armeniern, von der die Mehrheit der Bevölkerung ausgeschlossen war. Auch anderswo stützte sich die Revolution auf die Waffen russischer Soldaten. In Taschkent kamen die Bolschewiki schon im November 1917 an die Macht, aber sie weigerten sich, Einheimische an den Regierungsgeschäften zu beteiligen. Im Dezember 1917 erklärten die Deputierten des lokalen Sowjetkongresses, dass ihrer Regierung kein Muslim angehören dürfe. Wer sich den neuen Herren widersetzte, bekam die Macht der Gewehrläufe zu spüren. Im Februar 1918 marschierten Soldaten, die unter dem Kommando der bolschewistischen Regierung standen, in die Stadt Kokand im Osten Usbekistans ein, um die Regierung der antibolschewistischen Republik Turkestan abzusetzen. Drei Tage habe die Stadt gebrannt, die Soldateska habe geplündert, geraubt und getötet, bis vom Reichtum der Stadt nichts mehr übrig gewesen sei, erinnerte sich ein Zeitgenosse, der Zeuge der Gewalt geworden war.[13]

---

[12] *John Dos Passos*, Orient-Express, München 2013 (erstmals 1927 erschienen), 60; *Jörg Baberowski*, Der Feind ist überall. Stalinismus im Kaukasus, München 2003, 84–183; *Vladimir Buldakov*, Russkaja smuta. Priroda i posledstvija revoljucionnogo nasilija, Moskva 2010.

[13] *B. Baikov*, Vospominanija o revoljucii v Zakavkaz'e (1917–1920 g.g.), in: Archiv Russkoj Revoljucii 9, 1923, 91–194, hier 121–122; *Baberowski*, Der Feind ist überall (wie Anm. 12), 134–141; *Adrienne Edgar*, Tribal Nation. The Making of Soviet Turkmenistan, Princeton/N.J. 2004, 35; *Adeeb Khalid*, The Politics of Muslim Cultural Reform. Jadidism in Central Asia, Berkeley/CA 1998, 279.

Nicht als Befreiung von Knechtschaft und Unterdrückung, sondern als Gewaltexport kam die Revolution an die asiatische Peripherie. Zwar siegten die Bolschewiki, aber sie verdankten diesen Erfolg nur der Rücksichtslosigkeit ihrer Kommandeure und der Schwäche ihrer Gegner. Alle Parteien des Bürgerkrieges kämpften gegen, jedoch selten für etwas. Die Bolschewiki aber hatten eine Vision und eine Vorstellung davon, wie Macht sich gegen Widerspruch durchsetzen ließ. Ihre Bereitschaft, Gewalt überall und jederzeit bedenkenlos einzusetzen und die Gewalttätigkeit von Kriminellen und Abenteurern für ihre Zwecke auszunutzen, half ihnen, einen Krieg zu gewinnen, aber sie war kein Garant für dauerhafte Machtbeziehungen.[14] Niemand wusste besser als Lenin selbst, dass Grausamkeit und Skrupellosigkeit nur darüber hinwegtäuschten, dass der revolutionäre Staat machtlos war.

Als die Bolschewiki gesiegt hatten, standen sie vor dem gleichen Dilemma wie ihre Vorgänger in der zarischen Bürokratie. Wie sollte der Staat ins Dorf kommen, wie die Peripherie in das Imperium integriert werden, wenn es doch nur wenige Möglichkeiten gab, die Bevölkerung zu kontrollieren und zu unterwerfen? Nach dem Ende des Bürgerkrieges war die Infrastruktur ruiniert: Bahnhöfe, Brücken, Eisenbahnknotenpunkte, und fast 2 000 km Schienen waren zerstört worden. Nur die Hälfte aller Lokomotiven und Waggons, die 1917 noch in Betrieb gewesen waren, überlebte das Jahr 1922. In den ländlichen Regionen hatten Bauernrebellen Postämter und Telegraphenmasten zerstört, um die Nachrichtenverbindungen zwischen Zentrum und Provinz zu unterbrechen. Im Jahr 1922 benötigte die Übermittlung eines Telegramms von Moskau nach Zaritsyn, dem späteren Stalingrad, 15 Tage. Nachrichten verbreiteten sich im Medium des Gerüchts von Ort zu Ort, fliegende Händler übermittelten in den Dörfern, was sie in den Städten gehört hatten, und es waren die Bauern, die darüber befanden, welche Neuigkeit sie hören wollten oder für wahr hielten. Die Bolschewiki kommandierten einen Propagandastaat, aber es eröffneten sich ihnen nur wenige Möglichkeiten, auch zu verbreiten, was sie mitteilen wollten. Es gab keinen Zweifel: Die Revolution hatte Russland den Bauern zurückgegeben.[15]

An den Rändern des Imperiums bewegte sich der Staat auf dem Rücken von Pferden und Kamelen. Noch in den zwanziger Jahren waren viele Regionen im Kaukasus nur zu Fuß oder zu Pferde erreichbar, und sobald es Winter wurde, blieben die Bauern unter sich, weil Gebirgspässe und Trampelpfade unpassierbar wurden. Die Gebirgstäler im Osten der Republik Tadschikistan waren

---

[14] Vgl. dazu *Felix Schnell*, Räume des Schreckens. Gewalt und Gruppenmilitanz in der Ukraine, Hamburg 2012, 366–378; *Stefan Karsch*, Die bolschewistische Machtergreifung im Gouvernement Voronež (1917–1919), Stuttgart 2006, 278–287.

[15] *Roger Pethybridge*, One Step Backwards, Two Steps Forward. Soviet Society and Politics in the New Economic Policy, Oxford 1990, 121–144. Vgl. dazu auch: *Helmut Altrichter*, Die Bauern von Twer. Vom Leben auf dem russischen Dorfe zwischen Revolution und Kollektivierung, München 1984.

selbst in der späten Stalin-Zeit für die Funktionäre des Staates unerreichbar. In manchen Regionen der Republik gab es auch 1930 noch keine Kommunisten, und nur selten kam es vor, dass sich Repräsentanten des sowjetischen Staates in die abgelegenen Gebirgstäler verirrten. Noch am Ende der zwanziger Jahre benötigte ein Brief bis zu 25 Tage, um von einer Region in eine andere zu gelangen. In Duschanbe waren die Ministerien in Hütten untergebracht, vor denen sich Abfall und Schmutz auftürmten. Von einer machtvollen Repräsentation des Staates konnte also nicht einmal in der Hauptstadt der Republik die Rede sein. In Kasachstan, dessen Territorium die Fläche des Deutschen Reiches um das Sechsfache übertraf, gab es nur 28 Städte, und nur 19 waren überhaupt mit der Eisenbahn verbunden. In den meisten Ortschaften konnten weder Telegramme aufgegeben noch Briefe verschickt werden, weil es im ganzen Land nur 110 Postämter gab. Noch am Ende der zwanziger Jahre mussten Nachrichten und Güter auf Kamelen transportiert werden, die sich in Karawanen durch die Steppe bewegten.

Ohne Straßen, auf denen das Regime Truppen bewegen, Waren und Nachrichten befördern, ohne Postämter und Behörden, denen irgendjemand vertrauen konnte, blieb sein Anspruch auf Herrschaft leer. Nicht einmal die Unverletzlichkeit der Staatsgrenzen konnte das Regime wirklich garantieren. Im Jahr 1926 verließen 300 000 Menschen Tadschikistan und flohen über die Grenze nach China, fast die Hälfte der Bevölkerung. Niemand konnte sie daran hindern, weil es keine Soldaten gab, die die Grenzen bewachten. Man konnte die Republik aber nicht nur verlassen, man konnte auch unerkannt in sie einreisen. Für Kriminelle, Abenteurer und politisch Verfolgte war die Grenzregion ein Ort der Zuflucht, für die Bolschewiki war sie ein Ort unkontrollierbarer Renitenz. Für die Bauern blieb auch nach der Revolution alles beim Alten. Denn vom Staat und seinen Erwartungen erfuhren sie nur, wenn seine Repräsentanten in ihren Dörfern tatsächlich in Erscheinung traten. Was im Zentrum tatsächlich erdacht worden war, blieb im Verborgenen, denn die Bauern bekamen nur zu Gehör, was die Vermittler der Herrschaft ihnen mitteilen wollten.[16]

In der modernen Welt kommt das Wissen zum Menschen, durch Informationen, die man auch erhält, wenn man isoliert ist. Denn es gibt Zeitungen, Radios und Strukturen, die Informationen bereithalten, die jedermann abrufen kann. In vormodernen, staatsfernen Räumen aber kommt das Wissen mit den Menschen, die einander begegnen; es kommt als Fragment oder als Gerücht, weil man nur das erfahren kann, was zufällig mitgeteilt wird oder weil die Adressaten manche Informationen überhaupt nicht brauchen. So war es in den meisten Regionen der Sowjetunion.

---

[16] *Botakoz Kassymbekova*, Despite Cultures. Soviet Rule and Law in Tajikistan in the 1920s and 1930s, unveröffentlichte Dissertation Humboldt-Universität zu Berlin 2012, 45–48; *Dies.*, Helpless Imperialists (wie Anm. 8), 21–37; *Pethybridge*, One Step Backwards (wie Anm. 15), 392 f.

Für die Bauern war die Abwesenheit des Staates ein Segen, für die Machthaber im Zentrum eine Darstellung ihrer Ohnmacht. Die bolschewistischen Funktionäre wussten wenig über die lokalen Herrschaftsbeziehungen, über Clanstrukturen und Gewohnheiten, nichts über die sozialen Hierarchien und religiösen Überzeugungen, und deshalb konnten sie sich auch keinen dauerhaften Platz in den lokalen Anwesenheitsgesellschaften erobern. Zwar galten Gesetze und Verfassungsgrundsätze, Rechte und Pflichten auch an der Peripherie, aber nirgendwo konnte wirklich erzwungen werden, was die Behörden des Zentralstaates verordnet hatten. Schon immer wurden in Russland Gesetze und Verordnungen beliebig erlassen und verändert, weil der Gesetzgeber auf Tradition, Herkommen und den Willen des Volkes keine Rücksicht nahm. Nur ließen sich Gesetze, die sich aus weltfremden Vorstellungen herleiteten, aber keine Wurzeln schlugen, nicht durchsetzen. Deshalb hatten sie am Ende weder für die Machthaber noch für die Untertanen eine Bedeutung, denn wer braucht schon Gesetze, die kaum einer kennt und respektiert und deren Geltung nicht erzwungen werden kann? „Wo ist unser Geist der Gesetze, unser Gesellschaftsvertrag?", fragte sich der Jurist Bogdan Kistjakowski. Die Form sei der Garant und die Schule der inneren Freiheit, in Russland aber werde das Recht verachtet, weil es von den Herrschenden und ihren Gegnern, der Intelligenzija, als Instrument des politischen Kampfes missbraucht werde.[17]

In den Behörden der Sowjetunion herrschte nicht der Geist des bürokratischen Anstaltsstaates, sondern die Willkür der kleinen Despoten. Richter und Staatsanwälte waren Teil der lokalen Clangesellschaften, und sie taten, was in ihrer Umgebung von ihnen verlangt wurde und dort auch einen Sinn ergab. Weder verstanden sie den Sinn des sowjetischen Rechts, noch wären sie in der Lage gewesen, es durchzusetzen. Im Justizapparat Aserbaidschans dienten Richter, beklagte sich der Volkskommissar für Justiz, Velibekov, vor dem Zentralkomitee, die nicht einmal imstande seien, zu lesen und zu schreiben. Ihre Urteile hätten unter den führenden Kommunisten, die sie in die Hände bekommen hätten, Gelächter ausgelöst. In den meisten Regionen Zentralasiens und Aserbaidschans blieb die Scharia schon deshalb in Kraft, weil es das einzige Recht war, das Richter wie Untertanen überhaupt kannten. Und so sprachen sie Recht auf eine Weise, die allen Interessen des sowjetischen Staates widersprach.[18] Im Zarenreich war die Justiz in Steinhäusern und repräsentativen Gebäude zu Hause gewesen. Nunmehr residierte sie in Hütten, deren Armseligkeit zugleich eine Ausstrahlung ihrer Bedeutungslosigkeit war. In Nagornyj-Karabach gab es einen

[17] *Bogdan Kistjakovskij*, Zur Verteidigung des Rechts. Die Intelligencija und das Rechtsbewußtsein, in: Karl Schlögel (Hrsg.), Vechi. Wegzeichen. Zur Krise der russischen Intelligenz, Frankfurt am Main 1990 (erstmals 1909 erschienen), 213, 217.

[18] Rossijskij Gosudarstvenny Archiv Istoriko-Političeskoj Istorii (RGASPI), Fond 17, opis' 17, delo 12, l. 444; RGASPI, Fond 17, opis' 17, delo 146, l. 200; *Kassymbekova*, Helpless Imperialists (wie Anm. 8).

Untersuchungsrichter, der in einer Hütte lebte und seine Schafe auf die Straße schicken musste, wenn er Zeugen zum Verhör geladen hatte, und in der Stadt Gandscha befand sich das Gericht in einem baufälligen Gebäude ohne Inventar.[19] Die Justiz war machtlos, ihre Richter ungebildet und schwach, ihr Auftreten eine Repräsentation der Lächerlichkeit.

Die eigentliche Macht aber gehörte den Funktionären der Geheimpolizei, der GPU. Denn sie trugen Waffen und konnten ihren Willen auch gegen Widerspruch jederzeit durchsetzen. Von den Juristen des sowjetischen Staates hatten die Bauern nichts zu erwarten, denn sie waren zwar mit den Buchstaben des Gesetzes, nicht aber mit der Macht der Gewehrläufe ausgestattet. In den Jahren 1925 und 1926 verbreiteten die Revolutionstribunale der GPU auch in Tadschikistan Furcht und Schrecken. Sie reisten von Ort zu Ort, inszenierten Schauprozesse gegen Aufständische und Rebellen, verurteilten sie zum Tode und ließen sie sofort exekutieren. Sie kümmerten sich weder um das sowjetische Recht noch um Akten und rechtsförmige Verfahren. Auf Vergeltung und Rache kam es an, und die Untertanen sollten spüren, dass der sowjetische Staat über die Mittel verfügte, sich mit Gewalt Respekt zu verschaffen. Aber die Tschekisten bekämpften nicht nur den organisierten Widerstand mit Terror. Sie raubten, folterten, plünderten und vergewaltigten, ohne dass irgendjemand sie daran hindern konnte, zu tun, wonach ihnen der Sinn stand. In Aserbaidschan standen die Polizeioffiziere im Dienst einflussreicher Familien, in deren Auftrag sie Herrschaftsaufgaben erledigten. Wann immer es ihnen gefiel, erpressten sie Schutzgeld, inhaftierten und misshandelten Bauern, die sich ihnen widersetzten.[20]

Und dennoch sprachen im Zentrum wie an der Peripherie alle Funktionäre von Verfassungsgrundsätzen, Gesetzen und nationalen Mythen. Aber diese Rede sollte nur verschleiern, dass sich hinter den Verheißungen nichts als nackte Gewalt verbarg. Schon die Zeitgenossen haben dieses manipulative Spiel durchschaut. Deshalb sollten sich auch die Historiker von ihm nicht täuschen lassen. Für die Bolschewiki im Zentrum kam es nur darauf an, die geographischen und mentalen Distanzen zu überwinden, die sie von ihren Untertanen trennten. Sie brauchten Vermittler, denen sie vertrauen und denen sie Macht übertragen konnten. Zwar waren auch die neuen Herren Räuber, die nahmen, ohne zu geben. Aber sie wussten, dass folgenlos bleiben würde, was sie verlangten, wenn sie sich nicht dauerhaft im Leben ihrer Untertanen einrichteten.

Überall, wo Staaten entstehen, setzt sich die Macht gegen den Willen derer durch, die gehorchen sollen. So war es auch in der Sowjetunion. An den Rändern des Vielvölkerimperiums vollzog sich nur, was vor Jahrhunderten im Westen Europas schon geschehen war. Der Zentralstaat versuchte, offene Räume in Orte

[19] RGASPI, Fond 17, opis' 17, delo 12, l. 265.

[20] *Kassymbekova*, Despite Cultures (wie Anm. 16), 33–44; *Baberowski*, Der Feind ist überall (wie Anm. 12), 498–501.

der Macht zu verwandeln und ihre Bevölkerung zu unterwerfen, um natürliche Ressourcen auszubeuten, Steuern zu erheben und Soldaten zu rekrutieren. Zu diesem Zweck mussten Menschen an Orte gebunden, Räume zu Territorien, Nomaden und Bauern zu Untertanen werden. Die Bevölkerung sollte lesbar und kontrollierbar werden. Ohne Wissen über Land und Leute aber hätten die Bolschewiki nichts erreicht. Wie überall, wo Staaten Territorien unterwerfen, mussten Grenzen gezogen, Menschen gezählt, registriert und kategorisiert werden.[21]

Der bolschewistische Staat sollte nicht nur Gehorsam erzwingen, sondern in den Herzen und Köpfen der Untertanen als Kraft spürbar werden. Wie aber konnte seine Macht auch im letzten Winkel des Imperiums spürbar werden? Als russische Veranstaltung wäre das bolschewistische Projekt über die Grenzen der großen Städte nicht hinausgekommen. Nur als nationales Modell konnte der Sozialismus die Herzen und Köpfe der Untertanen erreichen, ganz gleich, welcher sozialen Schicht sie angehörten. Ohne Nationen und nationale Vermittler würde es keinen sowjetischen Staat, ohne Staat keinen Sozialismus geben. Nicht auf die Durchsetzung der Fremdherrschaft kam es also an, sondern darauf, dass der Staat zu einer Angelegenheit der Unterworfenen wurde. Von Anbeginn legten die Bolschewiki das Schicksal der Revolution in die Hände einheimischer Vermittler, denn nur sie konnten den Staat ins Dorf und die Nation in die Köpfe der lokalen Eliten bringen. National in der Form, aber sozialistisch im Inhalt sollte die Sowjetunion sein.[22]

Niemand wäre im Europa der Nationalstaaten auf die Idee gekommen, Regionen nach ethnischen Prinzipien zu ordnen. Denn der Nationalstaat bestand auf der Assimilation seiner Minderheiten, die Grenzen seiner Landschaften und Regionen folgten ökonomischen Prinzipien oder historisch gewachsenen Traditionen. In der Sowjetunion aber wurden selbst die multiethnischen Grenzregionen neu vermessen und ihre innere Ausdehnung durch das Prinzip der Ethnizität legitimiert.[23] Und so wurde das Vielvölkerreich zu einem Imperium der Nationen: mit Grenzen, die Republiken voneinander trennten, Hauptstädten,

[21] *James Scott*, Seeing Like a State. How Certain Schemes to Improve the Human Condition Have Failed, New Haven / Ct 1998, 2 f.; *Gerd Spittler*, Volkszählung und Bürokratische Herrschaft in Bauernstaaten, in: Christian Giordano / Robert Hettlage (Hrsg.), Bauerngesellschaften im Industriezeitalter. Zur Rekonstruktion ländlicher Lebensformen, Berlin 1989, 97–108, hier 97–99; *Peter Holquist*, To Count, to Extract, and to Exterminate: Population Statistics and Population Politics in Late Imperial and Soviet Russia, in: Ronald G. Suny / Terry Martin (Hrsg.), A State of Nations. Empire and Nation-Making in the Age of Lenin and Stalin, Oxford 2001, 111–143.

[22] *Terry Martin*, The Affirmative Action Empire. Nations and Nationalism in the Soviet Union, 1923–1939, Ithaca / N. Y. 2001; *Yurii Slezkine*, The USSR as a Communal Appartment, or how a Socialist State Promoted Ethnic Particularism, in: Slavic Review 53, 1994, 414–452; *Francine Hirsch*, Empire of Nations. Ethnographic Knowledge and the Making of the Soviet Union, Ithaca / N. Y. 2005.

[23] *Fedor F. Kokoškin*, Avtonomija i federacija, Petrograd 1917; *Kate Brown*, A Biography of no Place. From Ethnic Borderland to Soviet Heartland, Cambridge / Mass. 2003, 19 f.; *Hirsch*, Empire of Nations (wie Anm. 22), 62–98.

Nationalgeschichten und Schriftsprachen. Niemand sollte noch ohne Ort und Heimat sein, jeder Untertan sich zu einer Nation bekennen. Vor der Revolution waren Baku, Alma-Ata und Duschanbe noch Provinzstädte gewesen, die von russischen Beamten und Offizieren verwaltet wurden. Nun wurde in ihnen die Souveränität nationaler Republiken ausgestellt. Nicht mehr nur auf den Straßen, sondern auch in den Schulen und Parteikomitees konnte man jetzt die Sprache der Einheimischen hören. Aserbaidschaner, Kasachen und Tadschiken übernahmen Leitungsfunktionen in der Partei- und Staatsverwaltung, schon 1925 waren 37,5 % aller Parteimitglieder in der Republik Kasachstan Einheimische.

Unmittelbar nach dem Sieg der Revolution wurde das Land der russischen Siedler auch in Kasachstan an die Nomaden verteilt. Zwischen 1920 und 1922 verließen fast eine halbe Million Bauern die kasachische Steppe. Siedler, die nicht freiwillig gingen, wurden von Einheiten der Roten Armee unter Androhung von Gewalt aus ihren Dörfern vertrieben, und wo Widerstand aufschien, machten die Tschekisten Gebrauch von ihren Waffen. Die Nomaden nahmen Rache, und sie töteten und vertrieben die Siedler, von denen sie fünf Jahre zuvor erbarmungslos verfolgt worden waren. Im Krieg gegen ihre Feinde konnten die Kasachen sich am Eigentum der Vertriebenen bereichern, ohne Strafen fürchten zu müssen. Auch die Bodenreform, mit der das Regime Loyalität erkaufen wollte, begünstigte die Nomaden, selbst in den Städten mussten Europäer Kasachen ihre Arbeitsplätze überlassen, so wie es überall an der asiatischen Peripherie des Imperiums geschah. Solche Möglichkeiten der Bereicherung hatte es niemals zuvor gegeben, und ohne positive Diskriminierung und soziale Mobilität, ohne nationale Privilegierung hätten Nomaden und Muslime bleiben müssen, was sie waren.[24]

Anfangs ergaben sich aus der Nationalisierung des Imperiums für das Zentrum mehr Vorteile als Nachteile. Denn die Partei sprach mit den Stimmen aller Völker der Sowjetunion; sie konnte sich in hundert Sprachen mitteilen, weil Vermittler übersetzten, worauf es das bolschewistische Projekt abgesehen hatte. Die Vermittler gaben bekannt, was in den Regionen geschah, und dafür belohnte sie das Zentrum mit Posten, Privilegien und Aufstiegschancen. Stalin selbst kam vom Rand des Imperiums, und dennoch war er in wenigen Jahren an die Spitze des sowjetischen Staates aufgestiegen. Ohne die Partei wäre er nichts geworden, ihr verdankte er Aufstieg und Einfluß, und deshalb konnte nur jemand wie er Einheit und Vielfalt des Imperiums in einer Person zur Synthese bringen.[25] Als

---

[24] *Martin*, The Affirmative Action Empire (wie Anm. 22), 60; *Holquist*, To Count (wie Anm. 21), 130; *Turar R. Ryskulov*, Kazakhstan, Moskva 1927, 89–91; *Pethybridge*, One Step Backwards (wie Anm. 15), 402 f.; *Vladimir L. Genis*, Deportacija russkich iz Turkestana v 1921 godu („Delo Safarova"), in: Voprosy Istorii 1, 1998, 44–58; *Robert Kindler*, Stalins Nomaden. Herrschaft und Hunger in Kasachstan, Hamburg 2014, 74–84.

[25] *Alfred J. Rieber*, Stalin. Man of the Borderlands, in: American Historical Review 106, 2001, 1651–1691.

Mann der Peripherie aber wusste er auch um die Möglichkeiten und Grenzen der Macht. Denn Herrschaftsansprüche mussten nicht nur übersetzt, sie mussten auch durchgesetzt werden. Ohne Vermittler wäre er stumm geblieben. Daran gab es für niemanden einen Zweifel.

Woher aber sollten Stalin und seine Gefolgsleute die Gewissheit nehmen, dass die Vermittler ihre Machtbefugnisse tatsächlich in den Dienst des Zentrums stellten? Konnte man Funktionären vertrauen, die zwar der Kommunistischen Partei angehörten, von den Zielen und Aufgaben des Regimes aber ebenso wenig wussten wie die Bauern, denen sie Befehle erteilen sollten? Schon in den ersten Jahren nach der Revolution trafen die Parteiführung und die Funktionäre in den Provinzen eine unausgesprochene Übereinkunft: Der Diktator in Moskau schützte die Vasallen vor Kritik und Widersachern und gab ihnen die Erlaubnis, Freunde und Verwandte mit Posten und Ämtern in der Partei zu versorgen, und die Vasallen versprachen ihm, bedingungslos zu gehorchen. Nur im Modus personaler Herrschaft konnte die Staatswerdung an der Peripherie des Imperiums gelingen. Nicht bürokratische Routine, sondern Treue und Ehre strukturierten den Alltag der kleinen Despoten. Stalin konnte die Ehrbegriffe der traditionalen Gesellschaft für seine Machtzwecke ausnutzen, und er erfuhr, was ihm vorenthalten worden wäre, wenn er sich auf die Intervention von Fremden hätte verlassen müssen.[26]

Und dennoch musste der Diktator für die Indigenisierung der Herrschaft einen hohen Preis entrichten: Er begab sich in die Abhängigkeit von Vermittlern, die Informationen so dosierten, dass ihre Machtposition in der Provinz nicht in Gefahr geriet. Denn ihre Macht beruhte einzig und allein auf ihrem Informationsmonopol, das sie verloren hätten, wenn sie stets die Wahrheit gesagt hätten. Nur als Schweigende, die mehr wussten, als sie verrieten, waren sie auch Mächtige.[27] In der offiziellen Repräsentation gaben sich die lokalen Kommunisten als Sachwalter des Staatsinteresses aus. In Wahrheit aber verausgabten sie sich vor allem im Dienst an der eigenen Gefolgschaft. Ohne die Unterstützung von Freunden und Verwandten wären die Funktionäre auch für den Diktator ohne Nutzen gewesen. Solange die Absichten des Zentrums mit den Interessen der lokalen Eliten im Einklang waren, hatten weder Stalin noch seine Vasallen Grund zur Klage. Beide Seiten bekamen, wonach sie verlangten. Sobald aber die

---

[26] *James Harris*, Stalin as General Secretary: the Appointments Process and the Nature of Stalin's Power, in: Sarah Davies / James Harris (Hrsg.), Stalin. A New History, Cambridge 2005, 63–82; *Oleg Khlevniuk*, Stalin as Dictator: the Personalisation of Power, in: Davies / Harris (Hrsg.), Stalin (ebd.), 108–120; *Golfo Alexopoulos*, Stalin and the Politics of Kinship. Practices of Collective Punishment, 1920s–1940s, in: Comparative Studies in Society and History 50, 2008, 1, 91–117; *Thomas H. Rigby*, Communist Party-Membership in the USSR 1917–1967, Princeton / N. J. 1968; *Gerald M. Easter*, Reconstructing the State. Personal Networks and Elite Identity in Soviet Russia, Cambridge 2000, 25–46; *Graeme Gill*, The Origins of the Stalinist Political System, Cambridge 1990, 135–198.

[27] Vgl. dazu allgemein *Spittler*, Volkszählung (wie Anm. 21), 102.

Parteiführung den Status quo in Frage stellte, Herkommen und Tradition den Kampf ansagte, gerieten der Diktator und seine Vasallen in einen Konflikt. Die Vasallen versorgten das Zentrum mit falschen Informationen und verbargen vor dem Diktator, worauf ihre Machtbeziehungen beruhten, weil sie um jeden Preis vermeiden wollten, dass sich das Zentrum in die Angelegenheiten der Peripherie einmischte.[28]

Gegen solche Renitenz hatte die Parteiführung kein effizientes Gegenmittel zur Hand. Sie tat, was auch die Minister des Zaren in solchen Fällen getan hätten und entsandte Russen, Juden und andere Europäer nach Zentralasien und in den Kaukasus, damit sie erzwangen, was die Funktionäre in den Provinzen verweigerten. Solche Interventionen aber bewirkten nur, dass die Vasallen sich dem Zentrum verschlossen. Sie gaben vor, nichts zu wissen, und sie ließen die Emissäre, die der Diktator entsandt hatte, im Ungewissen. Gewöhnlich sprachen die Gesandten weder die Sprachen noch beherrschten sie die Regeln, auf denen die lokalen Machtbeziehungen beruhten. Sobald sie begriffen hatten, dass sie nichts bewirken und nichts erfahren konnten, baten sie die Parteiführung, sie von ihren Aufgaben zu entbinden. Nicht einmal prominente Mitglieder des Führungszirkels konnten sich an der Peripherie gegen die lokalen Eliten wirklich durchsetzen. Sergei Kirow, der 1921 Parteichef in Aserbaidschan geworden war, verließ die Republik im Jahr 1926, weil Stalin begriffen hatte, dass sein Gefolgsmann dort nichts ausrichten konnte.[29] Vom Sozialismus und seinen Verheißungen war an der Peripherie des Imperiums wenig zu spüren. Welchen Nutzen brachte die Dezentralisierung der Macht der Parteiführung in Moskau, so fragten sich Stalin und seine Gefolgsleute? Hatte sich das Zentrum durch die Verlagerung von Entscheidungskompetenzen nicht um Einfluss und Kontrolle gebracht? Konnte man den einheimischen Vermittlern, die sich jeder Intervention des Zentrums widersetzten, überhaupt noch vertrauen? Zur Dezentralisierung der Macht gab es keine Alternative. Wie aber konnten Kontrolle und Indigenisierung miteinander in Übereinstimmung gebracht werden?

In dieser Frage gab es in der Parteiführung keine Meinungsverschiedenheiten. Die Interessen des Zentrums mussten zu Interessen der Peripherie werden. Jeder Kommunist, ganz gleich, an welchem Ort er sich aufhielt und welche Sprache er sprach, sollte Mitglied einer Familie von Gleichgesinnten werden. Kommunisten sollten nicht nur mit einer Sprache sprechen, sie sollten auch die gleichen Wertvorstellungen miteinander teilen und Opfer für die gemeinsame Sache bringen. Kommunisten waren selbstlos; sie emanzipierten sich von den Zwängen der lokalen Gesellschaft und waren nur noch Anwälte des imperialen Projekts. Denn nur als Neue Menschen konnten sie Repräsentanten der neuen

---

[28] *Oleg Khlevniuk*, The First Generation of Stalinist „Party Generals", in: Edward A. Rees (Hrsg.), Centre-Local Relations in the Stalinist State, 1928–1941, Houndmills 2002, 37–64, hier 42.

[29] *Baberowski*, Der Feind ist überall (wie Anm. 12), 409, 777–791.

Zeit sein. Niemand sollte mehr auf Befehle warten, sondern selbst erkennen, was getan werden musste. Schon Lenin hatte die Idee formuliert, die Sowjetunion solle sich in ein „preußisches Büro“ verwandeln, in dem Bauern und Arbeiter, wie Rädchen im Getriebe, nur noch Nützliches verrichteten, ohne dass es dazu einer Aufforderung bedurft hätte. „Unser nächstes Ziel ist es“, schrieb Lenin im Sommer 1917, „die gesamte Volkswirtschaft nach dem Vorbild der Post zu organisieren.“ Alle Bürger müsste sich in „entlohnte Angestellte des Staates verwandeln“ und verrichten, was die Diktatur ihnen auftrug.[30] Auf Abrichtung und Zurichtung kam es an. Nur eine Elite, die mit einer Stimme sprach und sich als Anwalt derselben Sache verstand, würde auch imstande sein, dem sowjetischen Staat an jedem Ort ein einheitliches Gesicht zu verleihen.

Der stalinistische Funktionär kam aus der Kommunistischen Partei. In ihr sollten Menschen gestählt und umgeschmiedet werden, bis sie sich selbst nicht mehr wieder erkannten. Aber Bauern und Arbeiter traten der Partei nur bei, weil sie sich von einer Mitgliedschaft Privilegien und Posten versprachen. Denn Kommunisten durften Waffen tragen, sie durften nicht ohne Zustimmung übergeordneter Parteiorgane vor Gericht gestellt werden, sie durften Urlaub nehmen und ihn in staatlichen Sanatorien verbringen, und sie konnten Mangelware in speziellen Geschäften erwerben. Ohne die Wiederbelebung der alten Ständeordnung wäre das sowjetische Staatsbildungsprojekt über seine Anfänge nicht hinausgekommen. An die Stelle des zarischen Dienstadels trat nun die kommunistische Funktionärselite, die Privilegien in Anspruch nahm und dafür Leistungen im Auftrag des Staates erbrachte.

Nur musste der bolschewistische Adel auf seine Aufgaben erst vorbereitet werden. Wer Kommunist wurde, betrat eine fremde Welt mit merkwürdig fremden Regeln und Gebräuchen, die es im zivilen Leben nicht gab und die den bäuerlichen Aufsteigern unbekannt waren. „Der Neuling in der Partei“, schrieb Arthur Koestler über die bolschewistische Kultur, „fand sich in eine völlig fremde Welt gestürzt“[31]. Alle Novizen mussten Auskunft über ihre Vergangenheit geben, ihre Lebensverhältnisse offenlegen und glaubhaft machen, dass sie es verdienten, Mitglied im Kreis der Auserwählten zu sein. Alle Kommunisten, ganz gleich, woher sie kamen, mussten dieses Initiationsritual über sich ergehen lassen. Es verschaffte ihnen Zutritt zu einem Orden von Auserwählten und gab ihnen das Gefühl der Exklusivität.

Kommunisten kannten nur einen Gott, und sie beteten die gleichen Symbole an: Rote Fahnen, kanonische Texte, die jedermann kannte, aber kaum jemand verstand, Büsten und Gemälde des Revolutionsführers und seines treuen Schü-

---

[30] *Wladimir I. Lenin*, Staat und Revolution. Die Lehre des Marxismus vom Staat und die Aufgaben des Proletariats in der Revolution, in: Ders., Ausgewählte Werke, Bd. 2, Berlin (Ost) 1976, 315–420, bes. 359, 402; *Helmut Altrichter*, Staat und Revolution in Sowjetrußland 1917–1922/23, Darmstadt 1981.

[31] *Arthur Koestler* u. a., Ein Gott, der keiner war, Zürich 2005 (erstmals 1950 erschienen), 35.

lers Stalin. Sie pflegten einen proletarischen Habitus, verachteten Religion, bürgerliche Attitüden und Konventionen und ordneten individuelle Interessen den Belangen des Kollektivs unter. Nur wer bereit war, der gemeinsamen Sache zur Not auch Freunde und Verwandte zu opfern, durfte sich Kommunist nennen. Im Orden der Auserwählten musste die Sprache der Revolution gesprochen werden, so wie Stalin, der Vater der Völker, sie sprach. An der Schlichtheit von Kleidung und Sprache, am Gestus der Bescheidenheit sollte man den bolschewistischen Funktionär erkennen. Zur Bescheidenheit gehörte die Unterwerfung des Einzelnen unter den Willen des Kollektivs. Wer Fehler beging, von der Generallinie der Partei abwich oder gegen die Regeln der Lebensführung verstoßen hatte, musste sich öffentlich inszenierter Kritik aussetzen. Vor allem aber erwartete der Orden von seinen Mitgliedern, dass sie Selbstkritik übten, wenn die Mächtigen sie dazu aufforderten. Schon am Ende der zwanziger Jahre war das fremde Ritual zu sozialen Normalität geworden. Und genau darauf kam es an, wenn aus Bauern und Arbeitern Kommunisten werden sollten.[32]

Schon die Zeitgenossen haben sich über die Obsession der Bolschewiki gewundert, unablässig Feste und Aufmärsche ins Werk zu setzen, Parteiversammlungen einzuberufen und Reden anzuhören, die scheinbar keinem anderen Zweck als der Selbstdarstellung des Regimes dienten. Man wird über den Sinn dieser Rituale aber überhaupt nichts erfahren, wenn man sie nur als Werk marxistischer Propaganda begreift. Sie dienten vor allem der Abrichtung, Zurichtung und Disziplinierung von Kommunisten, die über die Aufgaben des Staates, dem sie dienen sollten, nur wenig wussten. Wie zu sprechen und wie zu handeln sei, wer zu den Freunden und wer zu den Feinden gehörte – das erfuhren die Aufsteiger aus den Dörfern und abgelegenen Provinzen an den Festtagen des Sozialismus, wenn Reden gehalten und Parolen ausgegeben wurden, auf Parteiversammlungen und öffentlichen Aufführungen bolschewistischer Selbstkritik, wenn mitgeteilt wurde, auf welche Weise die Generallinie befolgt werden müsse und wie Abweichler zu bestrafen seien. Solche Performanz war in einer Umgebung der Schrift- und Sprachlosigkeit von großer Bedeutung. Denn Feste und Kundgebungen machten die Herrschaft sichtbar und hörbar, und sie gaben den Herrschern die Möglichkeit, auch ohne technischen Aufwand Einheit und Zusammenhalt zu simulieren und mitzuteilen, wer in der Gunst des Diktators gestiegen, und wer gefallen war. Irgendwann gewöhnten sich die Untertanen daran, genau hinzuhören und hinzusehen, wenn sie den Aufführungen des Regimes beiwohnen mussten.[33]

Versammlungen und Ansprachen schienen kein Ende zu nehmen, und alle Kommunisten, die an diesen Aufführungen teilnahmen, mussten reden, nicht,

[32] *Sheila Fitzpatrick*, Everyday Stalinism. Ordinary Life in Extraordinary Times: Soviet Russia in the 1930s, Oxford 1999, 14–21.

[33] *Malte Rolf*, Das sowjetische Massenfest, Hamburg 2006, 257–263.

um ihre Meinungen mitzuteilen und ihren Sachverstand unter Beweis zu stellen, sondern um sich als gelehrige Schüler des bolschewistischen Sprachunterrichts zu präsentieren. Wer falsch sprach, von den Vorgaben abwich, die für jedermann aufgestellt worden waren, wurde korrigiert und musste, wenn er nicht begriff, was von ihm erwartet wurde, öffentlich Selbstkritik üben. Im Sprechen entwickelte die Sprache ein Eigenleben, das Macht über die Sprechenden gewann. Wer sprach, schwamm im Strom der Sprache, ohne zu wissen, was gesprochen wurde.[34]

Rituale entlasten, weil man weiß, was erwartet wird, weil alle anderen es auch wissen und niemand auf Herausforderungen noch durch Improvisation oder Einführung neuer Motive reagieren muss. Soziales Wissen wird nicht nur durch Erfahrung, sondern auch durch Sozialisation, Erziehung und Tradition gewonnen. Jede Erziehung hat das Ziel, Normen von einer Generation an die nächste weiterzugeben, und auf diese Weise kommt es zur Kontinuität sozialer Lebensformen und Verhaltensmaßstäbe. „Rituelles Verhalten“, schreibt Hans-Georg Soeffner, „ist durchgeformtes, vorhersagbares, in gewisser Weise kalkulierbares, Orientierungssicherheit gewährleistendes Verhalten.“[35] Stalin, der Hohepriester des Rituals, hatte diese Wahrheit immer schon gekannt. Nur wenn es gelänge, alle Kommunisten auf eine gemeinsame Sprache und einen gemeinsamen Habitus zu verpflichten, so dachten die Parteiführer in Moskau, werde man ihnen auch vertrauen können.

„Die Kader sind entscheidend“, hatte Stalin einmal gesagt und damit gemeint, es komme darauf an, Ämter und Funktionen loyalen und aufrichtigen Kommunisten anzuvertrauen. Aber, so wird man hinzufügen müssen, nur solchen Kommunisten, die gelernt hatten, auf bolschewistische Weise zu sprechen und zu handeln. Aber zu keiner Zeit konnten sich Stalin und seine Gefolgsleute auf die bedingungslose Loyalität der Funktionäre verlassen. Denn woher wollte Stalin eigentlich wissen, dass diejenigen, die sich der Sprache des Regimes bedienten und aufsagten, was gesagt werden musste, auch die Wahrheit sagten? Man sollte den Worten nicht glauben, die in der sowjetischen Öffentlichkeit zur Beschreibung der Wirklichkeit gebraucht wurden. Überall, wo Nationalstaaten entstanden, haben die Eliten den Gebrauch einer gemeinsamen Sprache und eines gemeinsamen kulturellen Codes durchgesetzt.[36] Eine gemeinsame kulturelle Sprache

---

[34] *Lorenz Erren*, „Selbstkritik“ und Schuldbekenntnis. Kommunikation und Herrschaft unter Stalin (1917–1953), München 2008, 179–229. Über die Anfänge der Selbstabrichtung in der Parteiführung vgl. *Leona Toker*, Making the Unthinkable Thinkable: Language Microhistory of Politburo Meetings, in: Paul Gregroy / Norman Naimark (Hrsg.), The Lost Politburo Transcripts. From Collective Rule to Stalin's Dictatorship, New Haven / Ct 2008, 135–164.

[35] *Hans-Georg Soeffner*, Zur Soziologie des Symbols und des Rituals, 206 f.; *Heinrich Popitz*, Soziale Normen, Frankfurt am Main 2006, 71–73. Im Überblick: *Barbara Stollberg-Rilinger*, Rituale, Frankfurt am Main 2013, 7–17.

[36] *Ernest Gellner*, Nationalismus und Moderne, Hamburg 1995, 86–90; *Benedict Anderson*, Die Erfindung der Nation. Zur Karriere eines erfolgreichen Konzepts, 2. Aufl. Frankfurt am Main / New York 1993, 88–114.

begründet Solidarität und ermöglicht eine Kommunikation zwischen jenen, die herrschen und jenen, die beherrscht werden. So steht es auch um das Recht, das Teil der kulturellen Sprache werden muss, wenn es erfolgreich internalisiert werden soll. Auch in der Sowjetunion wurde der Gebrauch einer einheitlichen kulturellen Sprache durchgesetzt: durch Gewöhnung und Internalisierung. „Ob in Wladiwostok oder Woronesch, in Stalinsk oder Stalinabad, in Rossosch oder Pawlowsk", so Malte Rolf, „– das kulturelle Regelwerk war überall ebenso das Gleiche wie die Medien, mit deren Hilfe es durchgesetzt werden sollte."[37] Nur noch auf bolschewistische Weise, schreibt Stephen Kotkin, hätten Kommunisten und Untertanen am Ende noch miteinander sprechen können, und er sprach damit nur aus, was Michel Foucault zwei Jahrzehnte zuvor erklärt hatte: dass der moderne Staat Macht über die Körper und die Sprache der Menschen gewann. Die Sprache wird reguliert, und irgendwann reguliert sie sich von selbst. Und darin, schreibt Foucault, zeigten sich die Wirkungen der Macht.[38]

Aber war, was in der sowjetischen Öffentlichkeit im Gestus des Absoluten und Unvermeidlichen vorgetragen werden musste, auch identisch mit der Sprache, in die das Gesagte gekleidet wurde? Was immer auch gesagt wird: Wenn die verordnete Sprache verbirgt, was man eigentlich denkt, wird sie leer und zum hohlen Ritual. Solange die Herrscher Menschen noch zwingen können, aufzusagen, was sie hören wollen, können sie ihrer Macht sicher sein. Aber sie wissen, dass sie sie erzwingen müssen, wenn sie überleben wollen. Sind die Waffen erst einmal stumpf geworden, ist es mit der Macht vorbei.

In Wahrheit war die bolschewistische Sprache ein Instrument des Zwangs, ein Jargon, der keinem anderen Zweck als der Unterwerfung diente. Alle sprachen im Jargon des Bolschewismus, aber wer glaubte wirklich den Worten, die ausgesprochen werden mussten, wer begriff, was sie wirklich bedeuteten? Nicht um Worte ging es, sondern um Wort-Signale. Denn es war der Sinn der bolschewistischen Sprache, dass sie verbarg, was die Sprechenden wirklich dachten. Die sowjetischen Sprache, schrieb Andrej Sinjawski, „fürchtete sich vor den ‚wirklichen' Worten", vor Reden, die die Wahrheit aussprachen.[39] Über die sowjetische Wirklichkeit sollte gesprochen werden, als seien alle Versprechungen schon eingelöst worden. „Das Leben ist besser geworden, Genossen, das Leben ist fröhlicher geworden", hatte Stalin zu Beginn des Jahres 1935 verkündet, nachdem Millionen der Zwangskollektivierung und der großen Hungersnot zum Opfer gefallen waren. Aber über die Wirklichkeit konnte man nur noch auf verordnete Weise sprechen. Das Elend musste besungen, die Diktatur gepriesen

---

[37] *Rolf*, Massenfest (wie Anm. 33), 266.

[38] *Stephen Kotkin*, Magnetic Mountain. Stalinism as a Civilization, Berkeley 1995, 236; *Michel Foucault*, Der Wille zum Wissen. Sexualität und Wahrheit, Bd. 1, Frankfurt am Main 1983, 37 f.

[39] *Michael Gorham*, Speaking in Soviet Tongues: Language Culture and the Politics of Voice in Revolutionary Russia, DeKalb/Ill. 2003, 16; *Andrej Sinjavskij*, Osnovy Sovetskoj Civilizacii, Moskva 2001, 280–282, Zitat 297.

werden. „Heute wurden wir zum Marschieren auf die Straße gejagt, was mich einfach maßlos aufgebracht hat", schrieb die Schülerin Nina Lugowskaja am 5. November 1932 in ihr Tagebuch, „Und noch mehr hat mich dieses Gefühl der Ohnmacht dabei gereizt."[40] Man unterdrückt Wut und Empörung, nimmt die Erniedrigung hin, und schon ist man zum Objekt der Macht geworden, ohne es zu wollen. „Ich führte ein Doppelleben lähmender Heuchelei", erinnerte sich Alexander Jakowlew, der Vordenker der Perestrojka, an seine Vergangenheit als Funktionär im Zentralkomitee. Selbst Kommunisten aus dem Ausland, die es besser hätten wissen können, unterwarfen sich der Diktatur des Rituals. „Ich hatte Augen, die sehen konnten", erinnerte sich Arthur Koestler an einen Besuch in der Sowjetunion im Jahr 1932, „aber einen Verstand, der darauf trainiert war, das, was die Augen sahen, auf vorgeschriebene Weise zu interpretieren."[41] Der bolschewistische Jargon war nichts als leeres Gerede. Ihm konnten Kritiker nur ausweichen, wenn sie schwiegen oder flüsterten. In beiden Fällen aber blieb vor der Parteiführung verborgen, was die Funktionäre und ihre Untertanen in den Provinzen wirklich dachten und wollten.

Rituelle Handlungen und standardisierte Sprechakte erzeugen Orientierungssicherheit, weil jeder weiß, was in bestimmten Situationen gesagt und getan werden muss. Der Mächtige ist sich seiner Macht sicher, solange von selbst geschieht, was er sonst erzwingen müsste, aber er weiß auch, dass Inszenierungen Wahrheiten verbergen. Wer gezwungen ist, aufzusagen, was der Mächtige hören will, muss lügen, weil die Wahrheit eine Abweichung von der Inszenierung wäre. Jeder weiß, dass lügt, wer über die Wirklichkeit so spricht, als sei sie gar nicht da. Der Diktator empfindet Genugtuung, weil er andere zwingen kann, zu lügen, aber er erfährt auch nicht mehr, was wirklich geschieht. Kann er überhaupt sicher sein, dass derjenige, der spricht, auch bei anderen Gelegenheiten wirklich meint, was er sagt? Im ganzen Land sprachen Kommunisten nur noch von Erfolgen, von Fortschritt und Wohlstand, obwohl doch jeder sehen und hören konnte, dass Menschen verhungerten. Überall mussten Saboteure und Spione entlarvt, Feinde gesucht werden, obwohl niemand an ihre Existenz glaubte. Der Diktator gerät in ein Dilemma, aus dem es keinen Ausweg gibt, denn seine Abrichtungsmaschine kann von den Unterworfenen zum eigenen Schutz genutzt werden. Er erfährt nur noch, was er hören will. Stalin wusste, dass es so war, weil er selbst nicht glaubte, was er anderen als Glaubensbekenntnis aufzwang. Im Februar 1930 rief Stalin die Parteiführer der zentralasiatischen Republiken nach Moskau, um zu hören, wie die Kollektivierung der Landwirtschaft an der

[40] *Nina Lugowskaja*, Ich will leben. Ein russisches Tagebuch 1932–1937, München 2005, 42; *Orlando Figes*, Die Flüsterer. Leben in Stalins Russland, Berlin 2008, 362; *Jeffrey Brooks*, Thank you, Comrade Stalin! Soviet Public Culture from Revolution to Cold War, Princeton / N. J. 2000, 83–105.

[41] *Alexander Jakowlew*, Ein Jahrhundert der Gewalt in Sowjetrussland, Berlin 2004, 34; *Arthur Koestler*, Als Zeuge der Zeit. Das Abenteuer meines Lebens, Frankfurt am Main 1992, 156.

Peripherie ins Werk gesetzt wurde. Ob es denn Widerstand gegeben habe, wollte der Diktator von ihnen wissen. Der Vorsitzende des Zentralasienbüros der Partei, Isaak Selenski, der ihm antwortete, sprach über die Wirklichkeit so, wie über sie in der politischen Öffentlichkeit gesprochen werden musste. Niemand habe Widerstand geleistet, alle seien zufrieden mit den Anordnungen und Weisungen des Zentrums. Stalin wäre nicht Stalin gewesen, wenn er Selenskis Worten Glauben geschenkt hätte. Eine Welt ohne Gewalt konnte er sich nicht vorstellen.

Stalin: Gab es keine Auseinandersetzungen zwischen den Bauern wegen der Durchführung der Kollektivierung?

Selenski: Nein, was für Auseinandersetzungen? Irgendwo geraten sie in Streit miteinander – so etwas gibt es, aber Auseinandersetzungen mit politischem Charakter gab es nicht.

Stalin: Aber vielleicht so: Sie versammeln sich, und die einen sagen, wir wollen nicht und die anderen sagen, wir wollen, und dann eine kleine Schießerei, gibt es das?[42]

Nicht an ihren Worten, sondern an ihren Taten sollt ihr sie messen! Diesem Grundsatz fühlte sich das Regime von Anbeginn verpflichtet. Stalin hatte keinen Zweifel, dass die Funktionäre in den Provinzen Erfolge nur mitteilten, damit ihre Machtbasis nicht in Gefahr geriet. Renitenz aber ließ sich nur durch solche Interventionen aus der Welt schaffen, gegen die sich die Vasallen nicht zur Wehr setzen konnten. Wenn sie schon nicht die Wahrheit sagten, konnte man ihnen wenigstens Angst machen und sie auf solche Weise disziplinieren und unterwerfen. Stalin war irgendwann überhaupt nur noch damit befasst, Berichte zu lesen, die ihn aus den Provinzen erreichten, Entscheidungen über die Verwendung von Parteifunktionären zu treffen, sie zu überwachen, zu disziplinieren und einzuschüchtern.[43] Wer versagte, verlor Amt und Freiheit, wer in vorauseilendem Gehorsam tat, was der Diktator erwartete, konnte es in der Parteihierarchie weit bringen. Als Stalin am Ende der zwanziger Jahre den Entschluss fasste, Macht auf die Erzeugung von Furcht und Schrecken zu gründen, ließ er den Funktionären keine Wahl. Sie mussten sich für oder gegen den Stil des Diktators entscheiden, aber sie konnten nicht länger verbergen, worauf es ihnen wirklich ankam. Die gewalttätigen kulturrevolutionären Kampagnen gegen Tradition und Herkommen, die Hetzjagden auf Angehörige der alten Elite, Parteisäuberungen und Schauprozesse waren die letzten Akte in einem Spiel mit der Macht, das Kommunisten wie Untertanen die eine Verhaltensregel einimpfen sollte: stets von selbst zu verrichten, was von ihnen erwartet wurde. Georgi Arbatow, der zu den engsten Gefährten Gorbatschows gehörte, erinnerte sich, die Kampagnen hätten nur dem Ziel gedient, „uns allen die eine Verhaltensregel einzuimpfen: Angst vor

[42] RGASPI, Fond 17, opis' 165, delo 15, ll. 18–19. Zitiert auch in *Kindler*, Stalins Nomaden (wie Anm. 24), 184 f.

[43] *Pethybridge*, One Step Backwards (wie Anm. 15), 155 f.

den eigenen Gedanken zu haben".[44] Man könnte auch sagen, dass in der Sowjetunion Staatsbildung und Abrichtung zwei Seiten der gleichen Medaille waren.

Nun hätte sich das Zentrum mit der Indigenisierung der Herrschaft zufrieden geben können, weil sie die Verhältnisse doch immerhin stabilisiert hatte. Sie hätten die Willkürherrschaft der Vermittler legalisieren und ihren Anspruch auf die totale Macht aufgeben müssen. Aber solche Kompromisse hielten Stalin und seinesgleichen für Zeichen der Schwäche. Sie zogen es vor, die Realität zu ignorieren, um sich nicht eingestehen zu müssen, dass es in der Sowjetunion keine bürokratische Herrschaft der Allwissenden gab. Stattdessen glaubten sie an die Kraft der Krise, der Zerstörung und Gewalt, sie glaubten an die Macht der Despotie, und der Erfolg gab ihnen Recht. Denn schon in den Jahren des Bürgerkrieges hatten sie über Feinde triumphiert, die zu allem entschlossen waren. Immer, wenn es darauf ankam, sich gegen Widerstand durchzusetzen, lösten sie gewalttätige Kampagnen aus. War der Krieg erst einmal ausgebrochen, konnten Freunde von Feinden unterschieden, „Saboteure" und „Spione" entlarvt und die Gefolgschaft zu bedingungslosem Gehorsam gezwungen werden. Wer im Gewaltdienst versagte, beging Verrat, und kein Lippenbekenntnis half dem Verräter noch, der Bestrafung zu entgehen. Niemand verstand besser als Stalin, dass sein Regime auf Gewalt angewiesen blieb, wenn es die Revolution in jeden Winkel des Imperiums bringen wollte.[45]

Als Arthur Koestler im Sommer 1932 für einige Tage nach Buchara fuhr, fiel ihm auf, dass Menschen nicht nur unter erbärmlichen Umständen lebten, sondern auch unentwegt belehrt wurden. Auf den Plätzen im Zentrum der Stadt hatten die Behörden Lautsprecher aufgestellt, aus denen Anweisungen zu hören waren. Schon am frühen Morgen rief eine Stimme: „Stehen Sie auf, stehen Sie auf, entleeren Sie Ihren Magen, turnen Sie, turnen Sie, zehn Minuten Physkultur, frühstücken Sie, frühstücken Sie, so, jetzt ist es Zeit, zur Arbeit zu gehen." Und am Abend wies die Stimme ihre Zuhörer an: „Es ist Zeit, schlafen zu gehen, erden Sie die Antenne, erden Sie die Antenne. Lüften Sie Ihr Zimmer, lüften Sie Ihr Zimmer. Gute Nacht." Wie aus einem Roman von Aldous Huxley hätten diese hypnotischen Sätze geklungen, erinnerte sich Koestler. In der Trostlosigkeit und Traurigkeit des sowjetischen Neandertals hätten sie seltsam fremd gewirkt.[46]

Ohne Zwang würden die Untertanen nicht tun, was man von ihnen verlangte. Deshalb gab sich das Regime mit Instruktionen nicht zufrieden. Es begann im Jahr 1927, als die Revolutionäre im Zentrum wie an der Peripherie den Ent-

---

[44] *Georgi Arbatow*, Das System. Ein Leben im Zentrum der Sowjetpolitik, Frankfurt am Main 1993, 59.

[45] *Baberowski*, Verbrannte Erde (wie Anm. 8), 172–174; *Moshe Lewin*, The Soviet Century, London 2005, 144–147. Zur despotischen Herrschaftsform vgl. *Gerd Spittler*, Despotismus in Westafrika, in: Eva-Maria Bruchhaus (Hrsg.), Afrikanische Eliten zwanzig Jahre nach Erlangung der Unabhängigkeit, Hamburg 1983, 58–80.

[46] *Koestler*, Als Zeuge der Zeit (wie Anm. 41), 174–175.

schluss fassten, in den islamischen Regionen des Imperiums eine Kulturrevolution zu inszenieren. In Aserbaidschan, in Usbekistan und Turkmenistan wurden die lokalen Parteikomitees angewiesen, Frauen zu entschleiern und sie dafür mit Posten in den Dorfsowjets zu belohnen. An manchen Orten organisierten Aktivisten, die aus den Städten ins Dorf geschickt wurden, Autodafés. Kleidungsstücke und Kopftücher wurden ins Feuer geworfen, symbolische Urteile über Schmutz und Rückständigkeit ausgesprochen und Menschen stigmatisiert, die solche Rückständigkeit repräsentierten. Denn in Finsternis und Unterdrückung lebten Frauen nur, verkündeten die Revolutionäre, weil es Kulaken, Bejs und Mullahs gab, die sie daran hinderten, zu werden, was sie hätten sein können.[47]

Gewöhnlich fanden die Kampagnen an den religiösen Feiertagen oder vor den „Wahlen" statt, die nichts zur Wahl stellten, den Aktivisten aber die Möglichkeit gaben, Menschen vom Rand des Dorfes gegen die anderen Bauern zu mobilisieren und Feinde aus den Sowjets auszuschließen. Keine Entschleierung ohne Stigmatisierung, keine Stigmatisierung ohne Entschleierung. Aber das Regime nahm die islamischen Feiertage nicht nur zum Anlass, Brauch und Gewohnheit zu kriminalisieren. Es warb auch für die Feste der Gottlosen. Sobald die Aktivisten des Regimes aufmarschiert waren, kam es zu Auseinandersetzungen zwischen ihnen und den Gläubigen. Manchmal konnte es geschehen, dass nach solchen Konflikten Verletzte oder Tote zu beklagen waren. Wer sich dem scheinbar Unvermeidlichen widersetzte, wurde zum Volksfeind erklärt und aus der Gemeinschaft der Abgerichteten ausgeschlossen, Mullahs verhaftet und vermeintliche Kulaken aus ihren Dörfern deportiert. In allen Regionen an der islamischen Peripherie des Imperiums kam es zu gewalttätigen Übergriffen auf Kommunisten, die in den Dörfern die neue Zeit besangen. Frauen, die den Schleier abgenommen hatten und Mitglieder des Bundes der Gottlosen wurden von aufgebrachten Bauern getötet.[48] Es schien, als sei der Krieg tatsächlich ausgebrochen, von dem die Bolschewiki im Zentrum unablässig sprachen. Er gab ihnen die Legitimation, nicht nur die Gefolgschaft um sich zu scharen, sondern die Kommunisten auf das letzte Gefecht gegen den inneren Feind einzustimmen. Schauprozesse, Hinrichtungen, Deportationen – mit diesen Mitteln versuchte das Regime, den Widerstand zu brechen, der sich seinem Projekt entgegenwarf.

In allen islamischen Republiken machten die Nationalkommunisten den Kampf gegen Religion und Tradition zu ihrer eigenen Sache. Sie demonstrierten

[47] *Fanina Halle*, Frauen des Ostens. Vom Matriarchat bis zu den Fliegerinnen von Baku, Zürich 1938, 142f.

[48] *Douglas Northrop*, Veiled Empire. Gender and Power in Stalinist Central Asia, Ithaca/N.J. 2004, 284–313; *Ders.*, Hujum: Unveiling Campaigns and Local Responses in Uzbekistan, 1927, in: Donald J. Raleigh (Hrsg.), Provincial Landscapes. Local Dimensions of Soviet Power, 1917–1953, Pittsburgh 2001, 82–104; *Baberowski*, Der Feind ist überall (wie Anm. 12), 633–662. Am Beispiel der Altgläubigen im Uralgebiet: *Irina Kovorushkina Paert*, Popular Religion and Local Identity During the Stalin Revolution: Old Believers in the Urals, 1928–1941, in: Raleigh (Hrsg.), Provincial Landscapes (ebd.), 171–193, hier 183.

Ergebenheit und Loyalität und bewiesen, dass Einkommen und Fortkommen ihnen mehr bedeuteten als der soziale Frieden. Wie aber sollten sich die Kommunisten in den ländlichen Regionen verhalten, die mit der Exekution des Unvermeidlichen beauftragt wurden? Als Vermittler der Herrschaft hatten sie zu vollstrecken, was Stalin und seine Vasallen von ihnen erwarteten, als Repräsentanten der lokalen Gesellschaft aber mussten sie sich schützend vor ihre Freunde und Verwandten stellen. Kein Kommunist konnte es sich leisten, Gewohnheiten und Traditionen zu untergraben. Denn ihnen allein verdankten sie ihren Einfluss in der lokalen Gesellschaft. Schon zu Beginn der Kampagne sahen sie, welches Unheil über sie und das Dorf kommen würde. „Wenn ich das Volk aufrufe, den Tschador abzunehmen", beklagte sich ein Dorfkommunist aus Aserbaidschan, „wird man mich beleidigen; wenn ich schweige, wird die Regierung unzufrieden sein. Soll das doch alles ohne mich geschehen!"[49] Aus diesem Dilemma gab es für die Kulturrevolutionäre am Ende keinen gewaltfreien Ausweg.

Über Macht kann man nicht verfügen. „Sie ist das, was der Mensch aus ihr macht."[50] Denn sie ist nur dort präsent, wo wenigstens zwei Menschen miteinander auskommen müssen. Mächtig ist, wer nicht mehr auf sich hinweisen muss, weil alle wissen, was zu tun ist. Ohne die Fähigkeit aber, Menschen an einem Ort festzuhalten, könnte sich Macht nicht durchsetzen. Denn sobald Menschen auseinandergehen, ist es um sie geschehen. Wer aber Kontrolle ausüben will, muss die Befehlsempfänger zum Rapport verpflichten. Die Effizienz staatlicher Verwaltung setzt nicht nur eine sesshafte Bevölkerung voraus, die Abgaben und Dienste leistet, sie braucht auch einen Ort, an dem sie sich repräsentieren und verstetigen kann. Wer nicht einmal imstande ist, Menschen einen Ort zuzuweisen und sie zu zwingen, dort auch zu bleiben, wird über die Formulierung von Wünschen und Ansprüchen nicht hinauskommen.

So empfanden es auch Stalin und seine Helfer. Nicht vom neuen, sondern vom kontrollierbaren Menschen träumten die Bolschewiki. Ihn aber schien es in vielen Regionen an der asiatischen Peripherie nicht zu geben. Nur im Modus sporadischer Machtausübung brachten sich die Bolschewiki in Zentralasien und im Kaukasus zu Wort. Deshalb mussten Nomaden um jeden Preis in sesshafte Bauern verwandelt werden. Wie aber sollte sich diese Verwandlung vollziehen? Auf diese Frage gaben die Herrscher im Zentrum eine einfache Antwort. Man müsse Nomaden die Existenzgrundlage entziehen, damit sie aufhörten, Nomaden zu sein. Aus Viehzüchtern mussten Ackerbauern, aus Nomaden Dorfbewohner werden. In Aserbaidschan und in Usbekistan experimentierte das Regime mit dem Anbau von Baumwolle. Denn Bauern, die Baumwolle pflanzten, konnten sich gegen die Anmaßungen des Regimes nicht mehr zur Wehr setzen. Sie waren

[49] Gosudarstvennyj Archiv Rossijskoj Federacii (GARF), Fond 3316, opis' 20, delo 995, l. 41.

[50] *Carl Schmitt*, Gespräche über die Macht und den Zugang zum Machthaber, 3. Aufl. Stuttgart 2008 (erstmals 1954 erschienen), 33.

nicht nur zur Sesshaftigkeit verdammt, sie verloren auch ihre Unabhängigkeit, weil sie für ihre Produkte keinen anderen Käufer als den Staat finden konnten. Aber selbst dort, wo der Anbau von Baumwolle oder Getreide überhaupt nicht in Frage kam, bestanden die Bolschewiki darauf, dass Viehzüchter sesshaft werden müssten, und sie ließen nichts unversucht, dieses Programm wider jede Vernunft und um jeden Preis zu verwirklichen.[51]

In der Sowjetrepublik Tadschikistan lebten die sesshaften Bauern in den Bergregionen Ost-Bucharas, die Halbnomaden in den Tälern. Die einen waren Tadschiken, die anderen Usbeken. Tadschiken seien sesshaft und gehörten weder Clans noch Stämmen an, glaubten die Bolschewiki, und sie würden von den Usbeken unterdrückt. Deshalb seien sie natürliche Verbündete des Staates und seiner Aufgaben. Solche Leistungen aber seien von den Usbeken nicht zu erwarten, die im Verständnis der Revolutionäre nicht nur in vergangenen Jahrhunderten lebten, sondern eine militärische Gefahr für das Regime waren. An den Aufständen der Basmatschi-Rebellen zu Beginn der zwanziger Jahre seien vor allem Usbeken beteiligt gewesen, die den Bolschewismus und seinen Staat als Bedrohung empfänden. Die Lösung des Problems schien einfach zu sein: Man müsse die Tadschiken zu Verbündeten machen, und sofort werde sich der sowjetische Staat auch in Zentralasien gegen alle Widrigkeiten durchsetzen. Im Gebirge aber, wo die meisten Tadschiken lebten, war die Sesshaftigkeit für den bolschewistischen Staat von keinerlei Nutzen. Was sollte also geschehen? Man solle die sesshaften Bauern in die Täler und die Halbnomaden ins Gebirge umsiedeln, empfahlen die Revolutionäre. Sobald die Tadschiken umgesiedelt worden seien, werde der Staat keine Mühe mehr haben, Steuern und Abgaben einzutreiben und den Raum zu beherrschen, der bislang von Nomaden bewohnt worden sei.

Zwar wurden schon im Jahr 1925 Tadschiken in die Täler umgesiedelt, aber erst im Jahr 1928 wurden Bauern in großem Stil verschickt. Mehr als 21 000 Haushalte sollten bis 1933 in die Täler gebracht werden. Die Umsiedlung der Tadschiken aber war eine ökonomische und menschliche Katastrophe, die am Ende mit Gewalt erzwungen werden musste, weil sich die Bauern weigerten, ihre Dörfer zu verlassen. In den Tälern, in denen die Siedler leben sollten, gab es keine Behausungen, kein Trinkwasser und keine Lebensmittel. Als die Kollektivierung begann, nahmen die Beschaffungsbrigaden den Bauern auch noch den kümmerlichen Rest ihrer Ernte. In den Tälern infizierten sich die Deportierten mit der Malaria, sie starben an Hunger und Seuchen; Zehntausende, die mit dem Leben davon gekommen waren, flohen nach Afghanistan oder schlossen sich bewaffneten Banden an. Das Regime erzeugte Hunger und Elend, provozierte Widerstand und Gewalt, aber es gewann keinen einzigen Verbündeten, und

[51] *Christian Teichmann*, Canals, Cotton, and the Limits of De-Colonisation in Soviet Uzbekistan, 1924–1941, in: Central Asian Survey 26, 2007, 499–519; *Baberowski*, Der Feind ist überall (wie Anm. 12), 687 f.; *Edgar*, Tribal Nation (wie Anm. 13), 202.

dennoch hielt es an seiner Maxime fest, dass es ohne sesshafte Bauern, ohne befestigte Orte keine Staatlichkeit geben könne.[52] Als nach dem Ende des Zweiten Weltkrieges Baumwollflächen auch im dünn besiedelten Süden Tadschikistans angelegt wurden, ließ das Regime Bauern aus dem Ferghanatal umsiedeln. Mehr als ein Viertel der Bevölkerung wurde entwurzelt und umgesiedelt, nur weil die Regierung entschieden hatte, es müssten leere Räume mit Menschen besiedelt werden.[53]

In der kasachischen Steppe gab es außer den Ortschaften der russischen Siedler, die vor der Revolution in die Region gekommen waren, keine Stützpunkte der Macht. Aus taktischen Erwägungen hatte das Zentrum zu Beginn der zwanziger Jahre entschieden, die Siedler zu enteignen und Land an die Nomaden zu übertragen. Solche Zugeständnisse entsprachen zwar dem Geist der Nationalisierung, aber sie verschafften der neuen Ordnung keinerlei Vorteile. Denn die Kasachen brauchten keinen Staat, der Steuern erhob und Vorschriften machte, ihnen sonst aber nichts anzubieten hatte. In ihrem Verständnis war die Steppe ein Ort ohne Grenzen, an dem Menschen und Tiere lebten, für die Bolschewiki aber war sie ein leerer Raum, der unterworfen, begrenzt und verstaatlicht werden musste.[54] Man könne sesshaften Bauern alles nehmen und brauche ihnen nichts zu geben, behauptete ein unbekannter sowjetischer Funktionär, der mit der Wirklichkeit in der Steppe konfrontiert wurde, aber mit den Nomaden sei das nicht möglich. „Sie ziehen einfach weg.“[55] Deshalb durften Nomaden nicht bleiben, was sie waren, daran gab es in der bolschewistischen Führung überhaupt keinen Zweifel. Wie aber konnten sie gezwungen werden, ihre Lebensweise aufzugeben und sich einem Staat zu unterwerfen, der nahm, aber wenig zu geben hatte?

Nun waren aber alle Verfahren, den Staat in die Steppe zu bringen, kläglich gescheitert. Von den Bevollmächtigten, die im Auftrag des Regimes Steuern und Abgaben eintrieben, konnten Stalin und seine Helfer nichts erwarten. Sie repräsentierten in Wahrheit nur die Schwäche des Staates, dem sie dienten, weil sie aus dem Horizont der Unterworfenen wieder verschwanden, sobald sie ihre Aufgaben erledigt hatten. Die Indigenisierung hatte die Kommunistische Partei zu einem Ort der Kasachen und der lokalen Gesellschaft gemacht. Nur als anerkannte Mitglieder der ständischen Gesellschaft konnten Kommunisten

---

[52] *Kassymbekova*, Despite Cultures (wie Anm. 16), 48–60.

[53] *Rachim A. Abulchaev*, Pereselenie dechkanskich chozjajstv iz gornich v dolinnye rajony Tadžikistana v gody poslevoennoj pjatiletki 1946–1950, in: Izvestija Akaemii Nauk Tadžikskoj SSR. Otdelenie obščestvennych nauk (1983), Nr. 2, 19–25; *Ders.*, Razvitie irrigacii i osvoenie novych zemel' v Tadžikistane, Duschanbe 1988.

[54] *Matthew Payne*, Seeing Like a Soviet State. Settlement of the Nomadic Kazakhs, 1928–1934, in: Golfo Alexopoulos / Julie Hessler / Kirill Tomoff (Hrsg.), Writing the Stalin Era. Sheila Fitzpatrick and Soviet Historiography, Houndmills 2011, 59–86, hier 62; *Kate Brown*, Gridded Lives: Why Kazakhstan and Montana are Nearly the Same Place, in: American Historical Review 106, 2001, 17–48.

[55] Zitiert in *Kindler*, Stalins Nomaden (wie Anm. 24), 14.

Einfluss und Macht erwerben. Die Statistiken wiesen Beeindruckendes aus, die Zahl der Parteimitglieder stieg, aber davon hatte die Zentralregierung keinen Gewinn, denn die Clanführer sahen sich als Fürsprecher ihrer Gefolgsleute, und sie achteten darauf, ihre Interessen gegen konkurrierende Clans durchzusetzen. Die Partei war kein Ort des Sozialismus, sondern eine Repräsentanz der lokalen Gesellschaft. Seit die Herrschaft in nationalem Gewand in Erscheinung trat, wurde sie auch an der Peripherie sichtbar und spürbar, aber sie hatte sich dort auf eine Weise durchgesetzt, die den Machtinteressen des Zentrums nicht entsprach.[56]

Als die Parteiführung in den frühen zwanziger Jahren Steppenland an die Nomaden zurückgab, musste sie es Russen und Kosaken wegnehmen. Sie aber waren die Stützen der zarischen Staatsgewalt in der Steppe gewesen, und sie waren es auch, die mit ihren Waffen die Revolution gegen die Nomaden verteidigt hatten. Die Nationalisierung war als Strategie, die neue Ordnung in der kasachischen Steppe zu verwirklichen, gescheitert. So sahen es jedenfalls Stalin und seine Helfer. Schon am Ende der zwanziger Jahre gaben sie die Strategie der Indigenisierung und nationalen Privilegierung auf. Sie kehrten zum Prinzip der Intervention durch Gewalt zurück und erklärten dem „Nationalismus" den Krieg. Im April 1928 erklärte Molotow, die Beherrschung Zentralasiens sei ohne die Anwesenheit von Europäern in der Region unmöglich. Wenig später schon gab die Regierung bekannt, dass es Siedlern aus dem europäischen Teil der Sowjetunion nunmehr erlaubt sei, sich in der kasachischen Steppe niederzulassen.[57]

Die Kollektivierung der Landwirtschaft war nicht nur ein Versuch, das Dorf in die sozialistische Wirtschaftsordnung zu integrieren. Sie war ein Unterwerfungsfeldzug, der vollbringen sollte, woran die Mediatisierung der Staatsgewalt gescheitert war. Niemals mehr sollten Bauern sich widersetzen, sondern gehorchen, wenn die Staatsbehörden das letzte Wort gesprochen hatten. Stalin selbst hatte zu Beginn des Jahres 1928 erfahren müssen, was es hieß, Befehle zu erteilen, die im Niemandsland wie Schall und Rauch vergingen. Als er im Januar mit der Eisenbahn in Westsibirien eintraf, um die lokalen Kommunisten auf die große Abrechnung mit den Bauern einzustimmen, sah er, dass es nicht einmal Autos und Straßen gab, die ihn, den Führer des Weltproletariats, an den Ort des Geschehens bringen konnten. Im Bastkorb wurde der Führer von Dorf zu Dorf durch den Schnee gezogen. Er wird die Hütten der Bauern gesehen und den jämmerlichen Zustand der Infrastruktur bemerkt haben. Eine Weltmacht ohne Straßen, ohne Post und Telefon, ohne Industrie und ohne neue Menschen aber sollte die Sowjetunion nicht bleiben. Um jeden Preis müsse die Getreide-

---

[56] *Kathleen Collins*, Clan Politics and Regime Transition in Central Asia, Cambridge 2006; *Pauline Jones Luong*, Institutional Change and Political Continuity in Post-Soviet Central Asia: Power, Perceptions and Pacts, Cambridge 2002.

[57] *Kindler*, Stalins Nomaden (wie Anm. 24), 93; *Martin*, The Affirmative Action Empire (wie Anm. 22), 66.

ablieferung vorangetrieben werden, schärfte Stalin den sibirischen Funktionären ein, damit die Bauern sich den Forderungen der Staatsbehörden in Zukunft nicht mehr widersetzten. Zwar widersprachen Kollektivierung und Gewalt den Ordnungs- und Sicherheitsinteressen der lokalen Kommunisten, aber sie gehorchten, weil Stalin sich mit Lippenbekenntnissen zum Sozialismus nicht mehr zufrieden geben mochte.[58]

Als Möglichkeit blieb die Gewalt immer im Spiel. Gewalt ist eine Machtressource, der sich nicht nur jedermann mit Leichtigkeit bedienen kann. Sie ist auch ein Mittel, dessen Einsatz von jedermann verstanden wird. Nichts ist für die Machthaber attraktiver, als Ungehorsam mit Gewalt zu begegnen. Denn es ist einfach und leicht, die Gewalt sprechen zu lassen, wenn Gegenwehr nicht mehr zu erwarten ist. Schon während des Bürgerkrieges hatten die Bolschewiki Furcht und Schrecken verbreitet, Getreide und Vieh geraubt. Und sie hatten mit dieser Strategie stets Erfolg gehabt.[59] Warum hätten sie auf Gewalt verzichten sollen, wenn sie doch die einzige Ressource war, die ihnen einen Machtgewinn versprach?

Nichts anderes war die Kollektivierung der Landwirtschaft, die den Bauern nahm, was sie mit ihren eigenen Händen erwirtschaftet hatten. Das Regime war an Informationen überhaupt nicht interessiert, weil es keine Steuern erhob, sondern Tribute verlangte und Beute machte. Kulaken, die im Ruf standen, wohlhabend zu sein, mussten hohe Abgaben entrichten und Strafauflagen erfüllen, die sie wirtschaftlich ruinierten, aber auch die ärmeren Bauern sollten ihr Getreide ohne Verzug an die staatlichen Behörden abliefern. Niemanden interessierte es, dass Getreide unter freiem Himmel verfaulte, weil es an Lagerhäusern und Eisenbahnwaggons fehlte, dass Bauern ihr Vieh schlachteten und ihre Werkzeuge zerstörten, um es vor der Verstaatlichung zu bewahren. Molotow selbst gestand vierzig Jahre später ein, Stalin und seine Helfer hätten gar nichts über die Möglichkeiten des Dorfes gewusst. „Wir sind alle aufs Dorf gefahren, um Getreide zu holen." Gebt uns, was ihr habt, hätten sie zu den Bauern gesagt. Aber die Bauern hätten ihnen nur geantwortet, dass sie nichts mehr besäßen. Dann habe man sie gezwungen, herzugeben, was sie versteckt gehalten hätten. „Dafür gab es damals natürlich gute Gründe, denn der Staat muß von etwas leben. Sonst geht er zugrunde, sonst kann man die Armee, die Schulen und die Baustellen

[58] RGASPI, Fond 558, opis' 11, delo 118, ll. 81–82; *Christian Teichmann*, Der Staat auf dem Pferderücken. Despotismus in der sowjetischen Herrschaftspraxis, 1928–1941, unveröffentlichtes Manuskript. Vgl. auch *Stephen Kotkin*, Stalin. Bd. 1: Paradoxes of Power, 1878–1928, London 2015; *Lynne Viola*, Peasant Rebels under Stalin. Collectivization and the Culture of Peasant Resistance, Oxford 1996, 22; *James R. Hughes*, Stalin, Siberia, and the Crisis of the New Economic Policy, Cambridge 1991.

[59] *Delano DuGarm*, Local Politics and the Struggle for Grain in Tambov, 1918–1921, in: Raleigh (Hrsg.), Provincial Landscapes (wie Anm. 48), 59–81; *Oleg Khlevniuk*, Master of the House. Stalin and his Inner Circle, New Haven / Ct. 2009, XX.

nicht unterhalten, das Allernotwendigste für den Staat. Wir haben alles (aus den Dörfern, J. B.) herausgepumpt."[60]

Despotie und Leibeigenschaft waren in das Dorf zurückgekehrt. Das Regime hatte sein Ziel erreicht: Bauern wurden zu Sklaven, die zur Zwangsarbeit rekrutiert und nach Belieben ausgeraubt und bestraft werden konnten. Mehr als zwei Millionen Bauern wurden verhaftet und als Zwangsarbeiter in Lager und Sondersiedlungen im hohen Norden der Sowjetunion verschleppt. Zehntausende verhungerten oder gingen an Entbehrungen und Krankheiten zugrunde, die Überlebenden mussten sich in der Sklaverei einrichten. In der Ukraine verhungerten in den Jahren 1932 und 1933 3,5 Millionen Bauern, weil nach dem Ende der Kollektivierung nichts mehr geblieben war, wovon die Dorfbewohner hätten leben können.[61]

Stalin nahm in Kauf, dass Bauern verhungerten und die Landwirtschaft in den Ruin getrieben wurde. Kein Preis hätte ihn davon abgehalten, Machtfragen endgültig zu entscheiden. Der Widerstand der Bauern sollte gebrochen und ihre wirtschaftliche Eigenständigkeit für immer zerstört werden. Deshalb wurden die Parteisekretäre an der asiatischen Peripherie, vor allem in Aserbaidschan und Usbekistan, angewiesen, auf freien Flächen Baumwollplantagen anzulegen. Auf diesen Plantagen konnten Bauern nur als staatliche Lohnempfänger überleben, weil sie keine andere Wahl hatten, als ihre Ernte an den Staat zu verkaufen. Niemand sonst hätte ihnen die Baumwolle abgekauft, und für den Eigenverbrauch wäre sie nutzlos gewesen. Die Logik dieses Systems war einfach und genial: Bauern verloren ihre Selbständigkeit, sie wurden an den Ort gebunden und konnten sich dem Staat nicht länger widersetzen.[62]

Es war kein Zufall, dass mit dem Beginn der Kollektivierung auch das Projekt der Sesshaftmachung wieder ins Spiel kam. In Kasachstan gehörte es zum Kern des bolschewistischen Vorhabens, den Staat in die Steppe zu bringen. Für die Kosten dieses kolonialen Experiments sollten die Nomaden aufkommen, und die Parteiführer in Moskau hielten es für eine Selbstverständlichkeit, dass ihnen die lokalen Kommunisten dabei halfen, Krieg gegen die eigene Bevölkerung zu führen. Mit besonderem Eifer betrieb der Parteichef der Republik, Filipp Goloschtschekin, was im Parteijargon der „Kleine Oktober" genannt wurde. In der offiziellen Interpretation war der Kampf gegen das Nomadentum ein Kampf gegen Rückständigkeit und Finsternis, von dem sich die Kasachen befreien sollten. Goloschtschekin und seine Anhänger in der kasachischen Parteiführung

---

[60] *Feliks Čuev*, Sto sorok besed s Molotovym. Iz dnevnika F. Čueva, Moskva 1991, 376–378; *Moshe Lewin*, Taking Grain. Soviet Policies of Agricultural Procurements before the War, in: Ders., The Making of the Soviet System. Essays in the Social History of Interwar Russia, 2. Aufl. New York 1994, 142–177; *Spittler*, Volkszählung (wie Anm. 21), 101; *Teichmann*, Der Staat auf dem Pferderücken (wie Anm. 58).

[61] *Viola*, Peasant Rebels (wie Anm. 58), 13–44; *Dies.*, The Unknown Gulag. The Lost World of Stalin's Special Settlement, Oxford 2007.

[62] *Baberowski*, Der Feind ist überall (wie Anm. 12), 687 f.

erklärten, dass es ohne Sesshaftigkeit keinen Sozialismus und keine neuen Menschen geben könne. Die Kasachen hatten offenbar noch gar nicht begriffen, was getan werden musste, um aus alten neue Menschen zu machen. Es war deshalb die Aufgabe der Kommunisten, sie von ihrem Leiden an der Rückständigkeit zu erlösen. Das Gerede vom Anbruch der neuen Zeit aber verdeckte nur, worum es in Wahrheit ging: um Macht und Kontrolle. Denn das Territorium Kasachstans war für die Herrschaft nur dann von Wert, wenn sesshafte Bauern Land bearbeiteten und der Staat die Produkte ihrer Arbeit abschöpfen konnte. Mit der Zuwanderung von Bauern aus dem europäischen Teil der Sowjetunion ließ sich diese Aufgabe allein nicht bewältigen. Die Nomaden selbst mussten einsehen, dass ihre Lebensweise im Sozialismus keinen Platz haben konnte.

Schon die Zeitgenossen haben sich über die scheinbar sinnlose Anweisung Stalins gewundert, dass auch Nomaden Getreide abliefern und Beschaffungsquoten erfüllen sollten. Dieses Verlangen aber konnten die Nomaden nur erfüllen, wenn sie ihr Vieh verkauften und für den Erlös Getreide erwarben. Ohne Vieh aber blieb ihnen nichts, wovon sie leben konnten, nicht nur ihre Lebensgrundlagen zerfielen, auch um die Autorität der Ältesten war es bald geschehen, als es nichts mehr zu entscheiden gab. Wer sich dem Irrsinn widersetzte, wurde mit Strafsteuern belegt, verhaftet oder deportiert. Schon wenige Wochen nach dem Beginn der Kollektivierungskampagne hatte sich die kasachische Steppe in einen Gewaltraum verwandelt, in dem es nur noch um das nackte Überleben ging.[63]

Die Kollektivierung war ein ökonomisches Desaster und eine menschliche Katastrophe. Denn die Brigaden nahmen den Nomaden alles, was sie besaßen, sie hetzten Marginalisierte gegen scheinbar Privilegierte auf, nicht, um Neues zu schaffen, sondern um Altes zu zerstören. Stalin und seine Anhänger erzeugten Krisen, weil sie sich von ihrer Bewältigung Machtvorteile versprachen. Je mehr Elend und Chaos, desto größer ihre Macht. Sie konnten den Ausnahmezustand bedenkenlos ins Werk setzen, weil sich ihnen nur sporadisch noch organisierter Widerstand entgegenwarf, und deshalb gingen sie ein geringes Risiko ein, als sie entschieden, Krieg gegen die eigene Bevölkerung zu führen. Die mitleidlose Vertreibung von Nomaden aus ihren Siedlungen, die Beschlagnahmung von Vieh und die Zerstörung der Lebensgrundlagen brachten die Republik an den Rand des Abgrunds. Monat für Monat mussten Beschaffungsquoten erfüllt werden, für Getreide und für Fleisch, aber diese Quoten erfüllten keinen ökonomischen Zweck. Es gab weder eine Infrastruktur noch Lagerhäuser, um das Fleisch zu transportieren und aufzubewahren. Es verdarb unter freiem Himmel, und in den Kolchosen, in denen die Nomaden leben sollten, gab es nichts mehr zu essen. 1929 hatten fast 35 Millionen Tiere in der Steppe gelebt, vier Jahre später war das Vieh aus der Steppe verschwunden. Ohne Vieh aber waren die Nomaden zur Be-

---

[63] *Kindler*, Stalins Nomaden (wie Anm. 24), 114–135; *Mukhamet Shayakhmetov*, The Silent Steppe, The Story of a Kazakh Nomad under Stalin, London 2006, 13–17.

wegungslosigkeit verurteilt, sie hatten keine andere Wahl, als in den Kolchosen zu verhungern oder über die Grenzen ins Ausland zu flüchten. Nomaden wurden zu Bettlern und Flüchtlingen, die Steppe zu einem Ort des Todes.[64]

Wie im Kaukasus brachen auch in Kasachstan Aufstände und Rebellionen aus. In Aserbaidschan hatten Bauern im Frühjahr 1930 sogar Städte erobert, Baumwollfelder angezündet und Kommunisten getötet. Das Regime gab keinen Pardon. Seine Schergen nahmen Geiseln und töteten sie, sobald neue Aufstände ausgebrochen waren, an manchen Orten kamen Artillerie, Flugzeuge und Gasbomben der Roten Armee zum Einsatz.[65] In der kasachischen Steppe lieferten sich die Nomaden blutige Gefechte mit der GPU, an manchen Orten verließen sie das Schlachtfeld sogar als Sieger und vertrieben die neuen Herren aus der Steppe, aber sie konnten diesen Krieg nicht für sich entscheiden, weil ihre Interessen auf den lokalen Raum beschränkt blieben, weil sie hungerten, und weil sie dem Ordnungsentwurf der Bolschewiki keine eigene Strategie entgegensetzten.

Die GPU-Brigaden kannten keine Gnade, und sie töteten, wer ihnen vor die Gewehrläufe kam. An manchen Orten wurden nicht nur Männer erschossen, sondern auch Frauen vergewaltigt. „Jeder war bereit alles, zu geben, was er hatte", beklagte sich eine Kasachin im Januar 1929 bei der Staatsanwaltschaft der Republik, „um bloß nicht zum Objekt grober Schikanen und Misshandlungen zu werden."[66] Beide Seiten nahmen diesen Krieg als letzten Akt einer unausweichlichen und endgültigen Auseinandersetzung wahr, in der es eine Versöhnung nicht geben konnte. Hunderttausende flohen über die Grenze nach China oder setzten sich in die Nachbarregionen, nach Turkmenistan und Sibirien ab. Das Regime versuchte, die Grenzen zu schließen und Nomaden in ihre Heimat zurückzuschicken, aber es konnte im Angesicht des Chaos nicht verhindern, dass Menschen sich vor der Hungerkatastrophe in Sicherheit brachten. Mehr als eine Millionen Menschen waren 1933 auf der Flucht, und nichts und niemand hielt sie auf. „Die Hungersnot hatte einen beträchtlichen Teil der Bevölkerung in Eisenbahnnomaden verwandelt, die Tausende von Kilometern reisten, dahin und dorthin gelockt von Gerüchten über bessere Lebensbedingungen", erinnerte sich Arthur Koestler, der sich zu dieser Zeit in der Sowjetunion aufhielt und sehen konnte, was mit den Bauern geschah.[67] Die Steppe war zu einem leeren Ort geworden, mit Menschen, die für niemanden mehr von irgendeinem Nutzen waren. Nur der Widerstand war für immer gebrochen worden.

---

[64] *Kindler*, Stalins Nomaden (wie Anm. 24), 153. Vgl. auch *Rudolf A. Mark*, Die Hungersnot in Kasachstan. Historiographische Aufarbeitung im Wandel, in: Osteuropa 54, H. 12, 2004, 112–130; *Stephen G. Wheatcroft*, The Years of Hunger. Soviet Agriculture, 1931–1933, Houndmills 2004, 312 f. Über das Chaos als Prinzip despotischer Herrschaft vgl. *Patrick Chabal/Jean-Pascal Daloz*, Africa Works. Disorder as Political Instrument, Oxford 1999, 155–162.

[65] *Baberowski*, Der Feind ist überall (wie Anm. 12), 691–721.

[66] Zitiert in *Kindler*, Stalins Nomaden (wie Anm. 24), 179–205, Zitat 126.

[67] *Koestler*, Als Zeuge der Zeit (wie Anm. 41), 161.

Und dennoch war dieser Krieg nicht bloß eine Auseinandersetzung zwischen „Europäern“ und Kasachen, sondern ebenso sehr ein Konflikt zwischen Interessengruppen und Clans in der lokalen Gesellschaft. Im Krieg konnten offene Rechnungen beglichen und Konkurrenten um knappe Ressourcen aus dem Weg geräumt werden.[68] Der Krieg ist eine Gelegenheit für Glücksritter, Waffenverkäufer und Gewalttäter; für die Opfer ist der Krieg das Ende von allem. Wer hungert, verliert die Kraft zum Widerstand, ist nicht einmal mehr imstande, Waffen zu tragen und gegen die Feinde einzusetzen. „Das Fleisch an einem hungrigen Menschen“, schrieb Warlam Schalamow in seinen „Geschichten aus Kolyma“, „reicht nur für die Erbitterung – allem anderen gegenüber ist er gleichgültig.“[69] Schon Lenin hatte erkannt, dass der Hunger die Waffe der Mächtigen ist. Er bricht den Widerstand ohne den Einsatz von Waffen, weil der Hungernde alle Solidarität und Kameradschaft vergisst. Menschen, die nur noch für das nächste Stück Brot leben, verlieren das Interesse an der Welt, in der sie leben. Sie werden zu Körpern, die keine Gesellschaft mehr brauchen, um Körper zu sein.

Stalin und seine Schergen nutzten den Körper der Hungernden als Waffe; sie erzeugten Chaos und Gewalt, um Freunde von Feinden, überflüssige von nützlichen Menschen zu scheiden. Im Widerstand konnte das Regime Profiteure aus der lokalen Gesellschaft an sich binden, die die Gelegenheit nutzten, sich auf Kosten der Marginalisierten und Hungernden zu bereichern. Mehr als 1,5 Millionen Menschen kamen zwischen 1931 und 1934 während der großen Hungersnot ums Leben, Hunderttausende wurden zu Flüchtlingen, Entwurzelten und Vertriebenen, die sich nicht mehr zurechtfanden, Ausgestoßene und Entrechtete in einer mitleidlosen Welt.[70]

Die Bolschewiki siegten, weil sie die Nomaden von ihren Nahrungsquellen abschnitten. Man könnte auch sagen, dass die Hungersnot die Geburtsstunde der neuen Ordnung war. Zwar hatten die Nomaden schon zu Beginn der Kollektivierung nur noch geringe Bewegungsmöglichkeiten, weil sie von der Nahrung und der Infrastruktur der Sesshaften abhängig geworden waren. Aber erst als sie ihr Vieh verloren, brach der Widerstand zusammen. Sie verhungerten. Im Kampf um knappe Ressourcen wurden Rücksichtnahme und Solidarität zu einem Luxus, die sich kaum noch jemand leisten konnte, ohne selbst in Gefahr zu geraten. Immerhin kooperierten die Flüchtlinge noch miteinander, weil sie ein gemeinsames Ziel verfolgten, aber auch ihre Reihen wurden bald vom Hunger gelichtet. Wenn sich jeder selbst der Nächste ist, kann der Mächtige mit den

---

[68] *Kindler*, Stalins Nomaden (wie Anm. 24), 130, 263–274.

[69] *Warlam Schalamow*, Durch den Schnee. Erzählungen aus Kolyma, Bd. 1, Berlin 2007, 289; *Hertha Müller*, Atemschaukel, München 2009; *Kindler*, Stalins Nomaden (wie Anm. 24), 232–262.

[70] *Naum Jasny*, The Socialized Agriculture of the USSR. Plans and Performance, Stanford 1941, 323 f.; *Mark*, Die Hungersnot in Kasachstan (wie Anm. 64), 119.

Opfern anstellen, was er will, und niemand wird ihn daran hindern können, seine Macht gegen die Schwachen auszuspielen.[71]

Das Massensterben in der Steppe gehört zu den deprimierendsten Geschichten, die man über die Wirklichkeit des Stalinismus erzählen kann: Leichenberge, bettelnde und umherkriechende Menschen, Waisenkinder mit grotesk aufgeblähten Hungerbäuchen und Kannibalen allenthalben. „Für den Tod eines Pferdes wird man bestraft", beklagte sich ein Arzt, der in der Nähe von Kiew Zeuge des tausendfachen Sterbens wurde, „aber für den massenhaften Tod der Menschen wird keiner bestraft".[72] Im Stalinschen Orbit hatte ein Menschenleben nur dann einen Wert, wenn es ausgebeutet werden konnte. Und so reagierte das Regime mit zynischer Gleichgültigkeit auf diese Katastrophe. Stalin wusste, was in den Provinzen geschah, denn die lokalen Kommunisten schickten ihm Berichte über das Massensterben und die Gewaltexzesse. Aber Leid und Elend konnten das Herz des Despoten nicht erweichen. In keinem einzigen Fall ordnete er an, dem Wahnsinn ein Ende zu bereiten.[73]

Nicht einmal die kasachischen Kommunisten empfanden Mitleid mit den Hungernden. Gewalt und Terror versprachen ihnen mehr Gewinn als Kritik und Renitenz, und so nutzten sie die Gelegenheit, ihren Anhängern und Verwandten Posten in der lokalen Partei- und Staatsverwaltung zu verschaffen, nur, um sie vor dem Schicksal des Verhungerns zu bewahren. Schon zu Beginn der dreißiger Jahre war die Kommunistische Partei zu einem Ort des Überlebens geworden; wer einen Mitgliedsausweis erhielt, hatte den Kampf gegen den Hunger gewonnen. Die Kasachen waren nicht nur Opfer in einem grausamen Spiel. Manche wurden zu Tätern, um nicht Opfer zu werden. Von einem Genozid am kasachischen Volk kann also keine Rede sein.[74]

Als das Regime am Ende der zwanziger Jahre den Entschluss fasste, die Gewalt sprechen zu lassen, entledigte es sich auch gegenüber den Vasallen in den Provinzen aller Hemmungen. Stalin und seine Helfer hatten begriffen, dass sie ihren Vermittlern an der Peripherie nicht trauen konnten, und sie griffen auf Gewalt zurück, um ihren Willen durchzusetzen. Gewalt nivelliert soziale und ständische Unterschiede, weil sie Angst erzeugt, und weil Angst in einer atomisierten Gesellschaft Gehorsam erzeugt. Vor allem aber ist Gewalt eine Mitteilung, die von jedermann verstanden wird, ganz gleich, in welcher Kultur oder Region jemand zu Hause ist. Gewalt kompensiert unzureichende Kommunikationswege und macht sich auch in Räumen bemerkbar, die von der Herrschaft nicht erreicht werden können, weil sie Spuren in den Seelen und Körpern von Menschen hin-

[71] *Kindler*, Stalins Nomaden (wie Anm. 24), 275–284.

[72] Golod v SSSR 1930–1934 gg., Moskva 2009, 385 f. Vgl. auch: *Teichmann*, Der Staat auf dem Pferderücken (wie Anm. 58).

[73] *Baberowski*, Verbrannte Erde (wie Anm. 8), 187 f.

[74] *Kindler*, Stalins Nomaden (wie Anm. 24), 263–274.

terlässt. Wenn nichts mehr hilft, ist Gewalt für den Machthaber gewöhnlich der letzte Ausweg.

Nirgendwo in der Sowjetunion gelang es den Parteisekretären, auszuführen, was die Führung von ihnen verlangte, nämlich Beschaffungsquoten zu erfüllen, Getreide und Baumwolle in ausreichender Menge abzuliefern. Zwar meldeten sie Tag für Tag Siege an der Produktionsfront nach Moskau, fälschten Statistiken und Berichte. Aber Stalin hatte längst verstanden, dass die Funktionäre ihn über das Ausmaß ihres Versagens im Unklaren ließen. In Tadschikistan, in Usbekistan, Kasachstan und Aserbaidschan beauftragte das Regime Staatsanwälte und Tschekisten damit, in die Provinzen zu fahren und Buch zu führen über das Versagen der Funktionäre. Sie sollten „Spione und Saboteure" nicht nur entlarven, sondern auch zur Verantwortung ziehen, aber sie sollten es auf eine Weise tun, die den Machtinteressen Stalins nicht länger widersprach. Deshalb führte der Kontrollwahn in den organisierten Massenmord, zur systematischen Zerstörung der Partei- und Staatsverwaltung.[75]

Wie aber konnte die Führung in Moskau wissen, ob Justiz und Geheimpolizei ihrer Pflicht zur Repression auch nachkamen? Durch Kontrolle, die auf Berichtspflicht beruhte. Jede Verhaftung, jeder Vorwurf jedes Verhör und jeder Befehl mussten aufgeschrieben werden. Es reichte nicht aus, die Delinquenten einfach aus der Welt zu schaffen. Die Obsession der Bolschewiki, über jede Untat Buch zu führen, diente einzig und allein dem Zweck, einen illoyalen und ineffizienten Repressionsapparat zu kontrollieren und zu disziplinieren. Die Zahl der Verfahren, Verurteilungen und Freisprüche, die Dauer der Ermittlungen – das alles musste genau aufgeschrieben werden. Staatsanwälte und Richter sollten im Einklang mit den Vorgaben des Zentrums handeln, rasch, effizient und streng. Nicht auf die Durchsetzung des Rechts kam es an, sondern auf die exemplarische Anwendung abschreckender Gewalt. Die Produktion von Akten und Berichten war also kein Zeichen bürokratischer Herrschaft, sondern ein Instrument der Überwachung im schwachen Staat. Die Schriftlichkeit aller Verfahren stabilisierte die Herrschaft, denn was aufgeschrieben wird, kann überprüft werden, es zwingt Personen an einen Ort, in ein Büro, und es gibt den Machthabern die Möglichkeit, alle Personen, die schreiben, als Verantwortliche zu identifizieren. Vor allem aber machen sie sich von den Vermittlern unabhängig, die im Kopf haben, was sie über die Untertanen wissen, es aber nicht mitteilen wollen. Nun können die Beamten beliebig ausgetauscht werden, weil sie nachlesen können, was man über die Region und ihre Menschen wissen muss.[76] Die Schriftlichkeit widerspricht dem Geheimnis, weil sie potentiell jeden Menschen zum Wissenden macht,

[75] *Baberowski*, Der Feind ist überall (wie Anm. 12), 721–751; *Kassymbekova*, Helpless Imperialists (wie Anm. 8), 21–37.

[76] *Spittler*, Volkszählung (wie Anm. 21), 100.

der lesen kann.[77] Zwar verschaffen sich die Herrschenden Informationsvorteile, indem sie darauf bestehen, dass nur sie allein lesen dürfen, was in den Akten geschrieben steht. Aber sie wissen auch, dass alles, was aufgeschrieben worden ist, auch gegen sie verwendet werden kann. Was immer die Schriftlichkeit der Verwaltungspraxis auch sein mag – sie ist der erste Schritt auf dem Weg der Staatswerdung.

Im Jahr 1933, als die Kollektivierung beendet war, ließ Stalin die Parteiführer in den Provinzen austauschen, manche fielen in Ungnade und wurden bestraft für Vergehen, die sie doch nur auf Anweisung des Diktators begangen hatten. Kein Funktionär konnte sich jetzt noch vor dem Zorn des Diktators in Sicherheit bringen. Man warf den Parteisekretären in Tadschikistan, Kasachstan und Aserbaidschan vor, Bauern erschossen und Frauen vergewaltigt, Verwandte begünstigt und sich bereichert zu haben. Man warf ihnen also vor, was immer schon Brauch gewesen war. Aber darauf kam es gar nicht an. Schauprozesse, Parteisäuberungen und öffentliche Bestrafungen verfolgten nur das Ziel, die Elite in Angst und Schrecken zu halten, Funktionäre gegeneinander auszuspielen und so abzurichten, dass sie freiwillig gehorchten. Unter diesen Umständen konnte das Recht nicht über die Gewalt obsiegen. Autorität erwarb sich in dieser Umgebung nur, wer über die Fähigkeit verfügte, seinen Willen mit Gewalt gegen Widerstreben durchzusetzen. Jedermann wusste, dass der Schauprozess kein Akt der Rechtsprechung und die Parteisäuberung kein Modell rechtsstaatlicher Konfliktlösung war. Nicht ideologische Modelle und Überzeugungen schrieben den Kommunisten vor, Gewalt anzuwenden, sondern die Erfahrung, dass Macht auf der Fähigkeit beruhte, Gehorsam durch Terror zu erzwingen. Und weil die Vollstrecker die Ämter der Verstoßenen übernahmen, gab es nur wenige Funktionäre, die solchen Terror für unzulässig hielten. Immer schon hatte sich Stalin gewalttätiger Verfahren der Loyalitätssicherung zu bedienen gewusst, und die Resultate bestärkten ihn in seinem Glauben, dass der Gewaltraum die beste aller Welten war.[78]

Im Jahr 1934 war nichts mehr wie zuvor, die Lebensgrundlagen der Nomaden zerstört, das Land verwüstet, Millionen verhungert. Alles Gerede von der Erzeugung neuer Menschen ist Unfug, weil die Sesshaftmachung der Nomaden nur der Durchsetzung von Herrschaft und der Ausbeutung ökonomischer Ressourcen diente. Stalin und seine Gefolgsleute waren zynische Pragmatiker der Macht, die auf Utopien und neue Menschen nicht viel gaben. Als sie erkannten, dass die Sesshaftmachung der Nomaden ihren Kontrollbedürfnissen widersprach, trennten sie sich umstandslos von diesem Konzept, so wie sie im Jahr 1929 verkündeten, dass die Entschleierung von Frauen eine kulturrevolutionäre Über-

[77] *Georg Simmel*, Soziologie. Untersuchungen über die Formen der Vergesellschaftung, in: Georg Simmel, Gesamtausgabe, Bd. 11, Frankfurt am Main 1992, 383–455, hier 429.

[78] Am Beispiel Aserbaidschans vgl. *Oleg Chlewnjuk*, Das Politbüro. Mechanismen der politischen Macht in der Sowjetunion der 1930er Jahre, Hamburg 1998, 179f.

treibung sei, die beendet werden müsse. Skrupellos nutzten sie die Hungersnot, um Widerstand zu brechen und die erschöpften und demoralisierten Nomaden zu unterwerfen. Der Hunger hatte erreicht, woran alle anderen Strategien gescheitert waren: Die Kasachen waren abhängig geworden, sie hatten ihre Lebensweise aufgeben müssen und ihre ökonomischen Ressourcen verloren. Nach dem Ende der Kollektivierung, im September 1932, erklärte die Regierung, der Besitz von Vieh sei wieder erlaubt. Wenige Jahre später war die Hungersnot überwunden, die Region befriedet. Nur konnten die Nomaden von der Viehzucht nicht mehr leben, und sie wurden für immer von den Getreidelieferungen aus dem europäischen Teil der Sowjetunion abhängig.[79]

Was sollte mit den Nomaden geschehen, und wie sollten sie leben, nachdem die Kollektivierung und die große Hungersnot ihre Existenz vernichtet hatten? In der Parteiführung konnte man sich schnell darauf einigen, dass die Ausplünderung der Nomaden aufhören musste, weil sie sich als defizitäres Geschäft erwiesen hatte. Und so gaben die Bolschewiki das Projekt der Sesshaftmachung auf. Stalin selbst erklärte im Jahr 1936, der nomadische Lebensstil sei mit dem Sozialismus vereinbar.[80] Es schien, als habe es eine Kampagne zur Sesshaftmachung niemals gegeben und als sei der Diktator schon immer ein Freund der Nomaden gewesen. Niemand interessierte sich noch für die Zukunft der Kasachen. Sie durften bleiben, was sie waren, weil niemand sie noch für eine Gefahr hielt. Als der Widerstand der Nomaden gebrochen war, verlor die Staatsgewalt das Interesse an ihnen.

Das sowjetische Projekt hinterließ verbrannte Erde, es destabilisierte die Institutionen und untergrub das Vertrauen, das Menschen brauchen, um mit anderen in einer Gesellschaft leben zu können. Vor allem aber untergrub es die Nationalisierung der Herrschaft, auf die sich das sowjetische Projekt ursprünglich gegründet hatte. Aus Anwälten der Nation wurden Nationalisten und Spione, die Verrat an der gemeinsamen Sache begingen.[81] Aus der Perspektive der Macht aber war die Strategie der Zerstörung erfolgreich, weil sie Renitenz und Ungehorsam im Keim erstickte. Allein darauf kam es dem Diktator an, denn nach dem Ende des Großen Terrors wagte es kein Vasall mehr, ihm zu widersprechen.

Kasachstan wurde zu einem leeren, wüsten Ort, er verwandelte sich in einen Friedhof für Verbannte und Deportierte aus allen Regionen der Sowjetunion: Polen, Tataren, Deutsche, die ihre Heimat verlassen mussten, Priester und Kulaken, Lagerhäftlinge und Sondersiedler, die die Steppe in Bauernland verwandeln sollten. Das leere Land wurde neu vermessen, in Parzellen eingeteilt

[79] *Edgar*, Tribal Nation (wie Anm. 13), 220; *Kindler*, Stalins Nomaden (wie Anm. 24), 312–324.

[80] *Robert Kindler*, „New York in der Steppe". Die Sesshaftmachung der kasachischen Nomaden, in: Jahrbuch für Historische Kommunismusforschung (2012), 47–62, hier 60–62; *Ders.*, Stalins Nomaden (wie Anm. 24), 319.

[81] *Martin*, The Affirmative Action Empire (wie Anm. 22), 356–392.

und den Siedlern zugewiesen, die unfreiwillig in die Region gekommen waren. Kaum hatte das Regime die Steppe geleert, füllte es sie mit Menschen aus dem europäischen Teil der Sowjetunion. Zwangsarbeiter und Sondersiedler sollten das Land erschließen, es bebauen und besiedeln. Kein Verbannter konnte darauf hoffen, jemals in die Heimat zurückzukehren, und deshalb hatten Stigmatisierte und Aussätzige keine andere Wahl, als das Angebot des Regimes anzunehmen und auf fremdem Land zu werden, was sie in der Heimat nicht hatten sein dürfen. Man konnte ein Verfolgter und dennoch ein loyaler Erfüllungsgehilfe des stalinistischen Staates sein. Kaum jemand sah darin einen Widerspruch, der nicht auszuhalten gewesen wäre. Für das Regime ging ein Traum in Erfüllung. Es brachte die Steppe unter Kontrolle und verwandelte sie in einen Raum mit befestigten Ortschaften, Industriesiedlungen und landwirtschaftlichen Nutzflächen. Und seit zu Beginn der dreißiger Jahre eine Eisenbahnlinie Sibirien mit Zentralasien verband, konnten Menschen, Informationen und Waren von Ort zu Ort transportiert werden.[82]

Die Kasachen aber wurden zur Minderheit im eigenen Land, in dem andere darüber entschieden, wie zu leben und wie zu gehorchen sei. Kolchosen und Steppenreservate waren Orte der Trostlosigkeit, an denen nutzlose und überflüssige Menschen aufbewahrt wurden. Nur in den Städten und Industriesiedlungen gab es für die Kasachen noch attraktive Lebensperspektiven. Niemand nahm in dieser Umgebung die Idee vom Neuen Menschen noch ernst. Sowjetisierung durch Hunger, durch Tod und Vernichtung – so könnte man das Projekt der Bolschewiki nennen, Menschen in gehorsame und loyale Untertanen des Staates zu verwandeln. Dieses Projekt war erfolgreich, weil es auf das Leben von Menschen keinerlei Rücksicht nahm. Nicht Nation und Emanzipation, sondern Hunger und Gewalt beschrieben den Weg zur sowjetischen Staatlichkeit. So gesehen war Kasachstan der eigentliche Ort des Stalinismus.

Die Erinnerung an die stalinistischen Gewaltexzesse ist noch lebendig. Sie hat sich in die Seelen der Überlebenden und ihrer Nachkommen eingegraben, die nicht vergessen können, was ihnen von einer namenlosen Macht angetan worden ist. Aber wer nichts anderes kennt als den Vorrang des Staates vor der Freiheit des Einzelnen, lernt, mit der Willkür zu leben. Die russische Staatswerdung war nicht das Werk sozialer Rebellion und nationaler Emanzipation. Sie vollzog sich unter den Bedingungen despotischer Gewalt. An den Folgen dieses Alptraums leiden die Nachfolgestaaten der Sowjetunion bis heute. „Rußlands größter Feind", schreibt der Schriftsteller Viktor Jerofejew, „ist die eigene Bevölkerung. Folter ist ein Schlüsselwort im Leben der Russen. Rußland hat immer, durch seine gesamte Geschichte hindurch, sein Volk tyrannisiert, ge-

[82] *Kate Brown*, A Biography of No Place (wie Anm. 23), 176–184; *Matt Payne*, The Forge of the Kazakh Proletariat? The Turksib, Nativization, and Industrialization during Stalin's First Five-Year Plan, in: Suny/Martin (Hrsg.), A State of Nations (wie Anm. 21), 223–252.

quält und verhöhnt. Bemäntelt von den ideologischen Doktrinen des Zarismus und des Kommunismus, vernichtete es absichtlich das Volk in apokalyptischen Dimensionen – durch Kriege, Hunger, Epidemien, Säuberungen oder Repressionen. Dabei zwang es die Bevölkerung, den russischen Staat zu lieben und ewig ‚Hurra' zu schreien. Darin besteht das Wesen der russischen Apokalypse."[83] Die sowjetische Staatswerdung kam von oben. Immer schon haben die Mächtigen den Staat angebetet, während die Untertanen ihn fürchteten und ihm misstrauten. Ein Staat, der von den Bürgern nicht auch als ihr Werk empfunden wird, mag Gehorsam erzwingen, aber er wird bleiben, was er immer schon gewesen ist: ein Feind des Bürgersinns und der Freiheit. „Uns hat niemand beigebracht", klagt Jerofejew, „über die Niederlage des Imperiums froh zu sein". Und deshalb könne Rußland zu seiner Rechtfertigung immer nur vorbringen, „daß es sich früher noch schlimmer aufgeführt hat."[84]

[83] *Viktor Jerofejew*, Russische Apokalypse, Berlin 2009, 9.
[84] *Jerofejew*, Russische Apokalypse (wie Anm. 83), 139, 232.

Dreiklang Revolution, Krieg und Nation? Annäherungen

Dieter Langewiesche

Wenn man das historische Entwicklungskonzept, das aus dem Ineinander von Revolution, Krieg und Nation in der europäischen Geschichte seit dem ausgehenden 18. Jahrhundert entwickelt worden ist, in globaler Perspektive auf seine Erklärungskraft überprüfen will, empfiehlt es sich, zunächst einmal zu fragen, was mit diesem Dreiklang gemeint sein kann und was nicht.

Einen zeitlich übergreifenden Ausgangspunkt bietet die Beobachtung, dass die meisten Staaten aus Gewaltakten hervorgegangen sind und im Laufe ihrer Geschichte immer wieder zur Kriegsgewalt gegriffen haben, um territorial zu expandieren oder sich gegen den Expansionswillen anderer zu verteidigen. Charles Tilly hat dafür die prägnante Formel gefunden: „War made the state, and the state made war."[1] Er hatte die Staatsbildungen in Europa vor Augen, während in anthropologischen Ansätzen der Krieg generell als eine Konstante im sozialen Evolutionismus seit den menschheitsgeschichtlichen Anfängen gilt: „there is nothing special about deadly human violence and war", denn gewaltsamer Wettbewerb sei „the rule throughout nature".[2]

Aus dieser evolutionsgeschichtlichen Bilanz zu folgern, der Mensch sei durch seine Natur auf Dauer zu Gewalt und Krieg verurteilt, wäre ein biologistisches Fehlurteil, denn die biologische Prägung legt nicht die sozialen Handlungsmöglichkeiten der Menschen fest, wie auch Evolutionsbiologen betonen. Da Moral „keine Dimension der Natur oder von biologischer Evolution" ist, könne sie nur gegen die Natur und deren „biologischen Imperativ" durchgesetzt werden.[3] Immanuel Kant nannte dies die „Pflicht" des Menschen zur „bürgerlichen Gesellschaft", die sich dem Krieg als staatlichem Handlungsinstrument verweigert. Diese moralische Aufgabe ordnete er, wie die heutige Evolutionsbiologie, der „Sittengeschichte" zu, nicht der „Naturgeschichte des Menschen".[4] Den einzigen Weg zu einer friedlichen Weltgesellschaft sah Kant in der allmählichen

---

[1] *Charles Tilly*, Reflections on the History of European State-Making, in: Ders. (Hrsg.), The Formation of National States in Western Europe, Princeton 1975, 3–83, hier 42.

[2] *Azar Gat*, War in Human Civilization, Oxford 2006, 663.

[3] *Christian Vogel*, Anthropologische Spuren. Zur Natur des Menschen, hrsg. von Volker Sommer, Leipzig 2000, 166.

[4] Der Streit der Fakultäten, in: *Immanuel Kant*, Gesammelte Werke, Akademieausgabe Band VII, Berlin 1917, 91, 79.

Reform des Staates, denn um moralisch zu handeln bedürfe der Mensch eines angemessenen institutionellen Gehäuses. Doch auch wenn man den Staat als eine Möglichkeit zur Institutionalisierung von Wertvorstellungen wider die Natur des Menschen würdigt, bleibt dennoch die historische Tatsache unübersehbar, dass die Entstehung von Staaten und selbst die Veränderung ihres Territoriums bis heute nur sehr selten friedlich gelungen ist. Die „Naturgeschichte“ schlägt also immer wieder auf die „Sittengeschichte“ durch bzw. (in der heutigen Fachsprache) die biologische auf die soziale Evolution.

Staatsbildung durch Krieg war und ist der historische Regelfall. Das bestätigen auch die Beiträge in diesem Buch. Um welche Art von Krieg es sich handelte und ob sie mit emotionaler Nationalisierung, soziokultureller Nationsbildung und nationalstaatlicher Organisation verbunden waren, muss jeweils historisch-situativ untersucht werden. Staatenkriege und revolutionäre Bürgerkriege, asymmetrische Kriege zwischen staatlichen und nicht-staatlichen Formationen, wie sie vor allem für Imperial- und Dekolonialisierungskriege (aber nicht nur für sie) kennzeichnend sind[5], Sezessions- und Integrationskriege, Eroberungs- und Verteidigungskriege, Unterwerfungs- und Vernichtungskriege – die Liste von Kriegstypen ist lang. Ob mit diesen (und weiteren) Kriegstypen spezifische Formen von Nationalisierungsprozessen verbunden waren oder manche sich nicht dazu eigneten, ist bislang nicht systematisch erforscht worden.

Nationalstaaten stehen in der langen Gewalttradition von Staatsbildung. Allerdings veränderte die Idee „Nation“ die Legitimität staatlichen Gewalthandelns, weil es nun mit dem Willen der Nation begründet werden konnte. Was das in der jeweiligen Situation konkret bedeutete, kann nur in historischen Fallstudien, wie sie dieser Band bietet, ermittelt werden. Doch ungeachtet aller Differenzierungen gilt es festzuhalten: Der Nationalstaat beansprucht, in seinem Handeln durch die nationale Gesellschaft legitimiert zu sein. Aus der imaginierten Verschmelzung von Staat und Nation wurde im Krieg ein unauflösbarer Pakt auf Leben und Tod zwischen den Nationsgenossen und ihrem Staat abgeleitet. Wer das tat und wer sich widersetzte, wie Staaten versuchten, ihren Zugriff auf die Einzelnen durchzusetzen und zu welchen Entwicklungen es dabei kam, ist wiederum eine Frage, die nur in Fallstudien beantwortet werden kann.

Auch der dritte Begriff, den das Bild vom Dreiklang aufruft, die Revolution, wird in der historischen Analyse stets verflüssigt. Bereits die Revolutionen in Europa seit dem ausgehenden 18. Jahrhundert, welche die politische und teilweise auch die soziale Ordnung bestehender Staaten umgestalten wollten, weisen in ihren Handlungsformen und Zielen eine erhebliche Spannweite auf. Noch komplexer wird es dort, wo Revolutionen mit der Auflösung oder Neubildung

---

[5] Vorzüglich dazu nun in weiter zeitlicher und geographischer Perspektive *Dierk Walter*, Organisierte Gewalt in der europäischen Expansion. Gestalt und Logik des Imperialkrieges, Hamburg 2014.

von Imperien einhergingen. Generell gilt: Mit der Radikalität des revolutionären Willens zur Veränderung stieg die Radikalität der Gewalt, die angewendet wurde – Gewalt im Innern und nach außen. Revolution und Krieg waren deshalb enge Weggefährten. Siegreiche Revolutionen ohne Krieg sind in der bisherigen Geschichte sehr selten. Deshalb setzten die radikalen Revolutionäre am entschiedensten auf den Krieg als ein notwendiges Instrument, den „Fortschritt" zu erzwingen. Sie wussten, eine Revolution, die sich nicht im Krieg behauptet, unterliegt. Das zeigte sich an der Französischen Revolution ebenso wie an den europäischen Revolutionen von 1848 und den lateinamerikanischen Revolutionen des 19. Jahrhunderts, und die Erfolge der Bolschewiki, Mao Zedongs oder Fidel Castros bestätigten im 20. Jahrhundert diese historische Regel. Erst die „friedlichen Revolutionen" unserer Zeit durchbrachen sie, denn sie ereigneten sich, als sich das Sowjetimperium auflöste, friedlich. Auch dies ein Novum in der Geschichte, denn Imperien gingen stets aus Kriegen hervor, und sie gingen in Kriegen unter.

Der Dreiklang von Revolution, Krieg und Nation, das dürfte diese knappe Skizze erkennen lassen, ist voller Variationen und auch Dissonanzen. Ein weites fruchtbares Feld für die Geschichtsforschung. Doch wer nur auf diese Vielstimmigkeit hört, wird sich schwer tun, idealtypische Verallgemeinerungen zu entwerfen, die es erlauben, nach den Gemeinsamkeiten und dem Regelhaften darin zu fragen. Das aber ist notwendig, um die historischen Fälle in ihren Besonderheiten erkennen und in ihren Wirkungen über den Einzelfall hinaus einschätzen zu können.

Es soll nun nicht versucht werden, einen Idealtypus Nation als Zurechnungsfolie für die historische Vielfalt im Zusammenwirken mit Krieg und Revolution zu konstruieren. Welche Probleme dabei aufträten, mag ein Hinweis auf Max Weber, den Großmeister scharfer Begrifflichkeit, andeuten. Für Weber als *homo politicus*, der in die politische Arena steigt, um dort für seine Position zu wirken, war die deutsche Nation mit ihrem Machtstaat sein „Wertgott", wie es Ernst Troeltsch genannt hat[6], die oberste Wertidee bei allen Konzepten für die Zukunftsgestaltung. Doch als Soziologe, der die Handlungsstrukturierungen von Menschen erklären will, sah Weber in der Nation keine Wertidee, der sich menschliches Verhalten präzise zurechnen ließe, und deshalb entwarf er keinen Idealtypus Nation. Er war überzeugt, dass das „empirische Verhalten, welches aus der Zugehörigkeit oder Nichtzugehörigkeit zur ‚Nation' in der Realität folgt, [...] qualitativ höchst verschieden" sei.[7] Nation ergebe sich nicht, so Weber, aus gemeinsamen Merkmalen derer, die sich zu ihr bekennen, und aus dem

---

[6] *Ernst Troeltsch*, Der Historismus und seine Probleme (Gesammelte Schriften 3), Tübingen 1922, 161.

[7] *Max Weber*, Wirtschaft und Gesellschaft. Die Wirtschaft und die gesellschaftlichen Ordnungen und Mächte. Nachlaß. Teilband 1: Gemeinschaften, hrsg. von Wolfgang J. Mommsen in Zusammenarbeit mit Michael Meyer (Max-Weber-Gesamtausgabe I/22–1), Tübingen 2001, 245.

Bekenntnis zu ihr folge kein spezifisches Verhalten. Nation bestimmte er als eine „gefühlsmäßige Gemeinschaft“[8], deren Ziel es ist, in einem eigenen Staat zusammenzuleben.

Immer wieder finden wir uns bei dem Begriff ‚Nation‘ auf die Beziehung zur politischen ‚Macht‘ hingewiesen, und offenbar ist also ‚national‘ – wenn überhaupt etwas Einheitliches – dann eine spezifische Art von Pathos, welches sich in einer durch Sprach-, Konfessions-, Sitten- oder Schicksalsgemeinschaft verbundenen Menschengruppe mit dem Gedanken einer ihr eigenen, schon bestehenden oder von ihr ersehnten politischen Machtorganisation verbindet, und zwar je mehr der Nachdruck auf ‚Macht‘ gelegt wird, desto spezifischer.[9]

In Max Webers Soziologie, die nach dem Handeln von Menschen und ihren Sinnbezügen fragt, ist „Nation“ also eine Wertidee unter vielen, die auf Macht und deren Institutionalisierung im Staat zielen. Darauf ausgerichtet sieht er alle als national empfundenen Zugehörigkeitsmerkmale, die symbolisch inszeniert ein Gemeinschaftsgefühl erzeugen und zugleich nach außen abgrenzen. Politisch relevant werde dieses Nationalgefühl nur, wenn es eingesetzt wird, den eigenen Nationalstaat als Handlungsziel zu begründen, ihn zu erkämpfen und in der zwischenstaatlichen Machtkonkurrenz zu verteidigen. In diesem Modell ist die Nation eine Machtmaschine. Krieg und Revolution dienen ihr als Handlungsinstrumente.

Ob mit diesem Modell Gemeinsamkeiten und Variabilitäten in den Untersuchungsräumen dieses Buches idealtypisch identifiziert werden können, ist eine der Fragen, mit denen die Beiträge nun vergleichend betrachtet werden. Da Webers Modell den Aspekt Macht in den Mittelpunkt stellt, dürfte es besser geeignet sein, den Blick auf die Zusammenhänge von Nation, Krieg und Revolution zu lenken, als andere theoretische Ansätze, die Nation als *imagined community* verstehen. Diese Deutung ist in Webers Ansatz integriert – „gefühlsmäßige Gemeinschaft“ – aber ausgerichtet auf die politische Machtorganisation, den Staat bzw. den Nationalstaat.

Webers Annäherungen an einen Idealtypus Nation – ausgeführt hat er ihn nicht – wird als Sonde für das genutzt, worum es nun vor allem gehen soll: aus den Beiträgen (selbstverständlich ergänzt um Blicke darüber hinaus) Vergleichsperspektiven herauszuarbeiten, die es erlauben, nach der Erklärungskraft des Bildes vom Dreiklang Revolution, Krieg und Nation zu fragen. Meine Ergebnisse bündle ich in drei Punkten.

---

[8] *Max Weber*, Gesammelte Aufsätze zur Soziologie und Sozialpolitik, hrsg. von Marianne Weber, Tübingen 2. Aufl. 1988, 484.

[9] MWG I/22-1, 190. Zu Webers komplexem Verhältnis zur Wertidee Nation s. *Dieter Langewiesche*, Nation bei Max Weber: soziologische Kategorie und politisches Bekenntnis. Zum Verstummen des Soziologen als *homo politicus* vor seinem *Wertgott*, in: Detlev Lehnert (Hrsg.), Politischer Konfessionalismus (Historische Demokratieforschung), Wien (erscheint 2016).

1. Nation als Elitenprojekt zur Durchsetzung von Herrschaft

Die Idee „Nation" ist auf Totalität ausgerichtet, denn sie beansprucht, für die gesamte Gesellschaft gültig zu sein. Wer sich nicht einfügt, gilt entweder als noch nicht nationalisiert oder als jemand, der nicht dazu gehören kann. „Nation" dient hier als Selektionskriterium, es unterscheidet innen und außen, Freund und Feind. Insofern ist die Idee „Nation" stets mit Herrschaftsanspruch verbunden. Deshalb eignet sie sich für Eliten, die bislang nicht oder nicht in dem gewünschten Maß an der staatlichen Herrschaft beteiligt waren.

Die Idee „Nation" stellte in ihrer historischen Genese der traditionellen monarchischen Legitimität eine neue entgegen. Sie formulierte eine Kampfansage an die bisherige Herrschaftselite und deren Legitimitätsgrundlage. In afrikanischen Staaten richtete sie sich zunächst vor allem gegen die koloniale Herrschaft. Es konnte aber auch Teilhabe an ihr gefordert werden, und in postkolonialer Zeit haben Eliten innerhalb multiethnischer Staaten die Idee „Nation" genutzt, um für Gruppen, die sie als nationale definierten, einen besseren Zugang zu politischen und wirtschaftlichen Ressourcen zu erhalten.[10] Stets diente die Idee „Nation" als Argument, um Herrschaftsansprüche zu legitimieren oder zu delegitimieren.

Sich auf die Nation zu berufen, muss jedoch keineswegs bedeuten, die Teilhabechancen an staatlicher Herrschaft demokratisieren zu wollen. Dass diejenigen, die sich im Dienst ihrer Nation sahen und beanspruchten, für sie zu sprechen und zu handeln, keineswegs gewillt waren, die Wege zu den Zentren der Macht zu öffnen, kennt man bereits aus der Geschichte West- und Mitteleuropas. Wenn in Zeiten von Revolution und Krieg die alte Herrschaftsordnung fragil und formbar wurde, pflegten die neuen Eliten, sobald sie sich in den Machtpositionen etabliert hatten, die Partizipationschancen der Vielen zu begrenzen. In Europa diente dazu vor allem das Wahlrecht und selbstverständlich lange Zeit die unterschiedlichen Rollen, die man Männern und Frauen zuschrieb. Frauen gehörten zur Nation, und in deren symbolischer Repräsentation erhielten sie wichtige Funktionen, nicht aber in den Positionen staatlicher Macht. In sie konnten Frauen herrschender Dynastien hineingeboren werden, doch für bürgerliche Frauen sahen die Sprecher der Nation keinen Sitz im staatlichen Machtapparat vor. Für die Männer konzipierten die neuen Machteliten die Nation als ein Erziehungsprojekt, das für die Ungebildeten, also für die große Mehrheit der Gesellschaft, einen unkalkulierbar langen Weg zum vollwertigen Staats- und Nationsgenossen

[10] *Christine Fricke*, Von Widerstand bis Alltag. Ein Forschungsüberblick zu Nationalismus in Afrika (Arbeitspapiere des Instituts für Ethnologie und Afrikastudien 129), Mainz 2011. Eine anregende konzeptionelle Studie: *Thomas Bierschenk*, Staat und Nation im postkolonialen Afrika: Ein Forschungsprogramm (Arbeitspapiere des Instituts für Ethnologie und Afrikastudien 26), Mainz 2003. Als Fallstudie zu konkurrierenden innerstaatlichen Nationskonstruktionen: *Adaremi Suleiman Ajala*, Youba-Nationalism: Culture, Politics and Violence in South-Western Nigeria (1900–2009) (Arbeitspapiere des Instituts für Ethnologie und Afrikastudien 107), Mainz 2009.

vorsah. Revolutionen konnten diesen Weg dramatisch abkürzen. Dann wirkten sie als Beschleuniger im Prozess der Nationsbildung.

Das ist für die europäische Nationalgeschichte des 19. Jahrhunderts dicht erforscht, und es war, wie Wolfgang Gabbert und Stefan Rinke darlegen, auch in Lateinamerika so. Die „kreolische Befreiungsrhetorik" (Rinke) hinderte nicht daran, die Indigenen zu benachteiligen. Dazu wurde wie in Europa das Wahlrecht eingesetzt, Verfassungsbestimmungen wurden gedehnt, um das Ende der Sklaverei hinauszuzögern, der Rassismus verstärkte sich, indem z. B. Bürgerrechte für die ländlichen Unterschichten eingeschränkt wurden, indem man mit ihrer „körperlichen und kulturellen Rückständigkeit" (Gabbert) argumentierte. Die republikanische Staatsform ließ sich ebenso autokratisch nutzen wie die Monarchie.

Auch in der Türkei war die Entstehung einer Republik, die von der Herrschaftselite als Nationalstaat verstanden wurde, mit Exklusion verbunden. Es traf diejenigen Bevölkerungskreise, die nicht muslimisch und nicht turkophon war. Auch politisch-weltanschauliche Gegner wie die Kommunisten wurden unterdrückt, und die neue Führung schreckte nicht vor Massenmord an denen zurück, die sie aus der türkischen Nation ausgrenzte. Die Nation, so Stefan Plaggenborg, war „unstrittig die Handlungsgrundlage der Regierung in Ankara", aber die Nation sei dort „nicht wirklich repräsentiert" gewesen. Das zeigt er überzeugend gegen das kemalistische Geschichtsbild. Aber lässt sich daraus folgern, die „türkische Nation existierte zum Zeitpunkt der Gründung der Republik Türkei nicht"? Übernimmt man damit nicht indirekt das Idealbild „Nation", das die Nationalisten überall entwarfen? Es lautet: Die Nation überwölbt alle Interessengegensätze, sie eint die Gesellschaft und richtet sie auf ein gemeinsames Ziel aus. In der *union sacrée*, zu der sich die Nation in der existentiellen Gefahr des Krieges zusammenschließe, gipfelt dieses nationale Homogenitätsideal. Formuliert wurde es von den Eliten, die als Sprecher ihrer Nation auftraten, auch wenn die Nationsbildung noch in den Anfängen steckte. Sie nahmen für sich in Anspruch, die Nation der Zukunft, wie sie sie vor Augen hatten, als ein Erziehungsprogramm konzipieren zu können, das einem Teil der Bevölkerung einen künftigen Platz in der Nation verhieß und andere dauerhaft ausgrenzte.

Dieses Bild einer homogenen Nation, die nicht erschaffen werde, sondern „erwache", gehörte stets zum Herrschaftsprogramm von Eliten. In Wirklichkeit verlief Nationsbildung überall als ein umkämpfter Prozess, und sie ging überall von kleinen Eliten aus, welche die Idee „Nation" als Selbstermächtigungsprojekt nutzten. Die Berufung auf den Willen der Nation stellt auch in der Gegenwart keine Konflikte still. Die Nation war und ist immer auch eine Konfliktgemeinschaft.

Auch in West- und Mitteleuropa gehörte der Ruf nach nationaler Einheit, der sich die politischen und gesellschaftlichen Parteiungen unterzuordnen hätten, zu den Herrschafts- und Unterdrückungsinstrumenten von Eliten. Wie sie ihr nationales Projekt umsetzen konnten und zu welchen Herrschaftsformen es dabei kam, hing von den politisch-gesellschaftlichen Strukturen ab, innerhalb derer sie versuchen mussten, ihre Zukunftsvisionen zu institutionalisieren. Wo auch in den Zeiten tiefgreifender staatlich-gesellschaftlicher Transformationen durch Krieg und Revolution die staatliche Ordnung überdauerte, vollzog sich die Nationalisierung der Gesellschaft unter der Führung neuer Eliten in anderen Bahnen als dort, wo Imperien zusammenbrachen und Staaten neu geschaffen werden mussten. So unterschiedlich diese Prozesse in Italien (Jens Späth), Irland (Christoph Jahr), Dänemark (Rasmus Glenthøj) und im westlichen Teil des russischen Reiches (Malte Rolf) auch verliefen, überall gab es staatlichen Strukturen und ein Netz von zivilgesellschaftlichen Organisationen, die der Selbstermächtigungspolitik kleiner Eliten mit nationalem Sendungsbewusstsein enge Grenzen setzten. Erst recht war dies dort der Fall, wo die Monarchie als institutioneller Wächter gegen radikale Umbrüche überlebt hatte. In Lateinamerika nahmen der Caudillismus sowie regionale und lokale Selbstverwaltungseinrichtungen diese Funktion der Herrschaftsbegrenzung wahr (Wolfgang Gabbert, Stefan Rinke). In der frühen US-amerikanischen Republik setzten die Einzelstaaten mit ihren Institutionen ohnehin jedem Programm nationaler Zentralisierung enge Grenzen (Wolfgang Knöbl).

Wie ausschlaggebend die etablierten staatlichen Strukturen für die Formen waren, in denen die Prozesse von Nationalisierung und Nationsbildung verliefen, zeigt Jörg Baberowski an staatsfernen asiatischen Peripherien des sowjetischen Imperiums. Staatswerdung vollzog sich hier „unter den Bedingungen despotischer Gewalt“, für die das Programm einer „Nationalisierung des Imperiums“ von oben nur ein Glied in dem Herrschaftsinstrumentarium war, mit dem der sowjetische Staat und seine Gesellschaftsordnung durchgesetzt werden sollten.

Dass sich die Idee der Nation für diese Form von Staats- und Gesellschaftsbildung nicht eignete und die „Nationalisierung der Herrschaft“ mit brutaler Gewalt letztlich scheiterte, verweist generell auf die Bedeutung der Partizipationsverheißung, die der Idee „Nation“ von Beginn an eingestiftet war und sie trotz aller Instrumentalisierung durch die Eliten für breite Bevölkerungsschichten attraktiv machte. Wo diese Zukunftsvision gänzlich in Gewalt unterging, konnte die Idee Nation offensichtlich keine Wirkung entfalten. Wenn jedoch die Zukunft aus eigener Kraft gestaltbar erschien, stieg die Idee „Nation“ trotz der Barrieren, welche die Eliten gegen die „Massen“ errichteten und zu verteidigen suchten, im Prozess der Nationsbildung zu einer Art Appellationsinstanz auf. Auf sie beriefen sich alle Gruppen, die Gleichberechtigung verlangten. Insofern ist Nationsbildung stets ein unabgeschlossener Prozess.[11]

[11] Dass die Idee „Nation“ als Gleichheitsvehikel *und* als Kampfinstrument auf immer weitere Gesellschaftsbereiche ausgedehnt wurde und dieser Prozess weitergeht, habe ich in einem generalisierenden Vergleich zu erklären versucht: *Dieter Langewiesche*, The Nation as a Developing Resource Community: A Generalizing Comparison, in: Heinz-Gerhard Haupt/Jürgen Kocka

Wie in Europa die Arbeiter sich nicht dauerhaft aus der politischen Nation ausschließen ließen, so in Lateinamerika die Indigenen. Sie nutzen den liberalen Verfassungsdiskurs, um ihre Beteiligung an den Ressourcen der Nation einzufordern, wenn sie 1849 in einem mexikanischen Bundesstaat einen Anteil an den Salinenerträgen mit dem Argument verlangten, „wir sind Mexikaner, wir sind die Nation und wir sind die Besitzer" (Wolfgang Gabbert). Auch in der Türkei veränderte der Prozess der Nationsbildung die Herrschaftsordnung, indem die Partizipationsmöglichkeiten erweitert wurden. Dass die Gewalt, aus der die neue staatliche Ordnung hervorging, in der Türkei nicht zu einem Dauerzustand wurde, wird man zumindest auch mit der Idee der Nation in Verbindung setzen dürfen. Die Gewaltspur, die in einen partizipationsoffeneneren Nationalstaat führt, hebt den türkischen Weg nicht von Wegen europäischer Staaten ab, wie Stefan Plaggenborg in einem Vergleich von Kemalismus, Faschismus und Stalinismus überzeugend dargelegt hat.[12]

2. Nationale Meistererzählungen

Nationale Meistererzählungen zu dekonstruieren gehört zu den Schwerpunkten der neueren Nationsforschung. Auch in Europa. Es sei nur daran erinnert, wie radikal das alte Bild von der Ära der Französischen Revolution und Napoleons als Ursprungsort europäischer Nationen und Nationalstaaten in den letzten Jahrzehnten verändert worden ist. Imperialkriege – nicht Nationalkriege; Abwehr eines französisch dominierten Kontinentaleuropas – nicht Wille zum Nationalstaat; Widerstand gegen fremde Herrschaft und gegen ein Europa der Konskriptionen, wie es in der Ära Napoleons heraufzuziehen drohte – nicht Wille zur Nation, so lässt sich zugespitzt der heutige Forschungsstand charakterisieren. Er ist noch nicht bis in die nationalen Geschichtsbilder vorgedrungen. Sie zu erreichen und zu verändern, braucht viel Zeit.[13]

Am einschneidendsten wirkte sich das Umschreiben lang eingeschliffener nationaler Geschichtsbilder wohl auf die Deutung der deutschen und der spa-

(Hrsg.), Comparative and Transnational History. Central European Approaches and New Perspectives. New York/Oxford 2009, 133–148.

[12] *Stefan Plaggenborg*, Ordnung und Gewalt. Kemalismus – Faschismus – Sowjetunion, München 2012.

[13] Den heutigen Forschungsstand repräsentiert *Ute Planert* (Hrsg.), Napoleon's Empire. European Politics in Global Perspective, Basingstoke 2015; knappe Problemstudie, die auch nach den Gründen fragt, warum die kleinen nationalen Eliten so lange ihre Deutung im nationalen Mythenhaushalt konservieren konnten: *Dieter Langewiesche*, Imperium – Nation – Volkskrieg. „1813" in der europäischen Geschichte, in: Martin Hofbauer/Philip Martin Rink (Hrsg.), Die Völkerschlacht bei Leipzig. Bedingungen, Verläufe, Folgen, Bedeutungen. 1813 – 1913 – 2013, Paderborn 2015.

nischen Geschichte aus.[14] Hier rückten im Laufe des 19. und 20. Jahrhunderts die antinapoleonischen Kriege als „Befreiungskriege" in den Kern der nationalen Mythologie, auf den im Laufe der Geschichte in nationalen Entscheidungs- und Krisenzeiten immer wieder zurückgegriffen wurde, um im Streit um den richtigen Weg in die Zukunft eine Orientierungsmarke anzubieten, die als national ausgeflaggt die höchste Legitimität beanspruchte. Es hatte zwar stets eine Konkurrenz bei der Deutung der nationalen Mythologie gegeben. Doch letztlich unterlagen diejenigen Geschichtskonzeptionen, die sich der Fixierung auf den homogenen, unitarischen Nationalstaat als Telos der deutschen und der spanischen Geschichte entzogen hatten. Diese Entscheidung im Geschichtskampf wurde durch die Dekonstruktion der siegreichen Meistererzählung revidiert. Die Geschichte ist wieder offen für andere Perspektiven, Deutungen und Wertideen.

Zu dieser neuen Offenheit für nicht realisierte Möglichkeiten gehört vor allem, dass die Entmythologisierung der „Befreiungskriege" als nationales Ur-Erlebnis, das die gesamte Gesellschaft durchdrungen habe, den Blick auf die Spannweite der damals diskutierten Wege, den Willen nach nationaler Einheit zu verwirklichen, wieder freigelegt hat. Nationale Einheit wurde nun nicht mehr automatisch mit einheitlichem Nationalstaat gleichgesetzt, und die damals unterlegenen Vorstellungen von Einheit der Nation wurden nicht mehr als wider das Geschichtstelos beiseite gerückt.

Selbst in Spanien, wo der Kampf gegen die napoleonische Usurpation den breitesten Abwehrkampf im damaligen Europa ausgelöst hatte und die *Cortes* von Cádiz einen starken Verfassungsstaat planten, der Spanien einen und das Imperium zurückgewinnen sollte, stand für die Aufständischen gegen die napoleonische Fremdherrschaft *patria chica* im Zentrum, der Heimatort, die Region, in der man lebte, das Vaterland des alltäglichen Lebens. Das ließ sich in die nationale Meistererzählung, die vom heroischen, die Nation einenden „Befreiungskrieg" berichtete und eine direkte Linie zum homogenen Nationalstaat konstruierte, ebenso schwer einbauen wie in Deutschland der „Territorial-Patriotismus", wie ein Zeitgenossen die Loyalität der Menschen zum ihrem Staat oder ihrer Heimatregion genannt hat.[15] Heute spricht man von deutscher Föderativnation und föderativem Nationalismus, um die retrospektive Fixierung auf den Nationalstaat in der Deutung der deutschen Geschichte aufzubrechen und die Offenheit der damaligen Situation ins Bewusstsein zu rücken.[16] Ob die deutsche Nati-

---

[14] Grundlegend zur Entmythologisierung der napoleonischen Ära in der deutschen und der spanischen Geschichte: *Ute Planert*, Der Mythos vom Befreiungskrieg: Frankreichs Kriege und der deutsche Süden, Paderborn 2007; *Charles Esdaile*, The Peninsular War, London 2003; *Ders.*, Spain in the Liberal Age 1808–1939, Oxford 2000.

[15] *Heinrich von Brandt*, Handbuch für den ersten Unterricht in der höheren Kriegskunst. Zum Gebrauch in Militär-Schulen und für den Selbstunterricht, Berlin 1829, 326.

[16] *Dieter Langewiesche/Georg Schmidt* (Hrsg.), Föderative Nation. Deutschlandkonzepte von der Reformation bis zum Ersten Weltkrieg, München 2000; *Dieter Langewiesche*, Nation, Nationalismus, Nationalstaat in Deutschland und Europa, München 2000.

on vielstaatlich bleiben, staatenbündisch oder nationalstaatlich geeint werden würde, war damals offen. Die Entscheidung, die in zwei Kriegen fiel und auch anders hätte ausgehen können, hat die preußisch-deutsche Meistererzählung als geschichtsnotwendig ausgewiesen. Sie ist später in die Grundgesetz-Präambel der alten Bundesrepublik Deutschland eingegangen und so gewissermaßen in den Rang eines Verfassungsgebots erhoben worden.[17] Eine Ausnahme ist diese Karriere einer nationalen Meistererzählung keineswegs[18]; genauer erforscht ist diese Art, ein Geschichtsbild zu verrechtlichen, nicht.

Sich aus den früheren geschichtspolitischen Homogenitätsfiktionen zu lösen, gehört inzwischen zu den wichtigsten Aufgaben bei der Dekonstruktion der alten Meistererzählungen. In Italien spricht die Forschung heute von Nationen im Plural (Jens Späth), für Dänemark werden die konkurrierenden Konzeptionen von Nation und Nationalstaat im Prozess der schrittweisen Auflösung des dänischen Imperiums verfolgt (Rasmus Glenthøj), für Irland zeigt Christoph Jahr, wie die unterschiedlichen Nationalstaatskonzeptionen, welche die drei Hauptströmungen des Nationalismus dort propagierten, auch die Mittel bestimmten, die man anzuwenden bereit war, um unabhängig zu werden oder einen anderen Status im Vereinigten Königreich zu erhalten. Und für Lateinamerika heben Wolfgang Gabbert und Stefan Rinke die hohe Bedeutung dezentraler Strukturen hervor. Rinke spricht sogar von einem Trend zur „Balkanisierung“, um zu verdeutlichen, dass der „Zerfall der ehemaligen kolonialen Großräume“ Bezugspunkte in den Mittelpunkt rückte, neben denen die Nation bzw. der Nationalstaat ihren Ort im Bewusstsein der Bevölkerungsmehrheiten erst noch finden mussten. Patria bedeutete auch hier zunächst die engere Heimat, in der man lebte, der Ort, in dem man geboren war, die Region, in deren Klientelnetzen man zu leben gewohnt war und weiterhin Sicherheit erhoffte. Der Nationalstaat hatte das (noch) nicht zu bieten. Er blieb lange Zeit vorrangig ein Elitenprojekt.

Wolfgang Knöbls Bemerkung, mit der er die US-amerikanische Meistererzählung von der *First New Nation* ironisiert: „Von ‚Amerikanern‘, die sich anschickten, aus dem Ei des Imperiums zu schlüpfen, war nichts zu sehen“, lässt sich mehr oder weniger auf alle Staaten übertragen, die in diesem Buch betrachtet werden. Und auch auf die, zu denen hier nichts gesagt wird. Als Beispiel sei nur Ghana angeführt, der erste unabhängige Staat im subsaharischen Afrika. Als 2007 aufwendig und politisch kontrovers der fünfzigste Jahrestag der Staats-

[17] Nachgewiesen hat dies der Mythenexperte und Philosoph *Rudolf Hübner*, Die Wahrheit des Mythos, München 1985; *Ders.*, Das Nationale. Verdrängtes, Unvermeidliches, Erstrebenswertes, Graz 1991; vgl. *Dieter Langewiesche*, Die Präambeln des Grundgesetzes der alten und neuen Bundesrepublik Deutschland und des Verfassungsentwurfs der Europäischen Union im Vergleich, in: Ders., Zeitwende. Geschichtsdenken heute, hrsg. von Nikolaus Buschmann / Ute Planert, Göttingen 2008, 135–143.

[18] Die serbische Verfassung von 2006 erklärt mit Verweis auf „the state tradition of the Serbian people“ Kosovo and Metohija zu „an integral part of the territory of Serbia“. http://www.srbija.gov.rs/extfile/en/29554/constitution_of_serbia.pdf (13.11.2014).

gründung gefeiert wurde, blieb es offen, wie im ghanaischen Projekt Nationalität definiert werden sollte: eine Nation von Staatsbürgern oder eine multiethnische Föderation von „native states", die auf ethnischen und regionalen Loyalitäten beruhen. Die Formel „unity in diversity" sollte die konkurrierenden Konzepte überwölben[19] – vergleichbar mit dem Bekenntnis zur „Einheit in Vielfalt", das in der Europäischen Union ebenfalls einen Minimalkonsens umschreibt. Er überdeckt, dass die nationalen Mitgliedsstaaten nicht einig sind, wie das Verhältnis zwischen ihnen und der Europäischen Union weiterentwickelt werden soll. Zu dieser Zukunftsunsicherheit passt, dass sich eine europäische Meistererzählung, welche die Konfliktgeschichte der europäischen Nationen in eine Einigungsgeschichte überführt, noch nicht herausgebildet hat. Doch es wird daran gearbeitet.[20]

Am dauerhaftesten dürfte sich im Untersuchungsraum, der in diesem Buch behandelt wird, die Meistererzählung in der Türkei gehalten haben (Stefan Plaggenborg). Das kemalistische Narrativ herrscht dort immer noch vor, verwaltet von einer Geschichtsschreibung, die lange Zeit keine Abweichungen von der offiziellen Lesart der „Atatürk-Revolution" und ihrer Wirkungsgeschichte zuließ oder zulassen durfte. Eine entschiedene Dekonstruktion dieser hegemonialen Erzählung wird erst erfolgen können, wenn in der türkischen Öffentlichkeit eine freie Diskussion über die „nationalgeschichtlichen Heiligtümer" (Plaggenborg) möglich sein wird. In der heutigen Türkei wird Atatürks zwar sehr disparat gedacht[21], doch der Lackmustest für eine traditionskritische Geschichtskultur ist der Umgang des türkischen Staats mit dem Völkermord an den Armeniern im Ersten Weltkrieg.

Von all dem, was bisher skizziert wurde, heben sich die Möglichkeiten für eine neue Form der Erinnerung an die Gewaltpolitik in der asiatischen Peripherie des Sowjetimperiums, wie sie Jörg Baberowski analysiert, scharf ab. Die sowjetische „Nationalisierung des Imperiums" durch eine „Politik der verbrannten Erde" und der brutalen Umsiedlung von Nomaden, die sesshaft und damit fähig zur Integration in die „Neue Gesellschaft" gemacht werden sollten, hat es verhindert, dass sich eine sozialistische Nation als Zukunftsvision neben älteren Loyalitätsbindungen und mit diesen verwoben entwickeln konnte. Die alten Lebensräume waren zerstört oder zu Räumen der Todesgefahr geworden. Die Erinnerung daran ist noch lebendig; doch eine Meistererzählung, die beansprucht, für die gesamte Nation zu sprechen, konnte daraus zumindest unter der Bevölkerung in den asiatischen Gewalträumen nicht entstehen.

---

[19] *Carola Lentz*, ‚Ghana@50': celebrating the nation – debating the nation (Institut für Ethnologie und Afrikastudien 120), Mainz 2010; vgl. *Dies.*, Local culture in the national arena: the politics of cultural festivals in Ghana, in: African Studies 44, H. 3, 2001, 47–72.

[20] Als Beispiel: *Pim den Boer u. a.* (Hrsg.), Europäische Erinnerungsorte, 3 Bde., München 2012.

[21] *Klaus Kreiser*, Atatürk. Eine Biographie, München 2011, 299 f.

Auch das unterscheidet die „sowjetische Staatswerdung von oben" (Jörg Baberowski) vom russischen Imperium. Der Nationalisierungsschub durch die russische Revolution von 1905 war vor allem von nichtrussischen Akteuren in den westlichen Peripherien des Zarenreiches ausgegangen (Malte Rolf). Er stärkte in den polnischen und baltischen Provinzen die nationalen Selbstbilder und die Erzählung davon, und er verstärkte generell die „Ethnisierung der Nationsvorstellung im Russischen Reich" (Rolf). Juden wurden aus dem Polentum ausgegrenzt; was es bedeutete, Russe zu sein, wurde neu definiert. Die übliche doppelte Stoßrichtung von Nationsbildung funktionierte hier: Integration und Ausgrenzung, Partizipation und Aggression.

Als Fazit lässt sich festhalten: Die Entstehung und die Dekonstruktion nationaler Meistererzählungen ist Teil des Kampfes um die Gestaltung der Nation. Mit welchen Mitteln er geführt wird, hängt von dem politisch-gesellschaftlichen Feld ab, in dem er ausgetragen wird. Die Intensität des Kampfes lässt Rückschlüsse auf den inneren Zustand der Nation und ihres Staates zu. Starke Deutungskämpfe sind Zeichen für eine diskussionsoffene Gesellschaft. Auch hier bestätigt sich: Die Wertidee „Nation" als politisches Handlungsinstrument einzusetzen, ging nicht mit einer Politik der Konfliktvermeidung einher. Sie bindet den politischen Streit zwar in ein ideelles Konzept ein, stellte jedoch keinen Konflikt still, auch wenn die nationalen Eliten dies immer wieder verlangt haben und mit dem Anspruch auftraten, zu wissen, was der Nation frommt.

3. Nationale Mobilisierung durch Revolution und Krieg

Sind afrikanische Staaten auch deshalb schwach, weil in Afrika zwischenstaatliche Kriege viel seltener als Bürgerkriege sind? Diese Hypothese hat der Ethnologe Thomas Bierschenk aus dem Vergleich mit der europäischen Geschichte formuliert.[22] Mit der Unabhängigkeit sei afrikanischen Staaten und ihren Eliten der äußere Gegner abhanden gekommen. Nationale Identitäten hätten sich deshalb nicht in Opposition zu einem „Erbfeind" entwickeln können und auch nicht im Gegenüber zu benachbarten Staaten. In vielen afrikanischen Sprachen werde die Zugehörigkeit zu einem Staat mit den gleichen Syntagmen bezeichnet wie regionale oder ethnische Zugehörigkeiten. Nicht der Staat, sondern andere Bezugsgrößen dienten abgrenzenden Selbstvergewisserungen. Unter diesen überkommenen Identitätsmarkern musste der eigene Staat seinen Ort erst finden.

Ein kontrastierender Vergleich, wie ihn Bierschenk angeregt hat, müsste sicherlich weit mehr Einflussfaktoren einbeziehen als die Unterscheidung zwischen inter- und intrastaatlichen Kriegen. Zu ermitteln wäre vor allem, ab welchem Zeitpunkt es festere Formen von Staatlichkeit gab, auf die sich na-

[22] *Bierschenk*, Staat und Nation (wie Anm. 10), 19.

tionale Zugehörigkeitsgefühle beziehen und innerhalb derer sie sich entwickeln konnten, ob zivilgesellschaftliche Organisationen sich der kulturellen und der politischen Nationalisierung der Gesellschaft widmeten, wie weit die wirtschaftliche Verflechtung vorangeschritten und ob eine Infrastruktur vorhanden war, in der sich ein nationaler Kommunikationsraum abzeichnete. Es müsste also, an Karl W. Deutschs[23] differenziertem Mehrebenenmodell von Nationsbildung anknüpfend, geprüft werden, wie stark die verschiedenen Ebenen von Nationsbildung ausgebildet waren und welche Mobilisierungskraft von Krieg und Revolution auf sie ausgegangen ist.

Bei einem umfassenden Ansatz dieser Art ergäben sich diffizile Zuordnungsfragen in komplexen Prozessen auf unterschiedlichen Handlungsebenen. Deshalb beschränken sich Studien zum Zusammenhang von Nationsbildung mit Krieg und Revolution in aller Regel auf die Ebenen von Programmen, Ideologien und Deutungen sowie von staatlicher und zivilgesellschaftlicher Organisation. Diese Begrenzungen dominieren auch in den Beiträgen dieses Bandes (und auch in meinen Studien zu diesem Themenfeld). Doch es gibt auch Hinweise auf die Bedeutung der gesellschaftlichen und der wirtschaftlichen Ebenen in den Prozessen von Nationsbildung, und einige Autoren mahnen deren stärkere Beachtung in der Forschung an, um Nations- und Staatsbildung angemessen analysieren zu können.

In den asiatischen Gebieten, die Jörg Baberowski betrachtet, fehlten für eine Nationalisierung von unten die Voraussetzungen. Hier habe die Staatswerdung, für die die Machthaber „die Nation in die Köpfe der lokalen Eliten" zwingen wollten, nur im „Modus personaler Herrschaft" gelingen können, ausgerichtet auf die kommunistische Wertidee, auf die hin die „Abrichtung, Zurichtung und Disziplinierung" der neuen Funktionärselite erfolgte (Baberowski).

Wenn man für die sowjetische Geschichte die Rolle von Kriegen für die nationale Mobilisierung großer Bevölkerungsteile untersuchen will, müsste man vor allem die Staatsbildungskriege in der Endphase des Ersten Weltkrieges und in den Jahren danach sowie den Zweiten Weltkrieg betrachten.

„Revolution und Bürgerkrieg waren das heroische Zeitalter der *bol'ševiki* und prägten die sowjetische Erinnerungskultur der Zwischenkriegszeit", so wurde jüngst mit Blick auf den russischen Bürgerkrieg 1918–1920, den polnisch-ukrainischen Krieg um Ostgalizien 1918/19 und den polnisch-sowjetrussischen Krieg 1920 bilanziert.[24] Nach offizieller Lesart verkörperte die Sowjetmacht die russi-

[23] *Karl W. Deutsch*, Nationenbildung – Nationalstaat – Integration, hrsg. v. Abraham Ashkenasi und P. Schulze, Düsseldorf 1972; *Ders.*, Nationalism and Social Communication. An Inquiry into the Foundations of Nationality, Cambridge 1953; *Ders. / William J. Foltz* (Hrsg.), Nation Building in Comparative Contexts, New Brunswick 1966 (2010).

[24] *Christoph Mick*, Vielerlei Kriege: Osteuropa 1918–1921, in: Dieter Beyrau / Michael Hochgeschwender / Dieter Langewiesche (Hrsg.), Formen des Krieges. Von der Antike bis zur Gegenwart (Krieg in der Geschichte 37), Paderborn 2007, 311–326, hier 325.

sche Nation, und jeder nationaler Widerstand, auch jener, der sich als nationalrussisch verstand, wurde als illegitim verurteilt. So konnte dem Ersten Weltkrieg und seinen Folgekriegen ein staatsoffizieller Sinn zugeschrieben werden, der die Deutung der nationalen Mobilisierung, die von diesen Kriegen ausging, monopolisieren sollte. Doch dass diese Kriege mit nationalen Mobilisierungen verbunden waren, bestritt auch die staatsoffizielle Deutung nicht. Es waren allerdings konkurrierende Mobilisierungen. Christoph Mick hat die nationalen Mobilisierungen in der multiethnischen Stadt Lemberg detailliert erforscht und gezeigt, dass im Verlauf der sieben Herrschaftswechsel in der Zeit zwischen den beiden Weltkriegen (habsburgisch, russisch, ukrainisch, polnisch, deutsch, zweimal sowjetisch) der Zwang, sich in der eigenen nationalen Zugehörigkeit zu entscheiden, zunahm und man ihm schließlich nicht mehr entgehen konnte.[25] Für Polen, Ukrainer und Juden waren mit diesem Geschehen höchst unterschiedliche Erfahrungen verbunden, und die Geschichtsbilder, die damit verknüpft sind, widersprechen sich bis heute. Dennoch haben diese Kriege und die daraus hervorgehenden Herrschaftswechsel, Verfolgungen und Pogrome eine nationale Mobilisierung erzwungen, die es in der habsburgischen Zeit in dieser Weise nicht gegeben hatte. Nationalisierung durch Krieg und seine Folgen, aber konkurrierende Nationalisierungen.

Dass Nationalisierung durch Krieg keine Homogenisierung von nationalen Identitäten bedeuten musste, zeigte sich in der sowjetischen Geschichte selbst noch im Zweiten Weltkrieg, der in der Erfahrung der Bevölkerung von Regionen wie der Ukraine oder im Wilna-Gebiet erneut „viele Kriege in einem Krieg" umfasste. Doch zumindest für den russischen Teil der Sowjetunion „realisierte der *Große Vaterländische Krieg*, was den Eliten des Zarenreiches im Ersten Weltkrieg nicht gelungen war – die Mobilisierung eines Patriotismus, der die Verteidigung des Imperiums mit der Diffusion eines spezifisch machtstaatlich und imperial konnotierten russischen Nationalismus verband." In den baltischen Staaten, der Ukraine und in Belorussland hingegen habe die Erinnerung an den Zweiten Weltkrieg national polarisiert – eine Folge der Nationalisierung durch den Krieg.[26]

In lateinamerikanischen Staaten, die aus dem Zerfall der dortigen Imperien – erzwungen durch Kriege – hervorgegangen sind, waren die gesellschaftlichen und wirtschaftlichen Grundlage für eine „erfolgreiche Staats- und Nationsbildung alles andere als gut", so Wolfgang Gabbert zu Mexiko. Doch der „Unabhängigkeitskampf, die Bürgerkriege und vor allem der Kampf gegen die US-

[25] *Christoph Mick*, Kriegserfahrung in einer multiethnischen Stadt: Lemberg 1914–1947 (Deutsches Historisches Institut Warschau, Quellen u. Studien 22), Wiesbaden 2010.

[26] *Dietrich Beyrau*, Totaler Krieg. Begriff und Erfahrung am sowjetischen Beispiel, in: Beyrau / Hochgeschwender / Langewiesche, Formen des Krieges (wie Anm. 24), 327–353, Zitate 341, 352.

amerikanische (1846–48) und die französische Intervention (1861–66) hatten erhebliche Teile der Bevölkerung mobilisiert". Daraus ist nicht eine homogene Nation hervorgegangen, doch die Kriege und Bürgerkriege, verbunden mit der Bedrohung von außen, haben die Nationalisierung der Gesellschaft vorangetrieben. Der Ausbau der Infrastruktur im Verlauf des 19. Jahrhunderts hat die Voraussetzungen dazu verbessert.

Stefan Rinke betont als Folge der lateinamerikanischen Unabhängigkeitsbewegungen die „Fragmentierung der Macht", es entstanden „Räume begrenzter Staatlichkeit". Sie waren jedoch anderer Art als die staatsfernen Räume, die Jörg Baberowski betrachtet. Es gab gesamtstaatliche Verfassungen, auf die sich auch diejenigen berufen konnten, welche die neuen Eliten nicht als gleichberechtigte Staatsbürger anerkennen wollten, und selbst Caudillos ließen sich oft nachträglich durch Wahl legitimieren, denn auch sie beriefen sich auf das „Volk". „Die ‚Nation' bzw. das ‚Volk' blieben vage Begriffe", und die neuen Eliten suchten ihre Reichweite zu begrenzen, um die „Massen" einzudämmen. Dennoch konnten sie nicht verhindern, dass „Nation" zu einer Vorstellung wurde, der sich Emanzipationserwartungen zurechnen ließen. Man konnte von *nación americana* sprechen oder mit *nación* die eigene Region bezeichnen, doch in „Auseinandersetzung mit exogenen Faktoren" wurde eine die gesamte Gesellschaft umfassende Vorstellung von Nation entwickelt. Geschichtsdeutungen spielten dabei eine bedeutende Rolle, doch der Rückblick reichte dazu nicht aus, so wichtig er war. Es waren die Kriege, die „viele bis dahin marginalisierte Bevölkerungsschichten mobilisiert" haben (Stefan Rinke). Das Ergebnis dieser Mobilisierung war nicht ein Nationalstaat „im Sinne einer dauerhaften Wertegemeinschaft", doch die „Unabhängigkeitsrevolutionen in Lateinamerika" und die Kriege, die mit ihnen verbunden waren, durchbrachen den Willen der neuen Eliten, die Nation dauerhaft sozial und das hieß vor allem: ethnisch zu begrenzen (Rinke).

Kriege und Revolutionen mobilisieren die Gesellschaft, doch deren Nationalisierung mit dem Ziel eines zentralisierenden Nationalstaats ist ein langer Prozess. So möchte ich auch die Studie Wolfgang Knöbls über die frühe US-amerikanische Republik mit Blick auf meine Fragestellungen zusammenfassen. Der erneute Krieg von 1812 gegen Großbritannien, verbunden mit internen Konflikten, die man als Bürgerkrieg gekennzeichnet hat, habe „einen wichtigen Anstoß zur Festigung einer irgendwie ‚US-amerikanischen' Identität, die vorher so klar nicht war", gegeben und mit der Stärkung des anti-britischen Ressentiments „für einige Jahrzehnte eine Art Integrationsideologie geschaffen". Wolfgang Knöbls Bilanz – der „Weg aus Revolution und Krieg hin zur Nation war in den USA ein enorm langer" und deshalb sollte man eher nach „Schüben der Nationalisierung" suchen – wird man für viele Staaten auf die Beziehungen zwischen Revolution, Krieg und Nation übertragen dürfen, wenn auch nicht überall dieser Prozess so gewaltreich verlaufen ist wie in Nordamerika mit den Kolonisierungskriegen und schließlich dem Bürgerkrieg. Letzteren nennt ein Teil der Forschung den ersten Totalen Krieg.[27]

Auf viele Staaten, aber nicht auf alle lässt sich dieses Ergebnis, gewonnen an den Entwicklungen in Nordamerika, übertragen. In der Türkei, so Stefan Plaggenborgs Bilanz, habe nicht der Krieg die Nation geschaffen, sondern der „Sinn, den ihm die Kemalisten während er stattfand und nachdem er beendet war, unterlegten." Die kemalistische Meistererzählung „Am Anfang war der Krieg" überwölbt die acht Kriege, die Plaggenborg in der Phase der Entstehung der türkischen Republik unterscheidet. Sie waren ineinander verschachtelt, aber verliefen getrennt, mit unterschiedlichen Akteuren und Zielen. Das ist – ungeachtet aller Unterschiede zwischen Kontinentaleuropa um 1800 und dem Osmanischen Reich und der jungen Türkei am Ende des Ersten Weltkrieges – eine strukturelle Parallele zu den Kriegen in der napoleonischen Ära. An ihnen waren unterschiedliche Akteure mit unterschiedlichen Zielen beteiligt und sie fanden in unterschiedlichen Gebieten statt, und doch wurden sie im Rückblick zu einem Gesamtereignis zusammengeschaut, in dem sich die Nationen erhoben und nach ihrem Nationalstaat verlangt hätten. Diese nationalen Stimmen gab es hier wie dort, doch was sie verkündeten hatte nicht die Kriege bestimmt. In Europa gewannen diese Stimmen erst im weiteren Verlauf der Nationalisierung und der Staatsbildungen jene zentrale Bedeutung, die ihnen im nationalen Gedächtnis noch heute zukommt.

Dies lässt sich auch für andere Staaten und Nationen feststellen. So zeigt Jens Späth für das *Risorgimento*, dass die „piemontesisch-monarchische Meistererzählung" die zahlreichen Revolutionsversuche mit den Unabhängigkeits- und Sezessionskriegen zu einer durchgehenden Linie der Nationalisierung Italiens zusammenfügt, obgleich eine gesamtitalienische Nation als Ziel erst seit der Revolution 1848/49 ins Zentrum rückte. Was darunter konkret zu verstehen sei, blieb aber weiterhin strittig und wurde erst durch die Einigungskriege entschieden, in denen der italienische Staat als ein Eroberungsstaat entstand, der die Einzelstaaten auslöschte.[28] Dass mit der Gründung des italienischen Nationalstaats der Prozess der inneren Nationsbildung eher begann als abgeschlossen wurde und Irredenta-Vorstellungen ihn später erneut öffneten, muss ebenfalls angemerkt werden.[29] Eine homogene, die gesamte Gesellschaft einende Idee der Nation entstand nie.

---

[27] Vgl. *Stig Förster, Jörg Nagler* (Hrsg.), On the Road to Total War. The American Civil War and the German Wars of Unification 1861–1871, Cambridge 1997; zu den nordamerikanischen Kolonial- und Indianerkriegen s. *Walter*, Organisierte Gewalt (wie Anm. 5), und *Georg Schild* (Hrsg.), The American Experience of War (Krieg in der Geschichte 51), Paderborn 2010 (darin die Beiträge von Guy Chet und Volker Depkat).

[28] Vgl. dazu pointiert *Daniel Ziblatt*, Structuring the State. The formation of Italy and Germany and the puzzle of federalism, Princeton, Oxford 2006.

[29] Sehr anregend dazu *Marina Cattaruzza*, L'Italia e il confine orientale, Bologna 2007.

Dies gilt ebenso für Irland, wie Christoph Jahr differenziert ausführt, indem er die unterschiedlichen Konzeptionen von irischer Nation mit den unterschiedlichen Bedeutungen verbindet, die man in Irland mit dem Begriff Revolution verbunden hat: von geistig-kulturell über die „Home-Rule"-Gesetzgebung bis zu Gewaltakten. Seine Bilanz lautet: „Der Dreiklang aus Revolution Krieg Nation war konstitutiv für den Weg Irlands in Unabhängigkeit", doch er hat zugleich ein bis heute wirkendes „desintegratives Potential" geschaffen.

Wenn man unter dem Dreiklang eine gleichgerichtete Bewegung verstehen will, dann trifft das von allen Staaten, die hier betrachtet werden, am ehesten für Dänemark zu. Denn im Prozess der Auflösung des dänischen Imperiums und der „Dänifizierung" des neuen Staates, wie er seit der napoleonische Ära schrittweise entstand, gingen „democratization, nationalism and war [...] hand in hand." Rasmus Glenthøj nennt deshalb Dänemark (hier mit Blick auf 1848, als Krieg und Revolution zusammen auftraten) „a textbook example", wie Nationalismus und Liberalismus den Absolutismus unterminiert haben und welche Rolle dabei Bürgerkriege spielten.[30]

In nationalen Gründungskriegen sind die gefährdetsten Bevölkerungsgruppen stets diejenigen, die als nationale Minderheiten benannt und unter Verdacht der Illoyalität gestellt werden. Was als Minderheit definiert wird, änderte sich. Kriege weiteten den Kreis derer, die unter das Verdikt national unzuverlässig gestellt wurden. Doch Kriege, so zeigt Mathias Beer an Südosteuropa seit dem ausgehenden 19. Jahrhundert, haben aufgrund des aggressiven „nationalen Reinigungspostulats", das hier in eine hohe Gewaltdynamik mündete, auch dazu geführt, dass Regelungen des Minderheitenschutzes in Friedensverträge aufgenommen wurden. Die Staatsleitungen haben sich dagegen zu wehren gesucht, weil sie diese Regelungen als Souveränitätseingriff empfunden haben, doch als die Schwächeren mussten sie nachgeben. So sei Südosteuropa nicht allein eine „Lernort für ethnische Säuberungen" geworden, sondern von außen angestoßen auch ein „Lernort für die Entwicklung des Minderheitenschutzes." Man wird allerdings hinzufügen müssen, dass durch die Verträge, die auf internationaler Ebene geschlossen wurden, der Kreis der Betroffenen ausgeweitet worden ist. Die Zahl der auf Vertragsgrundlage Zwangsumgesiedelten überstieg in den meisten Fällen die Zahl der Flüchtlinge und Vertriebenen.[31] Dennoch, die Verträge bauten Dämme auf, indem rechtlichen Normen beschlossen wurden, an denen die Legalität von Bevölkerungsverschiebungen beurteilt worden konnten.

Die Politik der ethnischen Homogenisierung von Staaten wurzelt im Homogenitätsverlangen der Idee „Nation". In Kriegen wurde es zur Leitlinie staatlichen Handelns, und es waren diese Kriegserfahrungen, die dazu führten, völkerrecht-

---

[30] Vgl. dazu *Jóhann Páll Árnason/Björn Wittrock* (Hrsg.), Nordic Paths to Modernity, New York 2012 (darin die Beiträge von Bo Stråth, Uffe Østergård, Niels Kayser Nielsen).

[31] So *Philipp Ther*, Die dunkle Seite der Nationalstaaten. „Ethnische Säuberungen" im modernen Europa, Göttingen 2011.

liche Gegenmaßnahmen zu beschließen und innerhalb der nationalen Gesellschaften einen Prozess einleiteten, in dem das Homogenitätsideal zunehmend in Frage gestellt wird.

4. Ein Resümee

Zum Abschluss ein kurzes Fazit meines Versuchs, stimuliert durch die Beiträge, die dieses Buch versammelt, der Frage nachzugehen, was unter Dreiklang von Revolution, Krieg und Nation verstanden werden kann.

Am einfachsten ist es festzuhalten, was nicht darunter verstanden werden sollte. Die Idee Nation hat dort, wo sie in der Gesellschaft Zustimmung fand und im Staat institutionalisiert worden ist, nie das Verhalten der Menschen vereinheitlicht und nie Konflikte stillgestellt. Das haben die Eliten, die als die Sprecher der Nation auftraten, zwar gefordert, aber nicht einmal in jenen Kriegen, die von der Gesellschaft überwiegend als nationale verstanden wurden, konnte dieses Postulat nationaler Willens- und Verhaltenseinheit durchgesetzt werden. Die Forschung zum Ersten Weltkrieg oder zu den nationalstaatlichen Gründungskriegen in Italien und Deutschland hat das detailliert nachgewiesen und bis in die Alltagswelt der Menschen nachgezeichnet.

Ohne Krieg kein Nationalstaat – diese historische Regel darf nicht als eine Einbahnstraße vom Krieg zur Nation und zum Nationalstaat verstanden werden. Sie bedeutet vielmehr, dass Kriege die Gesellschaft mobilisieren können und dort, wo Voraussetzungen für Nationsbildung gegeben sind, die Kriegsmobilisierung den Nationalisierungsprozess vorantreibt. Auch dies ist keine zwangsläufige und keine einlinige Entwicklung. Es waren überall zunächst kleine Eliten, welche die Idee „Nation" einsetzten, um ihre Wertvorstellungen in der Gesellschaft zu verbreiten und die Legitimitätsgrundlage des alten Regimes zu erschüttern. „Nation" verlangte eine neue Form von Legitimierung der staatlichen Ordnung. In welche Richtung diese Ordnungsvorstellungen konkret zielten, hing von den politisch-gesellschaftlichen Konstellationen ab. Die Spannweite der Möglichkeiten und Grenzen und wovon sie bestimmt wurden, wird in den Fallstudien dieses Buches eindrucksvoll entfaltet.

Nationale Mobilisierung durch Krieg mit dem Ziel, einen Nationalstaat zu schaffen, zu erweitern oder zu verteidigen, sagt nichts über die Struktur des Staates aus, der angestrebt wird. Auch hier hingen das Ziel und der Weg dorthin gänzlich von den politisch-gesellschaftlichen Konstellationen (einschließlich der internationalen) ab.

Die von den Eliten geschaffenen historischen Meistererzählungen dienten dazu, die widerspruchsvollen, konfliktreichen Entwicklungsprozesse möglichst geradlinig auf den Nationalstaat auszurichten und diesen als Telos der nationalen Geschichte zu legitimieren. Dieser Kampf um die Geschichte war und ist ein integraler Bestandteil von Nationsbildung. Geschichtsrevisionen öffnen den Deutungsstreit und damit auch das Bild von der Nation, ihrer Geschichte und ihrer Zukunft. Nationsbildung wird hier erneut als ein offener, nie abgeschlossener Prozess sichtbar. Kriege und Revolutionen bilden in diesem Prozess Kulminationspunkte, an denen Entwicklungen beschleunigt und verstärkt werden. Verstärkt werden auch die Konflikte, wenn nationale Zuordnungen erzwungen und sanktioniert werden. Diese Verbindung von homogenisierenden und spaltenden Impulsen wird man verallgemeinern können. So wurde z.B. für Indien gezeigt, dass sowohl die britische Invasion wie auch die zahlreichen Aufstände im 19. Jahrhundert einerseits die Entwicklung eines indischen Patriotismus bzw. Nationalismus vorantrieben, zugleich aber Konflikte zwischen Hindus und Muslimen und anderen Gruppen verstärkten.[32]

Konfliktintensivierung infolge nationaler Zuordnungen gilt vor allem für multinationale oder multiethnische Gebiete.[33] Deshalb ist die Nationalisierung von Imperien extrem gewaltsam verlaufen und das Gleichheitspostulat, das der Idee „Nation" seit ihren Anfängen eingestiftet war, ist mit Ausschlusskriterien ausgehöhlt worden. Imperialkriege waren ungehegte Kriege, darauf angelegt, die gesamte Gesellschaft einzubeziehen. Das gilt auch für die Kriege, mit denen Imperien nationalisiert oder in Nationalstaaten aufgelöst werden sollten.

Nicht jede Revolution ist eine nationale. Das ist trivial. Wo Revolutionen auf die Schaffung eines Nationalstaats oder auf dessen politisch-soziale Transformation zielten, konnten sie sich nur durchsetzen, wenn sie fähig waren, sich im Krieg zu behaupten. So hat die Revolution von 1905 zwar die Nationalisierung des russischen Imperiums beschleunigt, doch Möglichkeiten, die damals geschaffenen Nationsvorstellungen durchzusetzen, ergaben sich erst im Ersten Weltkrieg (Malte Rolf).

Ohne siegreichen Krieg keine siegreiche Revolution. Das gilt für die zwischenstaatlichen Kriege ebenso wie für innerstaatliche Bürgerkriege. Beide erzwangen eine gesellschaftliche Mobilisierung, die mit Nationalisierung verbunden sein konnte. Auch hier gilt: Diese Nationalisierung stellte keine Konflikte still, sondern verschärfte sie, weil Revolutionäre ihre Zukunftsvorstellungen für Staat und Gesellschaften mit Gewalt durchzusetzen bereit waren.

Revolutionen und Kriege sind Entscheidungssituationen. Sie erzwingen, Position zu beziehen. Deshalb waren und sind Kriege und Revolutionen Phasen der forcierten Nationalisierung. Die konkurrierenden Nationsvorstellungen werden nun mit Gewalt ausgetragen. Krieg und Revolution stellen sie bereit.

---

[32] Vgl. *Christopher A. Bayly*, Origins of Nationality in South Asia. Patriotism and Ethical Government in the Making of Modern India, Delhi 1998, 54.

[33] Dass auch hier sorgfältige Differenzierungen erforderlich sind, verdeutlicht ein Vergleich, wie die USA und Russland mit ethnischen Gruppen in ihren Imperien verfahren sind. Vgl. *Jane Burbank/Frederick Cooper*, Empires in World History, Power and the Politics of Difference, Princeton 2010, Kap. 9.

Autorenverzeichnis

Baberowski, Jörg, Prof. Dr.
Professor für Geschichte Osteuropas, Humboldt-Universität Berlin

Beer, Mathias, Dr.
Geschäftsführer und Stellvertretender Leiter des Instituts für donauschwäbische Geschichte und Landeskunde, Eberhard Karls Universität Tübingen

Frie, Ewald, Prof. Dr.
Professor für Neuere Geschichte, Eberhard Karls Universität Tübingen

Gabbert, Wolfgang, Prof. Dr.
Professor für Entwicklungssoziologie und Kulturanthropologie, Leibniz-Universität Hannover

Glenthøj, Rasmus, Dr.
Juniorprofessor am Historischen Seminar, Syddansk Universitet Odense

Jahr, Christoph, Dr.
Privatdozent für Neuere und Neueste Geschichte, Humboldt-Universität Berlin

Knöbl, Wolfgang, Prof. Dr.
Direktor des Hamburger Instituts für Sozialforschung

Langewiesche, Dieter, Prof. Dr. Dr. h.c.
Professor für Neuere Geschichte, Eberhard Karls Universität Tübingen

Plaggenborg, Stefan, Prof. Dr.
Professor für Osteuropäische Geschichte, Ruhr-Universität Bochum

Planert, Ute, Prof. Dr.
Professorin für Neuere Geschichte/Geschichte und ihre Didaktik, Bergische Universität Wuppertal

Rinke, Stefan, Prof. Dr.
Professor für die Geschichte Lateinamerikas, Freie Universität Berlin

Rolf, Malte, Prof. Dr.
Professor für Geschichte Mittel- und Osteuropas, Otto-Friedrich-Universität Bamberg

Späth, Jens, Dr.
Wissenschaftlicher Mitarbeiter am Lehrstuhl für Neuere Geschichte und Landesgeschichte, Universität des Saarlandes

Personenregister

Abdülhamid II., Sultan des Osmanischen Reiches 153
Adams, John 35, 37–38
Adelman, Jeremy 24
Ağaoğlu, Ahmet 164
Agustín I. s. Iturbide, Agustín de
Akçura, Yusuf 164
Albergoni, Gianluca 98
Alfieri, Vittorio 84
Alp, Tekin (Cohen, Moise) 164
Alter, Peter 145
Anderson, Benedict 8, 44, 85
Arbatow, Georgi 229
Armitage, David 27
Atatürk / Kemal, Mustafa 150–152, 156–158, 162–164, 257
Augustenburg, Herzog von 115, 122
Azeglio, Massimo d' 96

Baberowski, Jörg 17, 253, 257–259, 261
Balbo, Cesare 84
Banti, Alberto Mario 84–85, 95, 97–98, 100
Bayly, Christopher A. 21
Beard, Charles A. 45
Beer, Mathias 16, 263
Bensel, Richard F. 23
Bettinelli, Saverio 84
Bierschenk, Thomas 258
Bismarck, Otto von 91, 122–123, 127, 171, 174
Bonaparte, Charles Louis Napoléon (III.) 80, 123
Bonaparte, Napoleon 1, 10, 84, 87, 95, 108–109, 254
Boyce, David G. 132
Brading, David A. 81
Broers, Michael 9
Bunin, Iwan 211–212
Burckhardt, Jacob 86

Candeloro, Giorgio 87
Canetti, Elias 213
Castletown, Lord of 139
Castro, Fidel 249
Cavour, Camillo di 84, 90–91
Christian VII., König von Dänemark und Norwegen 107
Christian (VIII.) Friedrich, König von Dänemark 110, 112, 115
Christian IX., König von Dänemark 122–125
Christian von Schleswig-Holstein-Sonderburg-Glücksburg 118
Ciampi, Carlo Azeglio 83
Clausewitz, Carl von 122
Clemenceau, Georges 181–184, 187
Clemens, Gabriele B. 99
Connolly, James 134
Cosgrave, William Thomas 144
Croce, Benedetto 87
Cuoco, Vincenzo 87

Dabbs, Jack A. 81
Davis, John A. 88
Deutsch, Karl W. 40, 259
Dewey, John 167
Díaz, Porfirio 82
Dillon, John 138, 142
Dmowski, Roman 199–200, 205–206
Dschingis Khan 215

Edling, Max M. 22
Esdaile, Charles 9

Falck, Nicolai 112
Ferdinand II., König beider Sizilien 93
Ferdinand IV. von Neapel = Ferdinand I., König beider Sizilien 87
Foster, Robert F. 132
Foucault, Michel 227

Franz Joseph I., Kaiser von Österreich und König von Ungarn 79
Friedrich VI., König von Dänemark 107–108, 110, 114
Friedrich VII., König von Dänemark 115, 117, 119, 122
Frunze, Michail 162–163

Gabbert, Wolfgang 14, 252–254, 256, 260
Galdi, Matteo 95
Garibaldi, Giuseppe 89–90, 93–94, 100, 102
Gerschenkron, Alexander 43
Gladstone, William Ewart 133, 138
Glenthøj, Rasmus 15, 253, 256, 263
Gökalp, Ziya 164
Goloschtschekin, Filipp 237
Gorbatschow, Michail 229
Gramsci, Antonio 87
Greene, Jack P. 25
Griffith, Arthur 142
Grimm, Jacob und Wilhelm 114
Guerrero, Vicente 68
Gwynn, Stephen 144

Hall, Carl Christian 120–123, 125
Hamilton, Alexander 32
Hamilton, James 35–37
Hansen, Edward C. 72
Hayez, Francesco 99
Haynes, Samuel W. 42–43
Hegel, Georg Wilhelm Friedrich 22–23, 43
Henry, Robert Mitchell 141
Hidalgo, Miguel 67, 74
Higginbotham, Don 30
Hobsbawn, Eric 8, 76, 113
Hobson, Samuel George 140–141
Hoche, Louis-Lazare 131
Howe, Daniel Walker 37, 44
Humboldt, Alexander von 62, 67
Huxley, Aldous 230
Hyde, Douglas 139

Imeretinskij, Aleksandr 204
Isabella, Maurizio 99
Iturbide, Agustín de (Agustín I.), Kaiser von Mexiko 67

Jackson, Andrew 26, 39, 41
Jahr, Christoph 15, 253, 256, 263
Jakowlew, Alexander 228
Janz, Oliver 100
Jaspers, Karl 7
Jefferson, Thomas 35–39, 41–42
Jerofejew, Viktor 245–246
John, Richard R. 40
Joseph II., Kaiser des Heiligen Römischen Reiches 109
Júarez, Benito 79–81

Kant, Immanuel 247
Karl Albert von Sardinien-Piemont 90, 93
Karl XV., König von Schweden und Norwegen 121, 123
Kaser, Karl 186
Katznelson, Ira 44
Keisinger, Florian 146
Kemal, Mustafa s. Atatürk
Kirow, Sergei 223
Kistjakowski, Bogdan 218
Knöbl, Wolfgang 13, 19, 253, 256, 261
Koestler, Arthur 224, 228, 230, 239
Kohn, Hans 145
König, Hans-Joachim 60
Konstantin, griech. König 161
Körner, Axel 98
Koselleck, Reinhart 8
Kotkin, Stephen 227
Kroll, Thomas 98

Langewiesche, Dieter VII, 12, 91, 97
Lenin, Wladimir Iljitsch 216, 224, 240
Levis Sullam, Simon 98
Limerick, Erzbischof von 132
Lipset, Seymour Martin 21, 43
Lorenzo, Renata De 97
Lornsen, Uwe Jens 111, 114
Lugowskaja, Nina 228
Lukenda, Robert 99
Lynch, John 72

MacCarthy, Michael John Fitzgerald 133
Macry, Paolo 97
Madison, James 34, 36, 41
Maiorescu, Titu 179
Mann, Michael 45

Mao Zedong/Tse Tung 136, 249
Martini, Ferdinando 96
Maximilian von Habsburg, Erzherzog von Österreich und Kaiser von Mexiko 69, 79–80
Mazzini, Giuseppe 89, 94
McCarthy, Justin 138
McCormick, Richard L. 23
Meriggi, Marco 93, 97
Metternich, Klemens Wenzel Lothar, Fürst von 65
Mick, Christoph 260
Molotow, Wjatscheslaw 235–236
Monrad, Ditlev Gothard 123–125
Morelos, José María 67
Murat, Joaquin 95

Napoleon Bonaparte s. Bonaparte, Napoleon
Napoleon III. s. Bonaparte, Charles Louis Napoléon
Napolitano, Giorgio 83

Ó hAodha, Séamas 139
O'Brien, William 134
O'Connell, Daniel 138, 142
Onuf, Peter S. 37
Osterhammel, Jürgen 8

Paderewski, Ignacy Jan 181, 183
Parnell, Charles Stewart 138, 142
Passos, John Dos 214
Pat, Jacinto 77
Patriarca, Silvana 97
Pearse, Patrick 139
Pécout, Gilles 100
Pepe, Guglielmo 88, 92
Pisacane, Carlo 94
Pius IX. 89, 93
Plaggenborg, Stefan 15, 252, 254, 257, 262
Popitz, Heinrich 212–213

Radowitz, Joseph Maria von 176–177
Redmond, John 137–138, 142
Renan, Ernest 211
Riall, Lucy 98, 100
Rinke, Stefan 13, 252–253, 256, 261
Rolf, Malte 16, 19, 227, 253, 258, 265
Ruffo, Fabrizio 86
Rugeley, Terry 75

Santa Anna, Antonio López de 67, 73, 79
Santarosa, Santorre di 96
Sarlin, Simon 100
Sassen, Saskia 4
Schalamow, Warlam 240
Schennach, Martin P. 9
Schwartz, Michael 172
Selenski, Isaak 229
Sellers, Charles 44
Sellin, Volker 86
Sinjawski, Andrej 227
Skalon, Georgij 202–203
Skowronek, Stephen 23
Soeffner, Hans-Georg 226
Soldani, Simonetta 83
Späth, Jens 14, 253, 256, 262
Spender, Harold 141
Speth, Rudolf 12
Spini, Giorgio 99
Stalin, Josif Wissarionowitsch 221–223, 225–230, 232, 234–238, 240–244
Stolypin, Petr A. 194, 202–205
Suchanow, Nikolai 214

Tabarrini, Marco 96
Taylor, Alan 42
Thiesse, Anne-Marie 6
Tilly, Charles 2, 247
Tocqueville, Alexis de 22
Tone, Theobald Wolfe 131, 139, 142, 146
Torelli, Giuseppe 96
Toynbee, Arnold 161
Troeltsch, Ernst 249

Valéra, Éamon de 143–144, 147
Venizélos, Eléphterios 180
Verdi, Guiseppe 98
Viktor Emanuel II. von Sardinien-Piemont = Viktor Emanuel II. von Italien 90, 121

Waddington, William Henry 174, 189
Washington, George 31, 35–36, 38–39
Weber, Max 22, 43, 249–250

Wehler, Hans Ulrich 17
Werner, Anton von 171
West, N. C. 140
Wilentz, Sean 27
Wolf, Eric 72
Wood, Gordon S. 26, 33

Zolberg, Aristide R. 43

Ortsregister

Afrika 6–7, 28, 251, 256, 258
Ägäis-Inseln 178
Ägypten 211
Albanien 178, 184
Alma Ata 221
Alsen, Insel 125–126
Altserbien 178
Amerika 49, 60, 62, 169
Amerika, Britisch-A. 24
Amerika, Spanisch-A. 24, 46
Anáhuac 56
Anatolien 153, 156–158, 161–162, 164, 167
Ancona 90
Ankara 151, 156–158, 162–163, 252
Antalya 163
Apenninenhalbinsel 84, 86–87, 89, 91–93, 95, 97, 101
Apenrade 124
Ardahan 163
Armenien 162, 215
Aserbaidschan 218–219, 221, 223, 231–232, 237, 239, 242–243
Asien 8, 167
Aspromonte 94
Atlantik 18, 39, 49

Bajio, Tal von 68
Baku 215, 221
Balkan 16, 156, 160, 170–173, 177–181, 190
Baltikum / baltisch 193, 258, 260
Belgien 15, 105, 142, 146, 169
Belorussland 260
Berlin 119, 121, 125, 169–171, 173–177, 179–180, 182, 188–190
Bessarabien 174
Bolivien 61–62, 169
Bosnien 172–173
Bosnien-Herzegowina 113
Bosporus 156, 171
Brasilien 47, 49–50, 53, 58, 61, 169
Britisches Reich 13, 15, 24–26, 30, 36, 65, 142
Buchara 230, 233
Buenos Aires 63
Bukarest 169–170, 177, 179–181, 188–190
Bulgarien 150, 169, 173, 175–179, 184
Bursa 162

Cádiz 59, 76–77, 88, 255
Calatafimi 94
Chalkidike-Halbinsel 178
Charleston 29
Chile 61, 63
China 169, 217, 239
Compiègne 181
Concord 26
Cundinamarca 56
Custoza 94

Dalmatien 83
Dänemark 15, 105–129, 253, 256, 263
Dersim / Tunceli 166
Deutsches Reich 181–182, 217
Deutschland 15, 103, 105, 111, 114, 116, 118, 127, 129, 136, 169, 175, 183–185, 255, 264
Dominikanische Republik 51
Dublin 131, 134, 139
Düppel / Düppeler Schanzen 123–124
Duschanbe 217, 221

Ecuador 169
Eider 113–114, 117, 120–121, 123
England 31, 33, 62, 66, 82, 131, 137–138, 142, 156, 171, 173
Enos 178
Epirus 173
Estland 184
Europa 2–4, 6–10, 12–17, 22, 36–38, 40, 44, 48–49, 56–57, 60, 62–63, 65–68, 82, 86–87, 89–90, 92, 95, 99, 102–103, 105–

107, 115–118, 126–129, 132, 134, 140, 142–143, 145–147, 149–155, 159, 167, 169–172, 174–178, 182–183, 185–186, 188–190, 206, 211, 214, 220, 247–249, 251–252, 254–255, 257–258, 262
- europäischer Teil der Sowjetunion 235, 238, 244–245
- EU, Europäische Union 106, 147, 257
- Kontinental- 28, 30, 35, 40, 105, 131, 145, 254, 262
- Mittel- VII, 1, 13, 19, 43–44, 135, 143, 146, 251–252
- Nordwest- 144
- Ost- 1, 13, 15–16, 135, 143, 145–146, 164, 196–197, 208–209
- Ostmittel- 184–185, 187, 195, 199, 207–209
- Süd- 13, 16
- Südost- 16, 150, 155, 169–173, 175–177, 179–181, 185–186, 188–191, 263
- West- VII, 1, 6, 8–9, 13, 15, 18–19, 43–44, 132, 145–146, 180, 219, 251–252

Färöer 106
Ferghanatal 234
Finnland 108, 184, 195
Flensburg 112, 124
Florenz 84, 89
Frankfurt am Main 110
Frankreich 10, 14–15, 24, 36, 41, 48, 66, 69, 82, 87, 90–91, 94, 99, 105, 108–109, 117, 120, 123–124, 126–127, 131, 156, 169, 171, 175, 181, 185
Frederica, Festung in Jütland 123

Galizien 259
Gandscha 219
Georgien 162
Ghana 256
Goldküste 106
Griechenland 93, 99, 169, 172–173, 175, 177–179, 184
Grönland 106
Großbritannien 7, 13, 15, 28–29, 36, 62, 69, 91–92, 99, 105, 108, 117–118, 120–121, 123, 125–126, 131, 137–139, 145–147, 169, 173, 175, 181, 261
Guatemala 69, 169

Haiti 49, 53, 57–58, 60, 169
Hedschas 169
Herzegowina 113, 172–173
Hispanoamerika 49, 52, 54, 58, 63
Holstein 106, 109–112, 114–123, 125–126, 129
Honduras 169
Huasteca-Region 77

Indien 106, 142, 265
Irland 15, 131–147, 253, 256, 263
Island 106, 142
Istanbul 153, 156, 158, 163
Istrien 83
Italien 9, 14–15, 65, 83–103, 105, 113, 123, 156, 160, 169, 171, 185, 253, 256, 262, 264
Izmir 161–163

Japan 169
Juchitán 79, 81
Jütland 110, 114, 123, 127

Kanada 22, 31, 42
Karibik 106
Kars 163
Kasachstan 214, 217, 221, 234–235, 237–239, 242–245
Kaukasus 155, 163–164, 214–216, 223, 232, 239
Kazan' 164
Kiel 108, 110–111
Kiew 194, 241
Kilikien 163
Kokand 215
Königreich beider Sizilien 83, 87–88, 90, 93–94, 96–97
Königreich der Serben, Kroaten und Slowenen 184
Konstantinopel 173
Kopenhagen 107–109, 116, 122–125, 128
Kosovo 113, 178, 256
Kreta 178
Kuba / Cuba 66, 169

La Plata-Raum 52, 54
Lateinamerika 1, 13, 36, 44, 46–55, 58, 61–65, 73, 76, 82, 93, 249, 252–254, 256, 260–261

Lauenburg 110, 119–121, 125–126, 129
Leipzig 108
Lemberg 260
Lettland 184
Lexington 26
Liberia 169
Lissa 94
Lissabon 49
Litauen 184, 199
Liverpool 25
London 25, 118, 120–124, 126, 136, 173, 175, 178
Louisenlund 124
Louisiana 41

Madrid 49
Mailand 93, 99
Makedonien 153, 173, 178–179
Marmarameer 163
Massachusetts 25, 33
Mentana 94
Mexiko 14, 22, 42, 52, 63, 65–77, 80–82, 254, 260
Mexiko, Golf von 69
Midia 178
Mittlerer Osten 7
Modena 87, 94
Moldau 172, 174–175
Montenegro 169, 172–173, 175, 177–178, 182
Morelos, Tal von 68
Moskau 211, 216, 222–223, 226, 228, 237, 242

Nagornyj-Karabach 218
Neapel 86–87, 89, 91
New Orleans 41
New York 29, 34
Nicaragua 169
Niederlande 15, 30, 66, 105, 108, 146, 182
Nizza 90
Nordamerika 1, 24, 30, 35, 42, 43, 65, 261–262
Norwegen 106–110, 115, 117–118, 120–121, 123, 146
Novara 93

Oaxaca 79
Osmanisches Reich, Osmanenreich 7, 16, 149–152, 154–157, 159–161, 171–173, 177–178, 185, 188, 262
Ost-Buchara 233
Österreich 88, 90–94, 99, 105, 110, 113, 115, 118–123, 125, 184
Österreich-Ungarn 169, 171, 173, 177, 185
Ost-Rumelien 173

Palermo 88
Panama 54, 169
Paris 49, 110, 121, 131, 169–170, 174, 181, 184–188, 190
Parma 87, 94
Pawlowsk 227
Pennsylvania 25, 28, 34
Peru 52, 59, 62, 169
Peschiera 93
Philadelphia 29, 33
Piacenza 94
Piemont 84, 90
Polen 15, 105, 169, 181–184, 197, 200, 202, 205, 244
Ponza 94
Portugal 62, 88, 169
Preußen 92, 94, 110, 117–125
Puebla, Tal von 68

Quebec 24

Riga 194
Rimini 95
Río de la Plata 52, 54
Rom 83–84, 89–90, 94, 101
Romagna 94
Rossosch 227
Rumänien 169, 172–175, 178–179, 182, 184
Rumelien 172–173
Russland, russisches Reich 7, 10, 16, 108, 113, 115, 117–120, 155, 161, 163, 169, 171–174, 185, 193–200, 203–207, 209, 213–214, 216, 218, 245–246, 253, 258, 265

Saloniki 153, 164
San Stefano 173
Sardinien-Piemont 83, 87, 89–90, 92–94, 96–97, 101
Sarıkamış 161
Savoyen 90
Schleswig, Herzogtum 105–106, 110, 112–129
Schwarzes Meer 162
Schweden 106, 108, 110, 114, 118, 120–121, 123, 146
Schweiz 30, 128
Serbien 169, 172–175, 177–179, 182
Siam 169
Sibirien 235, 239, 245
Sinop 162
Skandinavien 13, 106, 108, 110, 114, 121–123, 125, 128–129
Slowenien 169
Smyrna 162
Sowjetunion, Sowjetimperium 17, 211, 217–221, 224, 227–228, 230, 235, 237–239, 242, 244–245, 249, 257, 260
Spanien 9, 10, 60, 62, 67–69, 88, 92–93, 99, 255
St. Domingue 47
St. Petersburg / Petrograd 154, 194–195, 202, 204, 211
Stalinabad 227
Stalingrad / Zaritsyn 216
Stalinsk 227
Südafrika 142
Südamerika 10, 26, 100
Süddobrudscha 179
Süditalien 88, 90
Südostasien 6
Südserbien 178

Tadschikistan 216–217, 219, 221, 233–234, 242–243
Taschkent 215
Texas 69
Thessalien 173
Thrakien 153, 163, 172
Tiflis 194
Tilsit 108
Tirol 9
Tlaxcala, Tal von 68
Toskana 94
Trentino 83–84, 95
Tschechoslowakei, Tschecho-Slovakien 147, 169, 184
Turin 83, 89–90, 99
Türkei 15–16, 149–152, 155–157, 159, 162, 164, 167, 169, 174–176, 178–179, 184, 252, 254, 257, 262
Turkestan 215
Turkmenistan 231, 239

Ukraine 113, 211, 237, 260
Ulster 136, 139, 143–144, 146
Uruguay 51, 169
USA / Vereinigte Staaten von Amerika 4, 21–23, 28, 34–35, 37, 40–45, 50, 65–66, 69, 80, 131, 146, 175, 185, 261, 265
Usbekistan 215, 231–232, 237

Vatikan 90
Venetien 83, 90, 94
Veracruz 69, 80
Vereinigtes Königreich Großbritannien und Irland 24, 28, 31, 37, 41, 63, 131–134, 136, 138, 146, 169, 256
Versailles 143, 169–170, 177, 181, 185
Vilnius / Wilna 199, 260
Virginia 25, 38

Walachei 172, 174–175
Warschau 197, 200–204
Washington 37, 41
Weichselland 202–203
Westanatolien 161–162
Wladiwostok 227
Woronesch 227

Yaxcabá 77
Yucatán 67, 74–75, 77–79

Zarenreich 155, 173, 196, 218, 258, 260
Zentralamerika 52, 66, 69
Zentralanatolien 156, 161, 163
Zentralasien 215, 218, 223, 228, 232–233, 235, 245

Sachregister

Absolutismus 15, 86–87, 89, 105–107, 109–110, 113–114, 116, 118–121, 128, 263
Abstammungsdiskurse 196, 198, 200
Aleviten 166
Alliierte 108, 129, 137, 163, 169, 181–184, 186, 190
Amendments - Verfassungszusätze 34
Ancien Régime VII, 1, 91, 204–205
Anführer 59, 67, 77, 115, 163, 235
Antiimperialismus 150, 156
Appellationsinstanz 111, 253
Arbeiter 224–225, 254
- Arbeiterklasse 82
- Arbeitsbataillon 161
- Arbeitskraft 61, 82
Aristokratie 3, 96, 107, 109, 112, 119, 121, 126, 128, 204
Articles of Confederation 30–31, 33–34, 38
Assimilation 16, 165, 180, 188, 220
Assimilationspolitik 159
Audiencia 55
Aufklärung 2, 49, 70
Auslandsschulden 64, 69
Ausnahmerecht 159
Außenhandel 14, 62–64
Ausweisung 179, 181, 188, 190
Autonomie 25, 34, 38, 71, 75, 107, 109, 138, 142, 155, 171–172, 205
Autoritarismus 52, 70, 82, 98, 102, 147, 153
Avantgarde 135, 158
Azteken 65

Balkanisierung 16, 54, 172–173, 177–178, 180, 256
Balkanbund 177–178
Balkankriege s. Krieg(e)
Bankenkrise, 1825 63
Bauern 4, 22, 71, 76–77, 79, 109, 112–113, 118, 126–127, 157, 214–222, 224–225, 229, 231–239, 243–244
Befreiungskampf 99, 135, 150, 160, 164
Befreiungskrieg 16, 79, 85, 91–94, 150, 152, 158, 255
Bergbau 61, 68
Bevölkerung VII, 9, 13–14, 16–17, 24, 26, 28–29, 32–33, 42, 54–56, 58–59, 65, 67–68, 77, 79–82, 85–87, 95, 98–99, 110, 112, 114, 117, 133, 138–139, 146, 150, 153–156, 158–159, 161–163, 165–166, 173, 175–176, 178, 180, 185, 188, 208, 215–217, 220, 232, 234, 237–239, 245–246, 252–253, 256–257, 259–261
Bevölkerungsgruppen 9, 16, 32, 55–57, 59, 113, 157, 194, 199, 263
Bill of Rights 34
Bolschewiki 212, 215–221, 224–228, 231–234, 236–237, 239–240, 242, 244–245, 249
Bourbonen 87–90, 97
Bourgeoisie 66, 68
Britisches Empire s. Empire
Bürger 25, 40, 70–71, 75–76, 96, 108, 161, 165, 189, 224, 246
- Bürgerkrieg s. Krieg(e)
- Bürgerrecht(e) VII, 4, 48–49, 82, 108, 152, 167, 174, 180, 189, 252
- Bürgertum 4, 81–82, 87, 107, 157
Bürokratie / Bürokratisierung 2, 4, 22, 38, 154, 157, 202–203, 216, 218, 222, 230, 242
Buren 142

Cádiz, Verfassung von 59, 76–77, 88, 255
Carnegie-Stiftung 180
Caudillo / Caudillismus 14, 50, 52–54, 65, 72–75, 253, 261
Christen 154–155, 161, 164–165, 214
ciudadanos 56
Civil War 21, 23, 25, 42–44
Cumhuriyet Halk Partisi (CHP) – Republikanische Volkspartei 151

– „sechs Pfeile“ 151
„Constitution“ 32–36, 38, 44–45

Defizitgeschichte 196, 209
Dekabristenaufstand 154
Demokratie / Demokratisierung 13–15, 23, 25, 27–28, 31–33, 40–41, 43, 45–46, 50, 70, 75, 82, 85, 88, 91, 98, 101–102, 105–106, 111–112, 116–117, 121, 124–129, 133, 135, 146–147, 157, 186, 204, 211, 251
Deportation 163, 231
Desertion 42, 161
Despot / Despotie / despotisch 17, 45, 86, 212–213, 218, 222, 230, 237, 239, 241, 245, 253
Deutschland 15, 40, 103, 105, 111, 114, 116, 118, 127, 129, 136, 169, 175, 183–185, 255, 264
– Bundesrepublik Deutschland 7, 256
– Grundgesetz 206, 256
Diktator / Diktatur 66, 79, 89, 159, 211–212, 222–225, 227–229, 243–244
Diskriminierung 14, 55, 57–58, 160, 190, 194, 201, 221
Diskriminierungsverbot 174, 176, 189, 191
Dschihad 155
Dynastie 2, 15, 86, 90–91, 105, 111, 113, 115, 124–126, 128, 154, 251

Edelmetall 61
Eisenbahnbau 39, 82, 216–217, 235–236, 239, 245
Elite(n) 3–4, 10, 13–14, 16–18, 26, 32, 47–51, 53, 55–56, 60, 64–65, 68, 70–74, 76, 81, 85, 88, 95–98, 102, 107, 109, 112–113, 115, 118–119, 127, 138–140, 144, 152–154, 157, 167, 204, 207, 220, 222–224, 226, 229, 243, 251–254, 256, 258–261, 264
Emanzipation 3, 14, 85, 131–133, 138, 146, 152, 179, 208–209, 212, 245, 261
Empire 24, 37, 39, 141–142, 145
– britisches 10, 24–25, 30–31, 36, 139, 142
Entente-Mächte 181
Erinnerung 83, 88, 99, 144, 160, 188, 213, 245, 257, 260
Erinnerungskultur 188, 259
Erster Weltkrieg s. Krieg(e)
Etatismus 151
Ethnie / Ethnisierung 5, 11, 16, 21, 47, 50, 54–59, 67, 71, 136, 146, 156, 160, 164, 171–172, 176, 179, 186–190, 194, 197–198, 205–206, 208, 220, 258
– Ethnische Säuberung 16, 135, 156, 161, 163–164, 172, 191–192, 263
Europa-Spanier 67–68
Europäisierung 151–152, 159, 167
Evangelikalismus 27
Evolution / Evolutionismus 134
– soziale(r) 247–248
– Evolutionsbiologie 247
Exekutive 33, 51, 53, 67, 116, 124, 126, 232
Exklusion 17, 165, 196, 203, 205, 252
Exportsektor 61, 64
Exportwirtschaft 42, 59, 63, 66, 82

Faktionen 70, 73, 75, 78
Faschismus 85, 147, 254
Februarrevolution von 1917 s. Revolution(en)
Finanzierung / Finanzbedarf 2, 31, 41, 59
Finanzkrise 62
Fiskus 62
Flucht, s. a. Vertreibung 16, 61, 155, 172, 179, 239
Flüchtlinge 155, 163, 165, 173, 214, 239–240, 263
Föderalismus / Föderalisten 45, 51–52, 54, 62, 70, 98, 102
Föderativnation, deutsche 255
Fortschritt 9, 35, 85, 108–110, 142, 151, 206, 208–209, 228, 249
Französische Revolution s. Revolution(en)
Freihandel 42, 60–63
Freiheit VII, 7, 14, 26, 28, 47–49, 53, 55, 57–58, 60, 64, 87, 101, 120, 135, 167, 171, 174, 180, 182–183, 186–187, 189–190, 209, 218, 229, 245–246
Frieden 54, 170, 177
– von 1815 (USA) 42
– von San Stefano 173

- von Sèvres 156
- von Tilsit 108
- Kieler von 1814 108, 110
- Pariser von 1783 31

Geheimpolizei, sowjetische (GPU) 219, 242
gens de couleur 58
Gericht 23, 62, 76, 109, 183, 219, 224
Gerschenkron-Argument 43
Gesamtstaat 110–112, 114–116, 118–122, 126, 128, 261
Geschichtsschreibung, Geschichtsbild 11, 15, 45, 47, 52, 85, 96, 99, 105, 121, 127, 129, 149–150, 252, 254, 256–257, 260
Gesetz 56, 58–59, 71, 77, 81, 119, 137, 201, 218–219
Gewalt 2, 4, 14, 16–17, 51, 53, 66, 74, 106, 116, 135–136, 145–146, 166, 172, 205, 211–216, 219, 221, 229–230, 233, 235–236, 240–243, 245, 247, 249, 253–254, 265
Gewaltenteilung 49, 51, 67, 70, 187
Glaubensfreiheit 171, 174–175, 180, 189
Gleichheit VII, 14, 27–28, 48–49, 60, 64, 71, 81, 110, 171, 185–187, 189
Globalisierung 7, 17
Gottesgnadentum 3, 50, 86
Grenze 17, 22, 53–55, 57, 61, 80, 95, 107, 113, 124–125, 127, 159, 162, 173, 178–179, 185, 190, 196, 204, 215, 217, 220, 234, 239, 253
Grenzveränderungen 173, 188
Grenzziehungen 55, 179, 185–186, 195, 198, 208
Große Nationalversammlung 151, 157
Großgrundbesitz 61, 66, 79, 82, 126
Großmacht / -mächte 13, 35, 90–91, 110, 117–118, 123, 171–172, 176–179, 181–186, 189–190
Grundrechte 49, 51, 183, 190
Guerilla 15, 53–54, 75, 80, 94, 135, 146

Habsburger Monarchie 7, 83, 93, 100, 194, 204–205
Hacienda 61
Hansestadt 62
Heldenkult / Heldenverehrung 12, 47, 51, 56, 92–93, 160
Herrschaft, Herrschaftsordnung 7, 24, 46, 48–49, 53–54, 65–67, 72, 82, 86, 88, 90, 120, 127, 131, 133, 136, 139, 147, 172, 177, 195, 203, 212–213, 217–218, 222, 225, 230, 232, 235, 238–239, 241–244, 251, 252–254, 259
Herrschaftsanspruch 5, 54, 214, 217, 222, 251
Hierarchie 14, 23, 51, 59, 102, 174, 209, 218
Hindu 265
Homogenisierung / Homogenisierungsdruck 4–6, 15, 77, 96, 109, 156, 165, 181, 189, 252, 255–256, 260–265

Identität 4, 9, 11, 24, 39, 42–43, 47, 55–56, 59, 95–96, 99, 107, 112, 118, 128, 139, 141, 150, 158, 208–209, 258, 260–261
Ideologie 41, 65, 72, 75, 102, 105, 107, 127–128, 139, 155, 259, 261
Imperialismus 142, 150
Imperium 15, 17, 24
- britisches 15
- dänisches 15, 105–116, 118–121, 123–129, 256, 263
- französisches 109
- russisches 16, 193, 195, 203–205, 207–208, 212–214, 216, 220–223, 230–231, 249, 253, 257–258, 260, 265
- österreichisches 105, 109
- spanisches 255
Indigene 14, 24, 42, 50, 53–54, 56–60, 62, 67–68, 71, 76–79, 81, 252, 254
indigen-indianische Bevölkerung 24, 42
Indio 57, 59, 67, 71, 77–78, 82
Industrie 29, 61, 66, 113, 235, 245
Infrastruktur 4, 14, 23, 39, 44–45, 82, 115, 216, 235, 238, 240, 259, 261
Institution 7, 16–17, 22, 51–54, 58, 62, 94, 101, 108–109, 112, 131, 138, 145, 157, 203, 212, 244, 248, 250, 253, 264
Integration 5, 42, 49, 54, 56, 58–59, 62–63, 81–83, 187, 191, 204, 257–258, 261

Intellektuelle 4, 76, 88, 96, 98–99, 127, 140, 154
Intervention 14, 92, 122–123, 131, 151, 163–164, 222–223, 229, 235
Intervention, französische, in Mexiko, 1861–1866 14, 65–66, 69, 79–80, 261
Irische Republik 131
Irish Citizen Army 134
Irish Free State 134
Irish National Land League 138
Irish Parliamentary Party (IPP) 133, 138
Irish Republican Brotherhood (IRB) 134
Irish Revolution s. Revolution(en)
Irish Volonteers 134, 136–137, 139
Islam 151, 154, 158–159, 164–165, 231
Islamismus 16, 154–155

Juden 154–156, 159, 162, 165, 174–175, 200, 214, 223, 258, 260
Jungtürkische Revolution s. Revolution(en)

Kalenderreform 152
Kalif/Kalifat 151, 155, 158
Kalifatsarmee 163
Kanalbau 39
Kapital 29, 32–33, 35, 39, 43, 61–62, 69, 137
Karamanlı/Karamanlides 161
Karlsbader Beschlüsse 110
Kastenkrieg s. Krieg(e)
Katholik(en) 24, 42, 131–133, 136–140, 146, 200–201
Katholische Kirche 52, 100, 102, 143–144
Kemalismus 16, 151–152, 159, 164, 254
Kirche 52, 68, 70, 77, 79, 100, 102, 109, 111, 143–144
Kirchenstaat 87, 92
Klientel/Klientelismus 14, 50, 72–73, 75, 256
Knechtschaft 216
Kolonialherrschaft 47–48, 57–59, 67, 251
Kolonialismus 15, 48
Kolonialmacht 13, 26, 48, 56, 62, 64, 82, 139
Kolonialreich 7, 49–50, 54, 60, 63
Kolonialzeit 13, 26, 51, 57, 60, 71, 76, 78
Kolonie, kolonial VII, 3, 14, 17, 21, 26, 48–49, 52, 54–55, 57–59, 62, 65, 67–68, 70, 74, 82, 142, 146, 237, 251, 256
Kommunikation 18, 25, 39, 41, 44, 69, 75, 82, 140, 166, 212, 227, 241, 259
Kommunist/Kommunismus 166, 217–218, 222–229, 231–232, 234–239, 241, 243, 246, 252, 259
Konferenz
- Berliner 179–180, 189–190
- Bukarester 179, 181
- Friedenskonferenz 181, 185
- Londoner 120, 122–125
- Pariser 174, 181, 185–186, 190
- Versailler 143, 181
Kongress
- Berliner 171, 173–177, 182, 190
- Panama 1826 54
- Paris 1856 174
- Prag 108
- Versailler 1919 177
- Wiener 1814/15 82, 84, 87, 93, 95, 110, 177, 195
König 52, 88–90, 93, 107–108, 110–112, 115–127, 161
Königreich
- beider Sizilien 83, 87–88, 90, 93–94, 96–97
- Dänemark 106–107, 110, 112, 115–117, 119–120, 125, 129
- Italien 83, 90, 94, 99, 101
- der Niederlande 182
- Norwegen 106–107
- Polen 200, 202
- Sardinien-Piemont 89–90, 94, 97
- der Serben, Kroaten und Slowenen 184
- Vereinigtes Königreich 24, 28, 31, 37, 41, 63, 131–134, 136, 138, 146, 169, 256
Konservative/Konservativismus 52, 70, 72, 76, 79–80, 111, 115–122, 124–128, 133, 138
Konstitutionalisten/Konstitutionalismus 15, 49, 138, 140–143, 145, 147
Koran 152
Kontinentaleuropa s. Europa
Kontinentalkongress, Erster/Zweiter 30
Krieg(e) 1–3, 8–10, 12–15, 18, 24–27, 29, 41–43, 45, 52, 54–55, 57, 59, 66, 84–85,

101, 132, 135, 145, 149, 155, 161–162, 164, 247–253, 258–265
- 1812 (USA, Großbritannien) 13, 37, 42, 261
- 1846–48 (USA, Mexiko) 42, 69
- 1866/67, 1870/71 (Deutschland, Österreich, Frankreich) 90–91, 94
- Anglo-Irish 136, 143
- Balkan-, erster und zweiter 156, 160, 170, 177–181, 183, 188, 190
- Banden- 94
- Befreiungs- 16, 79, 85, 91–94, 150, 152, 158, 254–255
- Bürger- 1, 3, 12, 14–15, 48, 53, 66, 74–76, 78, 80, 91–94, 101, 105, 114, 116–118, 135–137, 143–147, 160–161, 163, 172, 189–190, 214, 216, 230, 248, 260–261, 263, 265
- Bürger- (*Guerra de Reforma*) 79
- Bürger-, amerikanischer 28, 30–31, 42
- Erster Weltkrieg 1, 15, 95, 113, 129, 132, 136–138, 140, 142–143, 145, 153, 155–156, 160, 169–170, 181–185, 188, 191–192, 195, 207–208, 214, 257, 259–260, 262, 264–265
- Erster Weltkrieg, Friedensverträge 181–184
- Großer Vaterländischer 260
- Guerilla- 15, 94, 135
- Imperial- 10, 254, 265
- Kasten- 77
- Krim- 174
- Lateinamerika, Unabhängigkeitskriege 47–48, 51–54, 57, 61–62, 64
- napoleonische, antinapoleonische 1, 9–10, 35, 92, 108–111, 113, 128, 131, 255
- National- 10, 254
- Revolutions- 31, 59, 101
- Russisch-Osmanischer (Dritter) 170, 172–173
- Schleswig-Holsteinischer (Erster/Zweiter) 105–106, 109, 116–117, 120–125, 127–128
- Sezessions- VII, 80, 84, 91, 136, 143, 146–147, 248, 262
- Siebenjähriger 9, 10, 24
- Staatsbildungs- 2, 259
- Totaler 262
- Unabhängigkeits- 11, 13, 24, 34, 59, 66, 74, 84–85, 90, 93–95, 101, 135, 150, 152, 158, 160, 164, 167
- „Volkskrieg“ 93, 135
- Zweiter Weltkrieg 83, 85, 87, 129, 147, 191, 234, 259–260

Kriegserfolg 86
Kreolen 50, 57, 67
Kurden 156, 166
Kultur 5, 35, 56, 65, 98, 107, 112–113, 118, 127–128, 133, 139, 141, 145, 165, 224, 241
Kupfer 61

Laizismus 151, 159, 164–165
Lasen, muslimisch 162, 164
Lateinamerika, Unabhängigkeitskriege s. Krieg(e)
Legislative 51, 107, 116
Legitimation/Legitimität 2, 31, 48, 50–51, 64, 86, 91, 188, 231, 248, 251, 255
Legitimität, monarchische 1, 49, 251
Leibeigenschaft 109, 237
Liberale/Liberalisierung 52, 70, 72, 79–81, 95, 110, 112, 115–117, 119, 127, 133, 138, 212
Liberalismus, liberal VII, 4, 14–15, 23, 39, 46, 58, 60, 63, 67–68, 70, 75, 77, 79–82, 87–90, 93, 95, 99, 105, 110–112, 114–118, 127, 120–122, 126, 128, 133, 141, 147, 186, 200, 254, 263

Marine 109, 125, 128
Marktwirtschaft 13, 58
Massaker 16, 172, 179
Massenbewegung 153, 193, 199
Menschen- und Bürgerrechte VII, 4, 48–49, 82, 108, 152, 167, 187, 191, 252
Mestizen 60, 67
Migration/Emigration 39, 69, 155, 172, 180
Militär/Militarisierung 14, 22, 25–26, 31, 36, 41, 52–53, 58, 66, 68–70, 72, 74, 76, 80, 84, 91, 94, 101, 109, 113, 117, 122–123, 127–128, 131, 135, 141, 150, 153–154, 157, 160–161, 166, 173, 179
Militarismus, monarchischer 101

Militia 26–29
Miliz 57, 74–75
millet-System 155
Minderheit(en) 5, 16, 112, 119, 124, 146, 150, 152, 156, 159–160, 166, 170, 176, 180–183, 185–187, 189–192, 194, 208, 220, 245, 263
Minderheitenfragen 170, 176–177, 184, 207
Minderheitenrechte 176–177, 207
Minderheitenschutz 16, 169–171, 176–177, 179, 181, 184, 186–187, 189–192, 263
Minderheitenschutzvertrag 181–184, 190
Minderheitenstaaten 186
Mission 54
Mita 61
Mittelschicht 68, 70, 74, 81, 133
Mobilisierung 14, 26–27, 118, 195, 205, 258–261, 264–265
Moderne / Modernisierung 1, 4, 9, 15, 58, 64, 105–106, 129, 140, 143, 150–152, 154, 209
Modernisierungstheorie 23–24
Monarch, Monarchie 1, 7, 33, 50, 55, 69, 85–86, 88–89, 92, 98, 101–102, 107–108, 110, 113, 115–117, 125–127, 151, 153, 164, 194–195, 204–205, 207, 252–253
Muslime 154, 155–156, 159, 161–165, 173, 178, 186, 214–215, 221, 265
Mythen (Gründungsmythen, Nationalmythen) 2, 6, 8, 11–13, 47, 95, 98, 144, 188, 219, 254

Nabucco 98
Napoleonische Ära 9–10, 35, 41, 64, 86–88, 91–93, 102, 108–111, 113, 116, 128, 131, 255, 262–263
Napoleonische Expansion 64, 86, 91–92
Nation, national 1–19, 24, 27–31, 33–49, 55–56, 63–66, 68, 70–73, 75–76, 78–87, 92–102, 105–115, 118–119, 124–142, 144–167, 172, 175, 177–178, 180–181, 187–191, 193–202, 205–209, 211–212, 219–221, 235, 244–245, 247–265
Nation, föderative 255
Nation, Frauen 102, 157, 159, 231, 251
Nation, Geschichtsbilder 252, 254, 256, 260
Nation, Konfliktgemeinschaft 196, 209, 252
Nation, Mythologie 2, 8, 17, 255
Nation, *nación americana* 55, 261
Nation, „Meistererzählung“ 8, 10, 84, 102, 129, 254–258, 262, 264
Nationalbewegung(en) 15, 105, 116, 118, 127, 129, 150, 153, 162, 164, 171, 195, 199, 205, 209
Nationale Revolution s. Revolution(en)
Nationaler Befreiungskrieg s. Krieg(e)
Nationalgeschichte 97, 100, 127, 149–150, 167, 221, 252, 257
Nationalisierung 4, 13–14, 17, 19, 43–44, 70, 86, 141, 181, 193–196, 203–204, 206, 221, 234–235, 244, 248, 253, 257–262, 264–265
Nationalismus 3, 5–7, 9–10, 15–17, 19, 41, 43, 65, 75, 97, 100, 102–103, 105–106, 109, 111, 113–117, 124, 128–129, 131–132, 137–143, 145–147, 151, 154, 156, 158–160, 187–188, 194, 204, 235, 255–256, 260, 262–263, 265
Nationalität(en) 108–111, 113, 115, 138, 140–141, 183, 197–198, 257
Nationalitätenstaat 186
Nationalregierung 162
Nationalstaat VII, 4–5, 14–15, 30, 83–84, 95, 105–106, 114, 129, 132, 139, 144, 149, 152, 169–171, 176, 180–181, 185–188, 191–192, 205, 212, 220, 248, 250, 252, 254–256, 261–262, 264
Nationalstaatsbildung 15, 95, 105, 129, 132, 144, 152, 264
Nationalstaatsprinzip 187
Nationalstaats-Vorstellungen / Gedanken 30, 180, 186–187, 191, 250, 256
Nationalversammlung 16, 151, 157
Nationsbilder 193, 195–196, 203, 207, 210
Nationsbildung 4, 6, 8, 10, 14–16, 21, 25, 28–29, 33, 38, 41, 43–44, 46, 65–66, 70, 84, 100, 105, 131–132, 144, 153–154, 157, 159–160, 164, 248, 252–254, 258–260, 262, 264–265
Nationsbildung, emotionale 100, 145, 248
Nationswerdung 150, 152, 160, 164, 208
Neokolonialismus 48

Nomaden 214–215, 220–221, 232–235, 237–240, 243–244, 257
Notstandsgesetze 51

Oberhaus 119, 126, 133
Oberschicht 56–57, 60, 66, 68, 70–71, 76, 88
Öffentlichkeit 50, 88, 119, 122, 125, 193–195, 200–204, 206, 226–227, 229, 257
Oktobermanifest, 1905 206
Oligarchie 51
Ordnungssysteme 12, 145, 209
Orientkrise 171
Osmanenreich / osmanisches Reich 7, 16, 149–152, 154–157, 159–161, 171–173, 177–178, 185, 188, 262
Osmanismus 16, 154

Panslawismus 113
Pariser Friede von 1783 s. Frieden
Parlament 15, 32, 34–35, 62, 88, 90, 107, 115–116, 119, 121–122, 131, 143
Partei 14, 23, 37, 39, 42, 50, 70, 72, 75, 83, 120, 123, 126, 137, 160, 179, 193, 206, 215–216, 221–225, 229, 234–235, 241
Parthenopäische Republik 86
Partizipation VII, 1, 3, 48, 187–188, 194, 258
Patriot / Patriotismus 52, 54–55, 87, 96–99, 102, 140, 154, 255, 260, 265
Patronage 50, 72
Perestrojka 228
Pogrom 159, 162, 214, 260
Pontusgriechen 162
Populismus 151
Post 39, 40, 44, 216–217, 224, 235
Präsident 33, 35, 37, 39, 52, 140, 181, 211
Presse 37, 114, 117–118, 121, 126, 180, 200, 203
Pressefreiheit 37, 70, 88, 108
Primordialisierung der Nation 196, 207–208
Prinzip der Meistbegünstigung 63
Privatbesitz 58, 79
Privileg 12, 53, 57–60, 64, 107, 142, 196, 201, 221, 224, 235, 238
Produktionsform 61, 242
Progressivismus 23
Propaganda 43, 137, 158, 225
Propagandastaat 216
Protektionismus 61–62, 163
Protestant(en) 131, 136, 140, 144, 146, 200–201
Protokoll 174–175, 179, 182
Protokoll, Londoner 118, 122, 175

Radikalisierung / Radikalismus 16, 111, 140–141, 147, 156, 160, 198, 209, 249
Rassediskurs 145, 196
Rassismus 10, 82, 138, 252
Rebellion 33, 57, 59, 110, 117, 239, 245
Recht 3–4, 13–14, 23, 27, 30–31, 34, 50, 78–79, 88, 101, 107–108, 111, 116, 126, 128, 135, 151, 174–176, 178, 180, 182, 189, 218–219, 227, 242–243
Rechtsfreiheit 171, 180, 189
Rechtsgleichheit 76, 174–175, 189
Reform 84, 88, 93, 109, 111, 115, 121–122, 137, 151, 154, 165, 248
– Agrarreform 82, 108
– Bildungsreform 108
– Militärreform 109
–, soziale 79, 86
– Steuerreform 62, 109
Regierung 14, 30, 49, 52, 56, 62–63, 66, 68, 70–71, 78–79, 80, 88, 107, 110, 115–126, 128–129, 133, 135–137, 147, 156–157, 159–160, 163, 165, 171, 194, 212, 214–215, 232, 234–235, 244, 252
Regime 14, 52, 153, 159, 211, 214, 217, 221–222, 225–226, 229–234, 236–237, 239–242, 245–246
Regionalismus 109, 113–114
Religion 1, 56, 86, 97, 139, 152, 175, 181, 184, 186–187, 190, 196, 211, 225, 231
Religionsfreiheit 50, 174, 176, 189
Religionsgemeinschaften 174, 198
Repräsentationskomitee 157
Repression 27–28, 80, 242, 246
Republik 21–23, 27–28, 34, 37, 42–45, 48, 50, 56, 58, 60, 66, 85–86, 89–90, 95, 102, 131, 135, 140–141, 143, 149, 152, 155–158, 164–165, 215–217, 220–221, 223, 228, 231, 237–239, 252–253, 261–262

Republikanismus 46, 151
Revolution(en) 1–3, 8, 10–12, 14, 16–19, 21–22, 24–25, 28, 44, 46–48, 53, 57, 66, 83–87, 90–91, 93, 95, 97, 99, 101, 211, 247–254, 259, 263–265
Revolution, 1848 14, 88–89, 91, 93, 116, 249
–, Februarrevolution, 1917 195, 207
–, Oktoberrevolution 185
– dänische 105–106, 110, 116, 122–123, 263
– Französische 1, 9–10, 36, 48, 55, 64–65, 81, 84, 86, 93, 102, 117, 129, 131, 141, 150, 249, 254
– französische Juli- 88
– friedliche 249
– irische 131–134, 136, 145, 147
– jungtürkische 153–154
– nationale 13, 16, 46, 150, 154, 265
– russische, 1905 16, 193–196, 198–199, 201–203, 205–208, 258, 265
– russische, 1917–1921 211–212, 214–217, 220–222, 230, 233–235
– türkische 150–153, 166–167, 257
– Unabhängigkeits- 24, 27–29, 44, 47, 52, 58–60, 64, 261
– US-amerikanische 21, 24–26, 45–46, 261
– Verfassungs- 10, 133–134
Revolutionszeitalter VII, 86
Risorgimento 14, 83–87, 91–92, 94, 98–103, 262
Rohstoff 61, 66
Romantik, deutsche 111, 128, 211
Royal Irish Constabulary 136

Säuberungen 141, 246
Säuberungen, ethnische 16, 135, 161, 172, 191–192, 263
Scharia 151, 218
Schule 56, 77, 87, 109, 218, 221, 236
Schuldknechtschaft 59, 79
Selbstbestimmung 49, 64, 206
Selbstbestimmungsrecht 137, 142–143, 185
Selbstverwaltung 49, 133, 155, 253
Separatismus 150, 163
Sepharden 156, 165
Siebenjähriger Krieg s. Krieg(e)
Siedler 10, 39, 44, 214–215, 221, 233–235, 244–245
Silber 61, 68, 71
Sklaven / Sklaverei 10, 14, 28–29, 38, 53, 57–58, 61, 77, 102, 211, 237, 252
Sklavenhandel 58
Société des nations 183
Soldaten 42, 53, 74–75, 80–81, 92, 100, 118, 157–158, 161–163, 215, 217, 220
Souveränität 1, 2, 46, 54, 111, 114, 119, 122, 135, 172, 175, 182, 189, 221
Sozialismus 220, 223, 225, 235–236, 238, 244
Sprache(n) 46, 55–57, 60, 109, 111–114, 133, 141, 145, 152, 158–159, 161, 165, 171, 180, 183, 187, 196, 199, 211, 221, 223, 225–227, 258
– arabisch 165
– dänisch 107, 109, 112–113, 129
– deutsch 10, 107, 111–114, 124, 151
– gälisch 141, 145
– georgisch 165
– griechisch 165
– irisch 133
– judeo-espagnolisch 165
– lasisch 165
– Muttersprache 197, 204
– russisch 151, 204, 214
– Schriftsprache 221
– spanisch 46, 55, 67, 77
– türkisch 151, 155, 161, 165
Staat 2, 15, 18, 21–24, 32, 37–38, 40, 44, 48–49, 52–53, 66, 69–71, 75–76, 79, 82, 100, 105–108, 110–116, 127, 128, 139, 141, 143–144, 150–152, 154, 157, 162, 169, 174, 178, 183, 185, 190, 214, 216–217, 219–220, 224, 227, 233–234, 236–238, 242, 246, 248, 250, 253, 255–256, 258, 262, 264–265
Staatenbund, staatenbündisch 256
Staatlichkeit 1, 14, 23, 43, 49, 131, 143, 195, 204–205, 234, 245, 258, 261
Staatsbankrott 109
Staatsbildung 1, 2, 6, 12–13, 16–17, 23, 46, 55, 81, 153, 189, 191, 224, 230, 247–248, 259, 262

Staatsbürger 1, 3–4, 14, 56, 59, 107, 110, 136, 145, 170, 174–175, 189, 212, 257, 261
Staatsbürgerschaftsgesetz 107
Staatsduma 194, 206
Staatsideologie 107
Staatsreligion 50, 154
Staatsstreich 18, 68, 123, 153
Stalinismus 213, 241, 245, 254
Subsistenzwirtschaft 63
Sultanat 151, 158

Tataren 155, 244
Terms of Trade 61
Territorialkonflikt(e) 2
Terror 36, 163, 219, 241, 243–244
Toleranz 183, 187
Transfer 19, 64
Transportkosten 61
Tribut 58–59, 76–77, 236
Türkisierung 159, 161, 165

Überseehandel 62
Ulster Volunteer Force 136
Unabhängigkeit 10, 13, 24–25, 28, 31, 47–49, 52, 56, 61–64, 66–68, 71–72, 74, 76, 82, 87, 95, 101, 111, 115, 136, 143–145, 147, 152, 172–176, 182, 208, 233, 258, 263
Unabhängigkeitsbewegung(en) 1, 10, 49, 56, 62, 67, 261
Unabhängigkeitserklärung / Declaration of Independence 24, 27, 30, 38, 48
Unabhängigkeitskrieg 11, 13, 24, 28, 34, 42, 51, 52–54, 57, 59, 66, 85, 90, 93–95, 101, 135, 150, 152, 158, 160, 164, 167
Unionisten 133, 137–139, 142–143
union sacrée 252
Universität 84, 107, 111, 151, 201
Unterhaus 119, 126, 133, 143

Verfassung, Verfassungsdiskurs 14, 30, 33–34, 49–53, 59–60, 67, 70, 77–79, 81–82, 85–86, 88–90, 101, 106–107, 110–111, 114–117, 119, 121–123, 126, 144, 153–154, 180, 187, 190, 254, 256, 261
Verfassungsrevolution s. Revolution(en)
Verfassungstext 34, 180
Verfassungswirklichkeit 51, 180
Versammlung, Verfassungsgebende 76
Vertrag 36, 63, 113, 121, 147, 263
–, Anglo-Irischer 1921 143
– von Berlin 169–170, 174–177, 188, 190
– von Bukarest 1913 169–170, 179, 188–190
– von Lausanne 1923 156
– von London 1913 178
– von Paris 184, 188
– von Versailles 169–170, 181–183, 185
Vertreibung(en) 5, 16, 68, 135, 146, 147, 155, 162, 172, 179, 188, 190, 238
Verwaltung 60, 107, 109, 115, 154, 203, 232, 243
Vielvölkerreich 16–17, 143, 195, 198, 204–205, 207, 212, 219, 220
Volk / Völker 50, 55, 57, 64–65, 90, 111, 117, 128, 135, 137, 140–141, 143, 150, 162, 172, 174–176, 178, 185–189, 193, 196–200, 205, 211–212, 218
Völkerbund 183, 186, 190–191, 221, 225, 232, 241, 245–246, 261
Völkerbundrat 184
Völkerbundsatzung 184
Völkermord 5, 149, 156, 257
Völkerrecht 155, 170, 182, 185, 263
Volksabstimmung 124, 126
Volksnähe 151
Volkssouveränität 49–50, 112–113
Vorfriedensvertrag 173
Vormärz 115

Wahl 14, 49–50, 59–60, 67, 72, 84, 114, 159, 176, 201–202, 231, 261
Wahlrecht 26, 32, 51, 57, 60, 67, 70, 81, 88, 117, 251, 252
Weltmarkt 62
Weltwirtschaft 45, 59
Westexpansion 37–38, 42
Whig-Regierung 125
Widerstand 3, 9, 17, 26, 29, 32, 48, 77, 80, 85, 93–94, 97–98, 109, 124–125, 139, 152, 158–159, 194, 214, 219, 221, 229–231, 233, 237–240, 244, 254, 260
Wiener Ordnung von 1814/15 90
Wiener System 110, 117, 122

Wirtschaft 4, 21, 29, 31, 49, 52, 54, 57–60, 62–63, 66, 68–69, 82–84, 109–110, 150–151, 159, 175, 187, 224, 235, 237
Wirtschaftsbürgertum 3, 112
Wirtschaftspolitik 5, 13–14, 45, 53, 55, 57, 61, 88, 251, 259–260

Zarismus 214, 246
Zeitung 40–41, 44, 140, 166, 217
Zensur 40, 99, 202
Zensus 112, 119, 156
Zentralgewalt 31, 34
Zentralisierung 23, 29, 31, 33, 41–42, 44–45, 67, 253
Zentralismus 52, 102, 109
Zentralisten 51, 62, 70
Zentralkomitee 218, 228
Zinn 61
Zivilisation 60, 120, 134, 140, 142, 145, 183, 186
Zivilverwaltung 80, 112, 180, 253, 259
Zoll 62–64, 108
Zwangsarbeit 23, 57, 59, 81, 161, 237, 245
Zwei-Kammer-System 67

Bedrohte Ordnungen

Historische und gegenwärtige Gesellschaften unter Stress sind Gegenstand der Reihe *Bedrohte Ordnungen,* die dem gleichnamigen Sonderforschungsbereich 923 an der Universität Tübingen verbunden ist. Gefragt wird nach dem „Ob" und dem „Wie" sozialen Wandels sowie nach regionalen und epochalen Unterschieden von Ordnungen und Bedrohungen.

Extremereignisse wie Aufruhr und Katastrophen, darüber hinaus Phänomene wie Ordnungszersetzung und Ordnungskonkurrenz stehen im Zentrum der Studien. Gesellschaften von der griechischen Antike bis zur Gegenwart werden zum Thema. Der Zusammenhang der Bedrohungskommunikation mit der Materialität, der Emotionalität sowie dem Verdichtungsmoment bedrohter Ordnungen ist von besonderem Interesse.

Angesichts allgegenwärtiger Krisendiagnosen verbindet die Untersuchung *Bedrohter Ordnungen* Gegenwartsinteresse und historische kulturwissenschaftliche Forschung. Durch die Zusammenführung bislang disziplinär getrennter Themen und Zugangsweisen kann der Beitrag der Kulturwissenschaften zum Verständnis von Gegenwart und Zukunft neu bestimmt werden.

Alle Bände dieser Reihe werden durch einen internationalen Beirat begutachtet. Die Reihe steht auch Autoren außerhalb des Sonderforschungsbereichs offen.

ISSN: 2197-5477
Zitiervorschlag: BedrO

Alle lieferbaren Bände finden Sie unter *www.mohr.de/bedro*

Mohr Siebeck
www.mohr.de